TOKYO 2017 HOT PLACE

**도쿄에서 가장 뜨거운 장소들
2017년 개정판의 하이라이트만 따로 모았다**

나카메구로 지역
피체리아 에 트라토리아 다 이사 ★ 버블스 칠리 커피 ★ 굿 피플 앤드 굿 커피 ★
잼 스탠드 커피 ★ 파라다이스 도쿄 와코 마리아

신주쿠 지역
라 카구 ★ 카모메 북스 ★ 더 콘랜 숍

시부야 지역
다마와라이 ★ 미도리 스시 ★ 사봉

오모테산도 지역
루크스 랍스터 ★ 쿠튬 ★ 넘버 슈거 ★ 래그태그

아카바네·히가시주조 지역
산산토

오쓰카 지역
나키류

> Hot Place

나카메구로

피체리아 에 트라토리아 다 이사 / Pizzeria e Trattoria da ISA

◀ 핏츠에리아에토라 토리아 다 아-사

Map P.399-B

secret

Add. 東京都目黒区青葉台1-28-9 1F
Google Map 35.647209, 139.695276
Tel. 03-5768-3739
Open 점심 11:30~14:00, 저녁 17:30~22:30(마지막 주문 21:45)
Close 매주 월요일 **Access** 지하철 도요코선·히비야선 나카메구로역에서 도보 6분 **URL** www.da-isa.jp

도쿄 최고의 나폴리 피자집

클린턴 전 대통령의 방문으로 유명해진 나폴리 피자 전문점. 나폴리의 유명 피자집인 '일 피자 나 오로 델 프레지던트'에서 탄탄하게 실력을 쌓았을 뿐 아니라 나폴리에서 열린 세계 피자 대회에서 2007년과 2008년 연속 우승한 실력자 야마모토 히사노리가 일본으로 돌아와 2010년에 문을 열었다. 특별한 피자 맛을 보기 위해 언제나 많은 사람이 찾기 때문에 줄을 서는 것은 기본이다. 인기 메뉴는 토마토소스와 모차렐라, 바질을 넣어 담백한 마르게리타(¥1650), 토마토소스 베이스에 모차렐라, 바질, 드라이 살라미, 고르곤졸라, 생햄을 넣은 마에스트로 키타노(¥2300), 모차렐라 치즈튀김(¥1200), 그리고 조개를 넣은 봉골레 스파게티(¥2500) 등이다. 평일 점심에는 피자를 저렴한 가격에 선보이며, 저녁에는 사전 예약이 가능하다.

버블스 칠리 커피 Bubbles Chill Coffee 🔊 바브루즈 치루 코- 하-

Map P.399-A

Add. 東京都目黒区東山3-13-1
Google Map 35.650030, 139.685653
Open 월~금요일 08:00~19:00, 토·일요일 08:00~20:00
Access 지하철 덴엔토시선 이케지리오하시역에서 도보 2분

세련된 스타일의 테이크아웃 카페

유명 패션학교인 도쿄 모드 출신의 오너가 운영하는 6평 남짓한 테이크아웃 카페. 작은 숍이 올망졸망 모여 있는 이케지리 지역의 중심에 위치해 있다. 도쿄의 트렌드세터들이 단골로 드나들어 가게 앞에 서 있으면 사람 구경하는 재미도 쏠쏠하다. 붉은 벽돌로 된 외관은 말끔하고 유리창에 붙어 있는 빈티지 스티커와 심플한 인테리어가 센스 넘치는 주인의 취향을 보여준다. 훼마 E61 레전드 Faema E61 Legend 커피 머신으로 내리는 커피 맛이 훌륭한데, 강하면서 부드러운 코르타도 에스프레소나 카페라테를 추천한다. 3가지 타입으로 블랜딩한 원두를 구입할 수 있으며 귀여운 그림이 그려진 티셔츠도 판매하고 있어 선물용으로 좋다.

> Hot Place

굿 피플 앤드 굿 커피 Good People and Good Coffee
굿도피-푸루안도 굿도코-히-

Map P.399-A

Add. 東京都目黒区目黒区東山3-4-11 サンライズ東山 1F
Google Map 35.650263, 139.686023 **Tel.** 03-5725-1303
Open 월~금요일 08:00~18:00, 토·일요일·공휴일 10:30~18:00
Access 지하철 덴엔토시선 이케지리오하시역 동쪽 출구에서 도보 1분
URL goodpeopleandgoodcoffee.com

작은 갤러리에서 즐기는 커피 한잔의 여유

여행 중 느긋하게 아침 시간을 보내며 커피 한잔의 여유를 즐기기 좋은 카페. 실내는 카운터석과 테이블석으로 나뉘어 있으며 갤러리 스페이스도 함께 운영하고 있다. 핸드 드립커피부터 에스프레소, 플랫 화이트에 이르기까지 다양한 추출 방법으로 만드는 커피는 맛이 훌륭하다. 페이퍼 드립 에스프레소에 우유를 넣은 플랫 화이트(¥450)와 카나자와 사람들이 옛날부터 사랑해 온 봉차 줄기를 달여서 만든 보우챠치노棒茶チーノ가 인기 메뉴다. 잉글리시 머핀이나 부드러운 도넛 등 간식거리도 준비돼 있다.

잼 스탠드 커피 Jam Stand Coffee
자무스탠도 코-히-

Map P.399-A

Add. 東京都目黒区東山3-18-9
Google Map 35.648785, 139.686636
Tel. 03-6408-9085 **Open** 12:00~18:00, 18:00~23:00
Access 지하철 덴엔토시선 이케지리오하시역에서 도보 5분
URL jam-stand.com

하가시야마 공원 근처에 있는 공작소 겸 카페

커뮤니케이션의 장을 지향하는 복합 문화 공간이다. 훌륭한 맛의 커피를 추구하는 바리스타가 만드는 커피와 수제 오리지널 스콘을 맛볼 수 있는 카페이자 집을 꾸미거나 고치는 일에 관심 있는 사람들을 위한 아틀리에로 운영한다. 추천 메뉴는 에어로프레스(¥380~)나 핸드 드립 커피(¥380~), 카페오레(¥420)이며, 진저 에일과 포도 주스(¥460)도 맛이 좋다. 음료와 함께 망고 스콘(¥180)을 함께 곁들이면 금상첨화다.

파라다이스 도쿄 와코 마리아 Paradise Tokyo Wacko Maria

Add. 東京都目黒区東山2-3-2 COM'S FORUM 1F
Google Map 35.648973, 139.691576
Tel. 03-5708-5277
Open 월~토요일 12:00~21:00, 일요일 12:00~20:00
Access 지하철 덴엔토시선 이케지리오하시역에서 도보 5분
URL wackomaria.co.jp/news/#paradisetokyo

Map P.399-A

지 드래곤이 즐겨 입는 하이엔드 캐주얼 브랜드

도쿄를 대표하는 하이엔드 캐주얼 브랜드 와코 마리아가 런칭 10주년을 맞아 오픈한 플래그십 스토어. 패션 의류를 선보이는 숍은 물론, 최고의 바리스타가 투입된 카페와 DJ부스까지 함께 운영하는 복합 공간이다. 와코 마리아는 전직 축구 선수인 아츠히코 모리와 케이지 이시츠카가 1930~60년대 미국 문화에서 영감을 받아 창업한 브랜드로 우리나라에서도 항공 점퍼와 자수 울 카디건이 인기를 얻고 있다. 2011년 이후에는 수준 높은 아티스트들과의 컬래버레이션을 통해 그들만의 유니크한 시선을 제품에 반영하고 있다. 사진 작가 팀 바버, 영화감독 겸 작가 래리 클라크 등과의 협업으로 전 세계 패셔니스타들을 열광시켰다. TV 예능 〈무한도전〉에서 지 드래곤이 이곳의 셔츠를 착용하면서 우리나라에서도 유명세를 타기 시작했으며, 하지원, 윤계상, 현빈 등 수많은 스타들이 입은 모습이 알려지면서 브랜드에 대한 관심이 쏠리고 있다.

→ Hot Place

신주쿠
라 카구 La Kagu 🔊라 카구

Map
지도 밖

Add. 東京都新宿区矢来町67
Google Map 35.703625, 139.733186
Tel. 03-5579-2130
Open 숍 11:00~20:30, 카페 11:00~20:30
Access 지하철 도자이선 가구라자카역 2번 출구에서 도보 1분
URL www.lakagu.com

한국인에게도 사랑받는 편집 매장

2014년 10월에 오픈한 편집 숍. '가구라자카' 지역의 첫 두 글자에서 이름을 빌렸다. 쇼와 시대의 잡지사 물류 창고를 일본의 유명 건축가인 구마 겐고의 건축 사무소가 리노베이션해 복합 쇼핑 공간으로 재탄생했다. 천장이 높고 내부 공간이 넓어 편안하게 쇼핑을 즐길 수 있다. 건물 1층에는 샐러드와 핫도그 등 캐주얼한 메뉴를 파는 카페와 여성 의류 매장, 2층에는 소품 및 남성 의류 매장이 있다. 미니멀한 느낌을 주는 건물 안은 패션, 생활 잡화, 가구 등의 아이템으로 가득하다. 자연주의 뷰티 브랜드 이솝, 여성복 브랜드인 아크네와 마르니 등도 숍 인 숍 개념으로 입점해 있다. 한국인 여행자들 사이에서는 실용적이고 저렴한 텀블러가 특히 인기다.

카모메 북스 Kamome Books 🔊카모메 붓크스

Map
지도 밖

Add. 東京都新宿区矢来町123第一矢来ビル1階
Google Map 35.704226, 139.733478 **Tel.** 03-5228-5490
Open 월~토요일 10:00~22:00, 일요일·공휴일 11:00~20:00
Access 지하철 도자이선 가구라자카역 2번 출구에서 도보 1분. 도에이 지하철 오에도선 우시고메카구라자카역 A1 출구에서 도보 10분
URL kamomebooks.jp

서점 그 이상의 문화 공간

일상의 휴식을 꿈꾸는 도쿄진들에게 사랑받는 장소. '카모메'는 일본어로 갈매기를 뜻한다. 서점 외에도 카페, 갤러리가 함께하는 작은 문화 공간 역할을 한다. 차분한 분위기에서 손님들에게 좋은 책을 소개하는 책방, 매번 전시 내용이 바뀌는 작은 갤러리, 양질의 원두로 내린 커피를 마실 수 있는 카페는 오랫동안 시간을 보내고 싶은 곳이다. 현지 주민들도 단골로 드나든다. 이웃에는 도쿄에서 편집 숍으로 뜨고 있는 라카구가 있다.

더 콘랜 숍 The Conran Shop 🔊쟈 콘란도 숏푸

Map
P.404-E

Add. 東京都新宿区西新宿3-7-1 新宿パークタワー 3·4F
Google Map 35.685568, 139.690627
Tel. 03-5322-6600 **Open** 11:00~19:00 **Close** 매주 수요일
Access 게이오 지하철 게이오신선 하쓰다이역에서 도보 10분. 신선 신주쿠역에서 도보 12분 **URL** www.conranshop.jp

인테리어 마니아라면 반드시 들러야 하는 곳

참신한 디자인의 라이프 스타일 숍 해비타트Habitat와 더 콘랜 숍을 런던에 오픈한 디자이너 테렌스 콘란. 그는 영국 왕실이 수여하는 디자인 분야의 '경' 칭호를 받은 인물로 영국 디자인의 위상을 전 세계에 알리고 있다. 더 콘랜 숍은 도쿄, 신주쿠, 후쿠오카에 이어 시부야 히카리에에 입점했다. 특히 히카리에 지점은 주방용품, 디자인 서적, 조명, 선물용품 등 실용적이면서 고급스러운 생활용품을 쇼핑하기 좋다.

> **Hot Place**

시부야

다마와라이 玉笑 ◀타마와라이

Map P.407-C

Add. 東京都渋谷区神宮前5-23-3
Google Map 35.664471, 139.704675
Tel. 03-5485-0025
Open 화~금요일 11:30~15:30, 18:30~21:30, 토요일 11:30~20:00, 일요일 11:30~17:00 **Close** 매주 월요일
Access JR 시부야역 13번 출구에서 도보 5분

소박하지만 탄탄한 기본기를 갖춘 소바 전문점

세계적인 미식 가이드북 〈미쉐린 가이드〉에서 1스타를 받은 곳이자 현지인들이 냉철하게 평가하는 음식점 랭킹 다베로그Tabelog에서 4위에 오를 정도로 맛으로 인정받는 메밀 소바 전문점. 뒷골목에 위치해 있으며 간판도 없어 찾기가 쉽지 않다. 전통 가옥을 레스토랑으로 개조한 인테리어는 군더더기 없이 심플하며, 테이블이 10개가 채 되지 않을 정도로 규모가 작다. 된장에 절인 새우구이(¥500), 계란말이(¥800) 등의 맛이 일품으로, 소바와 함께 곁들여 먹으면 더욱 좋다. 손님이 많을 때는 주문 후에 한참 기다려야 하므로 처음 주문할 때 2종류의 소바나 사이드 메뉴를 함께 주문하도록 하자.

미도리 스시 梅丘寿司の美登利 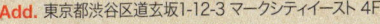 우메오카스시노 미도리

Map P.406-F

Add. 東京都渋谷区道玄坂1-12-3 マークシティイースト 4F
Google Map 35.658339, 139.699078 **Tel.** 03-5458-0002
Open 월~금요일 11:00~22:00, 토・일요일・공휴일 11:00~21:00
Close 1월 1일 **Access** JR 시부야역 5번 출구에서 도보 1분(마크 시티 연결 통로 이용) **URL** www.sushinomidori.co.jp

후회 없는 ¥3000 이하의 스시

시부야 마크 시티Shibuya Mark City 건물 4층에 위치한 스시집. 시부야 지점은 접근성이 좋아 현지인뿐 아니라 여행자들에게도 인기가 많다. 가게 안에 들어가 자리를 안내받은 후에 녹차 한 잔을 받아 들고 사진 메뉴를 참고해 주문하면 된다. 다양하고 푸짐하게 맛보려면 셰프의 스페셜 스시(¥2800)를 추천한다. 대게장으로 만든 드레싱을 뿌린 샐러드와 부드러운 계란찜이 함께 나온다. 오픈형 주방에서 주문 즉시 만들어 내오는 신선한 스시는 가격대비 양이 푸짐하다. 늘 많은 사람들이 몰려들어 번호표를 받고 기다려야 한다.

사봉 Sabon

Map P.407-G

Add. 東京都渋谷区渋谷2-21-1 渋谷ヒカリエ ShinQs 1F
Google Map 35.658937, 139.703587
Tel. 03-6434-1741 **Open** 10:00~21:00
Access JR 시부야역에서 도보 4분 **URL** www.sabon.co.jp

사해 소금으로 만든 보디 스크럽

이스라엘 보디케어 브랜드숍으로 시부야 히카리에 1층에 있다. 1997년 이스라엘 텔아비브 중심에 1호점을 낸 이후 프랑스, 일본, 이탈리아, 네덜란드 등 10여 개 국에 150여 개의 지점을 열면서 이름을 알리고 있다. 자연 친화적인 천연 소재를 사용해 만든 보디케어 제품과 오일은 70년 넘게 전해져 온 전통 제조법을 따른다. 특히 사해 소금으로 만든 보디 스크럽을 비롯해 로션과 핸드크림 등이 탁월한 보습력으로 정평이 나 있다.

Hot Place

오모테산도
루크스 랍스터 Luke's Lobster ◀루-크스 로브스타-

Add. 東京都渋谷区神宮前6-7-1
Google Map 35.667302, 139.706246
Tel. 03-5778-3747 **Open** 11:00~20:00
Access 지하철 지요다선·후쿠토신선 메이지진구마에역에서 도보 4분. 지하철 긴자선·지요다선·한조몬선 오모테산도역에서 도보 8분
URL lukeslobster.jp

뉴욕의 명성 그대로, 랍스터 샌드위치

2009년 뉴욕 맨해튼에 문을 연 랍스터 롤 전문점. 미국에서 공수해 온 랍스터의 풍미를 저렴하게 즐길 수 있어 언제나 긴 줄이 늘어서므로, 오픈 전에 미리 가서 줄을 서는 것이 좋다. 핫도그 빵에 새우와 게, 랍스터 중 하나를 선택해서 넣을 수 있는데 랍스터 1마리가 통째로 들어가는 랍스터 US(￥1580)를 추천한다. 짭쪼름한 버터를 바른 빵과 쫄깃한 랍스터가 어우러진 맛이 훌륭하다. 코울슬로(￥380)나 클램 차우더(￥880)를 사이드 메뉴로 주문하는 것이 좋다. 앉아서 먹을 수 있는 좌석이 몇 개 없어 주변에 서서 먹어야 하는 것이 불편하다. 오모테산도점, 시부야점을 포함해 일본에 6개의 지점이 있다.

쿠툼 Coutume 🔊쿠츄-무

Add. 東京都港区南青山5-9-15 1F
Google Map 35.663024, 139.711231
Tel. 03-6418-5325 **Open** 07:30~21:30
Access 지하철 긴자선·지요다선·한조몬선 오모테산도역에서 도보 5분
URL coutume.jp
www.instagram.com/coutumecafe.jp

파리의 유명 카페가 도쿄에 상륙

오로지 맛있는 커피를 찾기 위해 세계여행을 떠났던 프랑스인 앙투안 네티안이 설립하고 호주인 바리스타 톰 클라크가 합류한 프랑스 카페 브랜드. 파리 바빌론 거리에 연 본점을 시작으로 일본 도쿄, 오사카와 스위스 제네바 등에 차례로 지점을 열었다. 에티오피아와 르완다 등지의 검증된 농장에서 생산한 신선한 공정무역 원두를 사용한다. 프랑스 바리스타 대회에서 4회 우승한 두 사람의 오너가 선보이는 커피는 최고의 맛과 향을 보장한다. 창업자의 철학을 고스란히 물려받은 이곳에서는 세심한 일본인 바리스타가 내놓는 핸드 드립 커피와 주스, 아침 식사 대용인 그래놀라와 플레인 요구르트 등을 즐길 수 있다.

Hot Place

넘버 슈거 Number Sugar 넘바-슈가-

Map
P.408-B

Add. 東京都渋谷区神宮前5-11-11 1F **Google Map** 35.666504, 139.706170
Tel. 03-6427-3334 **Open** 11:00~20:00 **Close** 매주 화요일
Access 지하철 지요다선·후쿠토신선 메이지진구마에역에서 도보 5분. 지하철 긴자선·지요다선·한조몬선 오모테산도역에서 도보 8분
URL www.numbersugar.jp

믿고 먹을 수 있는 캐러멜

수제 캐러멜 전문점으로 시부야와 하라주쿠로 이어지는 캣 스트리트Cat Street를 걷다 보면 만날 수 있다. 쇼핑에 지쳐 당이 떨어질 때나 적당한 가격의 예쁜 선물을 사고 싶다면 들러보자. '남녀노소 모두 안심하고 먹을 수 있는 먹거리'를 모토로 캐러멜에 향료, 착색료, 산미료 등을 첨가하지 않는다. 바닐라, 소금, 시나몬, 초콜릿, 라즈베리 등 8종류의 캐러멜을 선보인다. 계절 과일로 만든 신선한 스무디나 커피 등 음료도 판매한다.

래그태그 Ragtag 라구타구

Map
P.408-B

Add. 東京都渋谷区神宮前6-14-2 **Google Map** 35.666373, 139.705690
Tel. 03-6419-3770 **Open** 11:00~20:00
Access 지하철 지요다선·후쿠토신선 메이지진구마에역에서 도보 5분. 지하철 긴자선·지요다선·한조몬선 오모테산도역에서 도보 9분 **URL** www.ragtag.jp

도쿄를 대표하는 빈티지 숍

아페세, 메종, 키츠네, 빔스, 유나이티드 애로우즈, 생 로랑, 디올, 꼼데가르송, 츠모리 치사토, 아크네 스튜디오, 미우미우 등 인기 브랜드의 중고 제품을 50~80% 저렴하게 만나볼 수 있는 대형 빈티지 숍. 요즘 유행하는 아이템과 믹스매치해 훌륭한 연출이 가능한 곳이다. 중고지만 상태가 좋은 것들만 취급하며 레어 아이템도 종종 발견할 수 있어 멋을 아는 패셔니스타라면 놓쳐서는 안 될 곳이다.

아카바네·히가시주조

산산토 燦燦斗

Add. 東京都北区中十条3-16-15
Google Map 35.764599, 139.725792
Open 18:00~20:30 **Close** 매주 월·목요일
Access JR·게이힌 도호쿠선 히가시주조역 북쪽 출구에서 도보 2분. 출구를 나오자마자 왼편 비탈길을 내려가면 중간에 위치(계단을 내려오면 안 됨)
URL tabelog.com/tokyo/A1323/A132304/13038064

Map 지도 밖

라멘 장인의 고집이 느껴지는 심야 식당

일본의 라멘 마니아 사이에서 인기 있는 맛집으로, 일본에서 가장 영업 시간이 짧은 라멘집으로 매스컴에 소개되었다. 2006년에 노부부가 허름한 장소에 가게를 연 것이 시작이다. 오직 맛으로만 승부하는 곳으로 소박한 실내에는 카운터석 8개가 전부여서 미리 줄을 서야 먹을 수 있다. 2013년과 2014년에 라멘 전문 잡지에서 선정한 일본 라멘집 2위, 일본 라멘 평가 사이트에서 일본 전체 8위에 오르며 기염을 토한 바 있다. 저온 조리된 돼지고기 차슈와 멸치 국물과 돼지 뼈를 우린 육수, 가다랑어와 특제 간장으로 맛을 낸 계란, 쉬는 날을 정해서 만드는 쫄깃한 면발이 일품이다. 가게에 도착하면 일단 안으로 들어가 매표기에서 식권을 구입한 후 가게 밖에서 줄을 서서 기다리다가 차례가 되면 들어간다. 주택가 골목에 위치해 있어 찾아가는 것이 쉽지 않지만 그만한 가치는 충분하다.

> Hot Place

오쓰카

나키류 創作麵工房鳴龍

Add. 東京都豊島区南大塚2-34-4 SKY南大塚 1F
Google Map 35.728694, 139.730331 **Tel.** 03-6304-1811
Open 11:30~15:00, 18:00~21:00(월요일은 11:30~15:00만 영업)
Close 매주 화요일
Access JR 야마노테선 오쓰카역에서 도보 4분
URL twitter.com/nakiryu

Map 지도 밖

미쉐린 1스타에 빛나는 탄탄멘의 끝판왕

2016년 일본의 맛집 사이트인 '라멘 데이터베이스'에서 일본 최고의 라멘집에 선정된 데 이어 2017년에는 <미쉐린 가이드> 도쿄편에서 1스타에 등극한 탄탄멘의 최고봉이다. 세련된 외모의 셰프 사이토가 재빠른 손놀림으로 만드는 라멘은 일본산 밀가루를 사용한 수타면, 돼지고기와 닭고기, 굴로 우려낸 깊은 맛의 육수, 흑초와 사과 식초로 감칠맛을 극대화한 양념이 어우러져 타의 추종을 불허한다. 부드러우면서 깊은 맛의 특제 소금 라멘(￥1000), 다른 곳에서는 맛볼 수 없는 간장 츠케멘(￥800), 담백함과 매콤함이 동시에 느껴지는 나키류의 간판 메뉴 탄탄멘(￥850) 등이 있다. 대식가라면 면 추가(￥100)를 하면 된다. 10명 정도가 앉을 수 있는 바 형태의 작은 레스토랑이므로 오픈 시간 30분 전에 가서 줄을 설 것을 권한다. 자판기로 주문하고 착석한 다음 티켓을 셰프에게 전달해 주는 셀프 서비스 방식으로 운영된다.

TOKYO BEST COURSE
추천 코스

★
직장인에게 추천하는
3박 4일 도쿄 여행

★
하이라이트만 골라 즐기는
첫 도쿄 여행

★
미식가를 위한
도쿄 먹방 여행

★
쇼퍼홀릭이라면 놓쳐선 안 될
도쿄 쇼핑 여행

★
트랜드리더라면 놓치지 말아야 할
도쿄 베스트 숍 5

Tokyo Best Course

COURSE 1

직장인에게 추천하는 3박 4일 도쿄 여행

연차를 여러 날 내기 힘든 직장인을 위한 추천 코스. 금요일 하루만 휴가를 낸 3박 4일의 짧은 여행이므로 항공 스케줄은 이른 아침에 출발해 오전에 도쿄에 도착하고 마지막 날은 가장 늦은 항공 스케줄로 한국에 돌아온다. 일본은 시차가 없으므로 하루를 알차게 보내려면 일정을 빡빡하게 짜되 욕심을 줄이는 것이 좋다.

첫째 날 1DAY

하라주쿠 메이지진구
젊음의 거리 하라주쿠 메이지진구에서 산책으로 하루를 상쾌하게 시작!

도보 1분

하라주쿠 (⇒ p.222)
패션 스트리트인 하라주쿠를 돌아보며 일본 젊은이들의 패션감각을 엿보자.

도보 6분

도쿄 도청 (⇒ p.178)
신주쿠에 위치한 도쿄 도청. 202m 높이의 전망대에 올라 야경을 감상하자.

JR 이용 30분

히카리에 (⇒ p.210)
시부야에서 인기 있는 복합쇼핑센터로 거대한 규모를 자랑한다.

도보 15분

오모테산도 (⇒ p.222)
유럽풍 노천카페가 줄지어 있어 도쿄의 샹젤리제라 불리는 오모테산도 거리를 걸어보자.

둘째 날
2DAY

스카이트리(⇒ p.280)
전 세계에서 가장 높은
전파탑 스카이트리를
놓치지 말자.

도보 1분

소라마치(⇒ p.294)
대형 쇼핑몰로 수미다
아쿠아리움, 숍, 카페, 레스토랑,
이벤트 시설 등이 모여 있다.

JR로 10분

셋째 날
3DAY

나카미세도리(⇒ p.276)
다양한 기념품을 구입할 수 있는
나카미세도리를 돌아보고 근처
맛탕 가게에서 출출한
배를 채우자.

도보 5분

센소지(⇒ p.276)
도쿄의 옛 모습을
살펴볼 수 있는 사원.

우에노공원(⇒ p.272)
도쿄의 산책코스로
사랑받는 공원에서 상쾌하게
아침을 시작하자.

JR로 25분

긴자(⇒ p.298)
출국 전 긴자의 백화점이나
브랜드숍을 방문해
기념품을 구입하자.

Tokyo Best Course

COURSE 2

하이라이트만 골라 즐기는 첫 도쿄 여행

도쿄를 처음 찾는 사람에게 추천하는 일정. 그러나 한가로운 일정은 아니므로 꼼꼼히 계획을 세우는 것이 중요하다. 한 지역이나 테마에 치우치지 말고 전반적으로 여러 지역을 골고루 돌아보자. 마지막 하루 정도는 당일치기로 가볍게 다녀올 수 있는 하코네 온천이나 신나는 놀이동산 도쿄 디즈니 리조트를 일정에 포함시킬 수 있다.

첫째 날 1DAY

하라주쿠 (⇒ p.222)
호텔 체크인을 마치고 곧바로 하라주쿠로 이동해 메이지 신궁을 둘러보자.

 도보 3분

다케시타도리 (⇒ p.228)
일본의 명동이라 불리는 거리로 개성 넘치는 젊은이들과 함께 거리를 걸어보자.

 도보 10분

둘째 날 2DAY

시부야 (⇒ p.198)
시부야는 많은 사람이 몰려들어 인파의 행렬이 계속되니 조심하자.

오모테산도힐스 (⇒ p.250)
도쿄의 멋쟁이들이 모여 있는 오모테산도힐스를 지나 아오야마 지역도 돌아보자.

 JR로 20분

셋째 날 3DAY

도쿄 도청 (⇒ p.178)
도쿄 도청에서는 무료로 전망대에 올라갈 수 있으니 도쿄의 야경을 놓치지 말자.

오다이바 (⇒ p.352)
도쿄 만에 있는 인공 섬으로 다양한 위락 시설이 들어서 있다.

TIP
하루 동안 오다이바에서 즐기기

오다이바는 후지 테레비 본사, 박람회장, 거대한 쇼핑몰과 대관람차와 세가 놀이동산 등을 포함한 다양한 위락시설이 들어서면서 도쿄 연인들의 데이트 장소로 사랑받고 있다. 멀리 보이는 도쿄타워와 오다이바의 상징인 레인보우브리지, 자유의 여신상을 배경으로 야경을 감상하거나 산책로를 거닐며 오다이바를 마음껏 즐겨보자. 심야에도 영업을 하는 오에도 온천에 가면 여행의 지친 피로를 말끔히 씻어낼 수 있어 좋다.

넷째 날
4DAY →

센소지(⇒ p.276)
아사쿠사에는 '센소지'라는 유명한 절을 중심으로 볼거리가 많다.

도보 4분

나카미세도리(⇒ p.276)
기념품 숍이 줄지어 있는 거리. 이곳에서 맛탕과 같은 추억의 간식거리를 맛보자.

JR로 8분

아메요코(⇒ p.277)
일본의 남대문시장이라 할 수 있는 아메요코 시장통을 거니는 것으로 하루를 마무리하자.

도보 10분

동물원(⇒ p.272) &
국립서양미술관(⇒ p.274) &
국립과학박물관(⇒ p.275)
우에노공원 주변에는 다양한 볼거리가 있으니 취향껏 골라보자.

도보 5~10분

우에노공원(⇒ p.272)
도쿄 사람들의 휴식처인 공원. 남녀노소 산책 삼아 들르기에 좋다.

다섯째 날
5DAY →

쓰키지시장(⇒ p.348)
도쿄 최대 규모를 자랑하는 수산물 시장에서 아침식사를 즐기자.

도보 10분

긴자(⇒ p.298)
도쿄에서 가장 화려한 거리 긴자에서 원스톱 쇼핑을 즐긴 후 공항으로 이동하자.

Tokyo Best Course

COURSE 3

미식가를 위한 도쿄 먹방 여행

일본의 먹을거리는 무궁무진하다. 닭고기, 돼지고기, 쇠고기를 이용한 꼬치구이, 야채와 쇠고기, 두부 등을 넣어 만든 스키야키, 입에서 살살 녹는 신선한 스시, 튀김옷은 바삭하고 속살은 부드러운 돈가스, 메밀 또는 밀가루로 만든 국수 등은 도쿄에서 놓쳐서는 안 될 음식들이다. 수준 높은 레스토랑과 좋은 원두로 뽑아내는 커피를 선보이는 카페를 돌아보는 것도 도쿄 여행의 새로운 즐거움이 될 것이다.

첫째 날 1DAY  도보 10분

쓰키지시장 (⇒ p.348)
일본에서 가장 큰 어시장에서 생선구이로 아침식사를 즐기자.

긴자 (⇒ p.298)
긴자의 백화점에서 과자와 식재료 쇼핑을 즐기자.

클라스카 레스토랑 기오쿠 (⇒ p.92)
나카메구로의 유명 레스토랑에서 저녁을 맛보자.

 ← JR로 1시간 ← **산사다** (⇒ p.286)
1837년에 문을 연, 도쿄에서 가장 오래된 튀김 가게를 놓치지 말자.

← **둘째 날 2DAY**

셋째 날 3DAY →  도보 8분 →   JR로 30분 ↑

카페 키체네 (⇒ p.245)
다다미방을 연상시키는 전통 다실의 분위기를 담아낸 차분한 실내에서 모닝커피를 즐기자.

돈카쓰 마이센 아오야마 본점 (⇒ p.231)
아오야마의 주요 숍들을 돌아본 후 마이센에서 흑돼지 돈가스로 점심 식사를 하자.

라 비타 (⇒ p.122)
세련된 동네 지유가오카를
산책한 후 라 비타에서
티타임을 가져보자.

넷째 날
4DAY

국립신미술관 (⇒ p.146)
일본 건축계의 거장
구로카와 기쇼의
마지막 작품을 관람하자.

도보 2분

아베짱 (⇒ p.167)
꼬치 전문점 아베짱에서
다양한 꼬치와 시원한 맥주
한잔으로 하루를 마무리하자.

도보 20분

도쿄미드타운 (⇒ p.152)
도쿄 미드타운에서
쇼핑 후 롯폰기힐스까지
돌아보자.

도보 10분

폴 보퀴즈 (⇒ p.164)
국립신미술관
3층에는 미슐랭 3스타의
레스토랑이 있다.

Tokyo Best Course

COURSE 4

쇼퍼홀릭이라면 놓쳐선 안 될 도쿄 쇼핑 여행

이세이 미야케, 요지 야마모토, 꼼데가르송, 겐조 등은 일본 패션의 간판 브랜드로
전 세계의 패션피플들에게 사랑받고 있다. 라이프 스타일 브랜드인 무지, 디 앤 디파트먼트, 캠핑 전문
브랜드 스노피크 등은 심플한 디자인으로 많은 사람의 이목을 집중시키고 있다.
그 밖에도 시부야의 새로운 쇼핑 명소인 히카리에와 긴자의 대표 백화점들은 최고의 아이템만을
갖추고 있어 여행자들의 지갑을 열게 한다.

첫째 날 1DAY

마리메코(⇒ p.256)
핀란드를 대표하는 마리메코에서 생활용품을 저렴한 가격에 구입하자.

도보 2분

오모테산도힐스(⇒ p.250)
트렌드를 선도하는 오모테산도힐스를 본 후 마이센의 흑돼지 돈가스로 점심식사를 하자.

도보 3분

에이 투 지 카페(⇒ p.239)
요시모토 나라가 프로듀스한 카페에서 소박한 저녁식사로 하루를 마무리하자.

도보 2분

스파이럴(⇒ p.229)
가족이나 친구들을 위한 기념품으로 일본 장인들이 만든 공예품을 골라보자.

도보 10분

모마 스토어(⇒ p.258)
세계 최대의 박물관 디자인 스토어인 모마 스토어에서 다양한 제품을 쇼핑하자.

둘째 날 2DAY

도큐 핸즈(⇒ p.208)
시부야의 도큐핸즈로 출동! DIY 공구, 팬시용품, 디자인 소품 등이 가득하다.

도보 15분

골드러시(⇒ p.200)
쇼핑을 즐긴 후 푸짐한 햄버그스테이크로 배고픔을 달래자.

도보 10분

TIP
긴자에서 놓쳐선 안 될 숍

- 문구류에 관심이 많다면 **이토야**(⇒ p.340)
- 일본 최대의 토이 파크 **하쿠힌칸**(⇒ p.338)
- 역사와 전통을 사랑하는 문구점 **규코도**(⇒ p.336)
- 벨기에에서 온 초콜릿의 황제 **피에르 마르콜리니**(⇒ p.325)
- 멋쟁이 남성들이 찾는 곳 **모노클 카페**(⇒ p.322)
- 일본을 대표하는 NO.1 화과자 **도라야**(⇒ p.324)
- 프랑스의 유명 홍차 브랜드숍 **마리아주 프레르**(⇒ p.328)
- 프렌치 스타일의 파인 다이닝 **베이지 알랭 뒤카스 도쿄**(⇒ p.317)

히카리에 (⇒ p.210)
시부야의 심장 히카리에에서 음악, 영상, 아트, 패션 등 다양한 장르의 엔터테인먼트를 즐겨보자.

JR로 45분 →

스카이트리 (⇒ p.280)
도쿄의 새 랜드마크. 334m 높이의 전망대에서 도쿄의 야경을 보는 것으로 하루를 마무리하자.

셋째 날
3DAY

긴자 라이온 나나초메 (⇒ p.321)
80년 전통의 아름다운 비어홀에서 시원한 맥주로 하루를 마무리하자.

← 도보 2분

시세이도 파라 (⇒ p.308)
일본의 유명 화장품 회사인 시세이도에서 운영하는 음식점에서 배를 채우자.

← 도보 5분

긴자 거리 (⇒ p.344)
명품 브랜드의 원스톱 쇼핑을 원한다면 미쓰코시, 마쓰야 긴자, 프렝탕 백화점을 공략하자.

시크릿 TOKYO

시크릿
TOKYO

나만의 아지트로 삼고 싶은 리얼 도쿄

정기범·김한나 지음

시공사

contents

BEFORE TRAVELING TO TOKYO

Intro 1	**Presents Parade** 기념품 퍼레이드	12
Intro 2	**Convenience Store** 도쿄 콤비니에 들르다	16
Intro 3	**Architecture** 도쿄 건축 기행	18
Intro 4	**Shopping** 도쿄 쇼핑의 지혜	22
Intro 5	**Food** 맛있는 도쿄	28
Intro 6	**Walking** 도쿄의 걷고 싶은 거리	34
Intro 7	**Bicycling** 페달을 밟으며 둘러보는 도쿄 자전거 여행	40

TOKYO BY AREA

Area 1	**Daikanyama & Ebisu** 다이칸야마 & 에비스 代官山 & 恵比寿	44
Area 2	**Nakameguro** 나카메구로 中目黒	84
Area 3	**Shimokitazawa** 시모기타자와 下北沢	102
Area 4	**Jiyugaoka** 지유가오카 自由が丘	118
Area 5	**Roppongi** 롯폰기 六本木	142
Area 6	**Shinjuku** 신주쿠 新宿	174
Area 7	**Shibuya** 시부야 渋谷	196
Area 8	**Harajuku & Omotesando** 하라주쿠 & 오모테산도 原宿 & 表参道	220
Area 9	**Ueno & Asakusa** 우에노 & 아사쿠사 上野 & 浅草	268
Area 10	**Ginza** 긴자 銀座	296
Area 11	**Odaiba** 오다이바 お台場	350
Area 12	**Yokohama** 요코하마 横浜	362

BASIC INFO

Outro 1	**Entrance** 일본 입국하기	374
Outro 2	**Transfer** 공항에서 시내 이동하기	375
Outro 3	**Traffic** 도쿄 대중교통 이용 노하우	378
Outro 4	**Tokyo Travel A to Z** 도쿄 여행의 모든 것	380
Outro 5	**Travel Calendar** 도쿄의 연중행사 캘린더	382
Outro 6	**Movie** 일본에 가기 전 꼭 봐야 할 영화	384
Outro 7	**Secret Staying** 도쿄의 숙소	386
Outro 8	**Survival Japanese** 서바이벌 일본어 여행 회화	392

TRAVEL MAP

MAP 1	다이칸야마·에비스	398
MAP 2	나카메구로	399
MAP 3	기치조지	400
MAP 4	시모기타자와	400
MAP 5	지유가오카	401
MAP 6	롯폰기·아자부·히로오	402
MAP 7	신주쿠	404
MAP 8	시부야	406
MAP 9	하라주쿠·오모테산도·아오야마	408
MAP 10	우에노	410
MAP 11	아사쿠사	411
MAP 12	긴자 1~5초메	412
MAP 13	긴자 5~8초메	414
MAP 14	오다이바	416
MAP 15	요코하마	418

Secret Tokyo Manual 시크릿 도쿄 사용설명서

스폿 정보는 이렇게 봅니다.

- 카페 미켈란젤로 : 한글 발음
- Caffé Michelangelo : 원어 표기
- 🔊 카훼 미케란제로 : 현지인의 발음에 가까운 한글 표기로, 한글 발음과 동일한 경우는 생략합니다.

055
카페 미켈란젤로 Caffé Michelangelo 🔊 카훼 미케란제로
Map P.398-A

① Add. 東京都渋谷区猿楽町29-3 ② Google Map 35.648493, 139.699368
③ Tel. 03-3770-9517
④ Open 점심 11:30~17:00, 저녁 18:30~21:30
⑤ Access 지하철 도큐도요코선 다이칸야마역 정면 출구에서 도보 5분
⑥ URL www.hiramatsurestaurant.jp/michelangelo/about

MAP P.398-A : 이 책의 398쪽에 있는 다이칸야마·에비스 지도의 A 구역에서 숍을 찾을 수 있습니다.

카페 아이콘 : 소개된 장소의 성격을 나타냅니다.

- 💻 카페   🍴 레스토랑
- 🛒 쇼핑 스폿   📷 관광지
- (secret) 저자가 특별히 추천하는 스폿

2017 New
2017년 개정판에 새롭게 추가된 스폿

① 東京都渋谷区猿楽町29-3 : 주소
② 35.648493, 139.699368 : 구글 지도에서 검색할 수 있는 GPS 좌표
③ 03-3770-9517 : 지역번호를 포함한 전화번호. 로밍휴대폰을 이용할 경우 이 번호를 그대로 누르면 됩니다. 한국에서는 국제전화접속번호+81+0을 제외한 전화번호를 누르세요.
④ 점심 11:30~17:00, 저녁 18:30~21:30 : 영업시간과 휴무일. 부정기적 휴무인 곳은 휴무일을 따로 표기하지 않았습니다.
⑤ 지하철 도큐도요코선 다이칸야마역 정면 출구에서 도보 5분 : 지하철역에서 찾아가는 법과 도보 이동 시간
⑥ www.hiramatsurestaurant.jp/michelangelo/about : 자체 홈페이지나 해당 숍이 소개된 웹페이지

*가격 정보 : 본문의 끝부분에 서체를 바꾸어 가격 정보를 기록해 한눈에 알아볼 수 있습니다.

지도는 이렇게 보세요.

🄷	호텔	🄱	은행
🅁	카페와 레스토랑	⚲	학교
🅂	쇼핑 스폿	✚	병원
🄽	야간 명소	⛩	신사
🄼	박물관과 미술관	卍	절
🄲	영화관	ⓧ	파출소
🅃	극장	ⓔ	우체국

Why TOKYO? −작가의 말

● 정기범 Joung Gibeom

18년 전 어느 추운 겨울날, 나는 도쿄행 비행기에 몸을 실었다. 고등학교 시절 우연히 사촌 형을 통해 알게 된 미야자키 하야오의 애니메이션에 심취해 일본에 가졌던 관심이 희석되었을 때쯤이다. 짐을 싸고 도쿄행 비행기에 오르기까지 모든 결정과 준비는 불과 3일 만에 이루어졌다. 그리고 지도 한 장 없이 발길 닿는 대로 거리를 떠돌아다녀도 마냥 신기하고 독특한 일본의 매력에 빠져든 7박 8일간의 여행을 마치고 돌아온 후부터 그곳의 하늘과 공기를 동경하게 되었다.

1996년 파리에서 광고 공부를 하던 나는 한국에 갈 때마다 이웃한 도쿄를 경유지에 포함시키는 기지를 발휘해 알뜰 여행을 즐겼다. 가난한 유학생의 입장에서 도쿄의 살인적인 물가는 숙박비부터 엄청나게 큰 부담이었다. 아키하바라의 뒷골목을 헤매다 한 달 치 생활비를 털어 싸구려 중고 노트북을 구입하거나 신주쿠의 중고 카메라 가게에서 오래된 클래식 카메라를 사기 위해 끼니를 거르는 횟수가 늘었지만, 도쿄 여행은 늘 기쁨과 기대로 충만했다.

여섯 번째로 도쿄를 찾았을 때, 도쿄의 숨은 매력을 혼자서만 알고 있기에는 너무나 아깝다는 생각이 들었다. 지유가오카의 전통 찻집에서 즐기는 차 한잔의 여유는 여행의 피로를 한 방에 날릴 정도로 감미로웠고, 트렌드세터들이 드나드는 다이칸야마의 패션 부티크는 도쿄진의 개성만점 스타일을 완성하기에 부족함이 없어 보였다. 패션 명품 브랜드가 즐비한 아오야마 상점가의 문턱은 높았지만 패션에 문외한인 내게 좋은 선생님 역할을 해주어 안목을 높일 수 있었다.

돈을 아끼기 위해 일주일 내내 집에서 밥을 해 먹다가도 〈미쉐린 가이드〉에 실린 레스토랑을 찾아 나서는 나는 도쿄에서 즐기는 식도락에도 푹 빠져들었다. 도쿄에서 가장 맛있다는 스시집에서 스시를 먹을 때는 머릿속에 "죽어도 여한이 없다"는 말이 맴돌 정도로 행복했다.

이 책은 든든한 지원군 덕분에 완성될 수 있었고, 그분들께 평생 갚아야 할 신세를 졌다. 일본에서 5년간 머무르면서 이번 책이 나오기까지 함께 작업한 발랄 체제 한나, 도쿄 토박이 은주 누나, 일본의 대학에서 감성공학을 가르치고 있는 남규 형, 좋은 풍경 사진도 제공해주신 재석 형님과 마음이 따뜻한 형수님, 와이프의 오랜 친구라는 이유로 뙤약볕을 마다하지 않고 촬영을 도와준 현정 씨, 파리에서 패션 잡지 일을 하고 있는 미유키 군과 다나구치군, 도쿄에서 디자인 공부를 하는 통역 담당 상숙 씨, 도쿄진들이 사랑하는 장소를 짚어준 에밀리 상, 삶의 이유를 확고히 해준 사랑하는 나의 딸 하은이와 하은 엄마, 늘 기도와 격려로 힘이 되어주는 가족, 무엇보다 내게 여행 작가로서의 달란트를 허락하신 하나님께 감사의 말을 남기고 싶다.

● 김한나 Kim Hanna

음악을 꿈꾸던 젊은 날, 원치 않은 방향으로 향하는 인생을 탓하며 방황하던 내가 처음 일본 땅을 밟은 것은 2000년 10월이었다. 이후 여러 번 일본을 방문하다 보니 이제는 나리타국제공항의 공기를 마시는 순간 고향에 온 것처럼 편안해진다.

그렇게 내게는 휴식과도 같은 일본에 대한 책을 준비하면서 파리와 일본, 한국을 넘나들며 열심히 임했던 만큼 좋은 결실을 맺을 수 있을까 하는 걱정과 조바심으로 보낸 지난날을 돌아보니 스스로 한층 업그레이드된 것 같다.

언제나 나를 지켜주시는 하나님과 사랑하는 가족들, 수많은 가르침을 주신 정기범 작가님과 덤앤더머를 열심히 응원해준 마담 숙현, 세상에서 가장 귀여운 우리 하은이를 비롯해 사랑이 넘치는 파리 최고의 민박집 로템의 식구들, 4차원 세범이, 정보 수집을 도운 千惠さん, 자신의 일처럼 많은 시간을 투자해준 베프 律子ちゃん, トシ君! またすぐに行くから遊ぼうねっ! 엉뚱발랄 미녀 서바니, 감자를 사랑하는 붕어 양, 그리고 친절한 선장님 長島 씨와 배꼽이 빠질 만큼 재미있고 친절한 기무라 택시의 喜村 씨(일본어가 가능하다면 이용하길 喜村タクシー 080-5411-4454), 책이 나오기만을 기다리며 응원해준 많은 분들께 감사의 인사를 드리고 싶다.

BEFORE
TRAVELING
TO
TOKYO

Intro 1	**Presents Parade**	12
	기념품 퍼레이드	
Intro 2	**Convenience Store**	16
	도쿄 콤비니에 들르다	
Intro 3	**Architecture**	18
	도쿄 건축 기행	
Intro 4	**Shopping**	22
	도쿄 쇼핑의 지혜	
Intro 5	**Food**	28
	맛있는 도쿄	
Intro 6	**Walking**	34
	도쿄의 걷고 싶은 거리	
Intro 7	**Bicycling**	40
	페달을 밟으며 둘러보는 도쿄 자전거 여행	

Intro
01
Presents Parade
기념품 퍼레이드

저렴하게 구입할 수 있는 기념품을 고를 때는 먼저 선물을 받을 사람에게 쓸모가 있는지 생각해봐야 한다. 도쿄에서 구입할 수 있는 가격 대비 만족스러운 귀여운 선물 퍼레이드, 자, 개봉 박두!

Tokyo

01
02
03
04
05
06

07

1. 칫솔 홀더 ￥420(랭킹 랭퀸) 꽃이 핀 것처럼 예쁜 칫솔 홀더. 거울이나 스테인리스, 타일 등에 부착할 수 있다. 2. 목각 인형 ￥1600(공항 면세점) 일본에서 열린 국제 목각 인형 만들기 대회에서 우승한 제품으로 적당한 가격에 멋진 선물이 될 만한 아이템이다. 3. 쥐 모양의 마사지기 ￥1365(식스) 마사지와 장식품 역할을 겸한 귀여운 소품. 가격이 저렴해 가벼운 선물용으로 적합하다. 4. 예쁜 손전등 ￥1050(모마 숍) 감각적일 뿐 아니라 기능성까지 갖춘 예쁜 손전등. 5. 원두 분쇄기 ￥3400(스노우픽) 캠핑 시 편리한 수동식 원두 분쇄기. 6. 북마크 ￥525(프랑프랑) 책장에 끼울 수 있도록 만든 북마크로 색깔이 다양하다. 7. 지우개 ￥105(이토야) 모서리를 이용해 섬세하게 지울 수 있는 장점이 있는 특이한 모양의 지우개. 깔끔한 문서 작업을 원할 때 유용하다.

8. 동전 지갑 ¥1050(공항 면세점) 개구리를 위로 올리면 열리는 예쁘고 특이한 지갑. 엄마나 할머니가 좋아하는 아이템 중 하나. 9. 천연 나무로 만든 젓가락 ¥420 가늘고 고급스러운 색상의 젓가락으로 미끄러지지 않도록 홈이 파여 있다. 10. 레터 오프너 ¥1050(이토야) AA 건전지를 넣어 사용할 수 있는 전동식 봉투 자르기. 11. 고양이 장식 인형 ¥1270(공항 면세점) 예쁜 도자기로 된 고양이 장식 인형. '마네키네코'라 불리는 이 고양이는 오른손을 들고 있어 금전복을 부른다. 12. 키티 장식 도자기 ¥725(공항 면세점) 귀고리, 목걸이 같이 작은 액세서리를 넣어두기에 좋은 도자기로 예쁜 키티 장식이 되어 있어 여자들에게 인기다. 13. 페이퍼 컵 홀더 ¥1210(도쿄신미술관) 뜨거운 종이컵을 들 때 놓치면 자칫 화상을 입기 일쑤! 그럴 때 손잡이가 있는 예쁜 컵 홀더가 필요하다. 14. 오리가미 ¥315(도쿄신미술관) 일본의 종이접기 인형. 단순하지만 예쁜 모양의 오리가미를 접어보자. 15. 도쿄 바나나 ¥1500(도쿄타워) 일본에 다녀오는 사람들이 즐겨 사오는 빵. 촉촉한 빵 안에 진짜 바나나가 들어 있다.

Intro 01 / Presents Parade

¥1000 이하 미용·건강용품

Tokyo

01 02 03 04 05 06 07

1. 해피 플레이버스 ¥150 청포도와 레몬 향이 나는 목욕용 소금, 호호바 알코올 성분이 들어 있어 몸을 산뜻하게 해주고 부기를 제거해준다. 2. 굿바이 게아나 ¥660 모공을 깨끗이 해주는 역할을 하는 스크럽 세안제로 특히 블랙헤드를 제거하고 코나 뺨을 세안하는 데 좋다. 3. 덴탈 프로 ¥346 입 냄새의 원인이 되는 혀를 깨끗이 해주는 혀 전용 솔. 센스 있는 직장인들의 필수품이다. 4. 스타일링 왁스 ¥386 초소형 사이즈로 여행시 휴대하기 편리한 가스비 왁스. 스타일링을 완성해준다. 5. 타비오 양말 ¥840 버선형 양말로 익숙해지면 편안하다. 6. 게르마 수액 시트 ¥236 인삼, 마늘 등에 포함된 오거닉 게르마늄 성분이 함유되어 있다. 목욕한 후 잠자리에 들기 전에 목, 허리, 무릎, 팔꿈치와 발바닥에 붙이면 피로 해소에 효과 만점. 7. 요지야 기름 종이 ¥400 메이크업 후 얼굴에 낀 기름을 제거해준다. 화장을 깔끔하게 수정하는 데 필수품. 8. 우노 슈퍼 모공 팩 ¥500 모공을 조여주고 피부를 부드럽고 깨끗하게 해주는 모공 팩. 코의 표피에 있는 이물질과 기름도

깨끗이 없애준다. 9. 미니 배스 튜브 세트 ¥405 하트 모양으로 된 블루베리 향의 귀여운 더블 컬러 비누와 개구리 모양의 허니 멜론 향 버블 배스, 블루베리 향의 샤워 젤이 들어 있는 깜찍한 휴대용 목욕 세트. 10. 치약 짜기 ¥300(플라잉 타이거 코펜하겐) 마지막까지 알뜰하게 치약을 짜낼 수 있는 입술 모양의 치약 짜기. 11. 덴탈 닥터 ¥420 치아와 잇몸을 건강하게 지켜주는 필수품으로 치석과 이물질을 없애 치주염과 충치를 예방해준다. 초미립 와이어를 사용해 이와 이 사이의 좁은 공간까지 깨끗이 청소할 수 있다. 12. 이지 도우스 ¥750 요일에 맞춰 영양제나 약을 먹을 수 있도록 분리 수납이 가능한 휴대용 약통. 13. 디지 워커 ¥980 걷는 것이 유행처럼 되어버린 요즘, 건강을 지키기 위한 필수품인 만보계. 귀여운 타입의 만보계로 시계와 스톱워치 기능도 있다. 14. 가네보 누디 ¥360 모공 속 불필요한 기름과 때를 말끔하게 제거해주며 여드름을 예방하는 효과가 있는 남성용 세안제. 허브와 알로에 진액이 들어 있어 세안 후에도 얼굴에 수분을 유지해준다.

Intro

02

Convenience Store

도쿄 콤비니에 들르다

길을 걷다 갑자기 출출해지거나 군것질이 생각날 때 들르기 좋은 도쿄 콤비니(편의점)는 24시간 이용할 수 있어서 매우 편리하다. 100m마다 하나쯤 있을 정도로 많은 편으로 도시락(벤토, 弁当)의 경우 계산할 때 점원에게 이야기하면 따뜻하게 데워준다.

01

02

03

Tokyo

04

05

06

07

*콤비니에 따라 다소 가격 차가 발생할 수 있음

1. 프라이드 치킨 도시락 ¥498 프라이드 치킨과 달걀, 오뎅이 들어 있는 도시락. 2. 생선 도시락 ¥360 생선과 오뎅이 들어 있는 도시락. 3. 크로켓 도시락 ¥620 새우, 꼬치튀김, 돼지고기 크로켓이 들어 있는 도시락. 4. 모둠 도시락 ¥525 9가지 반찬이 들어 있어 보기만 해도 든든한 모둠 도시락. 5. 참치 스시 도시락 ¥415 싱싱함이 돋보이는 참치 스시 도시락. 6. 모둠 스시 도시락 ¥460 가볍게 즐길 수 있는 모둠 스시 도시락. 7. 삼각김밥 ¥168 참치, 우메보시, 명란 등이 들어간 삼각김밥(오니기리). 8. 카스텔라 ¥205 부드럽고 달콤한 맛이 특징. 9. 칼피스 ¥150 우리나라 밀키스와 비슷하지만 맛이 훨씬 진한 칼피스 프리미엄. 10. 콜라겐워터 ¥168 여성들에게 좋은 콜라겐과 비타민이 들어 있다. 11. 우에노 라면 ¥100 우에노 지역을 대표하는 동물원의 판다를 상징하는 자극적이지 않은 맛의 라면. 12. 버터 치킨 카레 ¥294 무지(무인양품)의 인기 상품으로 우리 입맛에도 잘 맞는다. 13. 미니 환타 ¥125 작고 귀여운 알루미늄 캔에 든 환타. 14. 비클 ¥126 진한 맛의 요구르트 비클. 15. 진저에일 ¥162 생강 맛이 나는 탄산음료.

Intro 03 Architecture
도쿄 건축 기행

신의 손길을 가졌다는 세계적인 건축가들의 경연장이 된 도쿄의 스카이라인은 경이롭기까지 하다. 단게 겐조, 안도 다다오, 구로카와 기쇼, 이토 도요와 같은 일본의 대표적인 건축가 그룹은 물론 르 코르뷔지에, 마리오 보타, 필립 스탁, 노먼 포스터 등 세계적인 건축가들이 디자인한 건물을 돌아보는 것만으로도 여행의 재미가 한층 배가될 것이다. 무심코 지나쳤던 건물과 건축가에 대해 한 번 더 생각하게 될 테니 말이다.

1. 도쿄 도청東京都庁
요코하마의 랜드마크타워(296m), 롯폰기 미드타운타워(248m) 등이 들어서기 전까지 일본에서 가장 높은 건물로 손꼽히던 도청은 243m의 높이를 자랑한다. 1984년 공모전에 당선된 단게 겐조가 1990년 12월에 완공한 이 건물은 지상 48층의 제1본청사와 34층의 제2청사로 나뉘어 있다. 도민 광장과 의회, 관광객을 위한 전망대로 인텔리전트하게 설계된 내부와 에도 시대의 전통적인 격자무늬와 컴퓨터 회로가 겹친 모양의 외관이 특징이다. 본청사 45층에는 무료 전망대가 남북으로 설치되어 있어 도쿄를 한눈에 내려다볼 수 있다.
Artist 단게 겐조 **Access** JR 신주쿠역 서쪽 출구에서 도보 10분, 지하철 오에도선 도초마에역 도보 1분
URL www.metro.tokyo.jp

2. 국립서양미술관国立西洋美術館
'필로티'로 띄운 외관과 모듈, 순회식 동선 등으로 이뤄진 다양한 공간 구성만 봐도 현대 건축의 아버지 르 코르뷔지에가 설계한 건물임을 짐작할 수 있다. 우에노공원 안에 있는 아담한 규모의 국립서양미술관은 르 코르뷔지에와 사카쿠라 준조, 마에카와 구니오의 공동 설계로 이뤄졌다. 'L' 자 구성을 떠나 동선, 모듈 단위를 도입한 신관에는 자연광 형식을 채용해 자동적으로 광선 양을 조절할 수 있는 카메라 조리개 모양의 설비를 갖췄다.
Artist 르 코르뷔지에 **Access** JR 우에노역 고우엔 출구에서 도보 1분 **URL** www.nmwa.go.jp

3. 아사히 슈퍼드라이홀アサヒスーパードライホール-

일본의 대표적인 맥주 회사 아사히Asahi맥주의 헤드 쿼터. 거대한 황금색 오브제와 검은 어영석御影石으로 마감한 건물은 강한 대비로 아사쿠사의 랜드마크가 되었다. 1989년에 완공한 이 건물은 견학 코스는 없는 대신 레스토랑 겸 이벤트홀로 구성되었다. 프랑스의 산업 디자이너 필립 스탁이 만든 '황금 불꽃Flamme d'or'이라는 이름의 조형물로 뜨겁게 타오르는 아사히맥주의 마음을 표현했다.

Artist 필립 스탁 **Access** 지하철 아사쿠사역에서 도보 5분 **URL** www.asahibeer.co.jp

4. 센트리타워センチュリタワー

런던의 시티홀, 밀레니엄 브리지, 빌바오 지하철, 홍콩의 상하이은행 건물을 만든 것으로 널리 알려진 영국 출신의 세계적인 건축가 노먼 포스터가 일본에 선보인 첫 번째 작품이다. 2층 간격의 브레이스 프레임Brace Frame이 외관의 주요 특징으로 2개 동의 타워를 아트리움으로 연결하고 오피스를 배치해 개방적인 분위기를 낸 것이 특징이다.

Artist 노먼 포스터 **Access** JR 스이도바시역·오차노미즈역에서 도보 5분

5. 라 콜레지오네La Collezione

지하 3층, 지상 4층 건물로, 안도 다다오의 특징을 한눈에 알아볼 수 있는 곳이다. 미로와 같이 배치된 통로를 오르락내리락해 3차원적인 골목길을 걷는 느낌이 든다. 6.15m의 균등한 격자 직육면체 2개를 배치하고 직경 21m의 실린더를 설치해 원형 벽을 만든 것이 특징이다. 이 벽면을 계단이 에워싸도록 해 2개의 직육면체 사이에 계단이 배치되었다. 패션 부티크와 고급 상점 갤러리가 밀집한 오모테산도에 있다.

Artist 안도 다다오 **Access** 지하철 오모테산도역 A5 출구에서 도보 4분 **URL** www.lacollezione.net

6. 와타리움미술관ワタリウム美術館

교보빌딩과 리움미술관을 통해 우리나라에서도 활발한 활동을 펼치고 있는 마리오 보타의 일본 내 첫 작품으로, 사설 미술관 겸 주거 건물로 지어졌다. 콘크리트에 검은색 화강암으로 지은 이 건물의 특징은 '기하학적 형태의 강한 건축적 어휘'라는 그에 대한 평가처럼 강렬한 인상을 주는 파사드이다. 거리 모퉁이의 삼각형 외부 계단이 건물의 단조로움과 대비된다.

Artist 마리오 보타 **Access** 지하철 가이엔마에역에서 시부야 방면으로 도보 8분 **URL** www.watarium.co.jp

7. 도쿄국제포럼東京国際フォーラム-

도쿄 도청이 새로 옮겨간 자리에 조성한 종합 문화 시설로 국제 회의나 공연, 국제 포럼 등의 행사가 열린다. 국제 경진대회에서 당선한 라파엘 파뇰리가 설계한 이곳은 나뭇잎 모양의 유리 건물이 특징이며 유선 형태의 유리로 마감된 동과 4개 동이 병행해서 배치되어 있다.

Artist 라파엘 비뇰리 **Access** JR 유라쿠초역에서 도보 1분 **URL** www.t-i-forum.co.jp

8. 오모테산도힐스表参道ヒルズ-

옛 도준카이 아오야마 아파트의 '도시의 기억'을 계승한 안도 다다오의 설계로 지어졌다. 지상 6층, 지하 6층으로 된 이 건물은 약 3만4000㎡에 총 사업비 ¥189억이 투입되었으며 모리빌딩이 중심이 되어 개발했다. 93개의 부티크, 귀금속점, 레스토랑이 들어섬과 동시에 38호의 주거 공간이 들어선 주상 복합 형태의 건물로 오모테산도 거리에 늘어선 느티나무의 키에 맞춰 건물의 높이를 제한한 아이디어와 자연 채광을 이용한 구조, 자연의 풍미를 즐길 수 있도록 한 디자이너의 세심한 감각을 느낄 수 있다.
Artist 안도 다다오 **Access** 지하철 오모테산도역 A2 출구에서 도보 2분
URL www.omotesandohills.com

9. 국립신미술관国立新美術館

롯폰기 국립신미술관은 2007년에 타계한 일본의 유명 건축가 구로가와 기쇼의 작품으로 건물 외부에서 느껴지는 차가운 이미지와는 달리 내부는 마루와 유리, 적절한 철골의 조화로 안정되고 따스한 느낌을 준다. 소니타워를 비롯해서 일본 건축계에 위대한 업적을 남긴 그는 불교 철학에 기반을 둔 메타볼리즘 그룹을 만들어 1960년대 건축계의 중심으로 자리 잡게 한 개척자다. 시간과 공간, 인간과 기술 사이의 내부 상호 관계를 강조하는 그의 공생 철학을 볼 수 있는 건물이다.
Artist 구로카와 기쇼 **Access** 지하철 롯폰기역 7번 출구에서 도보 4분 **URL** www.nact.jp

10. 미키모토 부티크2ミキモトブティック2

치즈 구멍처럼 생긴 유리창이 있는 외관이 독특한 미키모토 부티크 2호점은 긴자의 새로운 랜드마크로 주목받는 건물이다. '풍요롭고 질 높은 생활을 누리게 하고 싶다'는 구상 아래 진주를 탄생시키는 조개의 거품과 춤추며 떨어지는 꽃잎을 형상화했으며 보석 상자를 들여다보는 설렘과 신비로움을 콘셉트로 만들어졌다. 지하 1층에서 지상 6층까지는 미키모토의 부티크이며, 7~9층에는 고급 레스토랑이 입점해 있다.
Artist 이토 도요 **Access** 지하철 긴자잇초메역에서 프렝탕백화점 쪽으로 도보 3분
URL www.mikimoto.com

11. 프라다 부티크プラダブティック

독일월드컵 주경기장으로 사용된 알리안츠 아레나와 새 둥지 모양으로 주목받은 베이징올림픽(2008년) 메인 스타디움을 설계한 헤르초그 & 드 뫼롱의 작품이다. 프라다의 '에피센터Epicenter(진앙)' 프로젝트의 일환으로 건설된 프라다 부티크 아오야마의 건물 외관은 볼록렌즈처럼 튀어나온 마름모꼴의 유리 블록 수백 개로 뒤덮여 있다. 특히 화려하게 불을 밝히는 야간에는 한층 아름답게 빛나는 건물을 감상할 수 있다.
Artist 헤르조그 & 드 뫼롱 **Access** 지하철 오모테산도역 A5 출구에서 도보 5분
URL www.prada.com

12. 토즈Tod's

이토 도요의 야심작으로 꼽히는 토즈 건물은 오모테산도에 있는 인상적인 가로수를 형상화한 듯 건물의 유리로 된 외관에는 느릅나무 모양의 콘크리트 가지가 뒤덮여 있다. '무주 공간'을 콘셉트로 한 이 건물은 열린 공간을 위해 내부에 기둥을 없애고자 노력했으며 내부에 있어야 할 구조체를 밖으로 끄집어낸 것이 특징이다.
Artist 이토 도요 **Access** 지하철 오모테산도역 A1 출구에서 도보 3분 **URL** www.tods.com

13. 꼼데가르송コムデギャルソン-

버밍엄의 셀프리지백화점, 로드 크리켓 그라운드에 있는 미디어센터, 서인도 부두와 캐너리 워프를 잇는 교량 등을 설계한 영국의 유명 건축 회사 퓨처 시스템스의 작품. 푸른 점이 프린트된 반투명의 유선형 유리 벽이 바닥에 꽂힌 듯한 프레임리스 기법의 연출이 흥미롭다.
Artist 퓨처 시스템스 **Access** 지하철 오모테산도역 A5 출구에서 도보 5분
URL www.comme-des-garcons.com

14. 루이 비통 오모테산도점ルイ ヴィトン 表参道店-

다양한 크기와 컬러의 크고 작은 트렁크를 쌓아 만든 것 같은 이미지로 각각의 트렁크는 서로 교차하는 2개 층의 공간을 담고 있다. 메탈 패브릭이라는 독특한 소재를 사용한 벽과 상아색 가죽으로 마무리한 VIP 공간의 바닥이 특징으로, 동화 속 세계에 초대된 듯한 감상에 젖게 만든다.
Artist 아오키 준 **Access** 지하철 오모테산도역 A1 출구에서 도보 4분

15. 크리스챤 디올クリスチャン ディオール –

뉴욕의 현대미술관을 만든 SANAA(Sejima and Nishizawa and Associates)가 설계한 건축물로, 파도 모양으로 섬세하게 프린트된 아크릴판에 의해 채광이 달라지며 보는 각도에 따라 표정이 다양하게 바뀌는 재미있는 건물이다.
Artist 니시자와 류에 & 세지마 가즈오 **Access** 지하철 오모테산도역 A1 출구에서 도보 6분

16. 긴자 에르메스銀座 エルメス –

파리의 퐁피두센터를 설계한 렌초 피아노와 르나 뒤마의 합작품. 가로 세로 45cm의 유리 블록 1만3000개로 만든 외벽과 내부가 보이지 않는 블록이 대부분이나 어떤 부분은 투명한 블록을 쌓아 그 안에 상품을 진열해둔 센스가 돋보인다.
Artist 렌초 피아노 & 르나 뒤마 **Access** 지하철 긴자역 B7 출구에서 바로

Intro 04
Shopping
도쿄 쇼핑의 지혜

힌트 1. 20~30대 여성.
힌트 2. 도쿄를 제집 드나들 듯 자주 들락거린다.
힌트 3. 한여름과 한겨울의 도쿄를 특히 사랑한다. 세 가지 조건에 부합한다면, 보나 마나 쇼퍼홀릭이다. 도쿄에서 쇼핑만 잘해 오면 비행기 값 뽑는다는 그녀들의 쇼핑 팁을 엿보자.

1. 실속파 여행자들이 열광하는 100엔 숍 & 300엔 숍 100円ショップ & 300円ショップ

일상생활에 필요한 모든 것을 ¥100에 파는 잡화상. 그러나 그릇과 식기는 ¥100이 넘는 경우가 많아 가격표가 따로 붙어 있다. 급하게 필요한 세면도구나 기타 일상용품은 여기에서 구입하는게 좋다. 편의점은 훨씬 비쌀 테니 말이다. 100엔 숍은 동네마다 있지만 여기저기 돌아볼 시간이 없다면 하라주쿠 다케시타도리竹下通り에 있는 다이소 Daiso를 추천한다.

다이칸야마에 있는 300엔 잡화점 쿠쿠Coucou도 유명하다. 목욕용품, 생활용품 등을 ¥300으로 살 수 있어 주머니 사정이 넉넉지 않은 학생들도 부담 없이 찾을 수 있다. 재미있는 아이템이 아주 많으니 한번쯤 들러보자.

DATA

3 Coins 신주쿠점 3 Coins ルミネエスト新宿店
Add. 東京都新宿区新宿3-38-1 ルミネエスト 3F **Google Map** 35.691546, 139.701070 **Tel.** 03-5363-0312 **Open** 月~金曜日 11:00~22:00, 土·日曜日 10:30~22:00 **Access** 지하철 세이부신주쿠역에서 도보 7분 **URL** www.3coins.jp

돈키호테 롯폰기점 ドンキホーテ 六本木店
Add. 東京都港区六本木3-14-10 **Google Map** 35.662458, 139.734588 **Tel.** 03-5786-0811 **Open** 24시간 **Access** 지하철 롯폰기역 5번 출구에서 도보 3분 **URL** www.donki.com

다이소 다케시타도리점 ダイソー 竹下通り店
Add. 東京都渋谷区神宮前1-19-24 ビレッジ107 **Google Map** 35.671571, 139.703782 **Tel.** 03-5775-9641 **Open** 10:00~21:00 **Access** JR 하라주쿠역에서 도보 2분 **URL** www.daiso-sangyo.co.jp

2. 쇼핑에 관한 모든 것 백화점デパート

어디에서 어떻게 쇼핑하면 좋을까? 구체적인 정보도 없고 막막하다면 역시 백화점이 제일이다. 연령대를 불문하고 일본에서 가장 인기 있는 이세탄백화점은 안나수이, SK-II, 시슬리 등 여러 브랜드가 모여 있는 코즈메틱 코너와 디젤, 버버리 블루라벨, 돌체 앤 가바나 등에서 유행하는 제품을 쇼핑할 수 있다. 30대 고객이 즐겨 찾는 다카시마야 백화점은 인포메이션에 영어, 한국어, 중국어가 가능한 직원을 두어 쇼핑하기 편리하다. 산뜻한 분위기의 세이부백화점도 시부야 한복판에 있어 많은 사람들이 찾는다.

10대 후반에서 20대 중·후반이라면 시부야 마루이渋谷店 OIOI, 마루이시티OIOI City, 파르코Parco를 리스트에 넣을 것. 한국에서도 인기 있는 오조크Ozoc, 비바유Vivayou, 에고이스트Egoist, 아나프Anap 등의 옷들과 시계, 가방 등을 판매한다. 신주쿠 동쪽 출구 맞은편에 위치한, 건물의 반 이상을 차지하는 커다란 화면이 인상적인 알타스튜디오アルタスタジオ 앞 만남의 장소로 유명해 친구들을 기다리느라 서 있는 사람들이 많다. 인기 브랜드 러브 보트Love Boat, 리즈 리사Liz Lisa 등이 있어 10대 후반에서 20대 초반 사이의 여성들이 많다. 위층은 후지테레비의 〈와랏테 이이토모〉의 녹화 스튜디오로 오전에는 출연진을 보기 위해 진을 치는 여성들의 모습을 볼 수 있다.

DATA

이세탄백화점 신주쿠 본점伊勢丹百貨店 新宿本店
Add. 東京都新宿区新宿3-14-1 **Google Map** 35.691707, 139.704616 **Tel.** 03-3352-1111 **Open** 10:00~20:00 **Access** 지하철 마루노우치선 신주쿠산초메역에서 도보 1분 **URL** www.isetan.co.jp

다카시마야 신주쿠 본점高島屋 新宿本店
Add. 東京都渋谷区千駄ヶ谷5-24-2 **Google Map** 35.687724, 139.702320 **Tel.** 03-5361-1111 **Open** 10:00~20:00 **Access** JR 신주쿠역 신남쪽 출구에서 도보 2분 **URL** www.takashimaya.co.jp

세이부 시부야점西武 渋谷店
※현재 일부 매장 리노베이션 중

Add. 東京都渋谷区宇多川町21-1 **Google Map** 35.660750, 139.700379 **Tel.** 03-3462-0111 **Open** 10:00~20:00 **Access** JR 시부야역 하치코 출구에서 도보 3분 **URL** www.sogo-seibu.jp

파르코 시부야점Parco 渋谷店
Add. 東京都渋谷区宇多川町15-1 **Google Map** 35.662070, 139.698958 **Tel.** 03-3464-5111 **Open** 10:00~21:00 **Access** JR 시부야역 하치코 출구에서 도보 10분 **URL** www.parco.co.jp

시부야 마루이渋谷店 OIOI

Add. 東京都渋谷区神南1-22-6 **Google Map** 35.660915, 139.701073 **Tel.** 03-3464-0101 **Open** 11:30~21:00, 일요일·공휴일 11:30~20:30 **Access** 시부야역 하치코 출구에서 도보 3분 **URL** www.0101.co.jp

3. 아기를 위한 모든 아이템이 한곳에

한인과 유학생이 많이 사는 긴시초錦糸町역 앞에 있는 아루카킷토アルカキット 건물 내에는 레스토랑과 서점, 도쿄에서 제일 큰 100엔 숍 다이소가 입점해 있고 지하에는 이세탄백화점에서 운영하는 고급 슈퍼마켓도 있다. 무엇보다 이곳에 가는 이유는 아기가 태어나기를 기다리는 엄마를 위한 필수품을 쇼핑하기 위해서다. 임산부를 위한 속옷이나 거들, 출산 준비물 등 유아와 엄마에게 없어서는 안 될 편리한 아이템들이 주를 이루기 때문에 관심 있는 엄마라면 꼭 가볼 것을 권한다. 유모차에서 장난감까지 필요한 품목을 한꺼번에 구입할 수 있다.

DATA

아카짱 혼포赤ちゃん本舗
Add. 東京都墨田区錦糸2-2-1アルカキット錦糸町5階 **Google Map** 35.697340, 139.812441 **Tel.** 03-3829-5381 **Open** 10:00~21:00 **Access** JR 긴시초역 북쪽 출구에서 도보 1분 **URL** www.akachan.jp

BEST ITEM 호빵맨 모양의 변기인 앙팡맨 오샤베리 오마루アンパンマン おしゃべり おまる (¥4980)

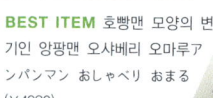

4. 쇼핑의 지혜, 도쿄 근교의 아웃렛 쇼핑

쇼퍼홀릭이라면 세계적인 브랜드 제품을 파격적인 가격에 구입할 수 있는 아웃렛 매장에 가볼 만하다. 도쿄 근교 아웃렛 매장의 지존은 단연 고텐바 프리미엄 아웃렛. 세계 10대 아웃렛에 꼽힐 정도로 규모가 크며 구찌, 마크 제이콥스, 크리스찬 라크르와, 끌로에, 안나 몰리나리, 폴 스미스, 마르탱 마르지엘라, 발렌티노, 지미 추, 불가리, 보테가 베네타 등 고가 브랜드의 가방, 주얼리, 의류 등을 판매하는 점포가 약 150개 있다. 아웃렛이라 해서 헐값이라 생각하면 오산이지만 연 2회 아웃렛 바겐세일을 하니 참고하면 좋을 듯하다.
중저가 브랜드를 원한다면 미쓰이 아웃렛 이루마로 발길을 돌릴 것. 스워드 피시Sword Fish, 나이스 클랍Nice Claup, 디젤Diesel, 올리브 데 올리브 Olive des Olive, 콩트와 데 코토니에Comptoir des Cotonniers 등이 있는데 특히 일본 내셔널 브랜드가 많아 관광객보다는 일본인이 많이 찾는다.

DATA

고텐바 프리미엄 아웃렛
Gotemba Premium Outlets
Add. 静岡県御殿場市深沢1312 **Google Map** 35.307506, 138.962438 **Tel.** 0550-81-3122 **Open** 12~2월 10:00~19:00, 3~7월·9~11월 10:00~20:00, 8월 10:00~21:00 **Close** 2월 셋째 주 목요일 **Access** JR 신주쿠역에서 오다큐로만스카 돗쿄아사기리를 타고 고텐바역에서 하차. 신주쿠역 신남쪽 출구로 나와 고텐바 프리미엄 아웃렛호 탑승
URL www.premiumoutlets.co.jp

미쓰이 아웃렛三井アウトレット
Add. 埼玉県入間市宮寺3169-1
Google Map 35.810342, 139.380594 **Tel.** 04-2935-1616
Open 10:00~20:00 **Access** 지하철 세이부이케부쿠로선 이케부쿠로역에서 세이부돗큐를 타고 이루마시역에서 하차, 세이부버스를 타고 종점에서 하차
URL www.31op.com

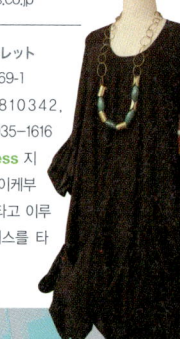

5. 모든 분야의 책을 볼 수 있는 체인 북 스토어

서점이라고 해서 다 같은 서점이 아니다. 도쿄의 유명 대형 서점 기노쿠니야紀伊國屋, 리브로Libro, 쓰타야Tsutaya는 디자인, 건축, 인테리어, 자동차, 영화 등 다양한 분야의 서적을 아우르고 있어 하루 종일 둘러봐도 시간이 모자랄 지경이다.

DATA

크레용 하우스クレヨンハウス
어린이용 동화책 전문
Add. 東京都港区北青山3-8-15 **Google Map** 35.665292, 139.709944 **Tel.** 03-3406-6308 **Open** 11:00~19:00 **Access** 지하철 오모테산도역 A1·B2 출구에서 도보 5분 **URL** www.crayonhouse.co.jp

기노쿠니야紀伊國屋
Add. 東京都新宿区新宿3-17-7 **Google Map** 35.692250, 139.702990 **Tel.** 03-3354-0131 **Open** 10:00~21:00 **Access** JR 신주쿠역 동쪽 출구에서 도보 10분, 지하철 신주쿠산초메역에서 도보 3분 **URL** www.kinokuniya.co.jp

쓰타야Tsutaya
Add. 東京都新宿区新宿3-26-14 **Google Map** 35.691836, 139.702418 **Tel.** 03-5269-6969 **Open** 10:00~다음날 02:00 **Access** JR 신주쿠역 동쪽 출구에서 도보 10분

북246 Book246
여행 서적 전문
Add. 東京都港区南青山1-2-6 **Google Map** 35.672327, 139.725377 **Tel.** 03-5771-6899 **Open** 11:00~22:00(토·일요일·공휴일은 ~21:00) **Access** 지하철 오에도선 아오야마잇초메역에서 도보 5분 **URL** www.book246.com

아오야마 북센터青山ブックセンター
인테리어와 패션 서적 전문
Add. 東京都渋谷区神宮前5-53-67地下2階 **Google Map** 35.663155, 139.707997 **Tel.** 03-5485-55111 **Open** 10:00~22:00 **Access** 지하철 오모테산도역 B2 출구에서 도보 3분

6. 여성들의 놀이터 드러그 스토어

도쿄 여성들이 즐겨 쓰는 화장품은 무엇일까? 드러그 스토어ドラックストア(약국)에서 그 답을 찾을 수 있다. 대표적인 드러그 스토어는 마쓰모토 기요시マツモトキヨシ 시부야점이다. 이곳은 1·2층에 세일 품목을 가득 진열해놓아 많은 사람들로 붐빈다. 인기 가수와 배우를 모델로 기용해 주목을 끄는 케이트Kate, 만화 캐릭터를 그려 넣어 단번에 인기몰이를 한 라브라보, 인형 눈을 만들어주는 초강력 마스카라를 판매하는 비세Visée를 눈여겨보자. 한국에도 알려진 DHC의 클렌징 제품부터 건강식품까지 편의점처럼 구입할 수 있는 편리함이 강점이다. 비싸더라도 질 좋은 제품을 원한다면 시세이도의 클레 드 포Clé de Peau를 노릴 것. 고급 라인의 제품은 밀착력이 높고 투명한 피부를 연출할 수 있어 가격이 비싸지만 만족도가 높다.

DATA

마쓰모토 기요시 시부야점
マツモトキヨシ 渋谷店
Add. 東京都渋谷区宇田川町22-3 **Google Map** 35.659763, 139.699776 **Tel.** 03-3463-1130 **Open** 24시간 **Access** JR 시부야역 하치코 출구에서 도보 3분 **URL** www.matsukiyo.co.jp

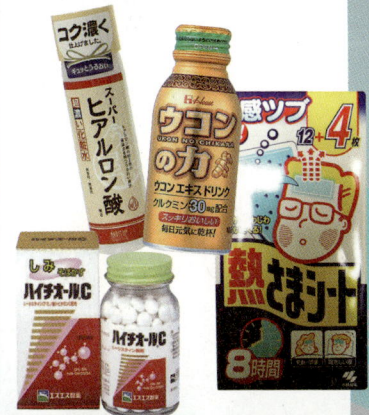

Intro 04 / Shopping

7. 전자제품, 카메라 구입에 유용한 정보

아키하바라나 일본의 전자제품 양판점이 한국보다 절대적으로 싸다는 생각은 버려야 한다. 잘못하면 한국보다 비싸게 살 수 있을뿐더러 귀국하면서 관세까지 내야 한다. 특히 디지털카메라나 카메라 액세서리 등은 국내의 가격 비교 사이트를 통해 미리 검색하는 것이 좋다. 전자제품이나 카메라를 사고 싶지만 시간이 없는 사람들은 도쿄 시내 중심가에 있는 빅 카메라(www.biccamera.com)나 요도바시 카메라(www.yodobashi.com), 사쿠라야(www.sakuraya.co.jp) 등의 전자제품 양판점을 찾는 것이 좋다. 다양한 신제품을 직접 사용해볼 수 있어 인터넷 쇼핑몰 등을 통해 구입하는 것보다 믿을 수 있으며 제품 구입 시 마일리지를 적립할 수 있는 것이 장점이다. 빅 카메라, 사쿠라야, 요도바시 카메라 등의 양판점에서는 물건 구매 시 5~25%의 포인트를 적립해주며 이를 현금처럼 사용할 수 있다. 단, 포인트를 적립하거나 중고 제품의 경우에는 면세 혜택을 받을 수 없다.

DATA

빅 카메라 신주쿠 서쪽 출구점
ビックカメラ新宿西口店
Add. 東京都新宿区西新宿1-5-1 **Google Map** 35.692484, 139.698643 **Tel.** 03-5326-1111 **Open** 10:00~21:00 **Access** JR 신주쿠역 서쪽 출구에서 도보 2분 **URL** www.biccamera.co.jp

요도바시 카메라 신주쿠 서쪽 출구점 ヨドバシカメラ 新宿西口店
Add. 東京都新宿区新宿1-11-1 **Google Map** 35.689803, 139.697779 **Tel.** 03-3346-1010 **Open** 09:30~22:00 **Access** JR 신주쿠역 서쪽 출구에서 도보 2분 **URL** www.yodobashi.com

맵 카메라 신주쿠점 Map Camera 新宿店
Add. 東京都新宿区西新宿1-12-5 ぶらんしぇビル **Google Map** 35.689433, 139.696808 **Tel.** 03-3342-3381 **Open** 10:30~20:30 **Access** JR 신주쿠역 서쪽 출구에서 도보 3분 **URL** www.mapcamera.com

카메라노 기타무라 니혼바시점 カメラのキタムラ 日本橋店
Add. 東京都中央区日本橋室町4-2-10 **Google Map** 35.689821, 139.772183 **Tel.** 03-3270-1051 **Open** 10:30~19:30 **Access** JR 간다역 동쪽 출구에서 도보 3분 **URL** www.kitamura.jp

후지야 카메라 나카노점 フジヤカメラ 中野店
Add. 東京都中野区中野5-61-1 **Google Map** 35.706808, 139.666453 **Tel.** 03-5318-2241 **Open** 10:00~20:30 **Access** JR 나카노역 북쪽 출구에서 도보 3분 **URL** www.fujiya-camera.co.jp

8. 멋쟁이라면 놓쳐서는 안 될 의류 브랜드

일본 멋쟁이들의 숍에 대해 알고 싶다면 주목! 캐주얼을 좋아하는 사람에게 가장 먼저 추천하고 싶은 숍은 오모테산도 프라다 부티크 뒷골목에 있는 쥬시꾸뛰르Juicy Couture다. 캐머런 디아즈, 제니퍼 로페즈, 힐튼 자매 등이 쥬시꾸뛰르의 트레이닝복을 입은 모습이 파파라치 컷에 찍히면서 일약 스타덤에 올랐다. 핑크와 그린, 퍼플 등의 캔디 컬러를 써서 쇼핑 욕구를 자극하는 브랜드로 자리잡았다. 일본에서는 트레이닝복을 입고 외출하는 경우는 없기 때문에 쥬시꾸뛰르 제품은 피트니스 클럽에서 운동할 때 많이 입는다.

당신이 배거홀릭이라면 이미 접수했을법한 이름! 바로 패리스 힐튼과 니키 힐튼을 디자이너로 내세워 폭발적 인기를 끈 사만사 타바사Samantha Thavasa. 기능성과 큐트함에 포인트를 두고 비욘세, 페넬로페 크루즈, 빅토리아 베컴 등 연예인을 앞세워 판매율을 올렸다. 이 영특한 브랜드의 스타 마케팅은 여세를 몰아 자매 격인 사만사 티아라Samantha Tiara라는 주얼리 브랜드뿐 아니라 남성 라인인 사만사 킹Samantha King까지 영역을 넓히고 있다. 특히 오모테산도점은 매장 외관을 커다란 포스터로 장식하고 토트백, 숄더백, 지갑까지 깔끔하게 디스플레이해 쇼핑하기에 제격이다.

66세의 나이라는 사실을 믿을 수 없는 독창성과 섹시함을 앞세운 베시 존슨Betsey Johnson의 숍도 놓치지 말 것. 란제리와 액세서리, 가방 등을 취급하며 세라 제시카 파커, 브리트니 스피어스 등 할리우드 스타들이 애용하는 브랜드로, 이세탄백화점, 프렝탕 긴자, 루미네, 시부야 마루이에 입점되어 있다.

DATA

쥬시꾸뛰르 아오야마점 Juicy Couture 青山店
Add. 東京都港区南青山5-5-5 **Google Map** 35.663598, 139.713761 **Tel.** 03-5766-2237 **Open** 11:00~20:00 **Access** 지하철 오모테산도역 A5 출구에서 도보 3분

사만사 타바사 오모테산도점 Samantha Thavasa 表参道店
Add. 東京都港区南青山5-1-27 表参道GATESビル1階 **Google Map** 35.664860, 139.712603 **Tel.** 03-5774-0666 **Open** 11:00~20:00 **Access** 지하철 오모테산도역 B4 출구에서 도보 1분 **URL** www.samantha.co.jp

베시 존슨 시부야점 Betsey Johnson 渋谷店
Add. 東京都渋谷区神南1-22-6 **Google Map** 35.660909, 139.701068 **Tel.** 03-3464-0101 **Open** 11:30~20:30 **Access** JR 시부야역에서 도보 3분

그 밖에 쇼핑에 필요한 소소한 정보

• 사무용품이나 문구를 사고 싶다면 긴자의 이토야Itoya(⇒p.340)로 가자. 빨간 클립이 심벌인 이토야는 빌딩 전체가 셀 수 없을 만큼 많은 아이템으로 가득해 시간 가는 줄 모를 만큼 흥미롭다.

• 빈티지 가구에 관심이 있다면 메구로도리目黒通り를 샅샅이 돌아볼 것. 가구에서 오브제에 이르기까지 인테리어와 관련한 아이템으로 가득해 집 안을 예쁘게 꾸며줄 물건을 발견할 수 있을 테니 말이다(⇒p.84).

• 벼룩시장은 주로 주말에 열린다. 도쿄 벼룩시장은 상인보다는 일반인이 집에서 쓰던 물건을 들고 나와 재미 삼아 파는 경우가 많다. 가격이 저렴하다 생각되어도 흥정은 기본이다. 일본어를 못해도 걱정할 필요가 없다.

Intro 05

Food
맛있는 도쿄

16만 개의 레스토랑이 있는 도쿄는 식도락의 천국이다. ¥700 이하로 먹을 수 있는 라멘과 덮밥집이 있는가 하면 ¥100짜리 회전 초밥집도 있으며 편의점에서 살 수 있는 도시락까지 싸고 맛있는 먹을거리도 많아 살인적인 도쿄 물가에 대한 부담을 피해 갈 수 있다.

1. ¥500~1000으로 즐기는 실속 레스토랑

DATA

요시노야吉野屋

¥500을 넘지 않아 혼자서 한 그릇 뚝딱 비우기 좋은 규동은 국내에서도 선을 보였지만 큰 호응 없이 문을 닫은 반면, 일본에서는 빠르고 맛있고 싸다는 장점 덕에 꾸준한 인기를 얻고 있다. 한때 광우병 때문에 쇠고기 공급이 중단되어 돼지고기를 사용한 부타동을 출시하는 등 새로운 메뉴를 개발해 다시 손님들을 끌어 모았다. 요시노야는 규동 전문점의 원조라 할 수 있는 곳이다. 규동牛丼(¥380), 부타동豚丼(¥330), 돼지고기에 김치를 얹은 부타 기무치동キムチ丼(¥380), 카레 종류와 밥과 국이 딸려 나오는 정식定食(¥490~)이 있다.
Add. 東京都新宿区新宿2-6-3 **Google Map** 35.689882, 139.707356 **Tel.** 03-5919-2201 **Open** 24시간 **Access** JR 신주쿠역에서 도보 8분 **URL** www.yoshinoya.com

마쓰야松屋

미소시루가 포함된 규동인 규메시牛めし(¥380), 샐러드와 생달걀, 미소시루가 포함된 돈메시豚めし(¥490) 등 사이드 메뉴가 있으므로 취향에 따라 고를 수 있다. 규동을 먹을 때 고춧가루와 깨, 김, 생강, 산초, 유채씨 등 7가지 재료를 섞어 만든 시치미七味라는 조미료를 뿌리面 느끼하지 않다. 여기에 토핑으로 날달걀이나 반숙달걀, 샐러드나 두부, 낫토, 도로로とろろ(마를 간 것)을 얹어 먹으면 좋다.
Add. 東京都渋谷区宇田川町26-9 샤모빌 **Google Map** 35.660229, 139.698921 **Tel.** 03-5489-7401 **Open** 24시간 **Access** JR 시부야역 하치코 출구에서 도보 10분 **URL** www.matsuyafoods.co.jp

스키야 すき家

사이즈를 보통·대·특으로 구분해놓아 양에 맞게 고를 수 있다. 대부분 2~3분 안에 음식이 나오고 가격이 싸 유학생들이나 여행자들이 자주 들르는 곳 중 하나이다. 미니 규동ミニ牛丼(¥290), 김치 규동(¥410), 참치살을 다져 얹은 마구로 다타키동 マグロタタキ丼(¥580)을 먹을 수 있다.
Add. 東京都渋谷区宇田川町31-4 1F **Google Map** 35.661289, 139.697835 **Open** 24시간 **Access** JR 시부야역 하치코 출구에서 도보 10분 **URL** www.zensho.com

오토야 大戸屋

주문을 받은 즉시 조리해 집에서 먹는 듯한 포근함이 느껴진다. 모던한 실내에서 굴이나 꽁치 등 제철 재료를 이용한 한정 판매 메뉴를 즐기는 샐러리맨이나 OL이 주 고객이다. 닭고기와 야채에 흑초소스를 곁들여 맛을 낸 도리토 야사이노 쿠로즈앙 테이쇼쿠鶏と野菜の黒酢あん定食, 숯불구이 임연수어 정식炭火焼きしまほっけ定食이 추천할 만하다.
Add. 東京都渋谷区渋谷2-20-11 2F **Google Map** 35.659434, 139.703104 **Tel.** 03-5772-3338 **Open** 10:00~다음날 02:00 **Price** 도리토 야사이노 쿠로즈앙 테이쇼쿠鶏と野菜の黒酢あん定食 ¥735, 숯불구이 임연수어 정식炭火焼きしまほっけ定食(스미비야끼 시마홋케 테이쇼쿠) ¥724 **Access** JR 신주쿠역 동쪽 출구에서 도보 5분 **URL** www.ootoya.com

야요이켄 やよい軒

메뉴 모형을 한눈에 볼 수 있게 진열해놓아 선택하는 시간을 단축해준다. 입구에서 자동 판매기를 이용해 선불로 계산한 후 티켓을 스태프에게 건네면 음식을 가져다 주는 시스템이다. 아침 메뉴와 정식 메뉴는 밥을 리필해준다. 고등어 소금구이 정식サバの塩焼定食, 일식 햄버그스테이크 정식和風ハンバーグ定食이 추천 메뉴.
Add. 東京都新宿区歌舞伎町2-2-20 **Google Map** 35.695712, 139.706730 **Tel.** 03-5297-5597 **Open** 24시간 **Price** 고등어 소금구이 정식サバの塩焼定食(사바노 시오야끼 테이쇼쿠), 일식 햄버그스테이크 정식和風ハンバーグ定食(와후 함바구 테이쇼쿠) 각각 ¥650 **Access** 지하철 마루노우치선 신주쿠산초메역에서 도보 10분 **URL** www.yayoiken.com

규카쿠 牛角

싸면서 맛있는 고깃집에 가고 싶을 땐 규카쿠牛角에 들러보자. 1인분이라고 해봐야 작은 접시에 몇 점 나오지 않으면서 꽤나 비싼 야키니쿠집과 비교해도 뒤지지 않는 규카쿠는 젊은 층의 많은 사랑을 받고 있는 체인점이다. 고기에 따라서 양념이 밴 것과 그렇지 않은 것을 고를 수도 있다. 일본인들이 경영하는 야키니쿠집에서는 보통 터무니없는 비빔밥을 내놓기 마련인데, 이곳은 미역국이 딸려 나오며 생각보다 맛있다. 신나게 식사를 마친 다음에는 이곳에서 빼놓을 수 없는 디저트로 마무리하자. 바닐라 아이스크림 위에 콩가루와 초코 시럽을 올린 것으로, 고소하고 맛있다.
Add. 東京都新宿区新宿3-20-8 8F **Google Map** 35.692789, 139.703014 **Tel.** 03-5367-1129 **Open** 17:00~24:00 **Price** 규각 갈비牛角カルビ(규카쿠 카루비)

¥550, 갈릭버터 갈비ガーリックバターカルビ(가-릭쿠바타-카루비) ¥690, 돌솥비빔밥石焼ビビンバ(이시야끼 비빔바) 하프 사이즈 ¥490, 보통 사이즈 ¥690, 규각 아이스牛角アイス(규카쿠 아이스) ¥290 **Access** 지하철 마루노우치선 신주쿠역 C8 출구에서 도보 5분 **URL** www.gyukaku.ne.jp

스테이크노구이신보ステーキのくいしんぼ
이곳에 가면 호주산 쇠고기로 만든 두툼한 스테이크로 배를 채울 수 있다. 스테이크는 그램에 따라 정할 수 있고 마늘소스, 데리야키소스, 폰즈 간장소스 등 소스도 직접 고를 수 있다. 버라이어티 세트는 밥과 콘소메 수프, 샐러드가 포함된다.
Add. 東京都目黒区上目黒3-3-2たまりやビル2F **Google Map** Map 35.644578, 139.698469 **Tel.** 03-5367-1129 **Open** 11:30~23:00 **Price** 치즈페퍼 햄버그스테이크 チーズペッパーハンバーグ(치-즈페파-함바-구) ¥970, 로스 스테이크ロースステーキ(로-스스테-키) 150g ¥665, 슬라이스 스테이크スライススステーキ(스라이스스테-키) 140g ¥750, 토마토 치즈 함바구 세트トマトチーズハムバクセット ¥80 **Access** 지하철 도큐 도요코선 나카메구로역에서 도보 3분 **URL** www.kuishinbo.jp

사이제리아Saizeriya
사이제리아는 초저가 이탈리아 요리를 선보이는 패밀리 레스토랑이다. 샐러드부터 피자와 스테이크, 스파게티와 디저트를 먹을 수 있다. 싼 게 비지떡이라 생각할 수도 있지만 신선하고 맛있는 곳이다. 작은 새우를 듬뿍 넣은 신선한 샐러드와 치즈를 얹은 햄버그스테이크, 피자가 맛있다.
Add. 東京都渋谷区宇田川町39-2 ビレッジ80 2階 **Google Map** 35.662278, 139.696784 **Tel.** 03-5728-2061 **Open** 24시간 **Price** 칵테일 새우 샐러드小エビのカクテルサラダ(고에비노 카쿠테루 사라다) ¥349, 야채와 버섯 피자野菜ときのこのピザ(야사이토 키노코노 피자) ¥399, 밀라노풍 도리아ミラノ風ドリア(미라노후- 도리아) ¥299, 치즈를 얹은 햄버그스테이크とろーりチーズのミルキーハンバーグ(토로-리치-즈노 미루키 함바-구) ¥499, 이탤리언 햄버그イテリオンハムバク(이테리안 함바-구) ¥599 **Access** JR 시부야역 하치코 출구에서 도보 15분 **URL** www.saizeriya.co.jp

모스버거モスバーガー
주문을 받고 만들기 시작하는 햄버거는 다른 패스트푸드점과 맛과 질에서 차이가 난다. 일본에 다녀온 여행객들이 하나같이 강력 추천하는 곳이다. 안전한 재료와 철저한 위생관리로 깨끗한 맛을 내 인기 만점이다. 미트소스와 양파, 토마토를 넣은 모스버거モスバーガー(모스바-가-)와 타르타르소스를 새우와 함께 버무려 튀겨낸 새우가스버거海老カツバーガー(에비가츠바-가-), 닭가슴살을 바삭하게 튀겨낸 모스치킨モスチキン이 이곳의 대표 메뉴.
Add. 東京都新宿区西新宿7-1-8 **Google Map** 35.694620, 139.698899 **Tel.** 03-3362-0093 **Open** 05:00~다음날 03:00 **Price** 모스버거モスバーガー(모스바-가-) ¥390, 새우가스버거海老カツバーガー(에비가츠바-가-) ¥390, 모스치킨モスチキン ¥270 **Access** 지하철 오에도선 신주쿠니시구치역 D5 출구에서 도보 1분 **URL** www.mos.co.jp

프레시니스 버거 Freshness Burger
이곳 역시 미리 만들어놓는 일은 없다. 주문이 들어오고 나서 만들기 시작하기까지 5분은 걸린다. 번호표를 받고 자리에 앉으면 스태프가 햄버거를 가져다주고 주스도 직접 만들어준다. 기호에 맞추어 토마토케첩과 머스터드소스 등을 비치해두었다. 치즈버거 치즈바거, 어니언 링오니온링, 클램 차우더 수프클램차우더가 추천 메뉴다.
Add. 東京都渋谷区神宮前6-18-3 **Google Map** 35.664575, 139.702938 **Tel.** 03-5774-1525 **Open** 08:00~23:00 **Price** 치즈버거치즈바거(치-즈바-가) ¥550, 어니언 링오니온링(오니온링구) ¥230~, 클램 차우더 수프클램차우더(쿠라무챠우다-) ¥350 **Access** 지하철 치요다선 메이지진구마에역 4번 출구에서 도보 15분 **URL** www.freshnessburger.co.jp

2. 도쿄에서 가볼 만한 테마 레스토랑

DATA

알카트라즈 Alcatraz
형무소 병원을 테마로 한 레스토랑.
Add. 東京都渋谷区道玄坂2-13-5 **Google Map** 35.658394, 139.695672 **Tel.** 03-3770-7100 **Open** 월~목요일·일요일 17:00~24:00, 금·토요일·공휴일 17:00~04:00 **Access** JR 시부야역 하치코 출구에서 도보 10분 **URL** www.alcatraz-er.net

크리스턴 카페 Christon Cafe
중세 시대 유럽의 교회를 테마로 한 레스토랑. 앤티크 가구로 장식한 실내가 돋보인다.
Add. 東京都新宿区新宿5-17-13 8·9F **Google Map** 35.693084, 139.705247 **Tel.** 03-4588-4928 **Open** 17:00~23:30 **Access** JR 신주쿠역에서 도보 10분 **URL** www.diamond-dining.com/shops/christoncafe

곤파치 權八
사무라이를 테마로 한 레스토랑.
Add. 東京都渋谷区円山町3-6 14F **Google Map** 35.657520, 139.695524 **Tel.** 03-5784-2011 **Open** 11:30~다음날 03:30(점심 11:30~15:00) **Access** JR 시부야역 하치코 출구에서 도보 8분 **URL** www.gonpachi.jp

3. 도쿄의 예쁜 카페

DATA

무기마루2 Mugimaru2
낡았지만 새롭게 느껴지는 매치가 돋보이는 카페에서 만주와 차를 즐겨보자.
Add. 東京都新宿区神楽坂5-20 **Google Map** 35.702440, 139.738642 **Tel.** 03-5228-6393 **Open** 12:00~21:00 **Close** 매주 수요일 **Access** 지하철 유라쿠초선 이다바시역 B3 출구에서 도보 5분

칼룬카 카페 Qwalunca Cafe
고가구에서 느껴지는 클래식한 분위기가 현대적인 시부야에 있다는 사실을 잠시 잊게 해주는 일본풍 카페.
Add. 東京都武蔵野市吉祥寺1-8-11 3F **Google Map** 35.702158, 139.578650 **Tel.** 0422-24-6455 **Open** 11:30~23:00 **Close** 매주 월요일과 목요일(넷째 주 목요일, 공휴일인 경우는 영업) **Access** JR 기치조지역 공원 출구에서 도보 2분 **URL** www.qwalunca.com

기글 카페 Giggle Cafe
남매가 함께 운영하는 기글 카페는 화려하지는 않지만 편안함이 느껴지는 자유로운 곳이다.
Add. 東京都目黒区上目黒1-4-2 **Google Map** 35.644333, 139.701112 **Tel.** 03-3794-8972 **Open** 12:00~다음날 04:00 **Access** 지하철 도큐도요코선 나카메구로역에서 도보 5분

러버스 록 카페 Lovers Rock Cafe
작은 갤러리같이 예술 작품으로 인테리어하고 R & B BGM을 깔아 친구 집에서 차를 마시는 듯 아늑한 분위기가 느껴진다.
Add. 新宿区新宿3-10-10 **Google Map** 35.691201, 139.7065002 **Tel.** 03-6380-4307 **Open** 11:30~24:00 **Access** 지하철 신주쿠선 신주쿠산초메역 C6 출구에서 도보 1분 **URL** www.loverscafe.jimdo.com

카페 시 모어 글라스 Cafe See More Glass
그림책을 넘기며 동심의 세계로 빠지는 어른들의 모습이 정감 있는 카페.
Add. 東京都渋谷区神宮前6-27-8 **Google Map** 35.691201, 139.7065002 **Tel.** 03-5469-9469 **Open** 13:00~19:00 **Access** 지하철 지요다선 메이지진구마에역 4번 출구에서 도보 3분

일본 레스토랑 이용법과 에티켓

1. 전화 예약
레스토랑에서 줄을 서지 않고 원하는 시간에 식사하기를 원한다면 전화 예약부터 할 것. 예약 문화가 발달한 나라이므로 이름과 인원수, 시간을 말하고 가면 편안하게 서비스를 받을 수 있다.

2. 스태프의 안내받기
어느 레스토랑이든 처음 문을 열고 들어가면 입구에 사람이 없어도 기다렸다가 스태프의 안내를 따라야 한다. 무작정 아무 좌석에나 앉는 것은 실례! 대개 인원수와 흡연 유무, 테이블석과 카운터석 등 좌석 배치를 묻고 자리를 배정해준다.

3. 젓가락을 이용하라
테이블에는 젓가락만 세팅되어 있다. 넓은 그릇에 조금 남은 음식은 그릇을 들어 입에 대고 젓가락을 사용해 먹는다. 우리의 정서에는 맞지 않으나 스푼을 쓰지 않는 일본인에게는 전혀 어색하지 않은 모습이다.

4. 계산은 이렇게
보통 테이블 위에 계산서를 놓아두면 그것을 들고 계산대에 가져가면 된다. 계산서가 놓여 있지 않을 때는 종업원에게 양손의 검지로 X자를 만들어 보인다. 계산할 때 "체크시떼 구다사이チェックして下さい!" 또는 "카이케-구다사이会計下さい"라고 말하면 계산서를 들고 온다. 앉은 자리에서 정산하고 나오면 된다.

일본 요리 백과

스시와 사시미, 다코야키 정도로 만족하기엔 도쿄는 맛있는 것이 넘쳐나는 도시다. 무엇부터 어떻게 먹어야 할지 막막하다면, 일본 요리 백과를 참조하자.

1. 길을 걷다 출출할 때 먹을 수 있는 간식거리

단고 だんご 찹쌀로 빚은 경단에 갖은 고물을 묻혀 먹는다. 편의점 계산대 옆에 하나씩 포장된 찹쌀떡과 달콤한 간장소스를 입힌 단고가 있다.

모나카 モナカ 찹쌀가루를 얇게 밀어 중간에 팥을 넣은 과자.

센베이 せんべい 쌀가루를 반죽해서 납작하게 구운 과자.

야끼이모 焼き芋 우리네 군고구마와 같고 단맛이 강하며 겨울에 작은 트럭에서 드럼통에 구워 판매한다.

다코야끼 たこ焼 다코야끼는 일본인 누구나 좋아하는 길거리 간식으로 축제날 야끼소바와 같이 판매하기도 하는 메뉴이다.

2. 일식 레스토랑에서 즐길 수 있는 요리

야끼니쿠 焼き肉 불에 구워 먹는 고기. 일본의 야끼니쿠집은 상차나 반찬이 서비스로 나오지 않기 때문에 일일이 시켜야 하고 1인분에 많아야 6~7점이다.

호네쓰키 카루비 骨付きカルビ 우리의 돼지갈비처럼 뼈가 붙어 있고 두툼해 가격이 비싸다.

가루비 カルビ 흔히 먹는 갈비.

하라미 ハラミ 내장에 붙은 고기로 부드럽고 쫄깃하다.

호루몬 ホルモン 흔히 먹는 곱창 종류. 소금구이나 양념 중 선택할 수 있으며 쫄깃쫄깃하다.

레바사시 レバ刺し 얇게 썬 생강과 참기름에 찍어 먹는 생간.

육케 ユッケ 육회 위에 얹은 날달걀과 사과, 배를 함께 비벼 먹으면 된다.

비빔바 ビビンパ 가게에 따라 다르지만 숙주나물, 시금치, 당근, 상추 등의 고명을 얹어 나온다.

육케장스-뿌 육개장. 한국보다 덜 맵다.
ユッケジャンスープ

샤부샤부 しゃぶしゃぶ 얇게 썬 고기를 육수에 살짝 데쳐 폰즈소스나 참깨소스에 찍어 먹는다.

스키야끼 すきやき 전골냄비에 고기와 각종 야채를 넣고 볶은 것을 날달걀에 찍어 먹는다.

스시 寿司 초로 간한 밥에 생선을 얹은 요리.

3. 식재료만 알아도 메뉴 선택은 대성공

오-토로 大トロ 참치 대뱃살
아카미 赤身 생선 붉은살
멘타이코 明太子 명란젓
사-몬 サーモン 연어
아지 あじ 전갱이
사바 さば 고등어
다이 たい 도미
고바타 こばた 전어
다마고 玉子 달걀
우니 うに 성게알
우나기 うなぎ 장어
에비 えび 새우

4. 도쿄 구역별 추천 요리 스타일

긴자 쓰키지의 스시, 유라쿠초의 야끼도리
시부야, 신주쿠 일본 전통 다이닝 바
아오야마, 오모테산도 일본 전통 레스토랑과 컨템퍼러리한 디자인의 고급 다이닝 레스토랑
아사쿠사, 우에노 일본 전통 레스토랑
요코하마 차이나타운의 중식 레스토랑

Intro 06 / Walking

Intro
06
Walking
도쿄의 걷고 싶은 거리

취재협조
일본정부관광국(JNTO)
Japan National Tourism Organization

하라주쿠와 그 일대는 여행자들의 다양한 욕구를 충족시켜줄 만한 매력적인 아이템이 가득하다. 몇 년 전부터 하라주쿠 인근에 자리한 오모테산도와 아오야마가 패션 피플들에게 주목받으면서 하라주쿠의 가치는 더욱 높아졌다. 언제나 수많은 사람들로 북적이고 날마다 새로운 숍들이 생겨나고 없어지길 반복하는 하라주쿠가 복잡하게만 느껴진다면 다음에 소개되는 '길'을 잘 알아두자. 하라주쿠의 여정이 훨씬 쉽고 즐거워진다.

○ 하라주쿠原宿 ~ 아오야마青山   패션 피플들의 아지트는 '길'로 통한다

STREET 1.
다케시타도리竹下通り
Location 하라주쿠역 다케시타 출구부터 약 400m에 이르는 길
Access JR 하라주쿠역 다케시타 출구 맞은편

STREET 2.
오모테산도表参道
Location 하라주쿠 갭 매장부터 아오야마도리 사거리까지 이어진다.
Access 지하철 오모테산도역 A2 출구, JR 하라주쿠역 오모테산도 출구에서 도보 5분

STREET 3.
캣스트리트キャットストリート
Location 서쪽 지역은 오모테산도 키디랜드 옆 골목, 동쪽 지역은 오모테산도 랄프 로렌 매장 옆 골목부터 시작된다.
Access 지하철 오모테산도역 A2 출구 도보 3분, JR 하라주쿠역 오모테산도 출구에서 도보 7분

STREET 4.
아오야마 미유키도리
青山-みゆき通り
Location 오모테산도 맞은편 직선으로 연결된 거리. 아오야마 라미아 Aoyama Lamia부터 라 콜레지오네 La Collezione까지 이어진다.
Access 지하철 오모테산도역 A5 출구

시부야의 풍경은 세계 어느 도시와도 비교할 수 없을 만큼 독특하다. 높은 건물들이 길을 따라 빼곡히 들어섰고, 고층 건물에 걸려 있는 초대형 전광판은 저마다 화려한 영상을 뿜어낸다. 거미줄처럼 뻗은 스크램블 교차로는 보행자 신호등의 불이 켜짐과 동시에 수많은 사람들이 한꺼번에 오간다. 그러나 그 복잡함은 '번잡함'보다 '활기'에 가깝다. '갸루', '시부야계 음악', '클럽' 등 다양한 문화 코드의 발원지로도 유명한 시부야에서 활기차고 특별한 에너지를 느껴보자.

시부야 渋谷 잠들지 않는 영원한 청춘의 거리

STREET 1.
센타가이 センター街
Location JR 시부야역 앞부터 도큐백화점까지 이어지는 거리
Access JR 시부야역 하치코 출구에서 도보 5분

STREET 2
램블링 스트리트
Rambling Street
Location 도큐백화점 맞은편 시부야시티호텔 골목부터 이어지는 거리
Access JR 시부야역 하치코 출구에서 도보 7분

STREET 3
스페인자카 スペイン坂
Location 파르코 뒤쪽 라이즈극장부터 시작되는 100m 남짓한 좁은 골목길
Access JR 시부야역 하치코 출구에서 도보 6분

시모기타자와 下北沢 기찻길 옆 감성 충전소

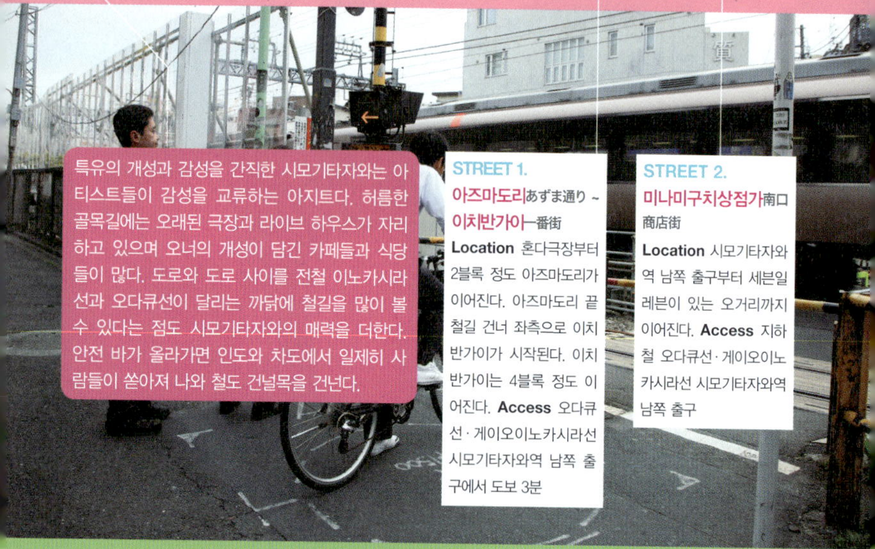

특유의 개성과 감성을 간직한 시모기타자와는 아티스트들이 감성을 교류하는 아지트다. 허름한 골목길에는 오래된 극장과 라이브 하우스가 자리하고 있으며 오너의 개성이 담긴 카페들과 식당들이 많다. 도로와 도로 사이를 전철 이노카시라선과 오다큐선이 달리는 까닭에 철길을 많이 볼 수 있다는 점도 시모기타자와의 매력을 더한다. 안전 바가 올라가면 인도와 차도에서 일제히 사람들이 쏟아져 나와 철도 건널목을 건넌다.

STREET 1.
아즈마도리 あずま通り ~ **이치반가이** 一番街
Location 혼다극장부터 2블록 정도 아즈마도리가 이어진다. 아즈마도리 끝 철길 건너 좌측으로 이치반가이가 시작된다. 이치반가이는 4블록 정도 이어진다. **Access** 오다큐선·게이오이노카시라선 시모기타자와역 남쪽 출구에서 도보 3분

STREET 2.
미나미구치상점가 南口商店街
Location 시모기타자와역 남쪽 출구부터 세븐일레븐이 있는 오거리까지 이어진다. **Access** 지하철 오다큐선·게이오이노카시라선 시모기타자와역 남쪽 출구

지유가오카 自由が丘 오감을 만족시키는 길

아기자기한 아이템이 가득한 잡화점과 달콤한 냄새가 솔솔 풍기는 베이커리 카페가 들어서 있는 지유가오카는 20~30대 여성이 가장 살고 싶은 동네로 꼽힌다. 한적한 고급 주택가를 지나, 푸른 가로수 길을 걷다 마음에 드는 카페에 들어가보자. '작품'이라고 부르고 싶을 만큼 앙증맞고 예쁜 케이크를 맛보며 달콤한 휴식을 누릴 수 있을 것이다.

STREET 1.
그린 스트리트 Green Street
Location 지하철 지유가오카역 무지루시료힌부터 스위치 포레스트까지 이어진다. **Access** 지하철 도큐도요코선 지유가오카역 남쪽 출구에서 도보 2분

STREET 2.
가베라도리 ガーベラ通り
Location 지하철 지유가오카역 정면 출구 다이마루 피코크 Daimaru Peacock부터 메구로도리까지 이어지는 거리 **Access** 지하철 도큐도요코선 지유가오카역 정면 출구에서 도보 3분

STREET 3.
카틀레야도리 カトレア通리
Location 지하철 지유가오카역 정면 출구 건너편 북쪽 방향으로 곧게 뻗은 도로 **Access** 지하철 도큐도요코선 지유가오카역 정면 출구

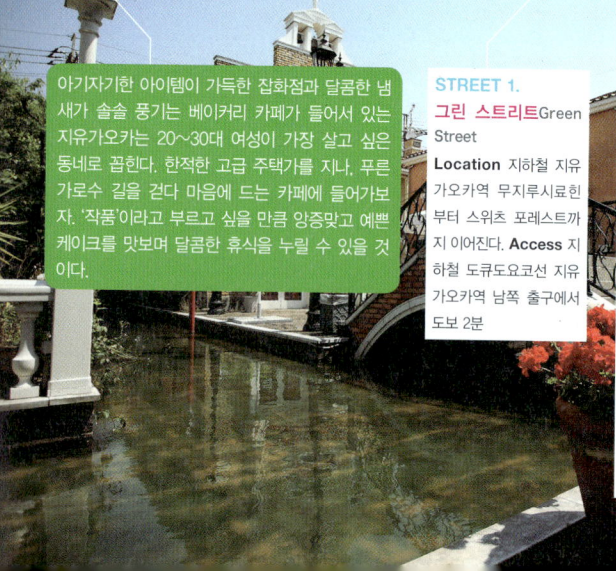

가구라자카 神楽坂 작은 교토 혹은 프랑스 마을

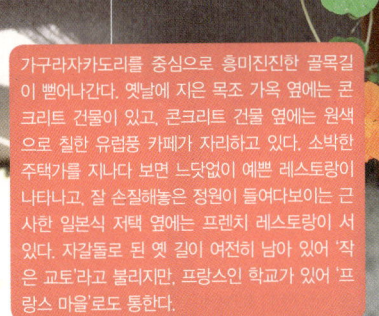

가구라자카도리를 중심으로 흥미진진한 골목길이 뻗어나간다. 옛날에 지은 목조 가옥 옆에는 콘크리트 건물이 있고, 콘크리트 건물 옆에는 원색으로 칠한 유럽풍 카페가 자리하고 있다. 소박한 주택가를 지나다 보면 느닷없이 예쁜 레스토랑이 나타나고, 잘 손질해놓은 정원이 들여다보이는 근사한 일본식 저택 옆에는 프렌치 레스토랑이 서 있다. 자갈돌로 된 옛 길이 여전히 남아 있어 '작은 교토'라고 불리지만, 프랑스인 학교가 있어 '프랑스 마을'로도 통한다.

STREET 1.
가구라자카도리神楽坂通り
Location 지하철 가구라자카역부터 시작해 언덕 위의 사거리까지 이어진다. **Access** 지하철 이다바시역 B3 출구 앞

STREET 2.
효고요코초兵庫横丁
Location 비샤몬텐젠코쿠지 맞은편 돌길로 포장된 좁은 골목이다.
Access 지하철 이다바시역 B3 출구에서 도보 4분

STREET 3.
혼다요코초本多横丁
Location 유명 고기만둣집인 고주방五十番 옆 골목으로 우회전하면 혼다요코초 팻말이 달린 아치 모양의 문이 나오고, 2블록 정도 이어진다. **Access** 지하철 가구라자카역 B3 출구에서 도보 3분

고엔지 高円寺 낡았지만 늘 새로운 빈티지 투어

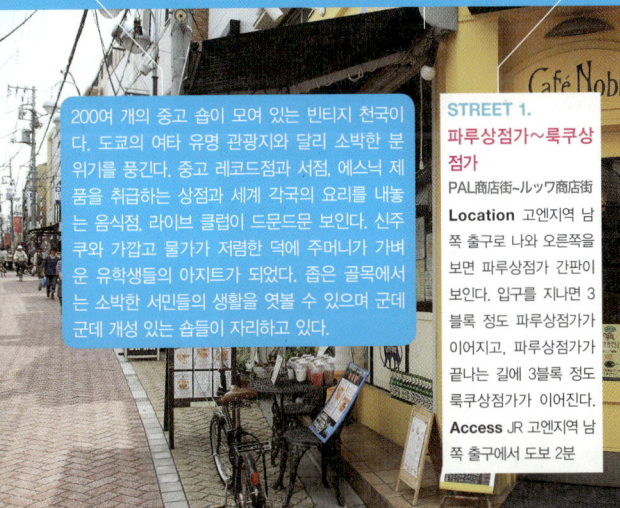

200여 개의 중고 숍이 모여 있는 빈티지 천국이다. 도쿄의 여타 유명 관광지와 달리 소박한 분위기를 풍긴다. 중고 레코드점과 서점, 에스닉 제품을 취급하는 상점과 세계 각국의 요리를 내놓는 음식점, 라이브 클럽이 드문드문 보인다. 신주쿠와 가깝고 물가가 저렴한 덕에 주머니가 가벼운 유학생들의 아지트가 되었다. 좁은 골목에서는 소박한 서민들의 생활을 엿볼 수 있으며 군데군데 개성 있는 숍들이 자리하고 있다.

STREET 1.
파루상점가~룩쿠상점가
PAL商店街~ルッワ商店街
Location 고엔지역 남쪽 출구로 나와 오른쪽을 보면 파루상점가 간판이 보인다. 입구를 지나면 3블록 정도 파루상점가가 이어지고, 파루상점가가 끝나는 길에 3블록 정도 룩쿠상점가가 이어진다.
Access JR 고엔지역 남쪽 출구에서 도보 2분

STREET 2.
아즈마도리あずま通り
길을 따라 '북 앤 사케 Book & Sake', '집시 웨이Gypsy Way' 등 개성 있는 간판의 상점들이 많은 곳으로, 앞으로가 더 기대되는 거리다. 길 모퉁이마다 작고 아담한 야키도리 상점들이 있는데, 가격이 저렴해 부담 없이 들르기 좋다.
Location 고엔지역 북쪽 출구 순정상점가純情商店街 오른쪽 옆 블록으로 들어가면 아즈마도리가 이어진다.
Access JR 고엔지역 북쪽 출구에서 도보 5분

롯폰기六本木 고층 빌딩 사이로 예술이 흐르는 곳

새로운 문화를 창조해내는 미래형 복합 단지로 주목받고 있는 롯폰기에는 세련된 고층 빌딩과 그 빌딩 사이를 바쁘게 오가는 직장인들, 그리고 그들의 감성을 자극하는 아티스트들의 흔적이 그 자리를 대신하고 있다. 롯폰기힐스의 모리미술관, 국립신미술관, 도쿄미드타운의 산토리미술관은 '롯폰기 아트 트라이앵글'을 이루며 보다 특별한 라이프스타일을 추구하는 이들을 사로잡고 있다.

STREET 1.
롯폰기힐스六本木ヒルズ
Access 지하철 히비야선 롯폰기역 1C 출구에서 연결

STREET 2.
게야키자카도리ケヤキ坂通り
Location 롯폰기힐스 바로 옆 야트막한 언덕을 따라 이어진 길이다.
Access 지하철 히비야선 롯폰기역 1C 출구에서 도보 5분

나카메구로中目黒 강변을 따라 조성된 연인들의 거리

히로오, 다이칸야마와 함께 세련되고 멋스러운 곳으로 주목받고 있는 지역이다. 아직까지는 현지인들이 주로 찾지만 최근 나카메구로를 찾는 여행객들의 발길이 늘고 있다. 나카메구로역을 빠져나오면 별 특징 없는 흔한 도로가 나오지만 메구로 강 쪽이나 뒷길로 이동하면 전혀 다른 풍경이 펼쳐진다. 낮은 건물들이 이어져 산책하기 좋고 아기자기한 숍과 근사한 레스토랑이 이어져 연인들의 데이트 장소로 사랑받고 있다. 언제 들러도 좋은 곳이지만 벚꽃이 만개하는 4월에 방문하면 금상첨화. 나카메구로 주민과 숍의 오너들이 함께 강변 거리로 나와 즐거운 축제 분위기를 연출한다.

STREET 1.
나카메구로 가로수거리中目黒川並木通り
Location 메구로 강을 따라 직선으로 이어지는 거리 **Access** 지하철 도큐도요코·히비야선 나카메구로역에서 도보 3분

야나카 谷中 새로 태어나는 옛길

야나카에서 가장 먼저 만나는 것은 도쿄에서 가장 오래된 묘지 중 하나인 '야나카레이엔谷中霊園'일 것이다. 누군가는 야나카를 두고 "묘지 안에 마을이 들어선 것인지, 마을 안에 묘지가 들어선 것인지 구별이 안 될 정도로 산자와 죽은 자가 공존하는 묘한 동네"라고 말하기도 한다. 묘지 한가운데 뻗은 큰길에는 양산을 쓴 여자들과 자전거를 탄 학생들이 무심하게 오간다. 골목 한쪽에는 대지진과 제2차 세계대전 때 운 좋게 폭격을 피한 절과 집들이 옛날 모습을 그대로 간직한 채 자리하고 있다. 근대화 이전의 도쿄 모습을 고스란히 간직한 특별한 이곳에 최근 각종 갤러리와 젊은 아티스트들의 작업실이 하나둘씩 생겨나면서 다시 한 번 주목받고 있다.

STREET 1.
사쿠라도리さくら通り
Location JR 닛포리역 남쪽 출구 앞에 자리한 텐노지天王寺부터 2블록 정도 이어진다. **Access** JR 닛포리역 남쪽 출구 도보 3분

STREET 2.
야나카긴자상점가谷中銀座商店街
Location 유야케다단부터 한 블록 정도 이어지는 거리 **Access** JR 닛포리역 북쪽 출구에서 도보 3분

히로오 広尾 도쿄 여자들의 로망

히로오는 유명 연예인들과 도쿄 주재 외국인들이 모여 사는 곳으로 유명하다. 그래서인지 거리에는 일본인 반, 외국인 반이다. 길가에 자리한 스타벅스, 세가프레도와 같은 카페에는 서양인들이 앉아 영자 신문을 보거나 체스를 두곤 한다. 유럽의 거리를 그대로 옮겨온 듯하다. 솜씨 좋고 분위기 좋은 이탤리언 레스토랑이 특히 많고, 오로지 외국인을 위해 오픈한 슈퍼마켓도 있다. 그래서인지 젊은 여성들이 동경하는 지역으로 꼽힌다.

STREET 1.
아리스가와노미야 기념공원有栖川宮記念公園
Access 지하철 히비야선 히로오역 1번 출구에서 도보 3분

STREET 2.
히로오산보거리広尾散歩通り
Location 지하철 히로오역에서 히로오 플라자 쪽으로 직진, 골목길로 우회전하면 상점가가 이어진다. **Access** 지하철 히비야선 히로오역 1번 출구에서 도보 1분

Intro 07

Bicycling
페달을 밟으며 둘러보는 도쿄 자전거 여행

도쿄는 우리나라나 유럽에 비해 교통 신호 체계가 간단하고 가로수나 공원이 많아 도시 한가운데에서도 상쾌함을 느낄 수 있다. 또 높은 산이나 언덕이 없고 자전거 전용 도로가 잘 정비되어 있어 자전거 여행을 하기에 편리하다. 도쿄의 명소를 지나가면서 자연을 느낄 수 있는 1일 자전거 여행 코스를 소개한다.

09:00

아사쿠사
자전거를 잠시 세워두고 눈과 입을 즐겁게 하는 먹을거리와 기념품 가게가 많은 가미나리몬지를 지나 센소지에서 잠시 소원을 빈 다음 기분 좋은 하루를 시작하자. 특히 아이스크림을 넣은 샌드와 단팥이 든 일본 전통 과자는 반드시 먹어봐야 할 간식. 여름이라면 시원한 빙수도 추천한다. 거리 가득 주전부리가 넘쳐나니 자신이 원하는 음식을 골라 먹는 것도 재미있게 여행하는 방법이다.

11:00

우에노
우에노는 우에노공원과 아메요코시장으로 유명한데, 조용한 곳을 좋아한다면 도심 속에 녹음이 우거진 숲과 연꽃밭, 호수가 있는 우에노공원에서 잠시 휴식을 취하는 것도 색다른 경험이 될 것이다.

의류, 신발, 액세서리 등 쇼핑에 관심이 있다면 동대문시장과 유사한 아메요코시장에서 값싸고 질 좋은 물건을 구경하며 즐겁게 보낼 수 있다. 아메요코시장 주변에는 오랜 전통을 자랑하는 맛집이 많기로 유명한데, 자신의 입맛에 맞는 음식점을 찾아 점심 식사를 해결하자. 조우시가야역 근처에는 저렴한 초밥집과 라멘집, 소바집이 많고, 우에노역 주변에는 소바, 우동, 돈가스, 카레, 규동 등 전통 있는 가게에서 파는 여러 음식을 먹을 수 있다.

14:00

도쿄돔
우에노공원에서 도쿄돔으로 가는 길에는 일본 학문의 신을 모시는 유시마텐만궁과 일본 최고의 대학인 도쿄대학이 있다. 도쿄돔은 이승엽 선수가 뛰었던 요미우리 자이언츠의 홈구장으로, 주변에 아쿠아 테마파크가 있다. 다양한 상점과 건물을 지나다 보면 도시 한가운데 건물을 타고 돌아가는 롤러코스터가 보이는데, 이곳이 바로 도쿄돔이다. 다소 조용한 곳을 선호한다면 도쿄돔 뒤편에 있는 작은 정원인 고라쿠엔을 추천한다.

★도쿄돔으로 가는 길은 다소 오르막길이라는 사실을 알아둘 것.

TIP
1 일본은 자동차의 운전석과 진행 방향이 우리나라와 다르니 주의할 것!
2 모든 도로에 자전거 전용 도로가 있는 것이 아니므로 자동차 도로를 이용할 때에는 교통 신호를 특히 준수해야 한다(수신호를 이용하면 더욱 좋다).
3 일본의 식료품 가격은 우리나라와 비슷한 편이다. 특히 음료는 종류에 따라 더 싸기도 하니 음료수 값을 아끼다 탈수되는 일이 없도록 하자.
4 식당을 이용할 형편이 안 된다면 거리 곳곳에서 싸게 파는 도시락을 사 들고 근처 공원에 가서 식사를 즐기는 것도 좋은 경험이다. 일본에서는 많은 사람들이 실제 그런 식으로 식사하기 때문에 이상할 것이 없고, ¥500~700 정도면 자신이 원하는 메뉴로 배불리 먹을 수 있다.
5 겉보기에 허술하더라도 유명한 집은 반드시 이유가 있으니 추천받은 곳이나 우연히 발견한 곳이라도 줄이 길게 늘어선 집이라면 반드시 들러볼 것!

16:00

메이지진구
옆으로 흐르는 강과 우거진 녹음을 따라 상쾌한 기분으로 잠시 달리다 보면 어느새 메이지진구에 도착한다. 도쿄 시내지만 주변에 높은 건물이 없고 울창한 숲 사이로 길이 나 있어 기분이 상쾌하다. 궁 앞 정원과 그 주변의 푸른 나무들을 바라보면서 자전거 여행의 즐거움을 마음껏 누려보자.

16:30

메이지진구공원
메이지진구에서 이어지는 가로수 길을 따라가다 보면 어느새 메이지진구공원에 도착한다. 규모가 굉장히 큰 공원으로 도쿄국립경기장, 럭비장, 메이지진구야구장이 있으며, 시민들이 즐길 수 있도록 6면의 야구장과 테니스장, 산책로 등 생활체육 시설을 갖추고 있다. 드넓고 푸른 이 공원에서 잠시 휴식을 즐기자.

17:30

시부야
하라주쿠, 시부야는 일본 라멘의 메카로 유명한 가게가 많다. 라면 한 그릇에 ¥1000 이상이면 너무 비싸다는 생각도 들지만 일단 맛을 보고 나면 고개를 끄덕이게 된다. 다른 종류의 라면을 시켜 서로 맛보는 것도 좋을 듯하다. 그 외에도 유명한 레스토랑이 많으니 취향에 맞게 골라 저녁 식사를 해결하자. 우에노에 아기자기한 맛집이 많다면 시부야에는 분위기가 고급스러운 맛집이 많다.
자전거 여행은 여기에서 마무리하고 일본에서도 패션과 쇼핑의 거리로 유명한 시부야와 하라주쿠에서 저녁 시간을 보내자.

Area 1	**Daikanyama & Ebisu** 다이칸야마 & 에비스 代官山 & 恵比寿	44
Area 2	**Nakameguro** 나카메구로 中目黒	84
Area 3	**Shimokitazawa** 시모기타자와 下北沢	102
Area 4	**Jiyugaoka** 지유가오카 自由が丘	118
Area 5	**Roppongi** 롯폰기 六本木	142
Area 6	**Shinjuku** 신주쿠 新宿	174
Area 7	**Shibuya** 시부야 渋谷	196
Area 8	**Harajuku & Omotesando** 하라주쿠 & 오모테산도 原宿 & 表参道	220
Area 9	**Ueno & Asakusa** 우에노 & 아사쿠사 上野 & 浅草	268
Area 10	**Ginza** 긴자 銀座	296
Area 11	**Odaiba** 오다이바 お台場	350
Area 12	**Yokohama** 요코하마 横浜	362

Area 1
DAIKANYAMA & EBISU

다이칸야마 & 에비스
代官山 & 恵比寿

● 　　다이칸야마는 혜성처럼 떠오른 새로운 명소다. '다이칸야마'라는 지명은 에도 시대에 지방 행정관 '다이칸代官'이 모여 살았던 데서 유래했다. 잡지에서 막 튀어나온 듯한 패션 피플이 활보하는 풍경은 다이칸야마 최고의 볼거리다. 거리 곳곳에는 개성 있는 잡화점과 부티크가 뽐내듯이 들어서 있다. 특히 스타일리스트들이 주목하는 숍이 많아 연예인도 자주 볼 수 있다. 유행을 앞서가는 패션 리더라면 시부야가 아닌 다이칸야마로 눈을 돌릴 것이다.

전통 일본 가옥과 부티크, 고층 빌딩이 한데 모여 오묘한 조화를 이루는 거리 풍경은 누구라도 반할 만큼 매력적이다. 패셔너블한 거리를 걷다 보면 내 집 앞을 산책하는 듯 친근하게 느껴져 더욱 좋다.

다이칸야마에서 가볍게 산책하듯 함께 돌아보기 좋은 에비스는 유럽의 작은 동네를 옮겨놓은 듯한 곳이다. 랜드마크인 에비스 가든 플레이스와 39층의 가든 플레이스 타워를 주목하자. 1994년 10월에 삿포로맥주의 에비스 공장 부지에 세운 가든 플레이스는 에비스를 단번에 스타로 만든 일등공신이다. 여기에는 맥주 마니아라면 그냥 지나치지 못할 에비스맥주기념관도 있다. 대낮부터 시음을 빌미로 맥주에 얼큰하게 취한 관광객을 쉽게 발견할 수 있다.

Access
가는 방법

1. 다이칸야마代官山역
방향 잡기 다이칸야마의 메인 스트리트는 북쪽 출구北口와 맞닿은 다이칸야마 어드레스와 라 펜테 다이칸야마, 개성 넘치는 숍과 레스토랑이 밀집해 원스톱 쇼핑에 제격이다.
주의 잘못 보고 '쾌속快速'을 타면 안 된다. 역 중간 중간에 서지 않아 엉뚱하게 멀리까지 가버리는 수가 있다.

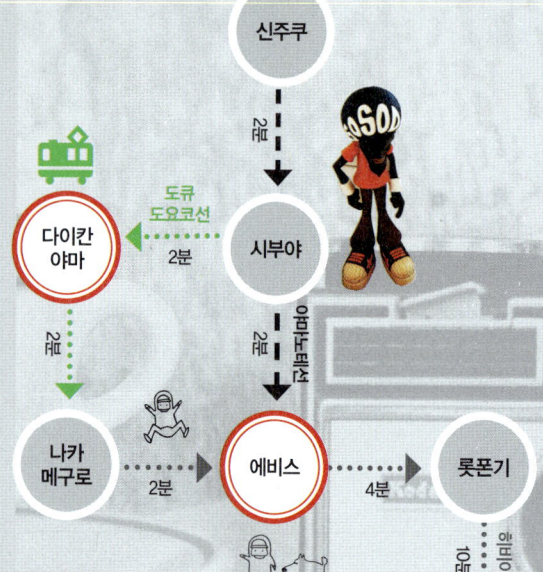

Check Point
● 시부야역 → 다이칸야마역 → 에비스 가든 플레이스 → 에비스역을 연결하는 하치코 버스를 이용하자. 귀여운 강아지가 그려져 있는 오렌지색의 미니버스로, 승차 요금은 이용 구간에 관계없이 ￥100이다. 역 근처에서 오렌지색 간판과 강아지 그림을 찾아보자.

● 이탈리언·일식·퓨전 요리 등 여러 나라의 요리를 선보이는 카페가 많다. 오후 12~1시에는 매우 혼잡하므로 이 시간대는 피하자. 점심시간이 끝난 뒤에는 여유롭고 저렴하게 맛있는 식사를 즐길 수 있다.

2. 에비스恵比寿역
방향 잡기 에비스의 랜드마크인 가든 플레이스로 가려면 동쪽 출구東口와 연결된 무빙 워크를 타고 5분 정도 걸어야 한다. 히비야선日比谷線으로 이동했다면 계단으로 서쪽 출구西口에서 JR 동쪽 출구東口로 가 무빙 워크를 이용한다.

Plan
추천 루트
다이칸야마 & 에비스
하루 걷기 여행

11:00 아상블라주 Assemblage
다이칸야마역에서 나오면 만나게 되는 인테리어숍. 문구류부터 리빙 제품까지 아이디어 넘치는 아이템이 가득하다.

도보 1분

13:00 구쓰시타야 靴下屋
패셔너블한 옷을 더욱 돋보이게 해주는 경제적인 아이템은 바로 양말이다. 일본의 젊은이 중에는 색깔, 무늬, 길이가 각기 다른 양말로 멋을 내는 이들이 많다. 자신에게 잘 어울릴 만한 것을 찾아보자.

도보 2분

13:30 카페 르 코르동 블루 Café Le Cordon Bleu
프랑스 전통 요리와 달콤한 디저트로 에너지 충전!

도보 1분

15:30 티 사이트 T-Site
예술과 취미·실용 분야의 책이 풍성한 문화 공간을 둘러보자.

도보 3분

16:30 마쓰노스케 뉴욕 Matsunosuke N.Y
지친 다리도 쉬어갈 겸 커피 한잔과 치즈케이크를 맛보자.

도보 2분

17:00 비아 버스 스톱 뮤지엄 Via Bus Stop Museum
요즘 떠오르는 신예 디자이너의 의류를 선별해놓았다. 현재의 유행보다는 앞으로의 트렌드를 예측할 만한 숍이라고 할 수 있다. 이곳을 구경하다 보면 패션 전문가가 될 것만 같다.

도보 4분

18:00 더 바 The Bar
동남아시아 분위기의 바에서 저녁 식사와 칵테일을 즐겨보자.

Area 1 / Daikanyama & Ebisu / Restaurant

리스토란테 아소 Ristorante Aso

Add. 東京都渋谷区猿楽町29-3 **Google Map** 35.648493, 139.699336
Tel. 03-3770-3690
Open 점심 12:00~15:30, 저녁 17:30~23:00 **Close** 매주 월요일
Access 지하철 도큐도요코선 다이칸야마역 정면 출구에서 도보 5분
URL www.aso-net.jp/aso/access

도쿄에서 이름난 고품격 이탤리언 레스토랑

다이칸야마의 한적한 대사관 거리에 있는 레스토랑. 이곳은 도쿄에서 꽤 이름난 이탤리언 레스토랑이다. 쇼와 시대에 세운 양옥을 개조해 만든 건물이 정겹다. 스태프들이 정성스레 가꾼 정원이 내다보이는 1층 좌석이 가장 인기 있다. 원목 느낌을 그대로 살린 테이블과 럭셔리한 조명, 인테리어 덕분에 전체적인 분위기가 고급스럽다. 그 때문에 종종 결혼 피로연이 열리기도 한다. 이곳의 셰프는 사장이기도 한 히라마쓰와 함께 프랑스와 이탈리아에서 요리를 배운 아소 다쓰지다인데, 탄탄한 기본기에서 나오는 깊은 맛과 예술에 가까운 세심한 데커레이션으로 최고의 찬사를 받는 일본의 스타 셰프다.

유명 셰프의 레스토랑인 만큼 가격대가 만만치 않다. 점심 세트는 ¥5500 이상, 저녁은 ¥1만2000 이상이다.

1 품격이 느껴지는 테이블 세팅과 실내 장식 **2** 아스파라거스를 곁들인 파스타 **3** 그날그날 싱싱한 재료를 이용해 만들어내는 오늘의 전채 샐러드 **4** 이곳의 정원에 들어서면 조경이 예쁜 집에 초대받은 것 같은 느낌이 든다.

스파지로 すぱじろう

Add. 東京都渋谷区恵比寿西1-2-5 **Google Map** 35.648174, 139.708964
Tel. 03-5457-1222
Open 11:30~24:00
Access JR 에비스역에서 도보 3분
URL www.spajiro.com

색다른 스파게티를 맛볼 수 있는 곳

외관만 봐서는 이탤리언 레스토랑이라고 상상할 수 없을 만큼 전통 이자카야의 냄새를 솔솔 풍기는 곳이다. 이곳은 독특하게도 파스타 면을 가마에 넣고 삶아낸다. 크림소스, 토마토소스는 물론 이곳만의 특제 소스가 있으며 종류는 무려 40가지가 넘는다. 어느 것을 골라야 할지 행복한 고민에 빠졌다면, 인기 베스트 10을 참조하자. 입이 짧은 소식가라면 80g짜리 S사이즈를, 먹고 돌아서면 배가 꺼지는 대식가는 170g짜리 L사이즈를 추천한다. 사이즈에 따른 추가 요금도 없으니 고마울 따름이다. 테이블마다 있는 갈릭 파우더, 파르메산 치즈와 칠리 오일 등의 토핑을 듬뿍 넣어 먹어보자. 이곳의 스파게티는 와인과 함께 즐겨도 손색이 없다. 카운터석이 있어 혼자 온 여행자라도 눈치 보지 않고 가볍게 한 끼를 해결할 수 있다.

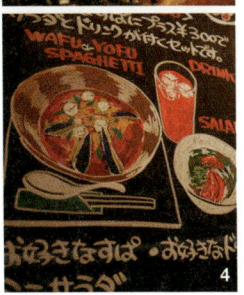

인기 메뉴인 명란 마요네즈 스파게티明太子とマヨネーズのすぱ(멘타이코토 마요네-즈노 스파)는 ¥930, 올리브 오일 스파게티オリーブオイルスパ(오리-브 오이루 스파) ¥840.

---

1 여느 스파게티집과는 달리 투박한 접시가 인상적이다. **2** 혼자 먹기에는 양이 상당히 많은 스파지로의 파스타 **3** 김과 오이를 얹어 느끼하지 않은 맛이 특징 **4** 파스타, 샐러드, 드링크가 포함된 세트 메뉴가 게시되어 있다.

Area 1 / Daikanyama & Ebisu / Restaurant

스시 안 Sushi An

Add. 東京都渋谷区猿楽町11-1 ラフェンテ代官山3階
Google Map 35.650147, 139.702494
Tel. 03-3476-0065
Open 11:00~24:00
Access 지하철 도큐도요코선 다이칸야마역에서 도보 3분

엑스이엑스 다이칸야마XEX Daikanyama의 복합 레스토랑

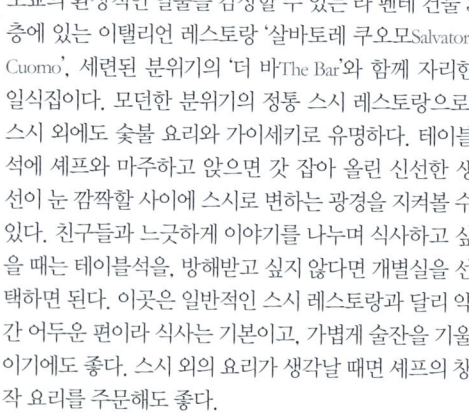

도쿄의 환상적인 일출을 감상할 수 있는 라 펜테 건물 3층에 있는 이탤리언 레스토랑 '살바토레 쿠오모Salvatore Cuomo', 세련된 분위기의 '더 바The Bar'와 함께 자리한 일식집이다. 모던한 분위기의 정통 스시 레스토랑으로, 스시 외에도 숯불 요리와 가이세키로 유명하다. 테이블석에 셰프와 마주하고 앉으면 갓 잡아 올린 신선한 생선이 눈 깜짝할 사이에 스시로 변하는 광경을 지켜볼 수 있다. 친구들과 느긋하게 이야기를 나누며 식사하고 싶을 때는 테이블석을, 방해받고 싶지 않다면 개별실을 선택하면 된다. 이곳은 일반적인 스시 레스토랑과 달리 약간 어두운 편이라 식사는 기본이고, 가볍게 술잔을 기울이기에도 좋다. 스시 외의 요리가 생각날 때면 셰프의 창작 요리를 주문해도 좋다.

1 넓은 테이블석은 개인적인 시간을 보내기 좋다. **2** 여러 부위가 함께 나오는 모둠 야키도리 **3** 마구로를 비롯한 신선한 스시는 이곳의 대표 메뉴 **4** 모던한 오픈 키친과 카운터석의 어두운 조명이 분위기를 더한다.

메종 폴 보퀴즈 Maison Paul Bocuse 메종 뽀-루 보퀴-즈

Add. 東京都渋谷区猿楽町17-16 代官山フォーラム地下1階
Google Map 35.649593, 139.698663 **Tel.** 03-5458-6324
Open 점심 12:00~15:30, 저녁 17:30~23:00 **Close** 매주 월요일
Access 지하철 도큐도요코선 다이칸야마역 북쪽 출구에서 도보 10분
URL www.hiramatsurestaurant.jp/paulbocuse-maison

미쉐린 3스타에 빛나는 레스토랑

프랑스 요리 전도사로 알려진 요리계의 대부 폴 보퀴즈의 레스토랑이 아시아에서는 처음으로 일본에 상륙했다. 2007년 국립신미술관에 문을 연 브라세리 폴 보퀴즈 뮤제가 선풍적인 인기를 얻은 후 긴자와 마루노우치에 이어 다이칸야마에도 문을 열었다. 지하철역에서 5분도 안 되는 거리에 위치한 입지 조건, 350평 규모의 거대한 테이블석, 많은 인원을 수용할 수 있는 파티 공간(살롱과 바), 모던한 오픈 키친 등 이곳을 설명하는 문구만으로도 구미가 당긴다. 잔잔한 BGM과 프렌치소스의 향이 어우러져 그야말로 오감을 만족시킨다.

여행자에게는 만만치 않은 가격대다. 점심은 ￥4000, 저녁은 ￥8000 이상을 예상해야 한다. 파인 다이닝에서의 한 끼 식사에 10만원 정도는 써도 괜찮다고 여기는 여행자라면 그야말로 강추.

1 넓은 공간이지만 서둘러 예약하지 않으면 테이블을 잡기 힘들 정도로 인기 있다. **2** 예술에 가까운 요리를 선보이는 셰프들 **3** 훌륭한 재료와 아름다운 데커레이션으로 승부를 내는 최고의 레스토랑 **4** 부드러운 계살에 싱싱한 샐러드를 곁들인 오말 새우 샐러드

Area 1 / Daikanyama & Ebisu / Restaurant

나나쿠라 Nanakura 나나크라

Map
지도 밖

Add. 東京都港区新橋2-20-15 新橋駅前ビル1号館 2F
Google Map 35.666299, 139.759618
Tel. 03-3571-5012 **Open** 월~금요일 점심 11:20~14:10, 저녁 17:00~22:00
Close 매주 토・일요일・공휴일 **Access** JR・지하철 신바시역 동쪽 출구에서 도보 3분 **URL** www.nanakura.co.jp

건면으로 만들어내는 특별한 맛의 우동

사무실이 모여 있는 신바시역 앞 상가 건물 2층에 자리한 이나니와 우동(건면) 전문점. 나나쿠라의 이나니와 우동은 면발이 차지면서 부드럽게 후루룩 넘어가는 매력이 있다. 맛있고 저렴한 가격의 음식을 선호하는 넥타이 부대에게 인기가 있어 언제나 긴 줄을 서야 하는 불편함이 따르지만 그만한 가치가 있는 곳이다. 먹음직스럽게 소쿠리에 담겨 나오는 탱탱한 면발은 참깨와 된장을 섞어 만든 고소한 맛의 특제 소스와 함께 먹으면 금상첨화. 우동과 함께 나오는 각종 회 또한 국수와 절묘한 하모니를 이룬다. 점심시간에는 우동 한 그릇을 단돈 900엔에 제공한다.

참치 또는 연어가 함께 나오는 세트 메뉴 ¥1000~1400. 돈가스와 밥, 미소 된장국과 피클이 세트로 나오는 이소쿠Ishoku는 ¥1550.

1 손님 맞을 준비에 바쁜 주인과 종업원들 **2** 유명한 맛집이지만 가게 입구는 작다. **3** 우동 외에도 다양한 메뉴가 있다. **4** 참깨와 된장을 섞어 만든 특제 소스와 탱탱한 면발

기무카쓰 에비스(본점) キムカツ 恵比寿(本店)

Add. 東京都渋谷区恵比寿4-9-5 **Google Map** 35.645970, 139.713211
Tel. 03-5420-2929
Open 일~목요일 11:00~23:00, 금·토요일·공휴일 전날 11:00~23:30
Access JR 에비스역 동쪽 출구에서 도보 5분
URL www.kimukatsu.com

입안 가득 느껴지는 육즙이 일품인 돈가스 전문점

2003년 4월 시부야 에비스에 문을 연 것을 시작으로 지금은 전국 각지에 16여 개의 점포를 보유하고 있는 돈가스 전문점. 튀김옷의 바삭한 식감과 육즙이 풍부한 고기의 하모니가 일품이다. 엄선한 일본산 돼지고기를 얇게 썰어 무려 25장을 겹친(밀푀유) 다음 생빵가루를 입혀 저온에서 8분간 튀기고 2분간 뜸 들이는 특유의 방식이 맛의 비결이다. 그러면 층을 이룬 고기 사이사이로 열이 고르게 전해져 결마다 육즙이 촉촉히 배인 기무카쓰가 탄생한다. 계절에 맞춰 최상의 산지에서 공급한 양배추에 식초소스만 뿌린 샐러드도 맛있다. TV〈식신로드〉를 비롯한 국내의 여러 매스컴에도 소개되었고, 상수동에 지점이 있다. 레스토랑 입구에 추성훈과 티아라를 비롯한 인기 연예인들의 사인이 가득 붙어 있다.

1 유명세에 비해 규모는 아담하다. **2** 주택가 길에 있는 기무카쓰 에비스 본점 **3** 추성훈을 비롯한 우리나라 연예인들의 사진과 사인이 입구에 붙어 있다. **4** 종이처럼 얇은 수십 겹의 고기와 바삭한 튀김옷은 탄성을 자아내는 맛이다.

Area 1 / Daikanyama & Ebisu / Cafe

갈색 톤의 테이블과 의자가 정갈하게 놓여 있는 카페 미켈란젤로

카페 미켈란젤로 Caffé Michelangelo

카훼 미케란제로

Add. 東京都渋谷区猿楽町29-3 **Google Map** 35.648493, 139.699368
Tel. 03-3770-9517
Open 점심 11:30~17:00, 저녁 18:30~21:30
Access 지하철 도큐도요코선 다이칸야마역 정면 출구에서 도보 5분
URL www.hiramatsurestaurant.jp/michelangelo/about

파리에 온 듯한 느낌이 드는 카페

1997년에 문을 연 카페 미켈란젤로는 다이칸야마의 터줏대감이라고 할 수 있다. 오픈 테라스석은 물론 매장 안에서도 느긋하게 다이칸야마의 풍경을 감상할 수 있다. 앤티크한 분위기가 나는 테라코타로 된 마루에 높은 천장, 통창으로 들어오는 밝은 햇빛까지, 이탈리아 시골집의 뜰에 와 있는 듯한 착각에 빠져든다. 〈미쉐린 가이드〉에서 2스타를 획득한 셰프 다쓰지 아소가 선보이는 요리를 맛볼 수 있다. 식사와 커피류, 와인과 술 종류까지 갖추었다.

이탈리아 서민들이 즐겨 먹는 요리인 포카치아, 샌드위치 피아디나가 유명하다. 가격대는 파스타 점심 코스 ¥1800, 파니니 점심 코스 ¥1400, 디너 세트 A(전채 요리, 파스타 또는 리조트, 커피) ¥2100, 디너 세트 B(전채 요리, 메인 요리, 커피) ¥2700.

---

1 유럽 노천카페를 떠올리게 하는 외관 **2** 볼륨감 있는 샌드위치와 포카치아는 점심식사로 손색없다. **3** 귀여운 분수대는 이곳이 카페라는 사실을 잊게 한다. **4** 따뜻한 치즈와 햄이 들어 있는 바삭한 바게트

Area 1 / Daikanyama & Ebisu / Cafe

홀리 Holy ◀호-리-

Add. 東京都渋谷区恵比寿西2-19-8 **Google Map** 35.649131, 139.705156
Tel. 03-5456-3363
Open 월요일 11:00~18:00, 화~금요일 11:00~23:00, 토·일요일 12:00~23:00
Close 매주 수요일 **Access** 지하철 도큐도요코선 다이칸야마역 정면 출구에서 도보 5분 **URL** www.harutomo.jp

Map P.398-C

셀러브리티가 즐겨 찾는 카페

'홀리'는 크리스마스 전야인 '홀리데이 나이트'를 의미한다. 이곳은 이름에 걸맞게 2005년 크리스마스에 맞춰 오픈했다. 연예 엔터테인먼트 사업을 하던 사장이 많은 사람들과 소통할 수 있는 공간을 물색하던 중 시부야에서 에비스로 가는 중간 지점인 이곳에 카페를 열었다. 콘크리트를 활용한 인테리어와 오픈형 키친은 당시로선 파격적인 시도였다. 이곳은 특이하게 30대 독신 남성이 많이 찾는데, 사장이 이들의 요구를 정확히 파악했기 때문이다. 역시 독신 남성인 사장은 자신과 같은 처지의 독신 남성들을 위해 항상 양이 넉넉한 음식을 준비한다.

점심 메뉴는 생선과 고기 요리, 파스타와 카레, 샐러드 등이 포함되어 있다. 인기 메뉴는 치킨 볶음밥에 데미글라스소스를 더하고 달걀로 감싼 오므라이스로, 평범하지만 꽤 맛있다. 점심시간이 오후 4시까지여서 다른 곳보다는 시간에 덜 쫓긴다는 것이 장점이다.

1 밖에서 바라본 홀리. 무심한 듯한 콘크리트 외관이 인상적이다. **2** 카페에 비치된 다양한 프로모션 리플릿 **3** 대식가도 만족할 만큼 양이 많은 오므라이스 **4** 세련된 스타일의 오픈형 키친을 갖추었다.

카페 르 코르동 블루 Café Le Cordon Bleu
카훼르 꼬르동 브루

Add. 東京都渋谷区猿楽町 28-13 ROOB-1 1F
Google Map 35.647828, 139.701466 **Tel.** 03-5457-2407
Open 10:00~19:00(마지막 주문 18:30) **Close** 매주 월요일
Access 지하철 도큐도요코선 다이칸야마역에서 도보2분
URL www.cordonbleu.edu/tokyo/cafelaboutique/jp

다이칸야마의 작은 프랑스

우리나라 숙명여자대학교에도 분점이 있는 르 코르동 블루에서 직영으로 운영하는 레스토랑 겸 카페. 갈색, 흰색으로 꾸민 외관과 낭만적인 프랑스 분위기의 테라스가 인상적이다. 요리와 빵의 본고장에서 온 요리사들과 그들에게 전수받은 수준 높은 장인들의 솜씨를 즐길 수 있는 곳이다. 점심시간이 아니라면 테라스에서 편안하게 담소를 나눌 수 있다. 금방 구운 따끈따끈한 크루아상과 바게트를 먹을 수 있으며, 올리브 오일이나 잼 등도 판매한다. 해산물 샐러드(¥630)는 가볍게 식사를 원하는 여성들에게 인기 있으며, 커피와 함께 즐길 디저트로는 딸기와 생크림이 들어간 프레지에 샴페인(¥546)과 달콤한 초콜릿이 겹겹이 쌓인 오페라(¥441)를 추천한다.

1 세계적인 요리학교 르 코르동 블루의 도쿄 지점 외관 **2** 프렌치 스타일의 테라스 카페가 여유를 준다. **3** 우수한 성적으로 졸업한 한국인의 상장이 카페 안에 있다. **4** 카페에서는 가볍게 식사를 즐길 수 있다.

Area 1 / Daikanyama & Ebisu / Cafe

마쓰노스케 뉴욕 Matsunosuke N.Y 松之助ニューヨーク 마츠노스케 뉴-요-크

Add. 東京都渋谷区猿楽町29-9ヒルサイドテラスD棟-11
Google Map 35.648226, 139.700267 **Tel.** 03-5728-3868
Open 09:00~19:00
Access 지하철 도큐도요코선 다이칸야마역에서 도보 4분
URL www.matsunosukepie.com

도쿄에서 가장 맛있는 치즈 케이크

인공첨가물은 배제하고 천연 재료를 사용해 구운 케이크는 자극적이지 않고 부드러워 가족이나 친구, 연인에게 감사의 마음을 전하는 선물로 인기 있다. 창업자가 미국 유학 중 뉴잉글랜드 지방의 전통 과자 제조 방법을 배우고 돌아와 케이크 교실과 카페, 식료품점을 교토와 도쿄에 연 것이 마쓰노스케 뉴욕의 시작이다. 창업자의 비밀 레시피로 만드는 팬케이크가 맛있다는 입소문이 나면서 많은 사람의 발길이 끊이지 않고 있다. 뉴욕 치즈 케이크와 피칸 파이 같은 간단한 간식거리는 ¥500 정도에 맛볼 수 있다. 매장은 소박하면서도 따뜻한 분위기여서 친구들과 함께 수다를 떨며 즐기기 좋다.

고급 식료품점 딘 앤 델루카Dean & Deluca에서 인기 있는 사과 파이와 관련한 오너의 노하우를 볼 수 있는 〈히라노 아키코의 아메리칸 파리 스페셜 박스〉, 〈히라노 아키코의 사과파이 바이블〉, 〈뉴욕 스타일 델리 샌드위치〉는 누구나 한 권쯤 간직하고 싶은 책이다.

1 통유리로 된 창밖 풍경을 보면서 수다를 떨 수 있는 곳 **2, 3** 특히 여성들에게 인기가 많은 뉴욕 스타일의 디저트 카페 **4** 주말에는 빈자리를 찾기 어려울 정도로 붐비므로 식사 시간대를 피하자.

더 바 The Bar 에자 바

Add. 東京都渋谷区猿楽町11-1 ラフェンテ代官山3F
Google Map 35.650060, 139.702395
Tel. 03-3476-0065
Open 카페 11:30~17:00, 바 17:30~다음날 03:00
Access 지하철 도큐도요코선 다이칸야마역 북쪽 출구에서 도보 3분

남국의 로망이 깃든 이국적인 카페 겸 바

동남아시아의 리조트에서나 느낄 수 있는 이국적인 분위기를 물씬 풍기는 곳이다. 오후에는 간단한 식사를 하거나 차를 마실 수 있는 카페 공간으로, 저녁에는 피아노 선율이 흐르는 섹시한 분위기의 바로 운영한다. 가든 테라스는 이곳이 일본이라는 것을 잊게 할 정도로 이국적이다. 화려한 조명이 들어오는 작은 풀이 있으며 공연 시간에 맞춰 가면 실력 있는 재즈 가수의 멋진 라이브를 들을 수 있다. 같은 층에 있는 레스토랑 살바토레 쿠오모Salvatore Cuomo에서 저녁 식사를 마친 다음 이곳으로 자리를 옮겨 칵테일을 한잔하며 데이트를 즐기는 커플이 많다. 주요 고객은 20대 후반 이상으로 대체적으로 조용한 분위기다. 맥주, 진, 럼, 위스키, 브랜디, 와인 등 다양한 주류를 갖추어 취향대로 즐길 수 있다.

1 라 펜테 다이칸야마 내부에 있는 바 **2** 사진만 보면 동남아시아 리조트의 프라이빗한 루프톱 바 같다. **3** 밤이면 은은한 불빛이 비치는 더 바의 오픈된 공간

Area 1 / Daikanyama & Ebisu / Ask Local

일본 생활 15년차 감성디자인 교수가 알려주는 도쿄 100배 즐기기

꽃이 싱그러운 초봄의 아사쿠사

강남규 교수는 어학연수를 위해 1999년 처음으로 일본 도쿄에 발을 디딘 후, 일본의 매력에 심취해 홍익대학교에서 가구디자인을 전공한 후 망설임 없이 일본 유학을 선택했다. 쓰쿠바대학의 대학원에서 석·박사 과정을 수료한 후 6년 전부터 홋카이도 하코다테 시에 거주하고 있다. 현재는 공립 하코다테미래대학의 교수로 재직 중이며 일본 학생들에게 감성디자인을 학과 과목으로 가르치고 있다.

Secret >> 일본에서 생활한 지 15년째라고 들었는데, 어떤 계기로 일본에 오래 살게 되었나요?
Kang >> 처음에는 단지 일본어가 말하고 싶어서 달랑 200만 원 들고 어학연수를 왔습니다. 그런데 생활비에 수업료, 그리고 주말마다 즐기는 도쿄 여행 비용을 아르바이트로 충당하고도 300만 원을 모아 한국으로 돌아올 수 있었어요. 열심히 노력하면 꿈을 이룰 수 있겠다는 확신이 들어서 과감히 일본 대학원으로 유학을 온 게 15년이라는 시간으로 이어진 것 같습니다.

Secret >> 그럼 도쿄에서는 얼마나 생활했고, 도쿄의 매력은 무엇인가요?
Kang >> 도쿄 생활은 단지 1년이지만, 마쓰도 松戸와 도리테取手 등 도쿄 지하철 권역대에서 거주한 것은 총 6년이니, 7년을 도쿄 하늘 아래서 생활한 셈입니다. 도쿄의 매력은 뭐니뭐니 해도 표정이 다양한 도시라는 점이죠. 하늘을 찌를 듯한 고층 빌딩 사이로 최첨단 무인운전시스템 전철이 다니는 한편으로 100년이 넘은 노면 전차가 나무로 지은 옛날 집들이 즐비한 골목길을 달리는 모습을 볼 수 있습니다. 약 6500억 원을 들여 새로 건설한 634m 높이의 타워 스카이트리를 감상하기 가장 좋은 장소는 다름아닌 옛 모습을 간직한 아사쿠사라는 점이 도쿄답습니다. 주말에도 밤새도록 불이 꺼지지 않는 도쿄 대학의 우에노 캠퍼스와 아키하바라의 오타쿠 문화를 엿보고, 하라주쿠에 가서 젊음을 발산하는 자유분방한 젊은이들을 보노라면, 어느 것이 진짜 도쿄의 모습일까 궁금하지만, 그저 도쿄의 표정이 다양한 것이라고 느끼면 되지 않을까 합니다.

Secret >> 도쿄를 느끼는 가장 좋은 방법을 소개해 주세요?
Kang >> 도쿄 여행하면 JR만을 떠올리는 사람들이 많은데, 지하철 등을 이용하면 더 많은 여행지로 갈 수 있습니다. 특히 도에이 마루고토킷푸 都営まるごときっぷ를 사서 둘러보는 것을 추천

파리의 에펠탑을 모방한 도쿄타워

일본의 로컬 시장

도에이 마루고토킷푸 1일권

스카이트리가 가장 잘 보이는 곳은 아사쿠사

하고 싶네요. 도에이 마루고토킷푸는 도쿄 시가 운영하는 4개의 지하철과 모든 버스, 노면 전차, 그리고 최근에 완성된 닛포리토네리라이너까지 하루 종일 무제한으로 이용할 수 있는 티켓인데요. 4개의 지하철 노선만으로도 신주쿠의 도쿄 도청 전망대와 스카이트리 그리고 아사쿠사, 롯폰기, 도쿄타워, 고라쿠엔, 황궁, 도쿄역 등 주요 관광지를 둘러볼 수 있습니다. 개인적으로는 굳이 목적지를 정하지 않고 도쿄 사람들의 참모습을 보고 싶은 여행자에게 더없이 좋은 티켓이라고 생각합니다. 요금도 단 ¥700(어린이는 ¥350)으로, 여행자에게는 너무나 반가운 가격입니다. 이 티켓을 들고 아주머니가 즉석에서 말아주는 일본 우동과 덴푸라, 오니기리 등을 맛볼 수 있습니다. 이 정도면 도쿄의 진면모 중에서 반은 보았다고 해도 과언이 아닙니다. 티켓은 버스 안, 도에이 지하철역, 닛포리토네리라이너역, 노면 전차 등의 자동발매기와 창구에서 구입할 수 있습니다. 지하철 아사쿠사선은 하네다 공항과도 연결되는 게이세이 전철 직통과도 공동 운행하니 잘만 이용하면 여행자들에게 굉장히 유용한 티켓이에요.

Area 1 / Daikanyama & Ebisu / Cafe, Shop

와플스 Waffle's Beulah 왓후루즈비우라

Map P.398-C

Add. 東京都渋谷区代官山町10-3
Google Map 35.650454, 139.704509 **Tel.** 03-3476-6721
Open 11:30~18:30(1~2월 11:30~18:00), 토·일요일·공휴일 11:30~19:30
Access 지하철 도큐도요코선 다이칸야마역 정면 출구에서 도보 5분
URL www.waffles-daikanyama.com

바삭한 와플 맛을 제대로 느낄 수 있는 곳

자신이 좋아하는 와플을 도쿄에서 실컷 먹을 수 있으면 좋겠다는 주인장의 바람을 실현한 와플 레스토랑. 1996년 문을 열었으며, 도쿄 사람들이 '와플' 하면 바로 떠올리는 곳으로 선정되었다. 최고급 일본산 밀가루만 사용하고 이스트균을 넣지 않아 바삭바삭한 것이 맛의 비결이다. 가수 유희열이 일본에 가면 꼭 들른다고 해 국내에서도 화제를 모았다. 그 때문인지 가이드북을 들고 찾아오는 한국인 관광객을 심심치 않게 볼 수 있다.

오리지널 와플은 그냥 먹어도 맛있지만 원하는 아이스크림이나 시럽, 10종류의 토핑을 더하면 출출할 때 딱 좋은 요깃거리가 된다. 든든한 간식거리인 계절 과일 & 휘핑크림 & 아이스크림 와플 季節のフルーツ & ホイップクリーム & アイスクリーム ¥920

1 가정집 테라스처럼 꾸민 외관 **2** 조명 톤이 전체적으로 따뜻한 느낌이다. **3** 진한 시나몬 가루와 아이스크림이 어우러진 와플 **4** 아기자기한 테이블 소품. 짙은 색의 메이플 시럽 맛이 일품이다.

아상블라주 Assemblage

Add. 東京都渋谷区代官山20-20モンシェリー代官山 2F
Google Map 35.648140, 139.702204
Tel. 03-3770-7911 **Open** 11:00~20:00 **Close** 셋째 주 화요일
Access 지하철 도큐도요코선 다이칸야마역에서 도보 1분
URL www.assemblage-daikanyama.com

소소한 일상용품을 고를 수 있는 곳

다이칸야마역에서 가까운 곳에 자리해 많은 사람이 드나드는 리빙 숍이다. 유럽·미국·오스트리아 등지에서 수입한 아이템부터 일본 오리지널 브랜드 제품까지 세계 각지에서 인기 있는 브랜드 제품을 소개한다. 문구류부터 조명제품, 욕실용품, 인테리어 소품, 식재료에 이르기까지 집 안을 풍요롭게 꾸며줄 다양한 아이템을 만날 수 있다. 쇼핑을 마친 후에는 여유로운 분위기의 카페에서 담소를 즐겨보자. 생강과 향신료가 들어간 진저 밀크티(¥500)는 피로 회복에 좋고 달콤한 바나나 케이크(¥500)는 든든한 간식거리다.

오후 4시 티타임에는 6종류의 티 중 하나를 고를 수 있는데, 그 중에서 붉은 과일, 대황과 딸기, 오렌지를 넣은 르카트레Le Quatre heures, 베르가못 외 감귤류 등 과일 향기가 들어간 구트 뤼스 예카테리나Gout Russe Ekaterina, 사과 과육에 히비스커스, 딸기, 장미가 들어간 감미로운 보라보라Bora Bora가 인기 있다.

1 집 안을 꾸미는데 필요한 모든 아이템이 한 곳에 **2** 손을 흔드는 엘리자베스 여왕 인형 **3** 일본의 식기류는 멋진 주방을 원하는 사람에게 인기 있다. **4** 쇼핑 후 아담한 공간의 카페에서 차 한잔의 여유를 즐길 수 있다.

Area 1 / Daikanyama & Ebisu / Cafe, Shop

캐릭터 관련 상품들이 진열된 내부

미스터 프렌들리 카페 Mr. Friendly Cafe

미스타- 후렌도라- 카훼

Add. 東京都渋谷区恵比寿西2-18-6 SPビル1階
Google Map 35.649717, 139.705230
Tel. 03-3780-0986 **Open** 11:00~20:00
Access 지하철 도큐도요코선 다이칸야마역 북쪽 출구에서 도보 3분
URL www.mrfriendly.co.jp

세상 모두가 하나로 행복하게

미스터 프렌들리는 '러브 앤 피스Love & Peace'를 콘셉트로 한 잡화 브랜드다. 열쇠고리나 수첩, 볼펜 등 가격 부담이 없는 잡화나 티셔츠가 많이 판매된다. 어른과 아이가 함께 입을 수 있는 티셔츠는 스테디셀러. 매장 내부 벽면에는 더 이상 사용하지 않는 스케이트보드를 잘라 인테리어로 장식했는데 이곳의 이미지와 잘 어울리는 경쾌함을 연출한다. 2008년에는 탄생 20주년을 맞아 미스터 프렌들리 카페로 리뉴얼했다. 건강을 생각한 오거닉 메뉴로 구성되어 있어 젊은 엄마들이 아이와 함께 즐겨 찾는다.

1 자잘한 구경거리가 많은 실내 **2** 유니크한 미스터 프렌들리 카페의 외관 **3, 4** 미스터 프렌들리의 쿠키와 캐릭터 **5** 캐릭터 휴대폰 케이스

Area 1 / Daikanyama & Ebisu / Cafe, Shop

파머스 테이블에 점심 먹으러 왔다가 의도하지 않은 쇼핑을 하게 될지도!

파머스 테이블 Farmer's Table 🔊 화-마스 테이부루

Map P.398-D

Search 渋谷区恵比寿南2-8-13共立電機ビル 4F
Google Map 35.644555, 139.708765
Tel. 03-6452-2330 **Open** 12:00~19:00 **Close** 월요일
Access 지하철 히비야선 에비스역에서 도보 6분
URL www.farmerstable.com

내추럴한 인테리어에 마음이 놓이는 곳

숲 속에 있는 작은 집처럼 나무로 둘러싸인 예쁜 카페. 주로 도심 속에서 여유를 즐기며 차를 마시고 싶어 하는 사람들이 찾는다. 인테리어에 신경 쓴 집과 카페, 잡화점이 함께 있는데, 스타일리스트였던 부인과 그래픽 디자이너인 남편이 경영하는 곳이다. 매년 3회에 걸쳐 일본의 작가들을 한 명씩 선정해 작은 전시회를 개최하기도 한다. 가게를 인위적으로 꾸미기보다 작가들의 작품을 인테리어 요소로 사용했는데 손님들이 편안하게 작품을 접할 수 있도록 하기 위해서라고. 소박한 식기의 매력에 푹 빠져 이곳을 자주 찾는 단골손님이 많다. 1층은 차와 식사를 즐길 수 있는 카페로 유기농 식품으로 만든 런치 메뉴와 오너의 친구가 직접 만드는 오늘의 케이크가 인기 있다. 여름에는 시원한 테라스에서 피크닉 분위기를 낼 수 있다. 2층의 숍은 심플하고 따뜻한 분위기로 식기와 슬리퍼, 일상용품을 판매하는데, 앤티크 주방 소품을 벽에 달아 내추럴한 분위기를 연출했다.

점심은 12시부터 오후 3시까지 제공한다. 메뉴는 샌드위치 플레이트, 수프 플레이트 등 매일 바뀌는데, 커피나 차, 오늘의 허브티가 포함된다(¥1155). 복잡한 도심에서 즐기는 차 한잔의 여유와 유기농 음식은 언제나 상쾌한 기분을 느끼게 한다.

1 어느 집에나 어울릴 법한 슬리퍼 **2** 사진 메뉴를 벽에 붙여 놓았다. **3** 가지런히 정리해놓은 판매용 식기 **4** 이곳은 생활 소품을 쇼핑하기에도 좋다. 벽걸이용 꽃병 하나로 방 분위기를 바꿔보자.

Area 1 / Daikanyama & Ebisu / Shop

제미니 Gemini

Add. 東京都渋谷区猿楽町2-5 **Google Map** 35.653014, 139.704789
Tel. 03-5456-4137
Open 12:00~20:00
Access 지하철 도큐도요코선 다이칸야마역 서쪽 출구에서 도보 4분
URL www.gemini.co.jp

Map
P.398-C

큐트한 패션을 제안하는 셀렉트 숍

멋진 숍이 즐비한 다이칸야마 거리에서 과감한 파란색 외관으로 눈길을 사로잡는 셀렉트 숍이다. 일본 유명 잡지 〈캉캄Can Cam〉 등에서 모델로 활약하던 야마다 유가 단골로 드나들면서 유명해진 제미니는 10대 후반에서 20대 초반 여성들이 특히 좋아할 만한 귀여운 아이템으로 가득한 셀렉트 숍이다. 패션 회사에서 MD로 일하던 사장이 자신이 좋아하는 디자인 소품을 만들기 위해 오픈했다. 아메리칸 어패럴American Apparel과 합작해 'American Apparel+Gemini'를 기획했고, 갭GAP, 베네통Benetton 등 세계 유명 브랜드와 공동 작업해 독특한 제품을 선보이기도 했다. 인형같이 귀여운 점원이 입고 있는 옷과 액세서리는 금방 품절된다.

1

2

3

4

1 여성이라면 한눈에 반할 만한 컬러풀한 슈즈 디스플레이가 돋보인다. **2** 스포티한 이지 웨어는 톡톡 튀는 색깔이라야 제맛 **3** MD의 개성이 드러나는 독특한 액세서리 **4** 외관 벽면을 산뜻한 하늘색으로 단장했다.

구쓰시타야 靴下屋

Add. 東京都渋谷区猿楽町24-2 **Google Map** 35.648667, 139.701824
Tel. 03-5784-4844
Open 11:00~20:00
Access 지하철 도큐도요코선 다이칸야마역 정면 출구에서 도보 3분
URL www.tabio.com

예쁜 패션 양말 전문점

구쓰시타야는 전국에 200개가 넘는 점포를 운영하는 패션 양말 전문점으로 봉주르 레코드와 가깝다. 가게 안에 가득한 수백 종의 양말은 디자인, 소재, 컬러 등 어느 것 하나 흠 잡을 데 없이 감각적이다. 어떤 것을 구입해야 할지 난감할 정도로 선택의 폭이 넓으며 가격도 그리 비싸지 않다. 한국에서는 흔히 보기 힘든 다양한 컬러의 여성용 양말과 스타킹, 레깅스는 욕심낼 만하다.

1 양말도 패션이라는 것을 보여주는 깜찍한 구쓰시타야 건물 **2** 기능별, 색깔별로 디스플레이해 원하는 스타일을 찾기 쉽다. **3** 스타킹과 타이츠까지 모든 것이 구비되어 있다. **4** 신발에 맞추어 양말을 골라 신는 패셔니스타가 되어보자. **5** 선물용으로 좋은 컬러 양말

Area 1 / Daikanyama & Ebisu / Shop

다이칸야마 어드레스와 함께 랜드마크 역할을 하는 라 펜테 다이칸야마

라 펜테 다이칸야마 ラフェンテ代官山

Add. 東京都渋谷区猿楽町11-1 **Google Map** 35.650060, 139.702395
Tel. 03-3462-8401
Open 숍 11:00~20:00, 레스토랑 11:30~다음날 04:00 **Close** 1월 1일
Access 지하철 도쿄도요코선 다이칸야마역에서 도보 3분
URL www.lafuente-daikanyama.com

패션, 뷰티, 푸드를 한자리에서 해결

지하 1층은 레스토랑, 1·2층은 의류 숍, 3층은 가든 레스토랑이 입점해 있는 복합 쇼핑몰. 30개 안팎의 각종 상점으로 이루어진 라 펜테는 스페인어로 '샘'을 의미한다. 다이칸야마의 심장부에 있는 이곳은 최신 패션 트렌드를 읽을 수 있는 스타일리시한 쇼핑 명소로 통한다. 신주쿠나 시부야처럼 많은 사람으로 붐비지 않아 아이를 데리고 조용하게 숍을 둘러보는 엄마들이나 20대 중·후반 여성들이 많은 것이 특징이다.

SHOP IN SHOP

셔터스Shutters → B1 고급스러운 인테리어가 돋보이는 매장 안에서 파스타와 스페어 립을 먹어보자. 따끈한 애플파이도 인기 만점.

살루드 패밀리아 다이칸야마Salud Familia Daikanyama → B1 이탈리아 요리와 스페인 요리를 세련된 공간에서 맛볼 수 있는 레스토랑. 유기농 채소를 사용해 만든 '수제 로티 서리 치킨'은 아이들은 물론 어른들에게도 인기 만점이다. 어린이용 식기, 어린이용 의자 등을 구비하고 있어 특히 가족 단위 손님이 많다.

아미우Amiw → 1F 3040 여성들이 캐주얼하면서도 깔끔하게 입을 수 있는 여성복을 선보인다. 다이칸야마점에서만 선보이는 셀렉트 아이템과 액세서리도 구비하고 있다.

배너바렛Banner Barrett → 1F 여성스러움을 강조한 트렌디한 룩을 선보이는 일본 브랜드.

대드웨이Dadway → 2F 아빠들도 육아에 기쁘게 참여하길 바라는 마음에서 생겨난 대드웨이는 아기에게 필요한 각종 아이템을 소개한다.

베이비 & 키즈Baby&Kids → 2F 유모차에서부터 오거닉 유아용품, 완구, 아동복 등을 원스톱으로 구입할 수 있는 셀렉트 숍.

더 바The Bar → 3F 느긋하게 휴식을 취하기 좋은 분위기의 카페 & 바. 낮에는 카페로, 밤에는 외국인 가수의 라이브를 들으며 칵테일을 즐길 수 있는 바로 변신한다.

1 팬시 느낌의 소품은 여성들에게 인기 **2** 디스플레이는 매주 새롭게 바뀐다. **3** 츠모리 치사토의 세컨드 브랜드 캣츠 숍의 외관

Area 1 / Daikanyama & Ebisu / Shop

할리우드 랜치 마켓 Hollywood Ranch Market
하리우-또 란치 마켓또

Map P.398-B

Add. 東京都渋谷区猿楽町28-17 **Google Map** 35.648227, 139.700968
Tel. 03-3463-5668
Open 11:00~20:30
Access 지하철 도큐도요코선 다이칸야마역 정면 출구에서 도보 3분
URL www.hrm.co.jp

아메리칸 데님 셀렉트 숍

빈티지, 인디고 등 데님류와 그에 어울리는 실버 액세서리를 코디할 수 있는 할리우드 랜치 마켓은 기무라 다쿠야가 좋아하는 숍으로 소문이 나면서 갑자기 유명해졌다. 티셔츠, 재킷, 데님 팬츠 등 캐주얼 패션 브랜드의 오리지널 아이템이 주를 이룬다. 1975년에 처음 문을 연 이후 꾸준한 인기를 끌어왔고 지금은 전국에 여러 개의 직영점을 운영하고 있다. 이곳의 자랑은 오거닉 코튼 등 친환경 소재를 사용해 디자인과 착용감 모두 만족스러운 의류가 많다는 점이다. 숍 앞의 작은 공터에 테이블과 의자가 놓여 있어 잠깐 쉬어 가기에도 좋다.

티셔츠는 ¥5940부터, 원피스는 ¥1만5000부터다. 할리우드 랜치 마켓 오리지널 브랜드의 로고가 찍힌 상품들이 인기 있다.

1 유니섹스풍 빈티지 셔츠 **2** 숍 앞의 공터는 쉬어 갈 수 있는 공간으로 꾸몄다. **3** 곳곳에 구경거리가 많다. 물건을 사지 않아도 재미있는 곳 **4** 한눈에 빈티지 숍임을 알 수 있는 입구

오니츠카 타이거 Onitsuka Tiger 🔊 오니츠카 타이가

Add. 東京都渋谷区猿楽町20-7
Google Map 35.649052, 139.701538
Tel. 03-5489-1711 **Open** 11:30～20:00
Access 지하철 도큐도요코선 다이칸야마역 서쪽 출구에서 도보 3분
URL www.onitsukatigermagazine.com/blog

아식스의 프리미엄 브랜드 숍 1호점

다이칸야마에 있는 오니츠카 타이거Onitsuka Tiger 1호점은 도쿄 내 4개의 공식 대리점 중 가장 큰 규모를 자랑한다. 아식스의 프리미엄 브랜드인 오니츠카 타이거는 모던 재팬 스타일과 장인 정신 두 가지 요소를 적용한 미니멀한 디자인으로 많은 패셔니스타들에게 사랑받아 왔다. 우리나라에도 매장이 있지만, 신제품을 가장 빠르게 만나볼 수 있는 곳은 다이칸야마점이다. 베스트셀러인 '멕시코 66'을 비롯해 다양한 제품이 진열되어 있다. 또한 일본에서만 살 수 있는 에디션이 있어 마니아층에게 인기가 있다. 번화한 야하타도리를 벗어나 조용한 골목길에 자리 잡은 넓은 매장에서 차분하게 마음에 드는 아이템을 찾아보자.

1 내추럴한 나무로 마감한 외관 **2** 조깅을 즐기는 사람이라면 스포츠웨어도 눈여겨볼 것. **3** 패션과 기능을 겸한 다양한 운동화를 만날 수 있다. **4** 봄나들이를 위한 화이트 컬러의 산뜻한 재킷과 셔츠

Area 1 / Daikanyama & Ebisu / Shop

리프트 에크뤼 Lift Écru 리후토 에크뤼

Add. 東京都渋谷区代官山町17-5 201号室
Google Map 35.649027, 139.702507
Tel. 03-5459-0635 **Open** 11:00〜20:00(연말연시 제외)
Access 지하철 도쿄도요코선 다이칸야마역 정면 출구에서 도보 5분
URL www.lift-net.co.jp

Map P.398-C

현대 패션을 소개하는 메신저

리프트 에크뤼는 젠Zen으로 대표되는 일본 특유의 미학적 가치와 첨단을 달리는 인터내셔널 브랜드의 감수성을 한 공간에 표현한 매장이다. 단순한 숍이라고 하기에는 예술적인 분위기가 넘쳐흘러, '갤러리'라는 명칭이 더 잘 어울린다. 쇼퍼홀릭의 가슴을 두근거리게 하는 알렉산더 매퀸, 마르탱 마르지엘라, 캐럴 크리스천 포엘, 발렌시아가, 존 갈리아노의 제품을 접할 수 있다. 캐럴 크리스천 포엘은 일본에서는 가장 먼저 리프트 에크뤼에서 소개가 될 만큼 센스쟁이들이 빼놓을 수 없는 셀렉트숍이다.

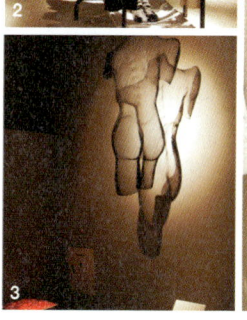

1 화려함보다 심플함에 중점을 둔 리프트 에크뤼 매장 전경 **2** 남성 패션 아이템을 골고루 갖추고 있다. **3** 매장 한편에 자리한 독특한 오브제 **4** 컬러별로 가지런히 정리된 상품들

리프트 에타주 Lift Étage 🔊리후토 에타~쥬

Add. 東京都渋谷区代官山町16-5 アドレスガーデン代官山101号室
Google Map 35.649553, 139.702913
Tel. 03-3780-0163 **Open** 11:00~20:00(연말연시 제외)
Access 지하철 도큐도요코선 다이칸야마역 정면 출구에서 도보 5분
URL www.lift-net.co.jp

시크한 느낌의 셀렉트 숍

'전통과 현대', '빛과 어둠', '새것과 옛것'의 대비를 표현한 셀렉트 숍. 남성 컬렉션으로 시작했는데, 지금은 유니섹스를 추구하는 여성 손님이 30%를 웃돈다. 패션에 일가견이 있는 MD가 유럽을 자주 오가는데, 특히 벨기에, 프랑스, 이탈리아에서 직접 골라 오는 아이템 중에는 한정판 컬래버레이션 상품도 꽤 있다. 리프트 에크뤼에서 취급하는 브랜드 제품과 비슷한데, 조금 더 남성적인 스타일이라고 보면 된다. 개성이 뚜렷한 존 갈리아노, 국내에서도 점점 인지도가 높여져가는 마르탱 마르지엘라 등 디자이너 상품들을 판매한다.

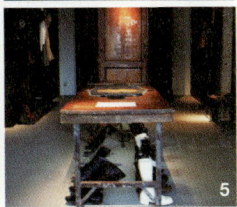

1 발등 부분을 드러낸 실험적인 디자인의 부츠 **2** 다소 어두운 실내 공간에 은은한 조명으로 아이덴티티를 드러냈다. **3** 팬츠와 슈즈 매치를 한눈에 볼 수 있도록 한 공간 **4** 질 좋은 가죽 재킷. 특이한 디자인을 찾는 패셔니스타에게 추천 **5** 오래된 목재 테이블과 옷장

비아 버스 스톱 뮤지엄 Via Bus Stop Museum

Add. 東京都渋谷区猿楽町28-14 **Google Map** 35.648019, 139.701201
Tel. 03-5459-1567
Open 11:00~20:30
Access 지하철 도큐도요코선 다이칸야마역 정면 출구에서 도보 5분
URL www.viabusstop.com

앞서가는 당신을 위한
다이칸야마 최고의 셀렉트 숍

도쿄미드타운 등 유명 쇼핑몰에서 인기몰이를 하고 있는 최고의 브랜드만을 엄선해 선보이는 셀렉트 숍. 탤런트 윤손하가 일본에 갈 때 빼놓지 않고 들른다고 해 화제가 되었던 곳이다. 매장에 들어서는 순간 "이토록 다양한 패션 아이템이 한곳에 모여 있다니!" 하고 감탄할 정도로 방대한 컬렉션에 놀라게 된다. 매장 MD가 추천하는 주요 브랜드는 알렉산더 매퀸, 존 갈리아노, 드리스 반 노튼, 후세인 샬라얀, 마르니 등이다. 여기저기 발품 팔 필요 없이 한곳에서 완벽한 패션을 완성할 수 있다.

1층에는 신발과 가방, 2층은 여성 의류 그리고 지하는 남성 패션 플로어로 나뉘어 있다.

1 원피스나 쇼트 팬츠에 어울리는 슈즈는 마르니 제품 2 널찍한 매장 3 벨트와 슈즈는 스타일을 완성하는 저렴하고 실용적인 아이템이다. 4 베이직한 티셔츠와 재킷은 유행을 타지 않는 스테디셀러 5 여름철에 반드시 챙겨야 할 선글라스, 과감한 프레임이 인상적이다.

Area 1 / Daikanyama & Ebisu / Shop

아트북을 비롯해 패션아이템까지 모두 훌륭하다.

봉주르 레코드 Bonjour Records 🔊 봉주르 레코-도

Add. 東京都渋谷区猿楽町24-1
Google Map 35.648657, 139.701703
Tel. 03-5458-6020 **Open** 11:00~20:00
Access 지하철 도큐도요코선 다이칸야마역 정면 출구에서 다이칸야마 플라자 방면으로 도보 5분 **URL** www.bonjour.co.jp

다이칸야마의 유행을 주도하는 레코드 가게

취재 약속을 하고 가게에 도착했을 때 소방차 행렬이 지나갔다. 가게를 정리해야 하니 취재를 며칠 미뤄달라는 사장의 말을 듣고 4일 후에 다시 봉주르 레코드를 찾았다. 프랑스어로 '봉주르'라고 발랄하게 인사하며 손님을 맞는 직원들은 음악에 대해서는 일가견이 있는 전문가 수준이다. 일본 음악의 최신 트렌드에 대해 설명해주기도 하고 원하면 클럽에서 자주 들을 수 있는 음반을 소개해준다. 다이칸야마뿐 아니라 다른 지역에도 문을 연 봉주르 레코드는 '뮤직 셀렉트 숍'이라는 개념을 처음으로 일본에 소개했으며 '봉주르' 레이블로 음반을 발매하는 등 활발한 활동을 하고 있다. 1층은 다양한 장르의 방대한 음반을 보유하고 있으며, 2층에는 봉주르 레이블의 음반과 잡지 등이 구비되어 있다.

1 파리의 콜레트 숍Colette Shop과 닮은 내부 **2** 커피를 즐길 수 있는 작은 바가 마련되어 있다. **3** 주가가 오르고 있는 음반과 잡지를 소개한다. **4** 추천 음반은 전곡 들어볼 수 있다.

> Area 1 / Daikanyama & Ebisu / Shop

애견과 함께 휴식을 취할 수 있는 공간이 인기 있다.

여성들의 주말 나들이 코스로 인기 있는 다이칸야마의 새로운 명소

081

티 사이트 T-Site 🔊티-사이트

Add. 東京都渋谷区猿楽町17-5 **Google Map** 35.649075, 139.699586
Tel. 03-3770-2525
Open 1층 07:00~다음날 02:00, 2층 09:00~다음날 02:00
Access 지하철 도큐도요코선 다이칸야마역에서 도보 5분
URL real.tsite.jp/daikanyama

Map P.398-B

서점의 의미를 넘어선 복합 문화 공간

다이칸야마에서 가장 많은 사람이 모여드는 곳. 세계적으로 유명한 건축가 클라인 다이섬Klein Dytham이 설계해 더욱 유명해졌다. 다이칸야마의 티 사이트는 서점 그 이상의 문화 공간을 꿈꾸며 지금도 바람직한 진화를 꾀하고 있다. 폭넓은 테마의 책, 음악, 영화와 카메라 관련 문화 공간, 자전거 숍, 애견 숍 등 다양한 공간을 마련해놓았다.

1 예술 관련 서적이 일본 내에서 가장 많은 곳 중 하나다.
2 스타벅스에서 테라스 카페를 운영한다.

기타무라 카메라 Kitamura Camera 🔊키타무라 카메라
キタムラカメラ

Add. 東京都渋谷区猿楽町16-15 **Google Map** 35.649115, 139.700143
Tel. 03-5728-3958
Open 10:00~22:00(매월 말일은 ~21:00)
Access 지하철 도큐도요코선 다이칸야마역에서 도보 5분
URL www.facebook.com/daikanyamakt

Map P.398-B

최신 카메라를 직접 조작하는 재미가 쏠쏠한 곳

최신 디지털 카메라부터 토이 카메라까지 다양한 카메라를 전시해놓은 장소. 카메라를 직접 조작하고 만져볼 수 있다. 카메라 관련 잡지도 구비되어 있어 마니아층에게 더욱 사랑받는 곳이다.

라이카를 비롯한 최신 카메라를 전시하고 있다.

그래픽 아트 디자이너 아쿠쓰 도시유키의 생기발랄 도쿄 탐험

아쿠쓰 도시유키阿久津敏之는 2005년에 음악 레이블 티모시 리얼리Timothy Really를 설립해 아트 디렉터로 일하고 있으며, 매거진 〈클러치Clutch〉의 아트 디렉터로도 활약하고 있다. 또한 패션 브랜드 솔루트Salute의 그래픽 디자이너이기도 하다.

Secret >> 도쿄에서 아트 디렉터라는 직업으로 살아가고 계시는데요. 작업할 때 주로 어떤 것에서 영감을 받나요?
Local >> 일상과는 조금 다른 공기나 분위기를 느낄 수 있는 장소에서 영감을 얻습니다. 한밤중에 자전거를 타고 아무도 없는 오피스가를 달리거나, 젊음의 열기를 온몸으로 느낄 수 있는 클럽의 바 라운지에 있을 때 새로운 아이디어가 제일 많이 떠오르곤 합니다.

Secret >> 즐겨 찾는 장소 중에 한국인 여행자에게 추천하고 싶은 곳이 있다면요?
Local >> 과거에 즐겨 찾던 스페이스 랩 옐로Space Lab Yellow나 믹스루피스Mixroofice 같은 클럽이 추천 장소인데 차례로 문을 닫은 것이 무척 아쉽네요. 다행히 유니트Unit나 웜Womb이 있어 그나마 위안이 됩니다. 다이칸야마에 있는 클럽이라 클러버의 패션을 감상하는 재미도 있습니다. 매월 개최하는 파티인 리얼그루브Realgrooves는 분위기도, 음악도 매우 멋졌어요. 현재 도쿄에는 클럽이 줄어드는 대신 턴테이블에서 흐르는 음악에 맞춰 자유롭게 춤출 수 있는 카페나 바가 늘고 있어요. 나카메구로의 카페 콤바인Combine은 유명한 해외 게스트 DJ가 피크 타임에 출연하는 일이 다반사입니다. 게다가 식사까지 할 수 있어서 클럽에서 즐기다 가기에 좋아요.

Secret >> 한국인 여행자를 위해 주말에 갈 만한 좋은 장소를 살짝 공개해 주세요.
Local >> 에비스에 있는 멕시칸 요리점 오트라Otra는 맥주를 맛있게 마실 수 있는 최고의 장소인 데다 날씨가 좋은 날에는 BGM으로 레게를 틀고 옥상에서 에비스 가든 플레이스를 내려다보며 음식을 먹을 수 있어 일석이조입니다. 금방 구운 토르티야로 싸 먹는 치킨 파히타를 추천할게요. 특히 이곳은 야경이 예쁘고 도쿄타워도 볼 수 있어 매력적입니다. 식사를 마친 후엔 요요기공원에서 산책을 추천합니다. 그 후에는 하라주쿠에 가서 쇼핑을 하는 겁니다. 특히 빈티지 숍 로스트 힐스Lost Hills는 주인의 취향이 매우 독특한 곳이니 한번쯤 가서 직접 확인해보세요. 오모테산도를 지나 아오야마로 가면 블랙 플래그Black Flag에 들러보라고 권하고 싶습니다. 쇼핑을 끝낸 뒤에는 시부야에 있는 레코드 숍 테크닉Technique에 가서 레코드를 구입하는 것도 좋아요. 파티를 하는 밤이라면 멋진 음악을 골라 그날 가고 싶은 클럽으로 가도 좋고요.

두 번째로 알려줄 것은 자전거 여행 루트. 일요일에 기치조지를 자전거로 산책하는 코스를 추천합니다. 세계적으로 픽스드 기어Fixed Gear라고 불리는 자전거가 유행하고 있는데, 도쿄에서는 '피스토'라 불리며 붐을 일으키고 있습니다. 경기용 자전거기 때문에 간단하게 스피드를 낼 수 있고 테크닉이 좋아 가볍게 도쿄의 거리를 이동할 수 있어서 매우 즐겁습니다. 하쓰다이에 있는 블루 러그Blue Lug에서는 피스토나 부품을 판매합니다. 한국에서 일부러 이곳까지 사러 오는 손님도 있다고 하네요. 메신저 백이나 독특한 옷도 있어 자전거에 관심이 없는 사람도 즐거울 만한 곳입니다. 피스토를 타고 조후의 진다이지로 가보세요. 절이 있어 마치 에도 시대 같은 분위기를 풍기는 곳입니다. 슬슬 땅거미가 지는 저녁이 되면 타이 요리 전문점인 아무리타 식당에서 남국 분위기를 즐기며 기분을 업시키는 것으로 하루를 마무리할 수 있습니다. 이렇게 하면 일반적인 여행 책자에 나온 장소들과는 사뭇 다른 곳에서 즐겁게 보낼 수 있답니다.

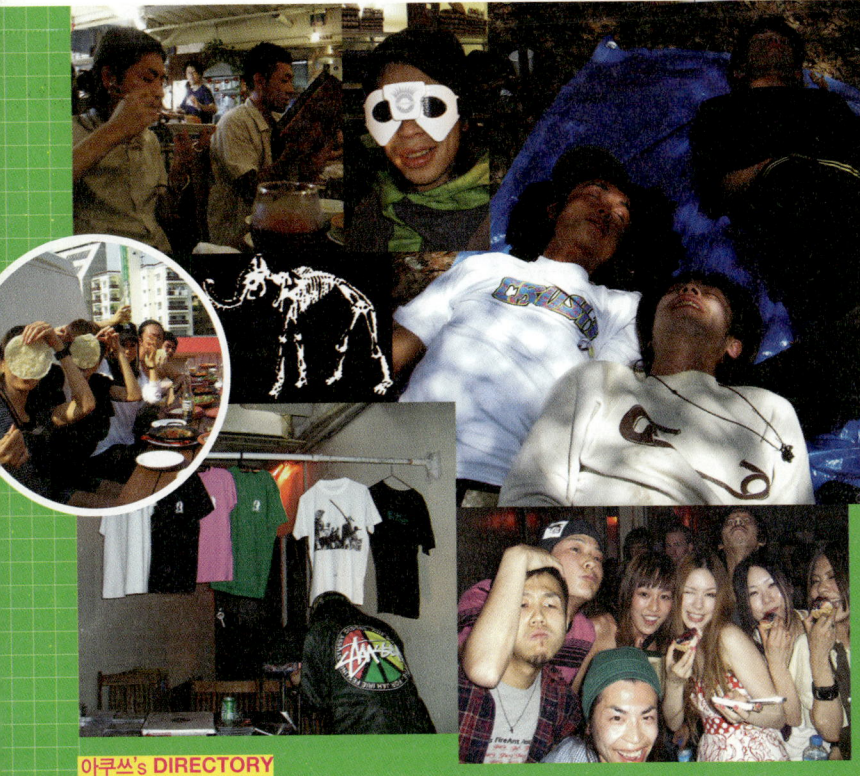

아쿠쓰's DIRECTORY

유니트 Unit

DATA Add. 東京都渋谷区恵比寿西1-34-17 **Google Map** 35.647105, 139.702399 **Tel.** 03-5459-8630 **Open** 23:00~다음날 05:00 **Access** 지하철 도큐도요코선 다이칸야마역에서 도보 2분

오트라 Otra

DATA Add. 東京都渋谷区恵比寿南1-23-8 アメリカンブリッジビル3階 **Google Map** 35.643071, 139.711761 **Tel.** 03-3719-8511 **Open** 11:30~다음날 02:00 **Access** JR 에비스역에서 도보 4분

테크닉 Technique

DATA Add. 東京都渋谷区宇田川町33-14 久保ビル2階 **Google Map** 35.660910, 139.697011 **Open** 월~토요일 12:00~22:00, 일요일 12:00~21:00 **Access** JR 시부야역 하치코 출구에서 도보 15분

블루 러그 Blue Lug

DATA Add. 東京都渋谷区幡ヶ谷2-32-3 **Google Map** 35.676327, 139.670842 **Tel.** 053-6662-5042 **Open** 14:00~22:00 **Close** 매주 수요일 **Access** JR 요요기역에서 도보 20분

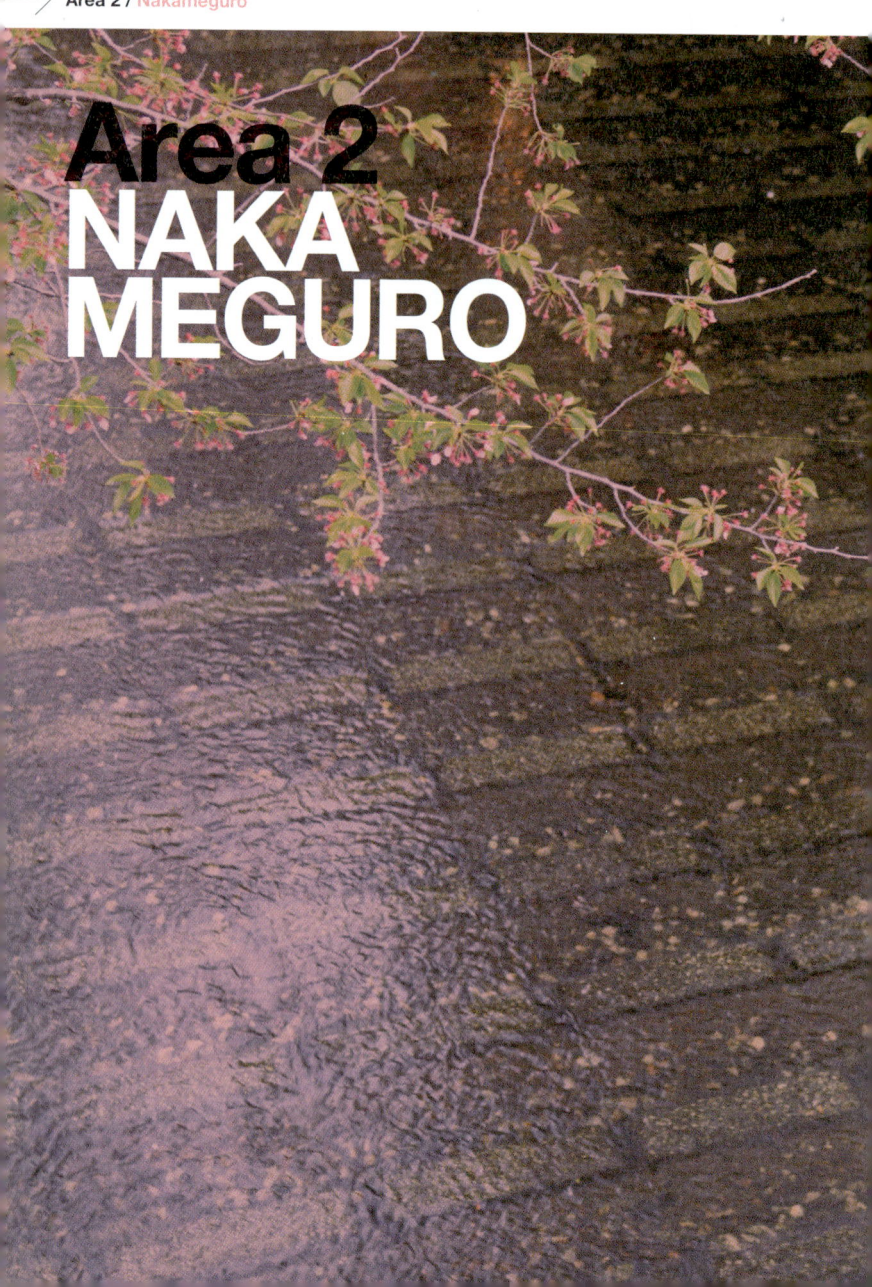

Area 2
NAKA MEGURO

나카메구로
中目黒

● 삿포로맥주 공장이 있던 자리에 에비스 가든 플레이스가 들어서면서 나카메구로는 도쿄의 핫 스폿으로 주목받기 시작했다. 동네 주민들의 전유물이었던 메구로 강변의 산책로는 봄이면 벚꽃이 만개해 곳곳에서 찾아온 커플들의 데이트 코스로 각광받는다. 더구나 이곳은 고급 주거 지역이라 유명인들이 단골로 다니는 맛집이 곳곳에 숨어 있다. 세련된 멋을 뽐내기보다 담백한 매력이 있는 나카메구로는 작고 오래된 느낌의 빈티지 숍이 많아 산책 속도를 조금은 늦춰야 할 것만 같다.

Area 2 / Nakameguro / Access

Access
가는 방법

1. 나카메구로 中目黒역
방향 잡기 다이칸야마의 다음 역인 나카메구로역은 정면 출구로 나와 주택가 사이로 집 앞을 산책하듯 걷다 보면 숍이나 카페를 발견할 수 있다.

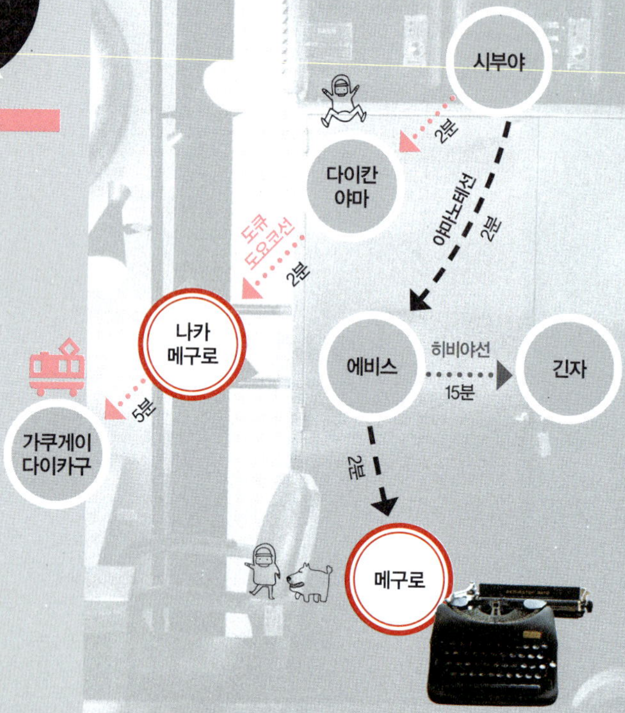

- 시부야
- 다이칸야마 — 2분
- 야마노테선 2분
- 도쿄도요코선 2분
- 나카메구로
- 에비스 — 히비야선 15분 — 긴자
- 가쿠게이다이카구 — 5분
- 메구로 — 2분

Check Point
● 나카메구로의 상점은 오전 10시가 넘어야 열기 때문에 서두를 필요 없이 느긋하게 준비하자.

2. 메구로 目黒역
방향 잡기 메구로역에서부터 가쿠게이다이가쿠 学芸大学역을 잇는 메구로도리에는 빈티지 숍과 인테리어 숍, 가구 숍이 몰려 있다. 이곳을 차근히 둘러본 후 도큐도요코선을 타고 나카메구로로 이동하는 것이 효율적이다.

Plan
추천 루트

나카메구로
하루 걷기 여행

11:00 아크메 Acme
미국의 중고 가구를 모아놓은 메구로의 빈티지 가구점 가운데 제일 규모가 큰 곳이다.

도보 18분

12:30 클라스카 레스토랑 기오쿠
Claska Restaurant 'Kiokuh'
호텔 클라스카에 있는 레스토랑이다. 파스타를 비롯한 전채요리와 고기·생선 요리는 '기억'이라는 뜻의 이곳 이름처럼 잊지 못할 맛이다.

도보 3분

14:00 카페 마들렌 Cafe Madeleine
마들렌처럼 찾기 어려운 카페가 또 있을까? 항상 자리를 옮겨 다니는 탓에 사전 조사가 필요하다. 그러나 그만한 가치가 있으니 꼭 들러볼 것.

도보 2분

15:30 베스트 패킹 스토어
Best Packing Store
센스있는 남자, 그리고 그런 남자친구를 둔 여자라면 반드시 들러보자.

도보 2분

18:00 아오야 넥스트 도어
Aoya Next Door
산책하다 아픈 다리를 쉬어갈 수 있는 디저트 카페

Area 2 / Nakameguro / Restaurant

주중에는 한적한 편인데다 가격도 저렴해 부담 없이 들를 수 있다.

클라스카 레스토랑 기오쿠 Claska Restaurant 'Kiokuh' 쿠라스카 레스토랑구 키오쿠

Add. 東京都目黒区中央町1-3-18
Google Map 35.628667, 139.694471
Tel. 03-3719-8123 **Open** 07:30~23:30
Access 지하철 도큐도요코선 가쿠게이다이카구역 동쪽 출구에서 도보 12분
URL www.claska.com

합리적인 가격에 즐기는 호텔 레스토랑

낡은 호텔을 새롭게 리모델링한 곳이다. 내부에는 식당과 카페, 갤러리, 숍 등이 자리해 전 세계 멋쟁이들의 발걸음이 끊이지 않는다. 특히 건물 1층에 자리 잡은 레스토랑은 세련된 저패니즈 라이프스타일의 전반을 보여준다. 이탈리아와 프랑스 요리를 베이스로 일본 제철 음식까지 다양하게 즐길 수 있는 것도 장점이다. 점심 메뉴로는 메인 요리와 음료로 구성된 세트는 ¥1500, 전채와 메인, 디저트로 구성된 세트는 ¥2000~, 느긋한 저녁 식사로 5종의 프렌치 코스를 즐길 수 있는 디너 메뉴는 ¥4000 정도로, 여기에 금액을 추가하면 와인과 함께 즐길 수 있다. 식사 시간 이외에는 차나 알코올 음료 등을 즐길 수 있는 바Bar로도 이용된다. 식사를 마친 후에는 2층에 있는 리빙 숍에 들러 선물용품이나 일상용품을 구입해보자.

1 원목으로 된 내부에는 종일 멋진 음악이 울려 퍼진다. **2** 시원한 맥주 한잔으로 하루의 피로를 말끔히 씻을 수 있는 장소 **3** 로비에 있는 잡지와 자료들은 도쿄 여행 시 도움이 된다.

Area 2 / Nakameguro / Restaurant, Cafe

카페 마들렌 Cafe Madeleine カフェマドレーヌ 🔊 카훼 마도레-누

Add. 東京都目黒区青葉台1-25-5 みどり橋駐車場
Google Map 35.647483, 139.695684
Tel. 090-3500-0560
Open 화~금요일 16:00~20:00, 토·일요일·공휴일 14:00~20:00
Close 매주 월요일 **Access** 지하철 도큐도요코선·히비야선 나카메구로역 근처

Map P.399-B

클래식 카 시트로엥 2CV로 만든 이동 카페

나카메구로의 길을 걷다가 귀여운 클래식 카에서 향긋한 커피 냄새가 난다면 일단 걸음을 멈추자. 카페 마들렌은 2004년에 영업을 시작한 자그마한 이동식 카페다. 이런 데서 파는 커피가 무슨 맛이 있겠느냐고 생각한다면 큰 오산이다. '다른 집에서 파는 커피는 가짜인가?' 하는 생각이 들 정도로 이곳의 커피에는 특별한 맛이 있다. 몇 주 간격으로 이동하는 카페라 찾아가려면 어디에 자리 잡고 있는지 미리 알아봐야 한다. 버스킹 투어를 하는 밴드처럼 적당한 장소를 메일로 추천받기도 하며, 특별한 이벤트나 파티 케이터링도 의뢰받는다.

에스프레소 싱글에스프레소 シングル ¥200, 카페 마키아토カフェマキアート シングル ¥200, 카페라테カフェラッテ ¥350. 토요일과 일요일에 한정 판매하는 마들렌マドレーヌ 디저트는 ¥1800이다.

1 주택가를 무심코 지나다가 만날 수 있는 이동식 카페 **2** 기대하지 않았던 놀라운 커피 맛을 선사한다. **3** 카페 마들렌의 로고, 시트로엥 2CV 창에 걸려 있다. **4** 요즘 보기 드문 시트로엥 2CV를 카페로 개조했다.

알래스카 Alaska 🔊아라스카

Add. 東京都目黒区東山2-5-7 **Google Map** 35.648867, 139.691078
Tel. 03-6425-7399 **Open** 카페 11:30~22:00, 레스토랑 점심 11:30~15:00, 저녁 18:00~22:00 **Close** 매주 수요일 **Access** 지하철 도큐도요코선·히비야선 나카메구로역에서 도보 11분. 지하철 덴엔토시선 이케지리오하시역에서 도보 9분
URL twitter.com/alaska_cafe

2017 New

채식주의자를 위한 유기농 테이블

나카메구로 강을 산책하다 해 질 녘에 들르면 좋은 카페 겸 레스토랑. 나무 테이블과 편안한 소파, 화분이 곳곳에 놓인 평화로운 분위기로, 여성들이나 채식주의자들에게 인기 있다. 상그리아로 가볍게 목을 축인 다음 마르게리타 피자, 브라운 라이스를 곁들인 커리 등 비교적 소박한 4가지 메뉴 중 하나를 골라보자. 이외에도 베이글, 홈메이드 케이크 등 베이커리 메뉴와 와인, 맥주를 즐길 수 있다. 식사 대용으로는 현미 밥과 샐러드에 비건 커리, 또는 잡곡밥과 샐러드에 야채 크로켓을, 배가 많이 고프지 않을 때는 베이글이나 포카치아 샌드위치에 스무디, 두유 등을 추천한다. 식사와 커피를 함께 즐길 수 있는 예산은 ¥1000~2000 정도이며 신용카드는 받지 않는다.

1 나무 테이블이 놓인 편안한 분위기 **2** 창밖에서 보는 광경이 따스하다. **3, 4** 낮게 내려온 조명이 아늑한 색감을 연출한다.

→ Area 2 / Nakameguro / Cafe

まいにちの鍋

人気料理人・青山有紀さん初！
春夏秋冬いつでもおいしい

미디어에 단골로 소개되는 푸드 스타일리스트 오너의 책

薬膳で楽しむ 毒出しごはん　青山有紀

からだを整えるアーユル
毒出しベジ

아오야 넥스트 도어 Aoya Next Door
青家のとなり

Add. 東京都目黒区青葉台一丁目15-10
Google Map 35.647638, 139.696968 **Tel.** 03-3464-1615
Open 11:30~18:00 **Close** 매주 월요일
Access 지하철 도큐도요코선·히비야선 나카메구로역 정면 출구에서 도보 6분
URL www.aoya-nakameguro.com

따스하고 아담한 공간

여행자보다는 동네 사람들의 사랑방과 같은 장소로 인기를 끌고 있는 살롱 드 테. 요리 칼럼니스트이자 쿠킹 클래스의 운영자인 아오야마 유키가 이웃한 레스토랑과 함께 운영한다. 레스토랑 앞에 붙어 있는 한국 요리 간판이 눈길을 끄는데, 한국 요리 마니아인 그녀가 김치를 포함한 다양한 한국 요리를 선보인다. 아오야 넥스트 도어에 들르기 전 레스토랑에서 출출한 배를 먼저 채워도 좋다. 신선한 우유와 마차Macha를 넣은 녹차라테와 합성 첨가물을 넣지 않은 수제 과자, 모찌 등을 즐길 수 있다. 아담한 공간에서 도란도란 이야기 나누는 여성들의 모습을 구경하는 것도 이곳의 묘미. 예쁜 포장에 눈길이 가는 먹거리는 교토의 가정집에서 생산한 재료로 만드니 안심하고 즐기자.

1 한국 요리 사진이 입간판에 소개되어 있는 레스토랑과 이웃하고 있다. **2** 사랑방 느낌이 나는, 테이블 세 개가 놓인 카페 내부
3 쫄깃한 찹쌀떡은 언제나 인기 메뉴 **4** 쫄깃한 떡과 고물이 함께 나오는 녹차 아이스크림

Area 2 / Nakameguro / Shop

베스트 패킹 스토어 Best Packing Store 베스토 팩킨구 스토아

Add. 東京都目黒区青葉台 1-23-5　**Google Map** 35.646509, 139.697238
Tel. 03-5773-5586
Open 12:00~21:00
Access 지하철 도큐도요코선·히비야선 나카메구로역에서 도보 4분
URL www.bestpackingstore.com

센스 넘치는 남자들이
로맨틱한 여행을 꿈꾸는 곳

여행과 피크닉, 캠핑을 콘셉트로 2013년 9월 오픈한 숍으로 하이브리드 라이프스타일을 지향하는 남성에게 특히 인기가 많다. 숍 운영은 로린자Lorinza의 디자이너 이나즈카 유스케와 알파 코Alpha.co 대표이자 크리에이티브 디렉터인 미나미 다카유키가 함께 맡고 있다. 여행 가방을 중심으로 독창적인 잡화, 남성복, 액세서리, 생활용품 등 여행 가방을 꾸릴 때 한번쯤 생각나는 유용한 아이템들이 가득하다. 의류로는 아페세A.P.C.나 요시오 구보Yoshio Kubo, 바버Barbour, 세인트 제임스Saint James 같은 브랜드가 인기 있으며, 자신들의 브랜드인 로린자의 더블 스트랩 백팩 등은 다른 곳에서는 흔히 볼 수 없는 아이템이다.

1 A.P.C.의 심플한 코트가 벽에 걸려 있다. **2** 남자의 패션을 완성시키는 뿔테 안경과 소품 **3** 여행 관련 잡지와 여행에 필요한 소품이 메인 아이템 **4** 간판 하나 없지만 쇼윈도만 봐도 감각적이다.

아크메 Acme 🔊아쿠메

Add. 東京都目黒区目黒3-9-7
Google Map 35.632554, 139.707672
Tel. 03-5720-1071 **Open** 11:00~20:00 **Close** 부정기
Access JR 메구로역에서 도보 10분
URL www.acme.co.jp

미국 중고 가구를 한곳에서

가게 앞에 디스플레이되어 있는 낡은 차의 정체는 무엇일까? 미제 비행기의 일부분을 판다는 말이 사실일까? 여러 가지 소문에 대한 호기심을 풀기 위해 들른 아크메에서 기대와는 달리 비행기 날개 끝부분만 볼 수 있었다. 실망하며 돌아서려다 지하 매장 안으로 들어가보니 매장 안을 가득 메운 다양한 미국 중고 가구가 눈에 들어온다. 특히 1950~1960년대 남아메리카의 빈티지 중고 가구와 소품, 잡화, 오리지널 소파, 의자, 캐비닛 등 다양한 품목이 전시되어 있다. 나카메구로의 흔하디흔한 가구점에서는 좀처럼 찾아보기 힘든 독특한 오브제가 꽉 들어차 많은 사람들이 매장 안팎을 서성인다. 또 이곳에는 미국의 시골 벼룩시장에서 파는 어린이용 자동차부터 크리스티 경매장에서나 볼 법한 전투기의 꼬리 날개까지 희귀 아이템을 종종 선보여 컬렉터의 발걸음을 바쁘게 한다. 단골은 자세한 내막을 알고 있겠지만 그렇지 않다면 멋진 빈티지 아이템을 고르기 위해 자주 들르는 수밖에 없기 때문. 중고 가구에서 풍기는 특유의 분위기가 매력적이며 센스 있게 진열된 물건 하나하나가 눈에 띈다. 아크메가 최고로 손꼽히는 또 다른 이유는 빈티지 아이템을 거래하는 가게에선 쉽게 찾아보기 힘든 철저한 애프터서비스를 제공한다는 점이다.

1 장식품으로 놓아두고 싶은 타자기 **2** 진열해두지 못한 아이템은 사진으로 소개한다. **3** 가게 앞에 디스플레이되어 있는 아크메 자동차 **4** 미국의 빈티지 가게에 온 듯한 분위기 **5** 새것 못지않은 귀한 중고용품들

Area 2 / Nakameguro / Shop

프런트 숍 The Front Shop 🔊후론토 숏푸

Add. 東京都目黒区東山2-5-7 **Google Map** 35.648949, 139.691060
Tel 03-5724-7232 **Open** 월~금요일 14:00~21:00, 토·일요일 12:00~21:00
Access 지하철 도큐도요코선·히비야선 나카메구로역에서 도보 11분. 지하철 덴엔토시선 이케지리오하시역에서 도보 9분
URL 2-tacs.com/the_fhont_shop

Map P.399-A

2017 New

남성들의 삶에 활력을 주는 공간

카페 겸 레스토랑 알래스카와 이웃하고 있는 아담한 규모의 패션 편집 매장. 스타일리스트이자 작가인 혼마 료지가 운영한다. 뉴질랜드산 메리노 실로 만들어 부드러우면서 탄력 있는 짐 시리즈Gym Series의 니트, 등산이나 야외 활동에 좋은 서플렉스Supplex 팬츠 등 기능성과 활동성이 겸비된 의류를 비롯해 늘 새롭고 창의적인 아이템을 선보여 남성들의 구매욕을 자극한다. 프런트 숍은 단순히 상품을 판매하는 상점의 역할에 머무르지 않고, 보다 나은 라이프 스타일을 창출하는 것을 목표로 하고 있다. DIY 커피 로스팅, 가구 장인과 함께하는 워크숍 등 재미있는 활동을 통해 고객들과 교감하는 것도 그 일환이다. 이런 노력이 결실을 맺어 현지인들 사이에서는 숍 그 이상의 장소로 사랑받고 있다.

1, 2, 3 남성들의 취향을 저격하는 디스플레이로 단골손님이 많다.

097

고로우타 Gorouta

Add. 東京都目黒区上目黒2丁目20-5
Google Map 35.639952, 139.698230
Tel. 03-3791-6071 **Open** 11:00~19:00
Access 지하철 도큐도요코선·히비야선 나카메구로역에서 도보 3분
URL www.gorouta.com

Map P.399-C

자연스럽고 소박한 옷이 가득

나카메구로를 가볍게 산책하다 부담 없이 옷을 고르고 싶다면? 디자이너 스기모토 고로우타의 브랜드 고로우타를 추천한다. 스기모토 고로우타는 마로니에 오사카 학교를 졸업하고 직장 생활을 하다가 10년 전부터 자신의 이름을 건 오리지널 브랜드를 론칭했다. 옷의 기능적인 면을 고려하고, 다른 옷과 매치하기 쉬운 옷을 만드는 것을 목표로 한다. 때문에 부담스럽지 않은 디자인이 많으며, 코디하기 쉬운 옷이 대부분이라 어느 것을 골라 입어도 스타일이 살아난다. 단, 남성 의류만 취급하므로 여자들에겐 그림의 떡. 실내 공간은 작업실과 매장으로 구분되어 있고, 벽면에는 과감한 그래픽이 그려져 있다. 언제나 인상이 편안한 디자이너와 만날 수 있으니 관심 있는 사람은 매장에서 고로우타 씨를 찾아보자.

1 창고 느낌이 나는 실내 **2** 심플한 차림에 잘 어울리는 모자 **3** 매일 입어도 질리지 않는 색상과 질감의 옷 **4** 내추럴한 컬러를 선호하는 고로우타의 재킷 **5** 스타일리시한 슈즈

Area 2 / Nakameguro / Shop

카우북스 Cow Books 🔊카우북쿠스

Add. 東京都目黒区青葉台1-14-11 Google Map 35.647717, 139.695977
Tel. 03-5459-1747
Open 12:00~20:00 Close 매주 월요일(공휴일 제외)
Access 지하철 도큐도요코선·히비야선 나카메구로역에서 도보 8분
URL www.cowbooks.jp

귀여운 젖소를 만날 수 있는 개성 만점 서점

메구로 강을 따라가다 보면 젖소 마크가 그려진 카우 북스가 나온다. 일반 서점에 비해 규모가 작고 구비해 놓은 책의 종수는 적지만 다른 서점에서 구입하기 힘든 1960~1970년대 중반에 발행된 소설책을 갖추고 있는 것이 특징이다. 현대 시집, 요리 잡지, 미술 잡지 등도 다량 구비하고 있다. 이외에도 카우북스 오리지널 가방이나 티셔츠도 판매한다. 여느 서점과는 달리 중앙에 테이블과 의자를 비치해 책을 읽을 수 있도록 고객들을 배려했다는 점도 인상적이다. 이는 이곳 주인이 꿈꾸던 부분인데, 다른 사람의 눈치를 보지 않고 자유롭게 앉아 커피를 마시며 책을 읽는 사람들의 모습이 여유롭다. 전문 체인 서점의 요란함에서 벗어난 카우북스에서 원하는 서적을 골라보자. 나카메구로 외에 아오야마에도 매장이 있다.

1 책장이 컬러풀하다. 책을 돋보이게 한 디스플레이가 특징이다. **2** 책과 연관된 소품도 함께 진열한다. **3** 간이 테이블이 있어서 책 보기에 좋다. **4** 언제라도 편하게 들러 느긋하게 책을 고를 수 있는 카우북스

플랫 4 Flat 4 🔊 후랏토 호-

Add. 東京都目黒区鷹番1-1-5 **Google Map** 35.626995, 139.691382
Tel. 03-3792-7151
Open 월~금요일 09:30~19:00, 토요일 11:00~20:00 **Close** 매주 일요일·공휴일
Access 지하철 가쿠게이다이가쿠역 동쪽 출구에서 도보 15분
URL www.flat4.co.jp

폭스바겐이라면 나에게 맡겨라!

도쿄 본사와 교토, 후쿠오카까지 지점을 낸 클래식 카의 비밀 기지라고 할 수 있다. 폭스바겐의 옛 모델들 위주로 판매하는 숍이기 때문이다. 엔진, 머플러, 인테리어, 액세서리 등의 부품을 구할 수 있어 빈티지 클래식 카 마니아와 자동차를 사랑하는 사람들이라면 가보지 않고는 못 배길 만한 곳이다. 696대밖에 생산되지 않은 1949년식 헤브뮐러Hebmüller, 1953년식 다넨하우어 & 스타우스Dannenhauer & Stauss사의 스페셜 모델까지 시중에서 보기 힘든 컬렉션을 접할 수 있다. 차에 관심이 없는 여성들도 플랫 4에 가면 자동차에 관련된 지식을 배우거나 옛날 모델들을 보는 재미에 푹 빠져들 것이다. 커플 여행자에게 특히 인기 좋은 곳이다.

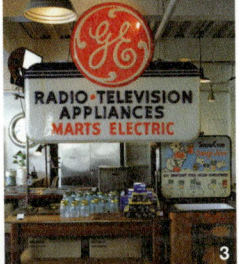

1 거리에서 쉽게 볼 수 없는 폭스바겐 클래식 카 **2** 자동차 부품을 보기 쉽게 모아둔 서랍장 **3** 플랫 4의 고객은 대부분 남성이다. **4** 이곳에서만큼은 폭스바겐을 질리도록 볼 수 있다.

파리에서 활약 중인
일본 아티스트가 알려주는
도쿄의 스타일 명소

다니구치 유스케Taniguchi Yuske(이하 'T'로 표기). 31세. 파리에 온 지는 4년이 되고 헤어 스타일리스트로 활동하고 있다.
미유키 고Miyuki Go(이하 'M'으로 표기). 34세. 메이크업 아티스트. 파리에 온 지는 10년이 되었고 잡지, 광고, 카탈로그 등의 촬영에 참여하거나 파리·뉴욕 컬렉션 등의 쇼에서도 일하고 있다.

Secret >> 일본에는 옷 잘 입는 멋진 남자들이 많은 것 같은데, 도쿄 사람들이 옷 잘 입는 비결과 스타일리시한 남자가 되기 위한 노하우를 가르쳐 주세요.
Local T>> 일본 남성들이 멋쟁이라 불리는 것은 유행에 민감하기 때문이 아닐까 싶어요. 그리고 자신이 입는 옷의 밸런스를 잘 아는 것도 중요한 포인트지요. 일본의 멋쟁이 남성들은 여러 가지 컬러와 패턴의 패션을 실험해보고, 실패를 거치면서 자신만의 개성을 찾아갑니다.
Local M>> 일본 남성들은 자신의 개성을 잘 표현할 수 있는 스타일을 찾으려 애씁니다. 본인이 좋아하는 옷을 편하게 입으면서 욕심부리지 않고 자연스러운 스타일을 고수하는 것이 비결이라고 할 수 있을 듯해요.

Secret >> 자신의 드레스 코드나 스타일에 대해 말해주세요.
Local T>> 저의 스타일은 욕심부리지 않는 패션이랄까요? 잔뜩 멋 부린 것처럼 보이는 패션처럼 촌스러운 것은 없다고 생각합니다. 사실 패셔너블해지려면 자신의 나이와 체형에 맞는 옷을 입는 것이 전제되어야 한다고 생각하기에 저는 그에 따르려고 노력합니다.

Local M>> 깔끔하게 몸에 딱 맞는 청바지에 티셔츠를 즐겨 입어요. 옷보다는 구두나 가방 같은 액세서리에 신경을 많이 쓰는 편이고요. 특히 구두는 가능한 한 좋은 것으로 구입해요. 전체적으로 심플하고 시크하게 스타일링하려고 노력하죠.

Secret >> 도쿄에서 가장 즐겨 찾는 장소와 그 이유를 말해주세요.
Local T>> 아카사카의 TBS방송국 근처에 있는 그레이스Grace라는 이탈리언 레스토랑을 추천하고 싶어요. 도쿄의 미식가들 사이에서 꽤 유명한 곳으로 새벽까지 영업하기 때문에 심야에 들르곤 하죠. 전체적으로 레드 컬러로 꾸민 실내 분위기가 식욕을 북돋아줘요. 그곳 스파게티는 아주 훌륭해요. 게살이 듬뿍 들어가고 한 접시로 둘이서 먹을 만큼 양이 많지요. 스파게티에 샐러드와 와인까지 함께 곁들이면 두 사람이 ¥5000 이하로 즐길 수 있답니다. 패션 부티크 중에서는 아오야마의 프렌치 셀렉트 숍 레클르르L'Eclaireur와 러브리스Loveless를 좋아합니다. 도쿄의 최신 트렌드를 알아보고 싶다면 그곳은 놓치지 말아야죠.
Local M>> 신주쿠 파크 하얏트 호텔의 뉴욕 바는 소피아 코폴라의 영화 〈로스트 인 트랜스레이션Lost in Translation〉의 무대가 되어 유명해진 곳인데, 분위기도 풍경도 최고라 야경을 즐기기에 그만이에요. 또 아오야마의 라스치카스ラスチカス라는 이국적인 카페를 좋아하는데 대학 다닐 때 즐겨 가던 곳이지요. 부티크는 너무 많아서 추천하기 어려운데, 제가 좋아하는 곳은 오모테산도에 있는 꼼데가르송コムデギャルソン과 프라다입니다.

다니구치 & 미유키's DIRECTORY

사쿠라이 저패니즈 티 익스페리언스
Sakurai Japanese Tea Experience
청동을 사용한 인테리어가 주는 실내의 고급스런 분위기와 최고 품질의 차를 즐길 수 있는 비밀의 공간이다.

DATA **Add.** 東京都港区南青山5-6-23 スパイラル5F **Google Map** 35.663599, 139.711771 **Tel.** 03-6451-1539 **Open** 11:00~23:00 **Access** 지하철 지요다선·한조몬선·긴자선 오모테산도역 A5 출구에서 도보 3분 **URL** www.sakurai-tea.jp

온 선데이즈 On Sundays
와타리움미술관의 뮤지엄 숍으로 8000종류가 넘는 포스트 카드 등 박물관 상품이 가득하다.

DATA **Add.** 東京都渋谷区神宮前3-7-6 **Google Map** 35.670651, 139.713419 **Tel.** 03-3470-1424 **Open** 11:00~20:00 **Access** 지하철 가이엔마에역에서 도보 8분

마르크트 Markte
독일에서 수입한 잡화가 가득한 곳으로 유니크한 상품들이 깔끔하게 정리되어 있다.

DATA **Add.** 東京都千代田区東神田1-2-11 **Google Map** 35.693428, 139.780857 **Tel.** 03-5926-5511 **Open** 12:00~19:00 **Close** 매주 일요일 **Access** JR 바쿠로초역에서 도보 3분

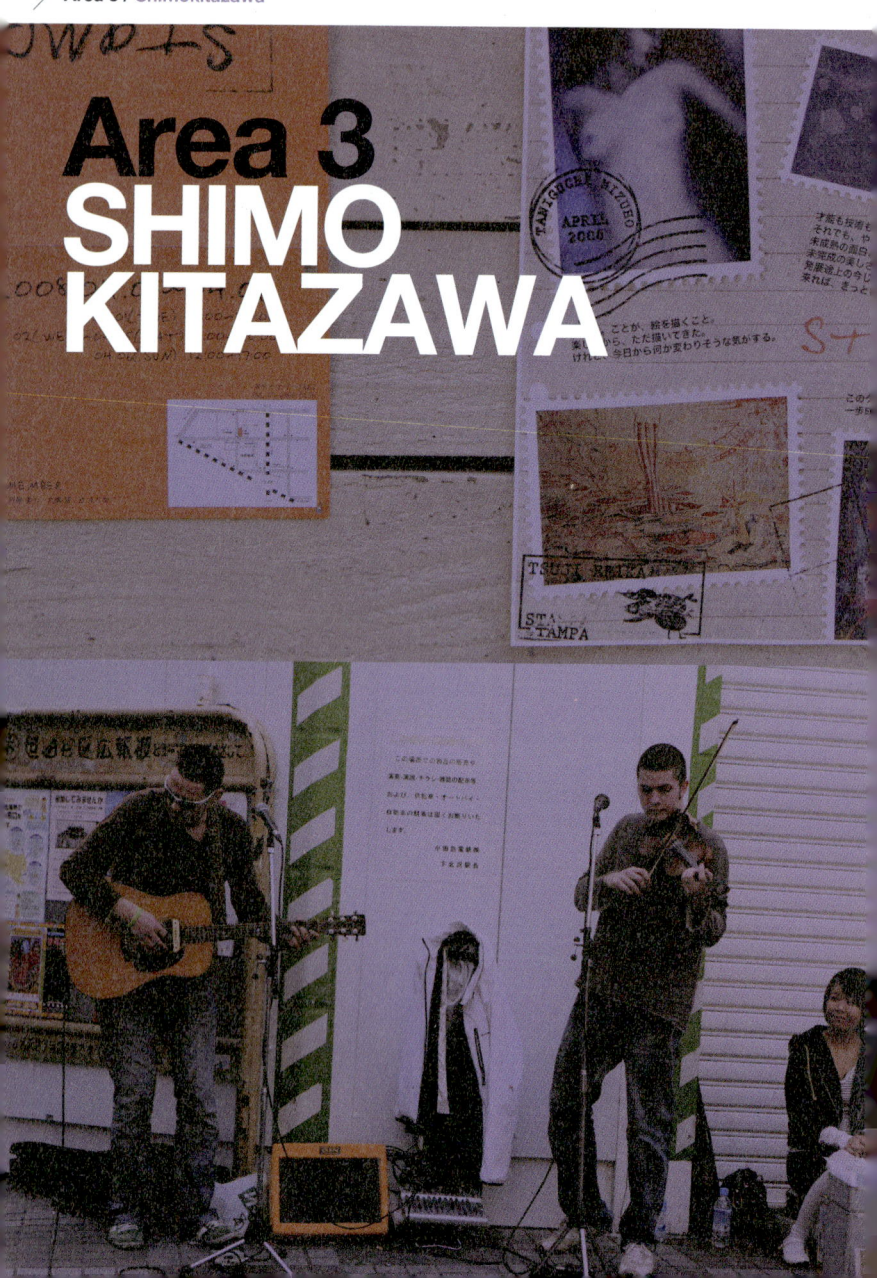

Area 3
SHIMO KITAZAWA

시모기타자와
下北沢

● 시모기타자와의 거리를 걷다 보면 기타를 멘 젊은이들이 무리 지어 다니는 모습을 흔히 볼 수 있다. 언제부터인지 정확히는 알 수 없지만 역 주변에 라이브 하우스와 소극장이 하나둘 생겨나면서 예술가들이 모여들었고, 주머니 사정이 넉넉지 않은 이들이 테이블 몇 개 안 되는 이자카야에 옹기종기 모여 자신들의 삶과 철학, 예술에 대해 진지하게 대화를 나누며 밤을 지새웠다. 혹자는 이런 화기애애한 분위기 때문에 시모기타자와를 한국의 대학로에 비유하곤 한다.

지도를 들고도 헤매기 십상인 복잡한 골목 안쪽에는 보석 같은 카페, 레스토랑과 소박한 가정식 백반집이 자리하고 있다. 인사동 뒷골목을 헤매다 발견한 듯한, 아름다운 추억이 담긴 오래된 물건을 파는 가게 역시 시모기타자와만의 낭만적인 분위기에 한몫한다. 엄청난 인파가 몰리는 시부야나 신주쿠에서는 찾아볼 수 없는 여유를 만끽할 수 있는 곳이다.

Access
가는 방법

시모기타자와 下北沢역
방향 잡기 시모기타자와역에서 남쪽 출구로 나오면 잡지나 가이드북에 종종 등장하는 구제 빈티지 숍이나 잡화점 등이 모여 있다. 이 지역에는 골목이 무척 많아 헤매기 쉬우므로 주의해야 한다. 인디 밴드의 공연이 열리는 라이브 하우스나 극장도 밀집해 있는데, 그중에서 가장 유명한 곳이 혼다극장이다. 1982년에 전직 영화배우인 혼다 가즈오가 연극 전용 극장으로 세운 곳이다. 같은 건물에 혼다그룹의 일곱 번째 극장인 소극장 락원을 오픈하기도 했다.

북쪽 출구로 빠져나가면 민가를 개조해 만든 전통 카페, 분위기가 이색적인 다국적 요리 레스토랑, 보물 같은 빈티지 아이템이 가득한 숍이 많다. 개성 있는 선술집이나 리조트풍의 바도 있는데, 대개 저렴한 가격으로 즐길 수 있어 밤이면 젊은이들로 북적댄다.

주의 시부야에서 오다큐선 급행急行(큐-코)으로 약 4분 걸리는 가까운 거리이며 특급特急(도큐)은 시모기타자와역에 서지 않는다.

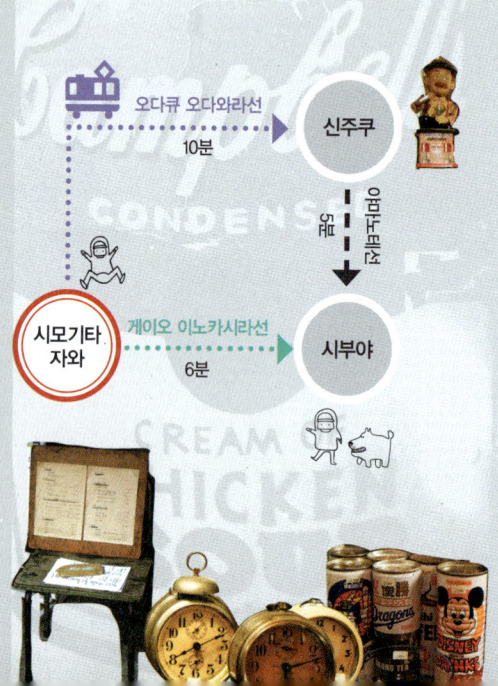

Check Point

● 시모기타자와의 숍들은 개인이 운영하기 때문에 휴일이 각기 다르다. 꼭 가보고 싶은 숍이 있다면 미리 휴무 여부를 확인해보자.

● 상점들은 오전 11시나 12시에 문을 연다. 오전 9시나 10시에 문을 여는 다른 번화가보다는 늦은 편이다. 전날 피로에 지쳐 일정을 느지막이 시작했다면 시모기타자와에 가보자.

● 빈티지 숍에서는 잘만 고르면 저렴한 수준을 넘어서 '거저 얻었다'고 할 만큼 싸고 개성 있는 아이템을 구할 수 있다. 한 곳씩 둘러보다 보면 숨은그림찾기 하듯 마음에 쏙 드는 아이템을 발견할 확률이 높다.

Plan
추천 루트
시모기타자와
하루 걷기 여행

11:00 몰디브 Maldive
원두 커피의 전당에서 선물용 커피를 구입하자.

도보 2분

다윈 룸 11:30
Darwin Room
작은 박물관 같은 숍에서 마시는 커피 한잔

도보 2분

12:00 모아 카페 Mois Cafe
옛 가옥에서 즐기는 도쿄진들의 심플하고 맛있는 식사

도보 7분

트루아 샹브르 15:00
Trois Chambre
오래된 카페에서 깊은 향의 커피를 맛보자.

도보 22분

17:00 앤티크 라이프 진
Antique Life Jin
1982년에 처음 문을 연 앤티크 숍으로 귀여운 생활 소품이 가득하다.

도보 4분

모나 레코드 Mona Records 19:00
인디 밴드의 신나는 연주를 들으며 하루를 마무리한다.

Area 3 / Shimokitazawa / Restaurant, Cafe

가미나리야 雷や

Map P.400-B

Add. 東京都世田谷区北沢2-19-13 斉藤ビル1階
Google Map 35.660800, 139.667497 **Tel.** 03-3413-0452
Open 월~금요일 17:00~23:00, 토요일 12:00~23:00, 일요일·공휴일 12:00~22:30
Close 12월 31일, 1월 1일 **Access** 오다큐 오다와라선·게이오 이노카시라선 시모기타자와역 남쪽 출구에서 도보 1분

웰빙 절대주의를 추구하는 이자카야

마치 "오늘 저희가 직접 장을 본 최상의 재료로 여러분을 모십니다"라고 이야기하듯 배추, 무, 파 등 싱싱한 야채를 가게 앞에 내놓아 왠지 더 믿음이 가는 이자카야. 시골 농가에서 직접 담갔다는 매실주와 가정식 요리를 선보이는 주방장은 웰빙주의자다. 주방장의 철학에 걸맞게 이곳에서는 계약을 맺은 농가에서 직접 재배한 신선한 야채와 새벽시장에서 구입한 해산물을 사용하며 인공 감미료는 일체 쓰지 않는 것이 원칙이다. 친구들과 어울려 가볍게 한잔할 수 있는 이자카야의 특성에 맞춰 지방에서 가져온 30여 종의 토속주가 어우러진다.

메뉴는 그날 장 본 재료에 따라 달라지는데, 돼지고기 샤부샤부 샐러드豚肉シャブシャブサラダ(부타니쿠 샤부샤부 사라다, ¥780), 브로콜리와 굴 구이ブロッコリーとカキのオーブン焼き(부록코리-토 가키노 오-분야키, ¥750)가 토박이들이 강력 추천하는 메뉴다.

1 혼자 와도 전혀 불편함이 없는 카운터석 **2** 활기 넘치는 목소리로 반겨주는 가미나리야의 스태프 **3** 야채도 신선도가 최고! **4** 싱싱한 생선회를 퓨전으로 요리한다.

모아 카페 Mois Cafe モワ カフェ

Add. 東京都世田谷区北沢 2-21-26
Google Map 35.660390, 139.666421
Tel. 03-3421-1844 **Open** 12:00~23:00
Access 오다큐 오다와라선·게이오 이노카시라선 시모기타자와역 남쪽 출구에서 도보 2분 **URL** renovationplanning.co.jp/portfolio_page/mois-cafe

귀엽고 사랑스러운 레스토랑 겸 카페

시모기타자와의 뒷골목에 있는 낡은 주택을 리모델링해 만든 아름다운 카페. 친구 집을 방문한 것 같은 따스함이 느껴지는 곳으로 마당에는 소나무가 오롯이 서 있다. 실내에는 맛있는 음식을 만드는 주방과 디자이너들의 작품을 전시·판매하는 작은 숍이 딸려 있어 차 한잔의 여유를 즐기며 예쁜 물건도 살 수 있다. 골목 깊숙이 자리한 데다 가게 입구는 메뉴를 적어놓은 작은 칠판만 있어 그냥 지나치기 쉽다. 자극적이지 않은 소스와 신선한 유기농 재료를 사용한 일본식 가정 요리를 선보인다. 식사 시간 외에는 커피와 케이크 등의 디저트를 즐기며 감상적인 일렉트로닉 음악으로 힐링할 수 있는 히든 플레이스다.

1 1층 입구에 마련된 작은 공간 **2** 정겨운 느낌의 석유 난로가 내부를 따뜻하게 해준다. **3** 데미글라스소스는 대표적인 일본 가정식 요리에 등장한다. **4** 전통 가옥의 멋을 살렸지만 젊은이들에게 사랑받는 아지트

Area 3 / Shimokitazawa / Restaurant, Shop

모나 레코드 **Mona Records モナレコードおんがく食堂**

모나 레코-도 옹가쿠 쇼쿠도

Add. 東京都世田谷区北沢2-13-5 伊奈ビル 2F
Google Map 35.660389, 139.667467
Tel. 03-5787-3326 **Open** 월~금요일 12:00~24:00, 토·일요일 11:30~24:00
Access 오다큐 오다와라선·게이오 이노카시라선 시모기타자와역 남쪽 출구에서 도보 1분 **URL** www.mona-records.com

낮과 밤의 분위기가 180도 다른 라이브 스페이스

시모기타자와에서 가장 활기 넘치는 라이브 스페이스로 뮤직 레스토랑을 겸한다. 2층은 인디 음악 CD와 잡화를 판매하고, 3층은 라이브 공간으로 인디 밴드들의 연주가 매일 저녁 펼쳐진다. 점심에는 차분하게 매장 안을 울리는 BGM을 즐기며 저렴하고 맛있는 가정식 요리를 맛볼 수 있다. 빵가루를 묻혀 튀긴 돈가스나 머스터드소스를 뿌린 치킨가스를 단호박, 아스파라거스 등의 구운 야채와 함께 곁들여 먹을 수 있는 메뉴(¥1280) 등 계절에 따라 새로운 메뉴를 선보인다. 평소에는 오키나와 소금만으로 간한 여러 가지 야채와 닭고기구이 정식(¥980), 네 가지 야채와 함께 조린 닭고기 정식(¥980)이 인기 있다.

음악을 들으며 즐기는 저녁 메뉴로는 7코스 또는 8코스의 일본 가정식 요리가 있는데, 2인부터 이용할 수 있다. 음료는 120분간 무제한 제공한다. 7코스 메뉴는 ¥3300, 8코스 메뉴는 ¥38000이다. 인디 밴드의 개성 넘치는 축제를 느껴보려면 저녁 시간에, 차분하고 소소한 여유를 즐기고 싶다면 점심시간에 들러보자.

---

1 햇살이 따스하게 내리쬐는 3층 공간은 저녁이면 신나는 라이브 공연장으로 변신한다. **2, 3** 자극적이지 않은 소스와 야채가 어우러지는 점심 식사는 편안한 일본 가정식 요리다.

Area 3 / Shimokitazawa / Cafe

트루아 샹브르 Trois Chambre トロワ・シャンブル

🔊 트로와 샹브루

Map P.400-B

Add. 東京都世田谷区代沢5-36-14 湯浅ビル 2F
Google Map 35.659217, 139.667332
Tel. 03-3419-6943 **Open** 09:30~23:00
Access 오다큐 오다와라선·게이오 이노카시라선 시모키타자와역 남쪽 출구에서 도보 3분

사람 냄새가 묻어나는 오래된 카페

프랑스어로 '세 개의 방'이라는 의미를 지닌 카페로 1980년 창업했다. 30여 년간 한자리를 지켜오면서 동네 사람들이 자주 찾는 카페가 됐다. 우리네 옛 다방과 같은 다소 퀴퀴한 분위기지만, 사람 냄새 폴폴 나는 곳이어서 의외로 20대 단골이 많은 것이 특징이다. 일본 영화에도 여러 차례 등장했다. 드립 커피에 집착하는 성격이라는 주인이 언제나 최고의 원두를 사용해 커피를 만들어 맛이 깊고 향이 진하다. 분위기 있는 재즈 음악을 들으며 느긋한 시간을 보내기 좋아 홀로 카페를 찾는 손님들도 많다. 시모키타자와를 거닐다 책을 읽거나 생각에 잠기고 싶다면 이곳으로 가자.

1 칸막이가 되어 있어 조용한 휴식을 원하는 사람들이 많이 찾는다. **2, 3** 주인이 하나둘 소중하게 모아온 소품은 훌륭한 장식이 되어 카페를 예쁘게 꾸며준다. **4** 바의 낡은 가구들이 오랜 세월을 말해준다.

몰디브 Maldive 모루디부

Add. 東京都世田谷区北沢2-14-7
Google Map 35.660108, 139.667453
Tel. 03-3410-6588 **Open** 10:00~21:00
Access 오다큐 오다와라선·게이오 이노카시라선 시모기타자와역 남쪽 출구에서 도보 3분

진정한 커피 맛을 느낄 수 있는 곳

오밀조밀한 가게가 모여 있는 시모기타자와의 상점가를 걷다 보면 코끝에 전해져오는 진한 커피 향이 발걸음을 멈추게 한다. 한눈에도 오래되어 보이는 건물에 아주 작은 커피 전문점이 있다. 코스타리카, 탄자니아, 인도네시아, 케냐 등 다양한 원산지에서 수입한 질 좋은 원두에서 뿜어 나오는 향긋한 향이 그만이다. 가볍고 깔끔한 잔향의 라틴아메리카 커피와 이국적인 향이 특징인 아라비아 커피 등이 인기 있으며, 원두 본래의 맛을 잘 끌어내는 바리스타의 로스팅 솜씨가 수준급이다. 일단 이곳에 들러 커피를 구입해본 사람들은 단번에 단골이 될 정도로 매력적인 숍이다.

여름에 큰 인기를 모으는 얼음 커피氷コーヒー(코오리 코-히-)는 얼린 커피에 우유를 부어 마시는 카페라테로, 커피가 녹으면서 진하게 변하는 맛이 절묘해서 언제나 인기가 있다. 가격은 ¥480.

1 커피 향이 가게 밖까지 은은하게 풍겨 나온다. **2** 몰디브의 점장이 원두에 대해 설명하고 있다. **3** 예멘, 코스타리카 등 원산지를 표시한 원두통 **4** 이곳은 포장보다 질을 중요시하는 커피 전문점이다.

Area 3 / Shimokitazawa / Cafe, Shop

다윈 룸 Darwin Room

Add. 東京都世田谷区代沢5-31-8
Google Map 35.658659, 139.667549 **Tel.** 03-6805-2638
Open 일~목요일 12:00~20:00, 금·토요일 12:00~22:00 **Close** 격주 목요일
Access 오다큐 오다와라선·게이오 이노카시라선 시모기타자와역 남쪽 출구에서 도보 5분 **URL** www.darwinroom.com

Map
P.400-B

호기심의 숲과도 같은 시모기타자와의 명소

다윈 룸은 '교양의 재생 Liberal Arts Labe'을 콘셉트로 문을 열었다. 위대하고 흥미진진한 과학 여행기인 〈비글호 항해기〉는 찰스 다윈이 비글호를 타고 5년여간 탐사한 여정을 담은 책으로 후일 다윈 진화론의 기원이 된 것으로 유명하다. 주인은 이처럼 상식에 얽매이지 않고 자유롭게 이론적 고찰을 전개한 찰스 다윈의 연구 방식에서 영감을 얻어 카페 이름을 정했다. 진화와 관련한 고서와 동물 박제, 광석, 화석, 조개·곤충·식물 등의 표본이나 연구 생활에 편리한 도구를 판매하는 '리버럴 아트 카페'를 지향한다. 독특한 분위기의 실내에서는 다윈이 채집한 딱정벌레와 가토 슈이치가 제안한 자동차 제조 기술 관련 자료들도 만나볼 수 있다. 숍을 돌아본 후에는 커피 향을 음미하면서 여유로운 시간을 누려보자.

1 얼룩말을 비롯한 동물과 곤충의 박제를 볼 수 있어 어린이들에게 인기 **2, 3** 의자가 채 열 개가 되지 않는 카페지만, 책을 읽으며 사색에 잠기기 좋다. **4** 명문대를 나온 호기심 많은 오너와 가족이 함께 운영하는 다윈 룸의 외관

북 앤 비어 Book & Beer 부크 엔도 비르

Add. 東京都世田谷区北沢2-12-4 第2マツヤビル 2F
Google Map 35.660825, 139.667854
Tel. 03-6450-8272 **Open** 12:00~24:00
Access 오다큐 오다와라선·게이오 이노카시라선 시모기타자와역 남쪽 출구에서 도보 1분 **URL** www.bookandbeer.com

맥주 한잔의 여유와 다양한 이벤트가 기다린다

누마북스Numabooks 대표인 우치누마 신타로가 문을 연 카페 겸 서점. 줄임말로 '비앤비B & B'라고도 한다. 북 코디네이터이자 크리에이티브 디렉터인 운영자는 책과 사람을 이어주는 취지로 '북 픽 오케스트라Book Pick Orchestra'를 설립해 대표를 지낸 바 있다. 또한 〈책의 역습〉, 〈책의 미래를 만드는 일〉과 같은 책을 펴낸 저술가이기도 하다. 북 앤 비어는 만화에서부터 아트 북에 이르기까지 다양한 책을 접할 수 있는 서점의 역할뿐 아니라 취미가 같은 사람들이 모여 다양한 이벤트에 참여할 수 있는 열린 문화 공간 역할도 한다. 작지만 세련된 실내에는 스칸디나비아 스타일 가구들이 진열되어 있어 편안한 마음으로 책을 읽을 수 있으며 깐깐한 주인이 직접 고른 디자인용품 또한 지갑을 쉽게 열게 한다.

1 책으로 가득한 공간에는 동네 사람들이 쉼터처럼 드나든다. **2** 작은 가판대에는 세월이 흘러도 변하지 않는 가치를 가진 소품을 전시·판매한다. **3, 4** 스칸디나비아 스타일의 가구와 전등이 눈길을 끈다.

Area 3 / Shimokitazawa / Shop

앤티크 라이프 진 Antique Life Jin 앤티-쿠 라이후 진

Add. 東京都世田谷区北沢2-30-8
Google Map 35.663207, 139.667271 **Tel.** 03-3467-3066
Open 월~금요일 12:00~20:00, 토·일요일·공휴일 11:00~20:00
Access 오다큐 오다와라선·게이오 이노카시라선 시모기타자와역 북쪽 출구에서 도보 3분 **URL** www.antiquelife-jin.com

Map P.400-B

귀여운 생활 소품이 가득한 앤티크 숍

이곳의 첫인상을 한마디로 말하라면 '만물상'. 1982년에 처음 문을 연 이후 지금은 동네에서 꽤 알아주는 앤티크 숍으로 이름을 날리고 있지만 겉모습은 솔직히 너무 평범하다. 가게의 외관만 보고는 하마터면 그냥 지나칠 뻔했다. 그러나 섣부른 판단은 금물. 가게 안으로 들어가면 수백여 종의 오리지널 앤티크 아이템과 최근에 생산된 물건을 옛 버전으로 리메이크한 빈티지 스타일의 생활용품, 작고 귀여운 액세서리들이 쇼핑하러 온 사람들을 반긴다.

1 구경거리가 가득해 안팎으로 손님들이 많다. **2** "어서 오세요." 하고 손짓하는 마네키네코 **3** 일본풍 소품이 가득하다. **4** 향수를 자극하는 옛날 물건들이 눈길을 끈다.

도라마 Dorama

Add. 東京都世田谷区北沢2-12-16
Google Map 35.660660, 139.668351
Tel. 03-3414-0049 **Open** 10:00~다음날 01:00
Access 오다큐 오다와라선·게이오 이노카시라선 시모기타자와역 남쪽 출구에서 도보 3분

패션, 인테리어, 음악 잡지의 과월호를 구입하고 싶다면 이곳으로

대형 서점이 하나둘 생겨나면서 작은 서점들이 줄줄이 폐업하고 있는 현실이지만 시모기타자와에서는 특이하게도 대형 서점 쓰타야가 문을 닫고 도라마 같은 작은 서점들이 성업하고 있다. 색깔 있는 젊은 아티스트들과 토박이들이 작고 오래된 것을 소중히 여기기 때문인지도 모르겠다. 도라마는 원래 비디오, 게임 CD를 렌털해 주는 숍으로 문을 열었는데, 지금은 '100엔의 행복'을 누릴 수 있는 헌책방으로 탈바꿈했다. 서점 앞에 독특한 인테리어, 패션 잡지를 가득 내놓아 좋은 눈요깃거리가 된다. 패션·인테리어·건축 관련 서적과 만화책, 비디오와 DVD류, 게임 CD 등 다양한 아이템이 구비되어 있다. 책들은 시대별, 테마별로 정리되어 있어 누구나 쉽게 찾아볼 수 있다. 일본어를 모르는 사람도 일단 발을 들여놓으면 시간 가는 줄 모르고 둘러보기 좋다.

1 헌책이라면 어떤 것이든 취급한다는 간판 문구 **2** 책은 작가별, 장르별로 분류했다. **3** 이 매대에 있는 책들은 전부 ¥1000이다. **4** 가수별로 분류해둔 음반 코너는 원하는 아이템을 찾기 쉽다.

Area 3 / Shimokitazawa / Shop

아오야나기 青柳

Add. 東京都世田谷区北沢2-32-7
Google Map 35.662837, 139.668521
Tel. 03-3469-2436 **Open** 10:00~19:00 **Close** 매주 화요일
Access 오다큐 오다와라선·게이오 이노카시라선 시모기타자와역 북쪽 출구에서 도보 1분

전통을 생명처럼 여기는 만주 가게

달콤한 간식과 차를 함께 마시는 시간은 동서고금을 불문하고 꼭 필요한 황금 같은 휴식을 의미한다. 무작정 시모기타자와의 시장을 돌아보리라는 생각으로 헤매다 들어간 아오야나기는 일본에서 처음으로 만주를 접하게 해준 숍이다. 만주가 할머니들의 간식거리라는 사실을 부인할 수는 없지만 젊은 사람의 입맛에도 꼭 맞는다. 다른 만주보다 5배는 큰 오구리만주大栗まんじゅう(¥680)는 1940년대부터 선보인 제품. 흰팥에 알밤이 쏙 들어가 있는데, 생김새부터 달라서 한번쯤 맛보고 싶어진다. 몇 달 사이에 휴업과 폐업, 창업을 되풀이하는 여느 가게와는 달리 화려한 장식 따윈 아예 없으며 그 흔한 'Since 1940'류의 선전 문구도 찾아볼 수 없다. 구멍가게 같은 상점 안은 평범하다 못해 초라할 정도지만 일본 텔레비전과 잡지에 빠지지 않고 소개될 정도로 유명한 숍이니 꼭 들러보자.

1 간장소스를 묻힌 덴구단고는 인기 만점 **2** 이곳의 대표 상품인 오구리만주 **3** 선물용으로 알맞은 사탕 **4** 아오야나기는 동네 주민이 자주 드나드는 사랑방 같은 곳이다.

타임머신 Time Machine 🔊 타이무마신

Map P.400-B

Add. 東京都世田谷区代沢2-29-3 **Google Map** 35.659196, 139.668691
Tel. 03-3487-6373 **Open** 12:00~20:00 **Close** 매주 수요일
Access 오다큐 오다와라선·게이오 이노카시라선 시모기타자와역 남쪽 출구에서 도보 5분
URL www.time-machine.org

시대를 초월한 빈티지의 세계

20세기 이전에 만든 물건에 포커스를 맞춘 매력적인 빈티지 숍으로 성별이나 연령을 불문하고 누구나 좋아할 만한 아이템이 가득하다. 인심 좋아 보이는 이곳 주인장이 1년에 무려 다섯 번 꼴로 여행 삼아 영국과 프랑스, 미국 등을 다니면서 직접 수집한 시계, 잡화, 식기, 카메라, 인형이 가득하다. 대부분 빈티지 숍이 보기에만 좋고 실제로 사용하지 않거나 비싼 가격 때문에 엄두를 못 내는 아이템 위주로 진열되어 있는 것에 비해, 타임머신에는 가볍게 선물하거나 허전한 장식장을 채울 저렴한 오브제가 많다. 실제로 구매하는 여행자도 적지 않다.

주인이 보물처럼 여기는 타임머신의 히든카드는 1930년대 영국제 볼트 측정기(¥2만5200), 1940년대 덴마크제 조지 젠슨 그릇(¥39만9000), 1960년대 미제 인형 큐피 카메오(¥9450)이다.

1 빼곡하게 차 있는 상품들은 토이 마니아를 유혹한다. **2** 만물상 같은 타임머신 내부 **3** 빈티지 제품의 가격은 천차만별이다. **4** 주인장의 손길이 느껴지는 진열대

Area 4
JIYUGAOKA

지유가오카
自由が丘

● 지유가오카는 세련된 부자들이 사는 동네다. 1960년대에 주거지로 개발되기 시작한 이곳은 도쿄에서는 나름 '신생' 주거 지구다. 고급 주택가 사이사이에 이국적인 카페와 인테리어 숍, 레스토랑 등이 생겨나면서 일본 여성들의 로망이 현실로 이루어진 동네가 되었다. 지유가오카 거리를 걷다 보면 중년 여성들이 아이들과 함께 쇼핑하고 케이크를 즐기는 광경을 쉽게 볼 수 있다. 버터 향이 풍기는 유럽 스타일 베이커리와 잠을 달아나게 할 정도로 진한 에스프레소 향이 퍼지는 카페는 지유가오카의 거리를 더욱 매력적으로 만들어준다. 지유가오카는 도쿄에서 케이크 숍이 가장 많은 것으로도 유명하다. 인기 파티시에들이 만드는 몽블랑, 슈크림, 수플레 등 달콤한 디저트는 기본이고, 프렌치·이탤리언·에스닉 레스토랑 등 다국적 메뉴를 맛볼 수 있는 미식 지구로 자리매김했다.

> Area 4 / Jiyugaoka / Access

Access
가는 방법

지유가오카 自由が丘역
방향 잡기 정면 출구로 나오면 위쪽에 다양한 볼거리가 있는 숍들이 줄지어 있고, 남쪽과 북쪽 출구에도 다양한 숍들이 있다.

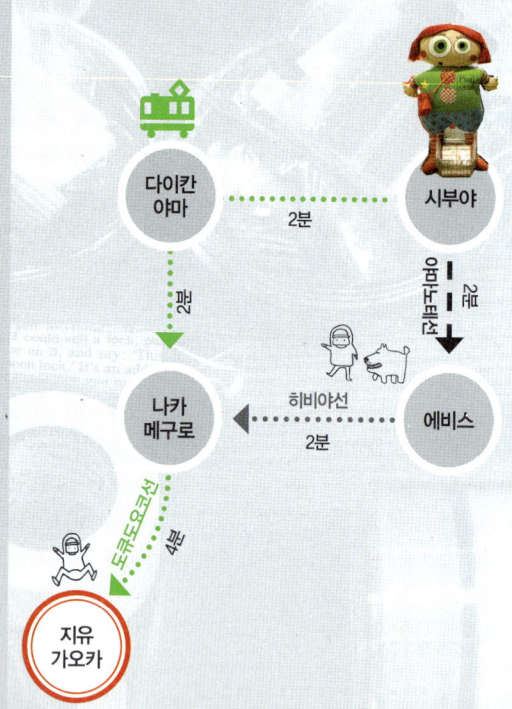

Check Point

● 생스 네이처 버스 Thanks Nature Bus(상쿠스 네이쳐-바스)는 덴푸라를 튀긴 기름을 연료로 사용하는 버스로 수요일을 제외한 매일 무료로 승차할 수 있다. 버스 정류장이 아니더라도 태워주고 내려주기 때문에 아주 편리하다. 운행 코스나 시각은 지유가오카역 근처 정류장에서 확인할 수 있다.

Plan
추천 루트
지유가오카
하루 걷기 여행

10:30 훗치 풋치 Hotch Potch
예쁘고 아기자기한한 팬시용품과 생활용품을 모아놓은 잡화점. 귀여운 장식용 아이템을 골라보자.

도보 2분

식스 Six 11:00
반지하에 있는 작은 숍이지만 전 세계의 상품을 갖추었다. 카메라나 핸드 마사지 기구, 수첩 등을 판매한다.

도보 1분

11:30 투데이스 스페셜 Today's Special
디자인 소품에 관심이 있는 사람이라면 반드시 가봐야 할 매장이다. 집 안을 꾸미기에 좋은 물건을 원스톱으로 쇼핑할 수 있다.

도보 1분

투데이스 테이블 12:00
Today's Table
맛보다 재료의 질을 중요시한다. 퓨전 요리를 중심으로 한 음식을 선보여 흔히 먹을 수 없는 특이한 메뉴가 많다.

도보 1분

14:00 고소앙 古桑庵
달지 않은 일본식 디저트와 녹차를 즐기며 편안하게 휴식을 취할 수 있는 곳. 전통 일본식 가옥이라 기념사진을 찍기에도 좋다.

도보 1분

라 비타 La Vita 15:00
고소앙과는 전혀 다른 이국적인 분위기가 특징. 유럽 베네치아를 연상케 하는 건물을 배경으로 사진을 찍는 관광객들이 많다.

도보 1분

트레인치 Trainchi 16:30
지유가오카에서 꼭 가봐야 할 작은 쇼핑몰로 패션, 숍, 카페 등이 있고 무엇보다 북적대지 않기 때문에 한적하게 쇼핑할 수 있다.

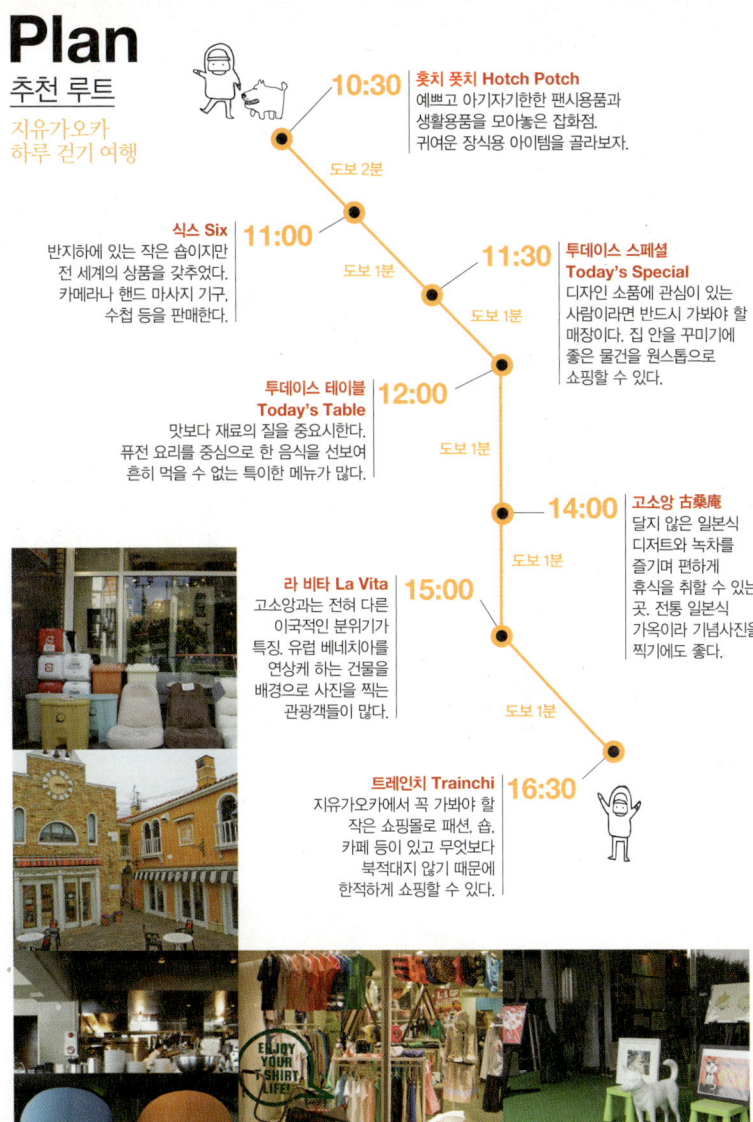

Area 4 / Jiyugaoka / Place

작은 테라스가 펼쳐져 있어 베네치아에서 휴식을 취하는 것 같은 느낌을 준다.

라 비타 La Vita

Add. 東京都目黒区自由が丘2-8-3
Google Map 35.610757, 139.668191
Tel. 03-3723-1881
Open 11:00~20:00
Access 지하철 도큐도요코선 지유가오카역 정면 출구에서 도보 4분

지유가오카의 작은 베네치아

역에서는 조금 떨어져 있지만 산책하듯 걸어가다 보면 눈에 띄는 공간이 나타난다. 기념사진을 찍는 관광객들이 많은 라 비타는 물의 도시 베네치아의 거리를 재현한 곳이다. 전통 가옥의 모습을 그대로 간직한 카페 고소앙의 맞은편에 있어 찾기도 쉽다. 상반된 두 건물의 이미지는 색다른 느낌을 준다.

라 비타는 이탈리아어로 '인생'과 '생명'을 의미하는데, 파스텔 톤의 서양식 건물과 수면에 떠 있는 곤돌라는 동화에나 나올 법한 서정적인 풍경을 연출한다. 패션이나 인테리어, 잡화점이 모여 있어 잠시 유럽에 온 듯한 기분을 느낄 수 있다. 이국적인 오픈 테라스에서 차를 마시면서 잠깐 동안의 여유를 누리는 것도 좋을 듯하다. 특히 저녁 시간에는 예쁜 조명을 비춰 로맨틱한 분위기로 변신해 이곳이 일본이라는 생각조차 잊게 한다.

1 라 비타는 지유가오카에서 빠지지 않는 베스트 포토 스폿이다. **2, 3** 베네치아를 모방한 곳이어서 이국적인 맛이 있는데, 일부 관광객들은 조잡하다는 혹평을 하기도 한다. **4** 이곳이 일본일까? 이탈리아일까? 밤이면 이탈리아에 더욱 가까워진다.

Area 4 / Jiyugaoka / Restaurant, Cafe

주말에는 빈 자리가 없을 정도로 북적대므로 식사 시간 전에 자리를 잡아야 한다.

투데이스 테이블 Today's Table 🔊투데이스 테이브루

Add. 東京都目黒区自由が丘2-17-8 3階
Google Map 35.609283, 139.667285
Tel. 03-5729-7131
Open 11:00~다음날 03:00(점심은 ~15:00)
Access 지하철 도큐도요코선 지유가오카역 정면 출구에서 도보 5분

혼자라도 가볍게 들를 수 있는 카페

인테리어 숍 투데이스 스페셜 3층에 있는 카페. 20대부터 교토의 프렌치 레스토랑에서 경력을 쌓으며 조리부터 서비스까지 폭넓게 공부한 이곳 주인은 음식을 통해 일상생활을 보다 풍족하게 만드는 새로운 문화를 제안하고 싶다고 말한다. 믿을 만한 생산지에서 신선한 야채를 직송해 쓰는 것이 이곳의 인기 비결. 재료 본연의 맛을 최대한으로 끌어올리는 지중해식 요리와 정확하게 맞아떨어지는 원칙이다. 요리 메뉴도 충실하지만 60종 이상의 와인 리스트 역시 훌륭하다. 디저트 메뉴는 계절에 따라 새롭게 기획해 선보이는데, 계절 과일을 이용한 수제 케이크 등은 단골손님들의 전폭적인 지지를 받는다고. 저녁이 되면 매장 내의 환한 불빛이 지유가오카의 거리를 더욱 예쁘게 장식한다. 새벽 4시까지 영업해 심야족들에게 더욱 인기 있는 곳으로, 일본의 여러 아티스트들과 크리에이터들의 발걸음도 잦다.

1 주인장이 손수 만든 나무 간판 **2** 다른 카페와는 다르게 테이블이 넓어 편안하게 식사를 즐길 수 있다. **3** 계절 과일로 만든 과일 주스를 마시며 잠시 쉬어 가자. **4** 컵 받침까지 세심하게 신경 쓴 투데이스 테이블

무자키 無邪気

Add. 東京都目黒区自由が丘1-31-2
Google Map 35.606966, 139.668341
Tel. 03-5701-2548
Open 월~토요일 11:00~다음날 05:00, 일요일·공휴일 11:00~다음날 03:00
Access 지하철 도큐도요코선 지유가오카역 남쪽 출구에서 도보 1분

출출할 때 가볍게 들러
한 그릇 뚝딱 먹을 수 있는 라멘집

매스컴에 떠들썩하게 보도되어 명성을 떨치는 집은 아니지만 역 근처 유동 인구가 많은 곳에 자리 잡아 언제나 손님들이 줄을 길게 서 있다. 잡냄새 없이 우려낸 국물이 이 집 라멘 맛의 비결로, 국물의 농도와 면의 굵기를 취향에 맞춰 선택할 수 있다. 한창 먹을 나이인 학생들에게 곱빼기로 무료 업그레이드해주는 것도 인기 요인 중 하나다. 저녁에는 퇴근한 뒤 혼자 와서 라멘을 먹는 사람들이 대부분이며 남자 손님들이 많다. 지유가오카역 북쪽 출구에도 점포를 운영한다.

1 빨간색 간판과 메뉴 보드를 놓아둔 무자키의 외관 **2** 부담 없는 가격과 입소문 덕분에 주방은 늦은 밤까지 쉴 틈이 없다. **3** 라멘 한 그릇이면 배가 든든해진다. **4** 원하는 메뉴를 자판기에서 뽑아 주문하는 방식으로 운영된다.

구라게 스토어 クラゲストア 🔊 쿠라게 스토아

Add. 東京都目黒区自由が丘2-8-6　**Google Map** 35.610182, 139.668213
Tel. 050-584-3902
Open 아침 09:00~11:00, 점심 11:30~17:00, 저녁 17:00~23:30
Close 매주 목요일 아침
Access 지하철 도큐도요코선 지유가오카역에서 도보 3분

플라워 숍과 패션 부티크를 겸하는 와인 바

오전에는 프랑스풍의 브런치 바, 저녁에는 와인 바를 겸하는 감성 공간. 여기에 아담한 플라워 숍과 패션 부티크를 한 공간에 구성해 센스 넘치는 도쿄 사람들의 주말 나들이 장소로 사랑받고 있다. 친구와 함께 부담 없이 들를 수 있는 곳으로 오전에는 브런치를 즐기는 여성들이 자리를 채우고 주말이나 저녁에는 지유가오카로 산책 나온 연인들의 데이트 코스로 인기 만점이다. 테라스를 지나 안쪽으로 들어가면 오른쪽으로 여성 패션 아이템이 가득한 패션 셀렉트 숍인 푸니카Punica를 만날 수 있다. 숍을 지나 안쪽으로 들어가면 차분한 분위기의 바와 레스토랑으로 연결되는 짜임새 있는 공간이 나온다. 따스한 봄날에는 시원한 바람을 느낄 수 있는 테라스에 자리 잡고 음식을 기다리는 사이 가볍게 숍 내부를 돌아보자.

1 단정하고 심플한 스타일의 카페 내부 **2** 싱그러운 꽃이 입구에서 손님을 맞는다. **3** 브런치는 푸짐하게 즐길 수 있는 뷔페식이다.
4 패션 숍도 겸하고 있어 여성들에게 인기 있다.

> Area 4 / Jiyugaoka / Cafe

도심 한가운데 있는 공간이라는 사실이 믿기지 않는 고즈넉한 찻집

내부에 진열된 인형은 오너가 직접 만든 작품이다.

고소앙 古桑庵

Add. 東京都目黒区自由が丘1-24-23 **Google Map** 35.610722, 139.668545
Tel. 03-3718-4203
Open 11:00~18:30 **Close** 매주 수요일
Access 지하철 도큐도요코선 지유가오카역 정면 출구에서 도보 5분
URL www.kosoan.co.jp

도심 속에서 즐기는 꿀 같은 휴식

지유가오카 거리에 넘쳐나는 멋진 인테리어의 숍이나 부티크와는 전혀 다른 분위기를 풍기는 고소앙은 80년이 넘은 전통 가옥을 찻집으로 개조한 곳이다. 한적한 길가에 있어 도심 외곽의 조용한 산사를 연상케 한다. 정원을 통과해 현관에 들어서면 신발을 벗도록 되어 있어 가정집에 초대받은 듯한 느낌이 든다. 이곳의 차실에는 인형 작가이기도 한 오너의 작품과 골동품이 전시되어 있고, 매년 1~2회씩 특별전이 열리기도 한다. 집에 손님을 들이듯 상냥함을 잃지 말라고 스태프를 교육하는 오너의 경영 철학이 마음에 드는 곳이다. 하루 종일 걸어다니느라 지친 몸을 이곳의 달콤한 디저트로 달래보자.

팥소와 설탕에 절인 과일에 흑설탕 시럽을 뿌려 먹는 디저트 안미쓰あんみつ는 ¥830, 시원한 녹차와 우유가 어우러진 아이스 마차오레アイス 抹茶オレ는 ¥830이다.

1 작은 연못이 딸린 일본식 정원. **2** 물고기도 직접 키운다. **3** 다다미방에서 차분한 티타임을 가져보자. **4** 팥과 과일을 얹은 달콤한 디저트 **5** 녹차를 넣은 아이스 마차오레는 고소앙의 대표 메뉴

Area 4 / Jiyugaoka / Cafe, shop

몽생클레르 Mont St. Clair 몽상쿠레-루

Add. 東京都目黒区自由が丘2-22-4
Google Map 35.612738, 139.666496
Tel. 03-3718-5200 **Open** 11:00~19:00(살롱은 ~17:30)
Access 지하철 도큐도요코선 지유가오카역에서 도보 10분
URL www.ms-clair.co.jp

Map P.401-B

일본을 대표하는 파티시에의 가게

일본의 유명 파티시에 쓰지구치 히로노부가 1998년에 오픈한 케이크 전문점. 몽생클레르는 프랑스 남부 랑그도크 지방의 성스러운 언덕의 이름이다. 사람들에게 행복을 선사하는 디저트를 만들고 싶다는 히로노부는 세계적인 파티시에 콩쿠르에서 네 번이나 우승을 차지했다. 잡지에 꾸준히 소개된 덕에 매장 앞은 디저트를 사기 위해 줄을 선 사람들로 언제나 분주하다. 특히 일본 여성들에게 전폭적인 사랑을 받고 있는데, 150여 종의 프렌치 스타일 케이크와 과자, 빵, 초콜릿 등은 만들어놓는 족족 동이 날 정도다. 계절 과일을 활용한 기념일용 케이크는 예술 작품처럼 화려하다. 매장 안은 작은 카페처럼 꾸며져 있다. 테이블이 있긴 하지만 7석뿐이어서 항상 자리가 없다.

10가지 맛 중에 고를 수 있는 마카롱은 ¥230, 몽생클레르몬상크레르(몽상쿠레-루)는 ¥500, 세라뷔セラヴィ는 ¥580이다.

1 가게 밖까지 줄이 길게 늘어서는 일이 빈번하다. **2** 어른 아이 할 것 없이 열광하는 특제 케이크 **3** 여성들이 좋아하는 딸기 디저트 **4** 레몬·오렌지·망고 마카롱은 파티에 빼놓을 수 없는 메뉴 **5** 새로 발매된 케이크를 대대적으로 홍보한다.

홋치 풋치 Hotch Potch

Add. 東京都目黒区自由が丘1-26-20
Google Map 35.609202, 139.669195
Tel. 03-3717-6911 **Open** 11:00~20:00 **Close** 1월 1일
Access 지하철 도큐도요코선 지유가오카역 정면 출구에서 도보 5분
URL www.hpjiyuugaoka.jp

커다란 장난감 상자 같은 곳

잡화점으로 가득한 지유가오카에 문을 연 지 12년이 된 홋치 풋치는 독특한 잡화를 모아놓은 어른들의 장난감 가게라고 할 수 있다. 매주 수많은 신상품을 들여오고 스태프들이 직접 이벤트를 기획하거나 자체 신문을 만든다. 소통을 중요시하는 가게인 만큼 소비자의 요구를 반영한 물건이 특히 많은데, 디자인 감각을 살리면서 실용성도 놓치지 않았다. 인테리어 관련 소품과 조명은 자체 브랜드 제품이며 액세서리, 쿠션 같은 생활 잡화는 해외에서 구입해온 아이템이 많다. 합리적인 가격이 장점이라 학생이나 젊은 여성들에게 인기가 높다. 일본의 유명 인기 아이돌 스타 유카, 차라의 단골 가게로도 알려져 있다.

1 1인용 소파와 컬러풀한 휴지통, 가게 안에 들어가기 전부터 눈길을 사로잡는다. **2** 감각적인 조명과 시계 **3** 귀여운 미니 포스트잇이 발걸음을 멈추게 한다. **4** 깜찍한 그림이 그려진 어린이용 티셔츠

Area 4 / Jiyugaoka / Shop

실용성과 미적 감각의 두 마리 토끼를 잡은 와타시노 헤야

개성 있는 식기 세트는 선물용으로 인기 있다.

와타시노 헤야 私の部屋

Add. 東京都目黒区自由が丘2-9-4 吉田ビル1階
Google Map 35.609951, 139.668459
Tel. 03-3724-8021 **Open** 11:00~20:00
Access 지하철 도큐도요코선 지유가오카역 정면 출구에서 도보 3분
URL www.watashinoheya.co.jp

생활에 필요한 아이템을 제안하는 곳

창업한 지 30년이 넘는 생활 잡화점 와타시노 헤야의 지유가오카 본점으로, 2000년 리뉴얼했다. 일본 전역에 40여 개의 점포를 운영하고 있는 체인점임에도 지유가오카 본점의 인기는 여전하다. 유행을 따르면서도 실용성을 고려한 제품이 많아 구경하다 보면 나도 모르게 지갑이 열린다. 단층으로 구성된 매장이지만 수시로 아이템이 바뀌고 욕실용품, 주방용품, 인테리어 소품과 스파 관련 제품에 이르기까지 적당한 가격대의 제품이 많다. 지나는 길에 부담 없이 들러보자.

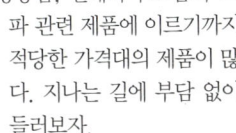

1 향기 좋은 목욕용품 **2** 집 안에 미니 정원을 꾸미고 싶게 만드는 작은 테이블과 의자 **3** 투박한 멋을 풍기는 접시 세트는 여성들에게 인기다. **4** 냉장고를 장식해줄 마그네틱 토끼

Area 4 / Jiyugaoka / Shop

제품 자체도 좋지만, 이를 더욱 돋보이게 하는 건 단연 모던한 디스플레이

투데이스 스페셜 Today's Special

Add. 東京都目黒区自由が丘2-17-8 1~2階
Google Map 35.609269, 139.667297 **Tel.** 03-5729-7131
Open 11:00~21:00
Access 지하철 도쿄도요코선 지유가오카역 정면 출구에서 도보 5분
URL www.todaysspecial.jp

라이프 스타일을 제안하는 토털 인테리어 숍

한 가지 스타일에 머물지 않고 음악, 인테리어나 패션, 아트 등 다양한 콘셉트 아래 여러 제품을 취급하는 투데이스 스페셜은 단순한 '숍'의 이미지에서 벗어나 새로운 라이프 스타일을 제안하는 셀렉트 숍이다. 다양한 스타일을 융합해 안락한 방처럼 공간을 연출했다. 가구는 물론 주방용품, 패션 아이템, 패브릭 등 상품 종류가 다양하다.

네덜란드 디자인계의 일인자 마르셀 반더스가 아트 디렉터를 맡은 가구 브랜드 무이Moooi, 전 세계 4000여 개의 매장에서 플라스틱 재질 제품을 선보이는 이탈리아 브랜드 카르텔Kartell 등이 눈에 띈다. 베스트셀러 상품은 아네모네 펜Anemone Pen(¥1000), 슬렌실 컴퍼니 Slencil Company의 달력(¥2940), 데이트 블록 달력(¥1890), 우사기 도자기(¥3675) 등이다.

1 멋스러운 음반 디스플레이 **2** 통유리로 시원한 느낌을 주는 투데이스 스페셜 건물 **3** 디스플레이해둔 그대로를 세트처럼 구매하는 사람들도 많다. **4** 이탈리아 브랜드 카르텔Kartell의 소품 **5** 어떤 곳에나 어울리는 보조 의자 **6** 목욕용 아로마 제품

Area 4 / Jiyugaoka / Shop

컬러풀한 문구류가 업무 스트레스를 조금이나마 덜어주지 않을까? 직장인들이여, 과감하게 투자하자!

식스 Six 식쿠스

Add. 東京都目黒区自由が丘2-8-13
Google Map 35.609918, 139.667583
Tel. 03-3723-7767 **Open** 11:00~20:00
Access 지하철 도큐도요코선 지유가오카역 정면 출구에서 도보 6분
URL www.sixpresssix.jp

지유가오카의 아담한 셀렉트 숍

쉽게 눈에 띄지 않아 자칫 그냥 지나칠 수 있는 이곳은 오너가 이전부터 꿈꿔왔던 이상을 실현시켜 1994년에 오픈한 아담한 인테리어 숍이다. 미국 브랜드 빅Bic의 빈티지 볼펜이나 이탈리아의 파일, 손수건 등 해외에서 직접 수입한 센스 있는 물건을 구비해놓아 주로 남성들이 찾는다. 신상품부터 앤티크 물건까지 다양하게 판매하는데, 상품을 입하하는 즉시 홈페이지에 올려 단골 팬들의 관심에 보답하고 있다.

추천 아이템은 아메리카 북마크(￥525), 마리메코Marimekko의 자석(￥1050), 열쇠고리(￥1260), 식스의 오리지널 메모 커버(￥3990), 재떨이(￥4200), 1960년대 시티즌 론Citizen Rhon의 앤티크 손목시계(￥3만9900), 카시오Casio 시계(￥1만290)다.

1 공간의 조화를 고려해 제품을 디스플레이해 물건 찾기가 쉽진 않다. 찬찬히 둘러보다 보면 원하는 아이템을 고를 수 있다. **2** 심플한 환색 간판 **3** 어린이용 티셔츠와 학용품 **4** 색색의 사무용품

Area 4 / Jiyugaoka / Shop

ひっこしました。

베스트셀러인 개구리 엽서

프로그 Frog 후로구

Add. 東京都目黒区自由が丘2-9-10
Google Map 35.608948, 139.667871
Tel. 03-5729-4399 **Open** 11:30~19:00 **Close** 수요일
Access 지하철 도큐도요코선 지유가오카역 정면 출구에서 도보 3분
URL www.frogs-shop.com

깜찍한 개구리들의 천국

"찻집을 운영하다 취미로 개구리에 관련된 소품을 모으다 보니 수가 점점 늘어 2층의 좁고 작은 가게를 가득 채우게 되었어요." 믿기지 않지만, 프로그의 괴짜 주인은 제법 진지하게 얘기한다. 개구리 캐릭터 전문 숍인 프로그는 1600여 점의 개구리 관련 아이템을 보유한 곳이다. 기본 제품은 개구리 인형, 개구리 모양의 생활 잡화이며, 거의 매일 제조업체에 물건을 요청해 개구리에 관련된 것을 수집한다고. 좋아하는 개구리 캐릭터 제품을 다른 사람들과 나눌 수 있어 기쁘다는 주인장의 미소가 기억에 남는 곳이다.

인기 아이템은 개구리 형태를 그대로 살린 인형이나 해변용 비치 샌들 ビーチサンダル(비치산다루, ￥1050), 캐릭터 엽서キャラクターはがき(캬락쿠타-하가키, ￥120)다.

1 개구리 인형은 기본, 개구리에 대한 모든 것이 있다. **2** 여름에 듣기 좋은 시원한 곡들을 모아놓은 컴필레이션 CD **3** 개구리 캐릭터라면 뭐든 좋다는 주인장 **4** 귀여운 보조 가방은 20대 여성들이 많이 구매한다.

Area 4 / Jiyugaoka / Shop

트레인치 Trainchi 토레인치

Add. 東京都目黒区自由が丘2-13-1
Google Map 35.606461, 139.667008
Tel. 03-3477-0109 **Open** 10:00~20:00
Access 지하철 도큐도요코선 지유가오카역 남쪽 출구에서 도보 2분
URL www.trainchi.jp

역 앞에서 신나게 쇼핑을 즐겨보자

트레인치는 열차Train란 단어에 집家을 합성해 만든 이름으로, 프랑스 유명 잡화점, 캘리포니안 카페 등 13개의 점포가 입점해 있는 복합 공간이다. 역 근처를 둘러보다 쇼핑도 하고 아픈 다리를 쉬어 가기에도 좋다.

SHOP IN SHOP

디 쿠튀르De couture → 1F 프랑스 여성의 아파트를 본뜬 가게에는 액세서리, 방을 꾸미는 데 도움이 되는 인테리어 용품이 구비되어 있다.

아리베 데 데파르트Arrivee et Depart → 2F '도착과 출발'이라는 뜻을 지닌 '아리베 에 데파르트'는 수입 인테리어 전문점. 소녀풍의 산뜻하고 앙증맞은 아이템과 여행을 모티브로 한 다양한 제품들을 판매하고 있다.

카렐 차펙 → 2F 귀여운 일러스트 패키지로 유명한 홍차 브랜드 카렐 차펙을 만나볼 수 있다. 지인들을 위한 기념 선물을 구입하기 좋다.

원스 테라스One's terrace → 2F 주부라면 관심을 가질 생활 잡화가 가득하다. 집 안을 새롭게 변화시켜줄 패브릭이나 소품류를 눈여겨보자.

1 살 만한 것이 많으니 처음부터 바구니를 들고 들어가자! **2** 다양한 티셔츠 **3** 귀여운 수저와 포크는 서로 다른 것을 골라도 멋지게 짝을 이룬다. **4** 발랄함이 가득한 디스플레이

야마야 山屋

Add. 東京都目黒区自由が丘1-15-10
Google Map 35.609985, 139.669975
Tel. 03-3723-4567 **Open** 10:00~22:00 **Close** 수요일
Access 지하철 도큐도요코선 지유가오카역 북쪽 출구에서 도보 4분
URL www.jiyugaoka-yamaya.com

일본술을 주문 제작 가능한 숍

술 셀렉션에 특히 신경 쓰는 것이 이곳의 모토인데, 다른 주류 전문점과 확실히 다르긴 하다. 일본에서는 편의점만 가도 매우 다양한 종류의 술을 살 수 있는데, 굳이 이곳을 찾는 단골이 많은 이유는 이곳에서 직접 제조한 술 때문이다. 주문 제작도 가능한데, 선물용으로 미리 주문하면 라벨에 원하는 메시지를 새길 수도 있다(¥3360). 오랜 경력의 야마야 점장이 한 달에 한 번씩 추천하는 술은 온라인에서 금방 품절될 정도로 신뢰를 얻고 있다. 점포는 크지 않지만 사케, 소주, 위스키 등 다양한 주류가 있다. 무엇을 고를지 망설여진다면 상담을 받아도 좋다.

오리지널 중 단연 인기 아이템은 '지유가오카 1991'이라는 소주. 우연히 친구에게 선물받은 황태자가 마음에 들어 직접 궁내청에서 주문했다는 화제의 술이다. 소주라는 생각이 들지 않을 만큼 신선하고 달짝지근한 향이 난다.

1 일본술이 종류별로 진열되어 있는 입구 **2** 술은 이름이 보이도록 진열되어 있다. **3** 흔쾌히 여러 가지 술을 보여주는 야마야의 점장
4 일본술에 어울리는 꼴뚜기 안주

Area 5 / Roppongi

Area 5
ROPPONGI

롯폰기
六本木

● 　　　현란한 클럽, 수준 높은 미술관들이 밀집한 아트 트라이앵글, 거대한 오피스 빌딩 숲…. 롯폰기는 다양한 분위기가 공존하는 지역이다. 낮에는 OL('오피스 레이디'의 줄임말)과 샐러리맨이 거리를 활보하지만 밤이 되면 젊음의 열기가 가득하다.
롯폰기라는 이름을 문자 그대로 해석하면 '여섯 그루의 소나무'라는 뜻으로, 에도 시대에 무사들이 모여 살던 지역이며, 메이지 시대 이후 도쿄 시에 편입되었다. 제2차 세계대전 이후에는 미군들이 모여들면서 캬바쿠라キャバクラ(젊은 여성들이 일하는 술집)와 클럽이 우후죽순 늘어나 '밤에도 잠들지 않는 거리'가 되면서 '롯폰기족'이라는 신조어가 생겨나기도 했다. 그러나 경제 위기로 많은 업소들이 문을 닫았고 현란한 밤 문화로 대표되던 롯폰기에 새로운 변화의 바람이 불어닥쳤다. 스페인, 프랑스, 스웨덴 등 각국 대사관과 국제학교가 들어섰고 고급 주택가와 비즈니스 타운이 형성되었다. 이후 테렌스 콘랜, 구로카와 기쇼, 안도 다다오와 같은 유명 건축가들이 건축한 롯폰기힐스와 도쿄미드타운, 국립신미술관이 잇따라 들어서면서 아트와 상업의 중심으로 인지도가 급상승했다. 그 결과 롯폰기는 가장 획기적인 도쿄 스타일의 전형을 보여주는 지역이 되었고, 수많은 아트 스폿을 산책하며 여유를 느낄 수 있는 도심 속 오아시스로 탈바꿈했다.

Area 5 / Roppongi / Access

Access
가는 방법

롯폰기六本木역 / 노기자카乃木坂역
방향 잡기 롯폰기역 C1 출구에서 롯폰기힐스로 연결된다. 테레비아사히로 가려면 이쪽으로 나간다. 오모테산도 쪽에서 출발한다면 노기자카역이 빠르다. 3번 출구는 도쿄미드타운과 연결된다.

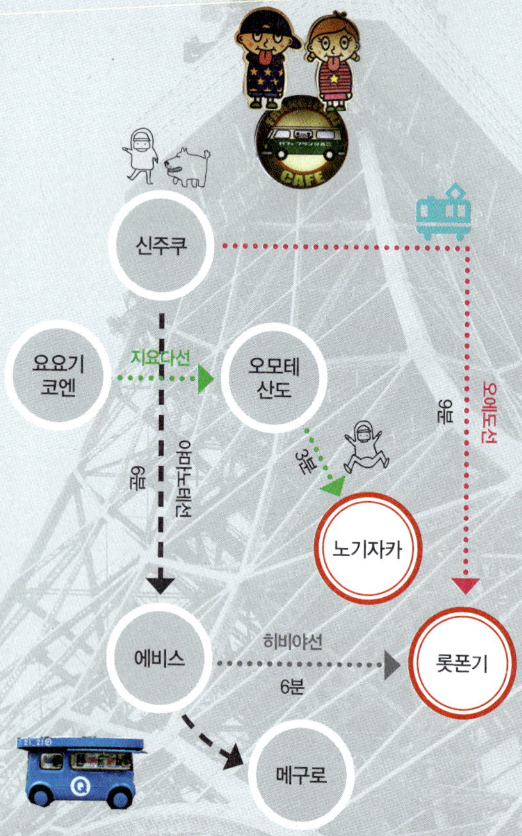

Check Point

● 롯폰기힐스와 도쿄미드타운, 주변의 아트 스폿과 숍을 둘러보려면 하루가 모자랄지도 모른다. 느긋하게 산책하듯 둘러보려면 오전 11시쯤에 도착해 저녁 시간에는 모리타워 전망대에 올라 야경을 보는 것으로 마무리할 것을 추천한다.

● 롯폰기 교차로를 50년 이상 지키고 있는 아몬드Almond는 유명한 만남의 장소. 여기에서 친구들과 함께 수다를 떨면서 이 지역 여행을 준비하거나 전통 방식으로 만든 케이크를 맛보는 건 어떨까?

● 롯폰기역에서 약 10분 거리에 자리 잡은 모리미술관, 산토리미술관, 국립신미술관을 일컬어 아트 트라이앵글이라 부른다. 예술에 흥미가 있다면 아트 트라이앵글에 많은 시간을 할애하고 쇼핑 마니아라면 롯폰기힐스와 도쿄미드타운을 돌아보자.

● 롯폰기에서 도보로 이동할 수 있는 아자부주반麻布十番 지역을 함께 묶어 돌아볼 수도 있다. 프랑스 대사관을 비롯한 대사관저가 모여 있고, 고급 맨션과 럭셔리한 상점가, 파인 다이닝 레스토랑이 즐비하다.

- 신주쿠
- 요요기코엔 → 지요다선 → 오모테산도
- 긴자선
- 지요다선
- 오에도선
- 에비스 → 히비야선 6분 → 롯폰기
- 노기자카
- 메구로

Plan
추천 루트

롯폰기
하루 걷기 여행

09:00 도쿄미드타운 東京ミッドタウン
복합 쇼핑몰인 도쿄미드타운은 쇼핑 명소와 레스토랑으로 가득하다. 지하 1층부터 4층까지 돌아본 다음 1.3km 길이의 조깅 트랙을 천천히 거닐면서 투원 투원 디자인 사이트21_21 Design Sight와 공원을 산책하자. 도쿄미드타운 내 산토리미술관까지 돌아본 다음 스타벅스에서 커피 한잔의 여유를 즐기자.

도보 10분

폴 보퀴즈 Paul Bocuse 13:00
〈미쉐린 가이드〉 3스타에 빛나는 프렌치 레스토랑 폴 보퀴즈에 들를 것. 세계에서 가장 저렴하게 요리의 달인과 만날 수 있는 간이 레스토랑으로 ¥3000 이하로 즐길 수 있다. 가격이 부담스럽다면 국립신미술관 지하의 카페테리아에서 간단히 점심을 해결한다.

도보 1분

국립신미술관 国立新美術館 14:00
상설 전시가 없는 것이 아쉽지만 1년 내내 거장들의 특별전이 열리는 곳이다. 미술 작품에 흥미가 없더라도 일본 유명 건축가 구로카와 기쇼가 설계한 아름다운 건물을 감상하는 것만으로도 충분한 가치가 있다.

도보 5분

롯폰기힐스 六本木ヒルズ 17:00
도쿄미드타운과 함께 복합 쇼핑몰로 명성을 떨치고 있는 롯폰기힐스를 둘러보자. 그런 다음 롯폰기힐스 53층에 있는 세계에서 가장 높은 곳에 위치한 미술관인 모리미술관을 찾을 것. 미술관과 전망대 티켓을 하나로 묶은 패키지 티켓을 구입하면 된다.

도보 2분

20:00 아베짱 あべちゃん
일단 발을 들여놓으면 일어나기 힘든 꼬치 전문점. 도쿄진들과 어울려 신나는 나이트라이프를 즐겨보자.

Area 5 / Roppongi / Place

퓨처리즘은 바로 이런 것! 과감한 원통형 디자인을 내부에 도입한 국립신미술관

국립신미술관 国立新美術館 고쿠리츠 신비쥬츠칸

Map P.402-A

Add. 東京都港区六本木7-22-2 **Google Map** 35.665298, 139.726406
Tel. 03-5777-8600
Open 10:00~18:00(마지막 입장 17:30) **Close** 매주 화요일, 12월 24일~1월 6일
Admition Fee ¥1000 **Access** 지하철 오에도선 롯폰기역 7번 출구에서 도보 4분, 지하철 지요다선 노기자카역 6번 출구에서 바로 연결 **URL** www.nact.jp

일본 건축계의 거장 구로카와 기쇼의 마지막 작품

롯폰기의 상징적인 건물인 도쿄미드타운에서 국립신미술관으로 향하는 길은 조용하고 한가해 산책 삼아 걷기 좋다. 산들산들 불어오는 바람을 맞으며 10여 분 동안 걷다 보면 유리로 된 물결 모양의 건물이 눈앞에 나타난다. 약 30년 전에 한 미술 관계자가 국가에 공모전을 열 수 있는 새로운 형태의 미술관을 건설해달라고 요청한 것이 건립의 계기가 되었다고 한다. 일본이 낳은 세계적인 건축가 구로카와 기쇼가 설계한 것으로도 유명하다. 지난 2007년 타계한 그는 생명의 원리를 기초로 한 '공생 건축'이라는 테마로 세계의 이목을 집중시켰다. 그의 마지막 작품인 국립신미술관은 21세기형 아트 스페이스의 전형을 보여주는 작품으로, 퓨처리즘 건축 디자인을 물결무늬로 표현했다. 낮에는 따스한 햇살이 건물 전체에 스며드는 한편, 밤에는 조명으로 멋진 실루엣을 연출하는 것이 특징이다. 미술관의 지루하고 딱딱한 이미지 대신 자유롭고 따뜻한 분위기로 꾸민 실내 공간에는 원뿔을 뒤집어놓은 듯한 거대한 기둥이 서 있고 플로어에는 카페가 있어 편안한 휴식을 보장해준다.

2007년 1월에 개관해 1만4000㎡의 전시 공간을 자랑하는 이곳은 모리박물관보다 7배나 크지만 미술관 자체 소장품은 거의 없기 때문에 특별전만 열린다. 또 어린이부터 어른까지 다양한 계층을 상대로 미술 교육 활동을 전개해 도쿄 미술계의 중심으로 자리매김하고 있다.

1 파도를 연상케 하는 미술관 외부 **2** 미술관 내부 역시 입체적이다. **3** 모딜리아니 작품 전시를 알리는 포스터

> Area 5 / Roppongi / Place

21_21 디자인 사이트
야외의 이동식 카페

역삼각형 건물의
21_21 디자인 사이트

21_21 디자인 사이트 21_21 Design Sight

투-완 투-완
데자인 싸이토

Map P.402-B

Add. 東京都港区赤坂9-7-6 **Google Map** 35.667516, 139.730350
Tel. 03-3475-2121 **Open** 11:00~20:00 **Close** 매주 화요일
Admition Fee 일반 ¥1000, 학생 ¥800, 고교생 이하 ¥500
Access 지하철 오에도선 롯폰기역에서 도쿄미드타운 출구 도쿄미드타운 가든 내
URL www.2121designsight.jp

이세이 미야케가 운영하는 복합 문화 공간

'자연과의 조화'가 두드러지는 안도 다다오의 건축물은 언제나 인상적이다. 그는 '물'과 '빛'이라는 자연 요소를 소재로 편안함과 경건함이 담긴 건축물을 디자인 콘셉트로 삼는다. 도쿄미드타운 가든 한편에 자리 잡은 21_21 디자인 사이트에도 그의 콘셉트가 그대로 반영되었다. 2007년 3월에 모습을 드러낸 1700m²의 거대한 공간은 강철판 지붕이 지상을 향해 완만한 경사를 이루는 독특한 형태의 외관을 선보였다. 일본의 패션, 그래픽, 산업 디자인을 대표하는 3인의 디자이너인 이세이 미야케, 다쿠 사토, 후카사와 나오토가 디렉팅을 맡아 세계적인 이슈가 되기도 했다. 여기에 안도 다다오의 건축 콘셉트를 덧입혀 나무로 둘러싸인 산책로나 인공 호수가 잘 어우러진 자연 친화적인 공간이 탄생했다.

이곳의 테마는 '생활 속의 디자인'. 운영은 이세이 미야케 디자인문화재단이 맡고 있다. 서구에서 뛰어난 비전이나 심미안을 갖춘 사람을 '퍼펙트 비전', '20_20비전'이라 부르는 데 착안해 이보다 앞선 감각으로 디자인에 관한 새로운 시각을 보여주겠다는 의미를 담았다. 1년에 두 번 기획전이 열리며 일상적인 테마를 소재로 다양한 장르의 예술가들과 함께 생각하고 프로그램을 현실화하는 것이 특징이다. 지난 2년간 2007년 3월 후카사와 나오토가 디렉팅한 '초콜릿'을 시작으로 사토 다쿠의 'Water', 이세이 미야케의 '21세기인'이 열렸으며 '안도 다다오, 2006년의 현장, 악전고투'라는 제목의 특별전도 열려 대중의 열렬한 환영을 받았다. 지상 1층, 지하 1층으로 이루어진 실내 구조는 감히 상상할 수 없을 정도. 설명 대신 직접 경험해보라고 권하고 싶다.

Tip 21_21 디자인 사이트가 있는 도쿄미드타운 가든에는 벚꽃이 만개하는 4월부터 여름까지 오픈하는 노천카페인 사쿠라 카페Sakura Cafe나 블루 컬러 닛산 큐브로 만든 간이매점 21_21 큐.푸즈21_21 Q. Foods에서 간단한 음료나 군것질거리와 기념품을 살 수 있다.

1 잔디가 깔린 사쿠라 카페

Area 5 / Roppongi / Place

어둠이 짙게 깔릴수록 오렌지빛 조명이 빛난다.

도쿄타워 東京タワー ◀ 도-쿄타와

Add. 東京都港区芝公園4-2-8 **Google Map** 35.658598, 139.745454
Tel. 03-3433-5111 **Open** 09:00~23:00(마지막 입장 22:30)
Admition Fee 대전망대 성인 ¥900, 대전망대+도쿄 원피스 타워 성인 ¥2900
Access 지하철 오에도선 아카바네바시역 아카바네바시 출구에서 도보 5분
URL www.tokyotower.co.jp

도쿄를 상징하는 오렌지빛 환상

예나 지금이나 도쿄 관광에서 빼놓을 수 없는 랜드마크로 사랑받는 도쿄타워는 1958년에 세워졌다. 철근으로 만든 높이 333m의 이 탑은 본래 전파 송신탑이다. 지금도 본래의 기능을 하고 있다. 지상 120m에 있는 대전망대와 223m에 있는 특별 전망대에서 도쿄 시가지를 한눈에 내려다볼 수 있다. 단, 현재 특별 전망대는 공사 중이라 입장이 제한된다. 또 아트 갤러리(4층)와 수족관(1층), 밀랍 인형 전시관(3층), 기념품 매장 등이 있다. 국가적인 행사가 있을 때나 크리스마스 때는 특별 조명을 설치해 색다른 모습을 선보인다. 지난 2008년에는 도쿄타워 탄생 50주년 특별 기념으로 '다이아몬드 베일'이라는 작품을 선보였는데, 하얀빛으로 휘감은 도쿄타워의 아름다운 모습이 눈길을 끌었다.

Tip 도쿄타워의 또 다른 묘미는 계단을 이용해 올라가는 것. 계단을 통해 올라가면 기념 증서를 받을 수 있다.

1 가까이에서 바라본 도쿄타워. 거대한 붉은색 몸체가 보는 이를 압도한다. **2** 도쿄타워 주변을 도는 오토바이 **3** 주변 공원에 벚꽃이 만발해 있다.

Area 5 / Roppongi / Place

롯폰기힐스에 이어 등장한 하이엔드급 복합 건물 도쿄미드타운

도쿄미드타운 東京ミッドタウン 도-쿄밋또타운

Add. 東京都港区赤坂9-7-1 **Google Map** 35.665870, 139.731001
Tel. 03-3475-3100
Open 숍 11:00~21:00, 레스토랑 11:00~24:00 **Close** 1월 1일
Access 지하철 히비야선 롯폰기역에서 바로 연결
URL www.tokyo-midtown.com

도쿄의 새로운 유행을 창조하는 트렌드 발전소

2007년 3월에 문을 연 도쿄미드타운은 도쿄의 디자인·아트 중심지로 떠올랐다. 옛 방위청 자리에 들어선 도쿄미드타운은 6개 동으로 이루어져 있는데, 개성 있는 콘셉트로 지은 건물들이 하나의 거대한 타운을 형성하고 있다. 유명 건축가와 디자이너들이 참여해 '도심에서 즐기는 럭셔리한 일상'을 표현했다. 미드타운의 'M'은 '문'을 상징하는 '門'을 형상화한 로고로 '가능성'을 표현했다고 한다. 도쿄에서 가장 높은 빌딩(높이 248m)으로 기록된 도쿄미드타운 개발에는 40%의 지분을 갖고 있는 미쓰이부동산을 비롯해 다양한 분야의 기업이 공동 컨소시엄 형태로 참여했으며 전체 사업비만 해도 우리 돈으로 3조원이 투입됐다. 1~4층은 미술관과 다양한 숍이 들어선 쇼핑 구역, 7~44층까지는 오피스, 45~53층까지는 리츠칼튼 호텔이다. 건물 전체가 '디자인과 아트의 발전소'라는 느낌이 들 정도로 디자인 숍, 패션 부티크와 셀렉트 숍, 레스토랑, 카페 등 복합 시설이 가득하다. 일하고 쇼핑하고 먹고 마시며 즐기기에 모자람이 없는 곳이다.

쇼핑과 먹을거리에 열광하는 당신이라면 갤러리아 지하 플로어를 놓치지 말 것. 가든 테라스Garden Terrace에는 130개가 넘는 인테리어·패션 관련 숍과 고급 레스토랑이 가득해 하루 종일 구경해도 모자랄 정도다.

1 거대한 타운을 형성한 도쿄미드타운 **2** 세련미가 돋보이는 내부 **3** 오피스를 드나드는 샐러리맨들의 발길이 바쁘다.

Area 5 / Roppongi / Shop in Shop Tokyo Midtown

Galleria

딘 앤 델루카Dean & Deluca → B1 볼거리 많은 슈퍼마켓. 이미 미드타운의 명소로 자리 잡았다. 외국인이 자주 드나드는 곳이라 다양한 식재료가 구비되어 있어 구경하는 재미가 있다.

파티시에 사다하루 아오키 파리
Patisserie Sadaharu Aoki Paris → B1 파티시에 아오키가 전하는 환상적인 파리 스타일의 샌드위치를 선보인다.

히라타 보쿠조平田牧場 → B1 야마가타 현 히라타 목장의 특제 돈가스가 유명하다.

골든 구스 디럭스 브랜드Golden Goose Deluxe Brand → 1F 최근 한국의 젊은 층에게 운동화로 인기를 얻고 있는 이탈리아 패션 브랜드. 셔츠, 가죽 제품, 액세서리 등 다양한 품목을 갖추고 있다.

장 폴 에뱅Jean-Paul Hévin → 1F 프랑스의 초콜릿 장인 장 폴 에뱅이 선보이는 예술적인 초콜릿 맛을 즐길 수 있는 곳. 선물용 초콜릿을 사려면 이곳으로 가자.

니르바나 뉴욕Nirvana New York → 1F 1970년에 오픈해 뉴욕의 미식가들을 매료시킨 인도 레스토랑의 도쿄 지점. 인도 음식을 즐긴다면 강력 추천.

플래그십 212 키친 스토어Flagship 212 Kitchen Store → 3F 고급 키친웨어와 테이블웨어를 전문으로 취급하는 212 키친 스토어의 플래그십 스토어. 실용적인 아이템이 많다.

이데숍·이데 카페 파르크Idée Shop·Idée Cafe Parc → 3F 퍼니처 컬렉션으로 유명한 브랜드로 디자인 제품과 인테리어 액세서리와 같은 집 안을 꾸미는 데 필요한 아이템을 판매한다. 쇼핑을 마친 후에는 매장에 마련된 카페에서 휴식을 즐기자.

Plaza/Midetown West

무지Muji → B1 저패니즈 리빙 스타일을 이끄는 무인양품 숍. 창의력이 돋보이는 아이템은 물론 늘 곁에 두고 사용할 수 있는 일상용품과 문구용품을 한데 모아놓았다.

쓰타야 북 스토어Tsutaya Book Store → B1 디자인, 아트, 애니메이션, 소설 등 전문 서적을 취급하는 서점.

Area 5 / Roppongi / Place

롯폰기힐스의 상징이 된 거미 조형물 '마망Maman'

롯폰기힐스 六本木ヒルズ 🔊롯폰기히루즈

Add. 東京都港区六本木6-10-1
Google Map 35.660459, 139.729243
Tel. 03-6406-6000 **Open** 숍 11:00~21:00, 레스토랑 11:00~23:00
Access 지하철 히비야선 롯폰기역 1C 출구에서 연결
URL www.roppongihills.com

롯폰기의 얼굴, 주상 복합 건물의 시초

2003년 4월에 문을 연 롯폰기힐스는 도쿄돔의 8배나 되는 대지에 오피스와 주거 공간, 그랜드 하얏트호텔, 테레비아사히, 200곳이 넘는 숍과 레스토랑이 들어선 주상 복합 단지다. 이곳의 심장부라 할 수 있는 모리타워Mori Tower는 54층 규모로, 52층의 전망대에서 도쿄 시내를 조망할 수 있다. 미국 건축 설계 회사인 콘 페더슨 어소시에이트에서 설계를, 영국 디자인 회사인 콘랜에서 인테리어를 맡았다. 지진이 잦은 일본의 특징을 감안해 진도 7의 강진에도 견딜 수 있도록 내진설계되었다. 독창적인 오브제를 곳곳에 설치해, 롯폰기힐스를 산책하다 보면 거대한 야외 미술관을 걷는 듯한 기분이 든다. 뉴욕에서 활동하는 프랑스 아티스트 루이즈 부르주아가 조각한 거대한 거미 조형물 〈마망Maman〉은 절대 놓쳐서는 안 될 중요한 볼거리다.

1 시원스레 뻗은 롯폰기힐스의 모리타워 **2** 곳곳에 정원이 있다. **3** 모리타워 52층에는 전망대가 있다. **4** 미래적인 조명을 설치한 롯폰기힐스의 내부 공간

Area 5 / Roppongi / Shop in Shop Roppongi Hills

Mori Tower

마망Maman → 1F 모리타워 앞에 설치된 거대한 거미 동상. 프랑스 태생의 미국 추상 표현주의 조각가 루이즈 부르주아가 모성애를 주제로 청동과 대리석으로 만들었다. 마망은 도쿄뿐 아니라 서울(리움미술관), 뉴욕, 아바나, 빌바오 등에서도 전시되었다. 90세가 넘는 나이에도 활발하게 활동하는 거장의 작품을 볼 수 있는 흔치 않은 기회다.

도쿄 시티뷰Tokyo City View → 52F 고속 엘리베이터를 타고 눈 깜짝할 사이에 올라갈 수 있는 도쿄 시티뷰는 모리타워 52층에 있다. 도쿄 도심을 한눈에 내려다볼 수 있는 3개의 전망 갤러리가 있는데, 모두 유리로 되어 있어 마치 도쿄의 하늘을 걷는 듯한 느낌이 든다. 도쿄타워를 조망할 수 있는 동쪽 갤러리가 가장 인기 있다. 서쪽 전망대에서는 신주쿠의 고층 빌딩 숲이, 남쪽 전망대에서는 날씨가 좋으면 후지산까지 내다보인다.
Tel. 03-6406-6652
Open 월~목요일 10:00~23:00(금·토요일·공휴일 전날 전망 갤러리 11:00~20:00) **Admission Fee** ¥1800

모리미술관Mori Art Museum → 53F 하늘에서 가장 가까운 미술관으로 롯폰기힐스의 트레이드마크다. 모리아트센터의 53층, 해발 250m 높이에 있다. 모던 아트와 건축, 디자인, 패션 등의 전시가 열려 미술과 문화를 사랑하는 사람들에게 인기를 얻고 있으며 늦은 시간까지 관람할 수 있다. 연중 특별전을 개최하므로 홈페이지를 통해 미술관 전시 일정을 체크해보는 것이 좋다.
Tel. 03-5777-8600 **Open** 10:00~22:00 **Admission Fee** 도쿄 시티뷰 요금에 입장료가 포함되어 있으나 특별전은 별도 요금을 내야 함 **URL** www.mori.art.museum/kr

Metro Hat/Hollywood Plaza

롯폰기 모모도리Roppongi Momodori → B2 숯불에 구운 꼬치구이와 닭고기덮밥을 전문으로 하는 곳이다. 카운터 석 외 룸도 갖추고 있으며, 닭고기덮밥은 런치에 인기가 높다.

핀토코나Pintokona → 1F 제대로 된 스시를 맛볼 수 있는 곳. 스시와 해물 샐러드를 판매한다. 참치 옆구리 살(주토로) ¥550, 붕장어 쥔초밥(니기리 즈시) ¥650.

오비차 모차렐라 바OBICÀ MOZZARELLA BAR → 1F 이탈리아에서 주 3회 공수하는 최고 품질의 물소 모차렐라 치즈를 경험해 볼 수 있는 곳. 저온에서 24시간 발효시킨 피자는 단맛과 적당히 짠 맛의 조화가 잘 어우러지며 식감이 쫄깃하다. 피자는 ¥2300~, 파스타 ¥1450.

Hill Side

힐스 카페 스페이스Hills Café Space → B1 실속파 젊은이들이 즐겨 찾는 카페. 핫소스와 계절 채소(¥800), 금주의 카페(¥1000), 호주산 스테이크(¥1200)가 인기 메뉴.

난쇼만토덴南翔饅頭店 → 1F 상하이의 유명 딤섬 전문점. 상하이 예원 근처 전통 딤섬 전문점의 체인.

그 밖의 구역

테레비아사히와 모리 정원テレビ朝日 & 毛利庭園
1957년에 설립한 일본의 민영 방송국 테레비아사히 건물의 1층 입구에서는 대표적인 일본의 만화 캐릭터 도라에몽이 관람객들을 맞아준다. 방송 프로그램 관련 내용 전시나 한정 판매 상품을 판매하는 숍이 있으며 일반인에게는 1층만 개방한다. 테레비아사히와 힐사이드 빌딩 사이에 있는 면적 약 1만4214m²의 모리 정원은 에도 시대 모리 가문의 영토를 보존한 일본식 정원으로, 사계절의 변화를 느낄 수 있어 기념 촬영 장소로 유명하다.
Add. 東京都港区六本木6-9-1
Google Map 35.659636, 139.730832
Tel. 03-6406-5555
Open 09:30~20:30 URL www.tv-asahi.co.jp

Area 5 / Roppongi / Restaurant

보타니카 Botanica

Map P.402-B

Add. 東京都港区赤坂9-7-4 東京ミッドタウン ガーデンテラス4階
Google Map 35.666806, 139.730660
Tel. 03-5413-3282
Open 점심 11:00~15:30, 저녁 17:30~23:00
Access 지하철 오에도선·하비야선 롯폰기역에서 도쿄미드타운 가든테라스 방면으로 도보 5분

콘란 레스토랑 도쿄 1호점

런던, 파리, 뉴욕 등 세계 7개 도시에서 높은 평가를 받고 있는 D & D 런던(전 콘랜 레스토랑) 그룹이 아시아에서는 도쿄에 처음으로 문을 열었다. 최고의 요리를 합리적인 가격으로 제공한다는 테렌스 콘란의 경영 철학을 바탕으로 문을 연 보타니카는 프랑스 요리에 이탈리아의 레시피를 조합해 퓨전 유러피언 요리를 선보인다. 심플하고 모던한 가구를 보면 영국 인테리어 디자인의 대부인 테렌스 콘란의 진가를 확인할 수 있다. 내부는 나무와 돌을 적절히 이용한 인테리어로 일본색을 살리면서 모던함을 잃지 않았다. 높은 천장, 큰 창문 덕분에 탁 트인 느낌이 든다. 영국 전통 애프터눈 티 메뉴도 준비되어 있어 여유로운 오후를 보낼 수 있다.

점심 A코스(¥3700)는 전채와 오늘의 메인 디시, 디저트와 커피로 구성되며 점심 B코스(¥5300)는 전채, 파스타 또는 리소토, 생선 또는 고기 요리, 디저트와 커피로 구성된다.

1 통유리창 때문에 낮과 밤의 분위기가 달라진다. **2** 전채에서 디저트까지 제공되는 코스 요리 **3** 선선한 바람이 부는 오픈 테라스석은 연중 예약하기 어려우므로 이곳에서 식사하길 원하면 예약을 서둘러야 한다.

모리 살바토레 쿠오모 Mori Salvatore Cuomo
모우리 사루봐토 레쿠오모

Add. 東京都港区六本木6-10-1 六本木ヒルズ ヒルサイド地下2階
Google Map 35.660303, 139.730145
Tel. 03-5772-6675 **Open** 점심 11:00~14:30, 카페 15:00~17:00, 저녁 17:30~다음날 05:00(일요일·공휴일은 ~23:00) **Access** 지하철 히비야선 롯폰기역 1C 출구에서 도보 3분, 롯폰기힐스 지하 2층 **URL** www.salvatore.jp

도쿄에서 가장 맛있는 피자를 맛볼 수 있는 곳

모리 살바토레 쿠오모는 모리 정원을 바라보고 있는 탁월한 입지 덕분에 직장 여성들의 사랑을 독차지하는 이탤리언 레스토랑이다. 파스타를 튀겨서 만든 독특한 애피타이저 메뉴와 취향에 따라 고른 피자, 여기에 두유 아이스크림을 추가하면 탁월한 선택이라 할 수 있다. 담백하고 바삭한 피자 맛으로 유명한 이곳은 일본의 인기 가수 하마사키 아유미가 순회 공연을 마치고 뒤풀이를 하면서 더욱 유명해졌다.

Tip 이곳은 낮 시간과 밤 시간에 전혀 다른 분위기를 연출한다. 시간 여유가 있으면 두 번 가봐도 좋은 곳이다. 살바토레 쿠오모는 서울에도 몇 개의 매장을 연 인터내셔널 체인 브랜드. 피자 메뉴는 지점마다 다르며 배달이 된다는 것이 특징이다. 테이크아웃은 ¥500 정도 싸다.

추천 메뉴는 뷔페식 런치 메뉴(월~금요일 ¥1500, 토·일요일·공휴일 ¥1800). 평일에는 디저트까지 포함된 가격이라 제값을 톡톡히 한다. 모리 살바토레가 자랑하는 베스트 단품 메뉴는 담백한 맛이 자랑인 마르게리타 マルゲリータ(¥1580).

1 실내와 실외로 구분되어 탁 트인 공간의 레스토랑 2 이곳의 피자는 이탈리아 나폴리의 맛을 재현했다. 3 나폴리 출신의 젊은 셰프 살바토레 쿠오모, 셰프의 이름을 브랜드화했다.

Area 5 / Roppongi / Restaurant

부타구미 Butagumi 豚組

Add. 東京都港区西麻布2-24-9
Google Map 35.660967, 139.722112 **Tel** 050-5868-9399
Open 점심 11:30~15:00 저녁 18:00~23:00 **Close** 매주 월요일
Access 지하철 오에도선·히비야선 롯폰기역 2번 출구에서 도보 8분
URL www.butagumi.com/nishiazabu

황홀한 돈가스의 세계를 경험

세계적인 미식 가이드북과 JAL 국제선 잡지 등에 소개된 돈가스 전문점. 이곳의 주인장은 원래 프랑스 요리를 배우기 위해 경험을 쌓던 중이었다고 한다. 그러다가 첫 직장이었던 돈가스 레스토랑을 떠올리고, 단품 승부에 인생을 걸겠다는 각오로 2005년에 문을 열었다. 도토리를 먹여 키운 이베리코 돼지 등심イベリコ豚ロース(¥3900), 부드러운 육질과 깔끔한 식감의 미야자키 특산 기리시마 흑돼지 등심霧島黒豚ロース(¥3000), 피레네 산맥에서 12개월 방목해 육즙이 풍부한 최고급 돼지고기 느와 드 비고ノワール・ド・ビゴールロース(¥4800)에 이르기까지 다양한 품종과 가격대의 돈가스를 즐길 수 있다. 주택가에 위치해 있는 전통 가옥의 단아한 인테리어도 인상적이다.

1 단정한 분위기의 실내 **2** 두툼한 고기는 씹는 맛이 일품이다. **3** 여러 가지 돈가스를 맛볼 수 있다.

Area 5 / Roppongi / Restaurant

이렇게 테이블이 많은데도 폴 보퀴즈에서 식사하기가 하늘의 별 따기라고?

공중에 떠 있는 듯한 폴 보퀴즈 레스토랑의 모습

폴 보퀴즈 Paul Bocuse 뽀-루 보퀴-즈

Add. 東京都港区六本木7-22-2 国立新美術館3階
Google Map 35.665186, 139.726161
Tel. 03-5770-8161
Open 점심 11:00~16:00, 저녁 16:00~21:00(금요일은 ~22:00) **Close** 매주 화요일
Access 국립신미술관 3층 **URL** www.paulbocuse.jp

누벨 퀴진의 창시자, 폴 보퀴즈와 만나다

폴 보퀴즈는 아흔이 넘은 나이에도 전 세계에 자신의 이름을 내건 레스토랑을 오픈해 프랑스 요리의 정통성을 홍보하는 문화 대사 역할을 톡톡히 하고 있다. 까다로운 그의 레시피를 그대로 따르는 이곳은 퓨전 일색으로 변하고 있는 레스토랑 트렌드와 정반대편에 서 있는 셈이다. 그러나 트렌드를 뛰어넘는 정통성에 반한 손님들의 발길이 끊이지 않는다. 하루에 70인분만 준비한다는 원칙 때문에 언제나 줄을 서야 한다는 것이 단점이지만, 메인 요리와 디저트를 ¥2000에 즐길 수 있다는 사실이 그저 놀랍기만 하다. 주머니 사정이 넉넉지 않은 여행자에게 이 가격이 싸다고 하면 의아해할 지도 모르겠지만, 솔직히 이 가격에 폴 보퀴즈의 요리를 먹을 수 있는 레스토랑은 이곳밖에 없다.

1 먹음직스러운 연어 마리네이드 **2** 샐러드와 메인이 포함된 점심 코스 **3** 와인소스를 첨가한 닭고기 요리 **4** 마늘빵을 곁들인 에스카르고

Area 5 / Roppongi / Restaurant

카페테리아 카레 Cafetéria Carré 카훼테리아 까레

Add. 東京都港区六本木7-22-2 地下1階 Google Map 35.665195, 139.726170
Tel. 03-5770-8163 Open 월~목·토·일요일 11:00~18:00, 금요일 11:00~19:00
Close 매주 화요일 Access 지하철 지요다선 노기자카역 5번 출구에서 도보 2분. 지하철 오에도선 롯폰기역 2번 출구에서 도보 8분. 국립신미술관 지하 1층
URL www.nact.jp/information/restaurant

국립신미술관 지하에 자리한 간이 레스토랑

1층 로비와 연결된 공간에 자리 잡고 있으며, 가벼운 스낵을 즐길 수 있다. 실내는 깨끗하고 시원하며 식사 후 커피로 입가심까지 할 수 있기 때문에 삼삼오오 짝지어 식사를 하는 직장인 여성들, 미술관에 들른 관광객들이 주 고객이다. 넓은 카페 공간은 지하라고 생각되지 않을 정도로 밝은데, 점심시간에는 언제나 많은 사람들로 붐비는 대신 테이블 회전이 빠른 편이라 기다릴 만하다. 메뉴는 포크 커리ポークカレー, 미네스트로네 수프ミネストローネスープ를 추천하며 간단한 간식거리로는 샌드위치 4종류와 소프트드링크ソフトドリンク 또는 맥주를 곁들일 수 있다.

포크 커리는 ¥900, 샌드위치는 ¥200, 커피는 ¥320, 홍차는 ¥320이다.

1 콩을 듬뿍 넣은 미네스트로네 수프 **2** 완두콩을 넣은 따뜻한 파스타 **3** 토마토소스 파스타 **4** 화이트 컬러로 밝은 분위기를 연출한 실내

아베짱 あべちゃん

Add. 東京都港区麻布十番2-1-1 **Google Map** 35.655554, 139.735973
Tel. 03-3451-5825
Open 월~금요일 15:00~22:30, 토요일·공휴일 15:00~21:00
Close 매주 일요일
Access 지하철 오에도선 아자부주반역 4번 출구에서 도보 1분

소스 맛이 일품인 70년 전통의 꼬치 전문점

1933년부터 오직 한길만을 걸어온 전통 꼬치 전문점. 항상 많은 사람으로 붐비는 아자부주반의 최고 인기 가게 중 하나다. 1940년대부터 사용해온 꼬치 소스를 담은 항아리는 가게의 역사를 말해준다. 큼지막하게 자른 꼬치구이를 밥 위에 얹어 먹는 꼬치구이덮밥이나 일본산 쇠고기를 사용하는 소곱창 찜은 다른 곳에서는 맛보기 힘든 특별한 메뉴다. 특히 꼬치를 안주 삼아 맥주 한잔 마시기에 좋은 곳이다. 추천 메뉴는 소 혀와 닭 껍질, 닭고기, 소 간, 돼지 곱창 5가지를 함께 내는 모둠 꼬치구이(¥800)와 갈비찜과 맛이 비슷한 곱창 요리다. 여기에 삿포로 생맥주(¥520)를 곁들이면 금상첨화. 일단 먹기 시작하면 여러 가지 꼬치의 유혹에 넘어가게 마련이니 1인당 ¥2000~3000 정도는 준비해야 푸짐하게 먹을 수 있다.

1 지나가는 사람들의 발걸음도 멈추게 하는 꼬치 냄새 **2** 맛있는 꼬치를 부담 없이 즐길 수 있다. **3** 퇴근 후 삼삼오오 이야기 꽃을 피우는 직장인들 **4** 쫄깃한 꼬치는 부위별로 다른 맛인데 각기 특색이 있어 자꾸만 손이 간다.

Area 5 / Roppongi / Restaurant, Cafe

라틀리에 드 조엘 로뷔숑 L'atelier de Joel Robuchon
◀ 라토리에 두 조에루 로뷔숑

Map P.402-B

Add. 東京都港区六本木6-10-1 六本木ヒルズヒルド2階
Google Map 35.660117, 139.729381 **Tel.** 03-5772-7500
Open 점심 11:30~14:30(토·일요일·공휴일은 ~15:00), 저녁 18:00~21:30
Access 지하철 히비야선 롯폰기역 1C 출구에서 도보 1분
URL www.robuchon.jp

전채 요리와 메인 요리, 디저트를 선택할 수 있는 점심 세트 메뉴는 ¥3200부터이며, 저녁 세트 메뉴는 ¥5200부터다. 레스토랑 내에는 베이커리도 있다.

인기 절정의 셰프 조엘 로뷔숑의 레스토랑

프랑스 요리에 관심 있는 사람이라면 조엘 로뷔숑이라는 이름이 익숙할 것이다. 라틀리에 드 조엘 로뷔숑은 스타 셰프 조엘 로뷔숑이 창조하는 미식의 세계를 경험할 수 있는 새로운 스타일의 레스토랑이다. 〈미쉐린 가이드〉에서 3스타를 획득하며 거장의 반열에 오른 그의 요리가 2003년 4월 머나먼 프랑스에서 롯폰기힐스까지 날아왔다. 미리 예약하지 않으면 기다림은 감수해야 한다. 레스토랑 내부는 오픈 키친 형태여서 보는 재미가 있다. 강렬한 레드와 블랙 컬러를 적절히 사용한 테이블석은 고급스러움이 배어 나온다. 스태프들의 친절한 서비스와 세계적인 맛, 그리고 적당한 양까지, 흠잡을 데 없는 레스토랑이다.

1 식욕을 자극하는 레드 컬러의 조명 **2** 요리에 어울리는 와인은 필수. 풍부한 와인 리스트를 갖추고 있다. **3** 멋진 셰프가 요리하는 모습을 감상할 수 있는 오픈 키친

토라노몬 커피 Toranomon Koffee
虎ノ門コーヒー

토라노몬 코-피-

Add. 東京都港区虎ノ門1-23-3 虎ノ門ヒルズ 森タワー2階
Google Map 35.666896, 139.749829
Tel. 03-6268-8893 **Open** 07:00~19:00
Access 지하철 긴자선 도라노몬역 1번 출구에서 도보 5분
URL www.ooo-koffee.com

2017 New

심플한 디자인이 모던함을 말해주는 카페

반듯하고 잘 정돈된 키오스크, 나무 테이블과 철제로 된 인테리어가 인상적이다. 커피 맛과 향 또한 매우 훌륭해서 시각은 물론 미각과 후각에도 즐거움을 선사하는 곳이다. 아침 일찍 문을 열어, 갓 뽑은 카페라테나 마키아토를 귀여운 박스에 담겨 나오는 토스트와 함께 아침 식사로 즐기려는 사람들에게 사랑받는다. 이전에 오모테산도에 위치해 있었으나 이곳으로 이전해서 재오픈했다. 홍콩에도 지점이 있다.

1 모던하고 정갈한 내부 **2** 오전 일찍 영업을 시작한다. **3** 갓 뽑아 향이 진한 카페라테

Area 5 / Roppongi / Cafe

나니와야 카페 Naniwaya Cafe ナニワヤ・カフェ 나니와야 카훼

Add. 東京都港区麻布十番1-8-14 浪花家総本店 2F
Google Map 35.656190, 139.735105 Tel. 03-3583-4976
Open 11:00~18:00 Close 매주 화요일, 셋째 주 수요일
Access 지하철 아자부주반역 7번 출구에서 도보 1분, 지하철 히비야선 롯폰기역 1C 출구에서 도보 11분

Map P.402-F

붕어빵의 진정한 승자

원조 붕어빵을 즐기기 위해 길게 늘어선 행렬이 낯설지 않은 곳. 1909년 창업해 다이야키(붕어빵) 역사의 한 획을 그은 곳이다. 1975년 어린이용 TV 프로그램의 주제가로 무려 454만 장의 LP 판매 기록을 세운 '헤엄쳐라 붕어빵 군'의 모델이 된 장소로 유명하다. 신선한 팥고물이 꼬리 끝까지 가득 차 있으며, 바삭하면서 쫄깃한 식감을 한번 맛보면 누구나 단골이 될 정도로 매력이 충분하다. 100% 일본산 팥만 사용하며 달지 않은 팥소를 만들어내는 장인의 재료 제조법과 최적의 온도로 구워내는 기술이 맛의 비결이라고. 테이크아웃하려면 보통 10~20분 정도 기다려야한다. 여유롭게 즐기려면 다이야키와 차를 세트 메뉴(¥600)로 주문해 2층 카페에 자리 잡는 것이 좋다. 테이크아웃하는 붕어빵 1개 가격은 ¥150. 1개만 샀다가는 다시 줄을 서야 하는 불편함이 따르니 3개 정도 사서 뜨거울 때 호호 불며 먹어보자.

1 안쪽으로 들어가면 앉을 수 있는 공간이 마련돼 있다. **2** 입구에는 4명의 직원이 종일 붕어빵을 만들어낸다. **3** 맛의 비결은 꼬리 끝까지 가득한 싱싱한 팥 **4** 전통 붕어빵 가게 본점임을 말해주는 간판

하브스 Harbs 하-부스

Add. 東京都港区六本木6-10-2 六本木ヒルズ ヒルサイド1階
Google Map 35.659853, 139.729514
Tel. 03-5772-6191 **Open** 11:00~22:00
Access 지하철 히비야선 롯폰기역 1C 출구에서 도보 5분, 롯폰기 힐사이드 1층
URL www.harbs.co.jp

달콤한 케이크의 향연

"1981년에 처음 문을 연 이래 냉동 보관을 하지 않고 제조 당일에만 판매하는 시스템을 고집하고 있습니다. 기계가 아니라 정성스러운 손길로 케이크를 만드는 것이 저희만의 노하우죠." 매니저의 당당한 멘트는 직접 먹어보지 않아도 케이크 맛이 어떨지 짐작하게 한다. 신선한 계절 과일을 듬뿍 얹은 큼지막한 후르츠 케이크는 보는 것만으로도 배가 든든할 정도다. 케이크 종류만 50가지가 넘고, 조각으로도 판매하므로 기념일용 케이크를 살 때뿐 아니라 친구들끼리 티타임을 즐기기에도 좋다.

무엇을 먹을지 몰라 고민이 된다면 베스트셀러 메뉴인 밀 크레이프ミルクレープ(미루쿠레-뿌-, 1조각 ¥830)나 진한 초콜릿 스펀지 위에 딸기와 특제 생크림을 얹은 스트로베리 초콜릿 케이크ストロベリーチョコレートケーキ(스토로베리 초코레-토 케-키, 1조각 ¥880)를 추천한다.

1 세련된 감각의 허브스는 중년 손님의 비율이 높다. **2** 진열장 한쪽에는 디저트를 판매하는 공간이 마련되어 있다. **3** 딸기 타르트는 변함없는 인기를 자랑한다. **4** 큼직한 밀 크레이프는 베스트셀러 제품

Area 5 / Roppongi / Cafe

오너의 애정이 엿보이는 아기자기한 실내 인테리어

라이브 공연과 각종 이벤트를 알리는 전단지

카페 프랑지파니 Cafe Frangipani 🔊 카훼 후랑지파니

Add. 東京都港区六本木6-8-21
Google Map 35.659983, 139.732334
Tel. 050-5869-6360
Open 점심 11:30~16:00, 저녁 16:00~다음날 02:00
Access 지하철 히비야선 롯폰기역 3번 출구에서 도보 5분

동방신기가 화보 촬영을 하면서 더욱 유명해진 카페

인테리어 회사에 다니던 두 젊은이가 빌딩 숲으로 둘러싸인 삭막한 롯폰기에 대화를 나누며 편안하게 쉴 수 있는 오아시스 같은 쉼터를 만들겠다고 결심해 문을 연 카페. 프랑지파니는 발리 섬에만 피는 하얀 꽃이름인데, 오너가 대단한 발리 마니아라서 이런 이름을 붙였다고 한다. 카페 구석구석에 두 사람의 손길이 닿아 있고, 그들이 즐겨 타던 폭스바겐 자동차를 장식용으로 들여놓기까지 했다. 동방신기의 화보집 발간과 동시에 팬들이 밀려들면서 화제를 낳기도 했다. 지금은 당시처럼 수많은 인파로 붐비지 않지만 꾸준히 이곳을 찾는 단골들이 많다. 화려하지는 않지만 주인의 소박한 아이디어를 엿볼 수 있는 공간, 사방을 가득 메운 젊은 작가들의 작품은 이 카페를 찾는 사람들이 꿈과 일, 사랑을 공유하는 소중한 밑바탕이라고 할 수 있다.

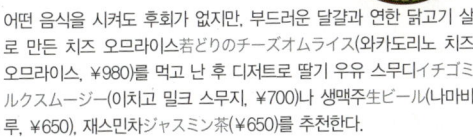

어떤 음식을 시켜도 후회가 없지만, 부드러운 달걀과 연한 닭고기 살로 만든 치즈 오므라이스若どりのチーズオムライス(와카도리노 치즈 오므라이스, ¥980)를 먹고 난 후 디저트로 딸기 우유 스무디イチゴミルクスムージー(이치고 밀크 스무지, ¥700)나 생맥주生ビール(나마비루, ¥650), 재스민차ジャスミン茶(¥650)를 추천한다.

1 조도를 낮추어 편안함을 더한 내부 **2** 프랑지파니에서만 볼 수 있는 뽑기 게임기 **3** 오므라이스는 최고의 점심 메뉴다.

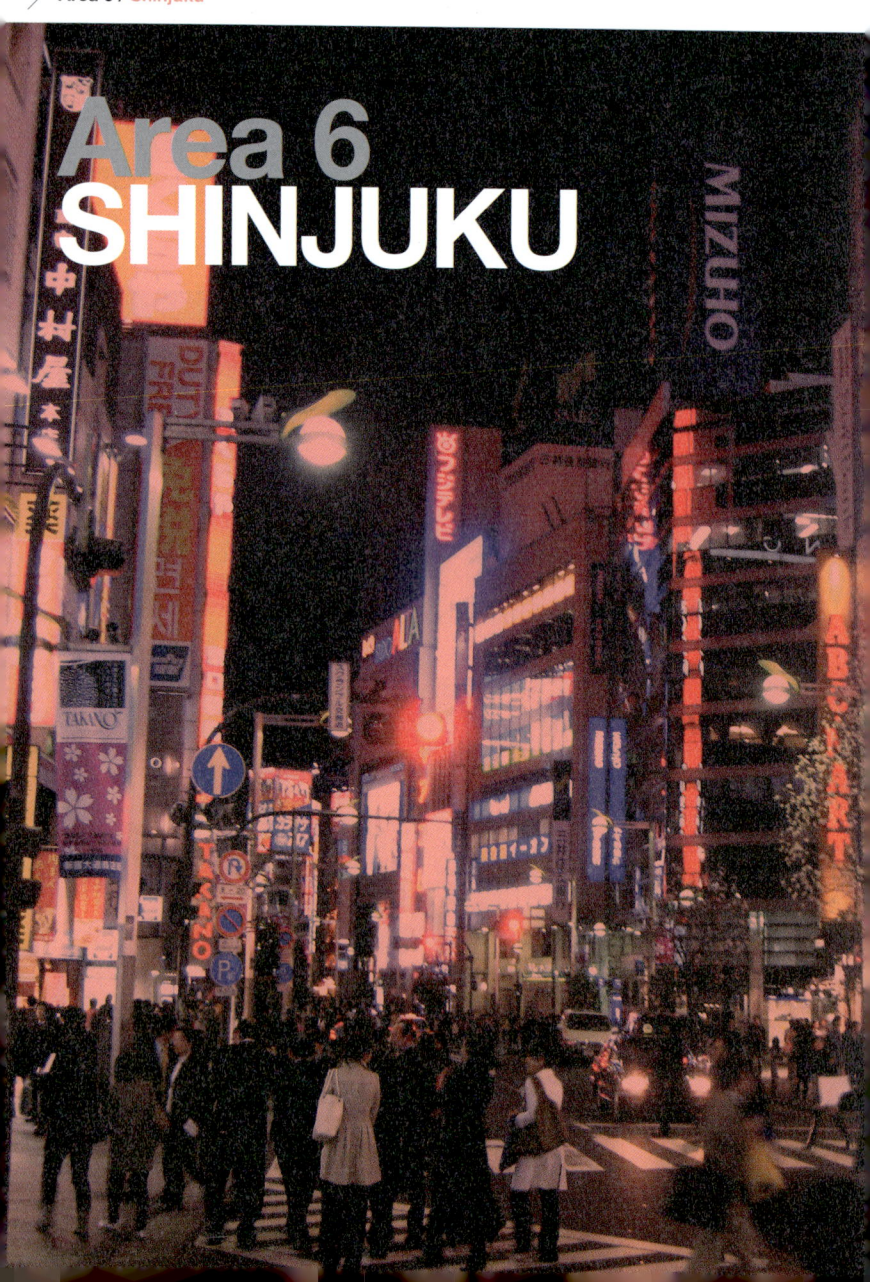

신주쿠
新宿

● 일본에서 가장 많은 사람들이 오가는 신주쿠는 언제나 복잡하기 짝이 없다. 갖가지 메뉴를 선보이는 음식점과 대형 백화점, 유흥업소의 번잡스러운 네온사인에 둘러싸여 화려함을 자랑하는 곳이기도 하다. 그러나 1885년 JR 야마노테선 신주쿠 역이 완공되었을 당시만 해도 오가는 사람들이 많지 않아 한산한 곳이었다. 그러다 도쿄 근교에서 도심으로 올라오는 오다큐선과 게이오선이 생겨나면서 유동 인구가 점차 늘어났고, 이제 신주쿠는 하루 200만 명 이상이 오가는 도쿄의 중심지가 되었다. 골목마다 유흥업소와 파친코 업소, 영화관, 극장 등이 즐비해 신주쿠의 밤은 끝나지 않을 것만 같다. 오쿠보도리 쪽으로는 코리아 타운이 형성되어 있는데, 일본으로 출장 온 비즈니스맨들이 이곳의 한국 식당을 많이 찾는다. 서쪽 출구 쪽은 지상 202m, 45층 높이의 도쿄 도청사가 자리하고 있어 야경을 감상하기 좋다. 우리나라로 따지면 서울 시청사에 해당하는 이 건물은 큰 이벤트가 있을 때는 빌딩 전체를 컬러풀하게 라이트업해 신주쿠의 매력을 더한다.

> Area 6 / Shinjuku / Access

Access
가는 방법

신주쿠 新宿역
방향 잡기 신주쿠역 서쪽 출구 쪽에는 도쿄 도청과 같은 대형 빌딩과 오다큐백화점, 게이오백화점이 있다. 두 백화점 지하 식품 코너는 시즌을 가리지 않고 경쟁하기로 유명하다. 이곳에서는 일본과 전 세계의 먹을거리를 구경할 수 있다. 카메라를 좋아하는 사람이라면 들러볼 만한 신주쿠 미쓰이빌딩 안에는 캐논 서비스와 펜탁스 포럼 등이 있다. 동쪽 출구에는 유명한 이세탄백화점이 있는데, 사람들이 몰리지 않는 오전에 들러야 한가롭게 쇼핑할 수 있다. 남쪽 출구에 있는 다카시마야 타임스 스퀘어에는 한국어를 구사하는 스태프가 있으므로 부담 없이 들러보자.

Check Point
- 최고의 유흥가 가부키초는 아침까지 깨어 있는 거리다. 늦게까지 여는 가게가 많기 때문에 식사도 할 수 있고 차를 마시거나 술을 마실 수 있는 이자카야도 많다. 이곳은 호스트의 거리로도 유명한데, 호객 행위를 하는 사람을 따라가지 않도록 조심하자. 바가지 쓰기 십상이다. 안전상의 문제로 거리 곳곳에 CCTV가 설치되어 있으므로 안심하고 신주쿠의 밤을 즐겨보자.

- 도쿄의 멋진 야경을 감상할 수 있는 고층 빌딩에 가보자. 도쿄 도청 빌딩의 쌍둥이타워 45층에 전망대가 있다. 전망대용 엘리베이터를 타고 무료로 입장할 수 있다.

- 이케부쿠로 — 야마노테선 10분 — 신주쿠
- 신주쿠 — 마루노우치선 10분 — 긴자
- 오다큐 오다와라선 10분 — 시모기타자와
- 신주쿠 — 5분 — 시부야
- 신주쿠 — 오에도선 9분 — 롯폰기

Plan
추천 루트

신주쿠
하루 걷기 여행

10:00 이세탄백화점 伊勢丹デパート
1층의 코스메틱 코너부터 영 패션, 레이디스 등 플로어별로 여러 패션 브랜드가 입점한 이세탄에는 한국에 들어오지 않은 브랜드가 많기 때문에 한국인 관광객이 빼놓지 않고 들르는 곳이다.

도보 5분

12:30 이세탄백화점 푸드 코트
백화점 지하에 있는 푸드 코트에 들러 다양한 도시락과 디저트를 맛보는 것은 어떨까? 한 가지를 배불리 먹는 것보다 여러 가지 메뉴를 조금씩 선택하는 것이 좋다.

도보 1분

13:30 기노쿠니야 紀伊國屋
대형 서점은 아니지만 잡지부터 만화·소설·수필·디자인 관련 서적 등 여러 분야의 책을 갖추고 있다. 일본 책에 관심 있다면 반드시 들러보자.

도보 5분

14:30 워치필드 Wachifield
귀여운 고양이 모양의 액세서리와 예쁜 기념품이 많아 여성들에게 인기 높은 곳. 맨 위층에는 카페가 있어 쉬어 갈 수 있다.

도보 20분

16:30 맵 카메라 Map Camera
전 세계에서 생산하는 웬만한 디지털카메라는 모두 볼 수 있는 대형 카메라 매장. 카메라 마니아는 물론이고 카메라에 흥미가 없더라도 한번쯤 둘러볼 만하다.

도보 7분

18:00 나가사키 짬뽕 링거 허트 長崎ちゃんぽん Ringer Hut
푸짐하고 싼 데다 맛있는 나가사키 짬뽕을 교자와 함께 먹어보자.

도보 15분

19:30 도쿄 도청 東京都庁 전망대
도쿄 시민이나 외국인에게 무료로 개방하는 전망대. 도쿄타워와는 또 다른 느낌의 야경을 감상할 수 있다.

도보 25분

22:00 돈키호테 ドンキホーテ
없는 것이 없는 대형 잡화 매장. 100엔숍보다 훨씬 다양한 품목을 취급해 시간 가는 줄 모르고 구경하는 재미가 쏠쏠하다.

Area 6 / Shinjuku / Place

신주쿠의 도쿄 도청

도쿄 도청 東京都庁 ◀도−쿄 도초−

Add. 東京都新宿区西新宿2-8-1 **Google Map** 35.689630, 139.692106
Tel. 03-5388-2761 **Open** 북쪽 전망대 09:30~23:00, 남쪽 전망대 09:30~17:30
Close 12월 29~31일, 1월 2~3일, 첫째·셋째 주 화요일 남쪽 전망대 휴관, 둘째·넷째 주 월요일 북쪽 전망대 휴관
Access JR 신주쿠역 서쪽 출구에서 도보 7분 **URL** www.yokoso.metro.tokyo.jp

도쿄 행정의 중심이 되는 도쿄 도청사

지요다구 마루노우치에 있던 도청이 신주쿠로 이전하면서 세운 건물이다. 1991년에 준공한 243m 높이의 48층짜리 건물로, 파리의 유명한 노트르담 성당을 모티브로 만든 2개의 타워가 돋보인다. 세계적인 건축가 단게 겐조가 디자인을 맡고 약 1500억엔이라는 어마어마한 비용을 들여 건축해 준공 여부에 대한 논쟁이 일기도 했다. 전용 엘리베이터를 타고 올라가면 북쪽과 남쪽에 전망대가 있는데, 202m의 높이를 자랑한다. 화창한 날에는 후지산까지 보이는 멋진 전망을 감상할 수 있어 도쿄 사람들과 외국인에게 사랑받는다.

도쿄 전망을 여유롭게 즐기고 싶다면 전망대 카페를 이용하자. 생맥주는 ¥700부터. 때에 따라 해피아워 행사를 진행하기도 한다.

1 한낮의 도쿄 전경. 야경 못지않은 절경이다. **2** 뛰어난 조형미를 보여주는 도쿄 도청 **3** 무료로 즐길 수 있는 전망대는 항상 사람들로 붐빈다.

Area 6 / Shinjuku / Place

가부키초 歌舞伎町

Add. 東京都港区芝公園1-18
Google Map 35.694926, 139.702889
Access JR 신주쿠역 동쪽 출구에서 도보 10분

Map
P.405-D

도쿄 최대의 유흥가

유흥가인 가부키초는 신주쿠의 대표 명소다. 사방 약 600m 거리 안에 최신 영화를 상영하는 영화관, 각종 연극을 상연하는 극장과 파친코 업소, 한식·중식·양식·일식 레스토랑, 분위기와 테마가 다른 이자카야, 바, AV 비디오 판매점, 가라오케에 이르기까지 3000여 개의 가게가 모여 있다. 원래는 조용한 지역이었으나 1920년에 여고가 생겼다가 화재가 나 다른 곳으로 이사를 가고 영화관이나 백화점, 유흥업소가 자리 잡으면서 지금의 모습을 갖추었다. 이곳은 야쿠자나 윤락 등의 이미지가 강해 무섭고 시끄러운 동네로만 인식되어 있지만, 골목 곳곳마다 CCTV를 설치해 치안에 힘쓰고 있다. 도쿄의 여러 면을 한눈에 볼 수 있는 지역이라 할 수 있다.

1 빈 택시를 잡기 어려운 도로변 **2** 다닥다닥 붙은 건물에 숍들이 밀집되어 있다. **3** 심야에 빛을 발하는 거리 **4** 가부키초는 밤에 더 매력을 발하는 곳이다.

와세다대학 早稲田大学 🔊와세다다이가쿠

Add. 東京都新宿区西早稲田1-104
Google Map 35.709295, 139.720719
Tel. 03-3203-4141
Access 지하철 도자이선 와세다역에서 도보 5분, 부도심선 니시와세다역에서 도보 17분 **URL** www.waseda.jp

일본의 명문 대학

젊음이 살아 있는 일본 대학생들의 생동감 넘치는 모습을 볼 수 있는 곳. 게이오대학과 함께 일본의 대표 엘리트 학교로 알려진 와세다대학은 1882년(메이지 15년)에 오쿠마 시게노부가 세운 사립대학이다. 처음에는 법률학, 이학, 정치경제학을 포함한 도쿄전문학교로 개설했다. 이후 1902년 와세다대학으로 개명하고 새로운 학부를 신설했다. 정치·경영·문화·예술 분야의 인재를 배출해내고 나라와 사회에 공헌하는 국제적인 인재를 등용하는 곳으로 손꼽힌다. 우리나라 대학과 비교하자면 연세대나 고려대와 비슷한 수준이다. 와세다대학 출신의 유명 인사로는 최연소 총리 가이후 도시키 등 6명의 총리와 피겨 스케이트 금메달리스트 아라카와 시즈카, 배우 히로스에 료코 등이 있다.

---

1 명문대인 와세다대학 입구 모습 **2** 와세다대학 건물이 멀리서도 눈에 띈다. **3** 공지 사항을 적은 포스터들 **4** 아톰 캐릭터로 시선을 모으는 포스터

Area 6 / Shinjuku / Restaurant

나가사키 짬뽕 링거 허트 / 長崎ちゃんぽん Ringer Hut

나가사키 짬뽕 링가-하또

Map P.405-G

Add. 東京都西新宿1-16-4 西新宿国際ビル1階
Google Map 35.688889, 139.697934
Tel. 03-5339-9313 **Open** 24시간
Access JR 신주쿠역 남쪽 출구에서 도보 8분. 루미네 맞은편 KFC 뒷골목에 있다.
URL www.ringerhut.co.jp

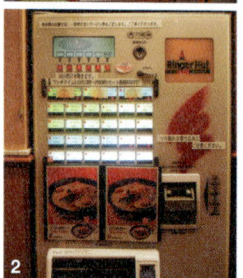

나가사키 짬뽕 라멘 맛집

일본 전역에 400개가 넘는 체인점을 둔 나가사키 짬뽕 링거 허트의 가장 큰 매력은 푸짐하고 신선한 재료와 저렴한 가격이다. 신선한 해물과 고기, 각종 야채 등을 넣어 만든 푸짐한 짬뽕은 보기에도 먹음직스럽고 맛 또한 일품이다. 한 동네만도 라멘집이 수십 군데에 달해 맛있는 곳을 고르기란 쉬운 일이 아닌데, 가볍게 한잔하러 들르기 좋은곳, 짬뽕을 떠올리면 자연스럽게 생각나는 곳이다.

나가사키 짬뽕長崎ちゃんぽん(¥600), 돼지고기와 된장으로 국물 맛을 낸 돈코쓰 미소 짬뽕とんこつみそちゃんぽん(¥500)은 다른 곳과 차별화된 맛으로 승부하는 베스트 메뉴. 대식가라면 교자ぎょうざ(5개 ¥600), 볶음밥인 차항チャーハン(¥280), 오니기리おにぎり(¥160)를 함께 시켜도 좋다.

1 한 사람씩 앉을 수 있는 카운터석 **2** 자판기에서 사이드 메뉴도 고를 수 있다. **3** 노란색 간판이 눈에 띈다. **4** 국물에서 누린내가 나지 않는 담백한 나가사키 짬뽕

멘야 무사시 麺屋 武蔵

Add. 東京都新宿区西新宿7-2-6 K1ビル1階
Google Map 35.695586, 139.698653
Tel. 03-3363-4634
Open 11:00~22:30 **Close** 매주 일요일
Access JR 신주쿠역 서쪽 출구에서 도보 3분

긴 행렬이 늘어서는 유명 라멘집

1998년에 문을 연 멘야 무사시는 잡지와 방송에 소개되어 화제를 모았다. 보통 업주들은 세무 조사를 우려해 매출액을 알리지 않으려 하지만, 이 집은 라멘만 팔아 연간 3억엔이 넘는 매출을 기록한다고 밝히며 자신감을 표현한다. 계절마다 기발하고 재미있는 한정 메뉴를 개발해 마니아들을 기쁘게 하는 것이 인기 비결이다. 대부분의 라멘 가게가 돼지 뼈를 우려 국물을 내는 것에 비해 이곳은 꽁치, 다랑어 등 어류를 사용해 깔끔한 맛을 낸다. 면이 통통하고 쫄깃한 것이 특징이다. 화학 조미료를 쓰지 않고 4~5시간 동안 끓인 국물은 산뜻한 맛과 진한 맛 중 고를 수 있다. 언제 방문해도 기다림은 필수다.

다양한 라멘 메뉴가 준비되어 있는데, 가격대는 ￥700~10000이다. 추천 메뉴는 간장 라멘에 조린 달걀, 차슈(돼지고기)를 넣은 아지타마고 라멘あじ玉ら一麺(￥830)이다.

1 오픈 직후의 모습. 사람들이 안쪽으로 줄을 서 있다. **2** 남성 손님들이 많다. **3** 테이블 회전이 매우 빠르다. 사람이 많아 보여도 조금만 기다리면 테이블에 앉을 수 있다. **4** 달걀 하나가 통째로 들어 있고, 차슈도 두툼하다.

Area 6 / Shinjuku / Restaurant

스시는 속도가 생명이다. 노장의 손길이 느껴지는 회전 스시 시온

185

회전 스시 시온 回転寿司 しおん 🔊 카이텐즈시 시온

Map P.405-D

Add. 東京都新宿区新宿3-25
Google Map 35.692703, 139.702167
Tel. 03-3356-1319
Open 전화로 문의
Access JR 신주쿠역 동쪽 B11-1 출구에서 도보 1분

가벼운 주머니 사정도 OK

간단하고 빠르면서 싸게 먹을 수 있는 회전 스시집이 있다. 한 접시당 105엔, 210엔에 스시를 즐길 수 있어 현지인들은 물론 스시를 좋아하는 외국인 관광객들도 많이 찾아온다. 물론 한 접시에 수천 엔을 호가하는 고급 스시집에 비교할 바는 아니지만 가격 대비 높은 질에 만족할 것이다. 참치와 파를 다져 올린 네기토로葱とろ, 참치 속살인 아카미赤み, 오징어, 달걀 등 신선한 생선으로 만든 스시가 컨베이어벨트 위에서 쉴 새 없이 돌아가 식욕을 자극한다. 푸짐하게 먹고 나서 계산서를 보면 흡족할 만한 곳이다. 단점이라면 날생선이 실내에서 빙글빙글 돌기 때문에 가게 안에 들어서면 비릿한 냄새가 난다는 것. 싸고 가볍게 스시를 즐기려면 이 정도는 감수해야 하지 않을까?

1 이곳은 먹고 싶은 스시 접시를 직접 고를 수 있는 회전식 초밥집이다. **2** 먹음직스러운 스시가 컨베이어벨트 위에 가득하다. **3** 외국인 관광객의 비율도 높다. **4** 컨베이어벨트 위에 원하는 스시가 없어도 따로 주문하면 즉석에서 만들어준다.

Area 6 / Shinjuku / Restaurant, Shop

다쓰노야 辰乃家

Add. 東京都新宿区西新宿1-2-7
Google Map 35.692863, 139.699528
Tel. 03-3342-8044　**Open** 04:30~24:00　**Close** 매주 일요일
Access JR 신주쿠역 서쪽 출구에서 도보 5분
URL shinjuku-omoide.com/shop/tatsunoya/index.html

Map P.405-C

침이 고일 만큼 맛있는 꼬치가 가득한 곳

신주쿠역 서쪽 출구에서 도보 5분 거리에 있는 골목길은 옛날 인사동의 피맛골을 연상케 하는 서민적인 먹을거리 천국이다. 특히 꼬치구이와 간단하게 한잔할 수 있는 편안한 분위기의 선술집이 모여 있는데, 다쓰노야도 그런 곳 중 하나다. 바로 불에 올려 굽는 18종류의 야키도리 맛은 일품이다. 고기를 다져 만든 특제 쓰쿠네つくね는 입에 들어가는 순간 사르르 녹을 정도다. 샐러드나 조림 등 반찬 메뉴가 다양해 연령 불문하고 많은 손님이 찾는다. 여행객이 늘면서 단골들이 기다리다 그냥 간다며 책에 싣지 말라는 주인장의 부탁도 있었으니 책 보고 왔다는 말은 하지 말자.

1 다쓰노야가 있는 골목에는 메뉴가 비슷한 야키도리 가게가 모여 있다. **2** 껍질, 날개, 간 등 원하는 부위만 주문할 수 있다.
3 가쓰오부시로 고소함을 더한 야채꼬치 **4** 늦은 저녁 시간에는 항상 만석이다.

맵 카메라 **Map Camera** 맙뿌 카메라

Add. 東京都新宿区西新宿1-12-5
Google Map 35.689416, 139.696806
Tel. 03-3342-3381 **Open** 10:30~20:30
Access JR 신주쿠역 서쪽 출구에서 도보 5분
URL www.mapcamera.com

온라인 쇼핑은 물론 철저한 AS까지 믿을 수 있는 중고 카메라 숍

도쿄에서 가장 믿을 만한 중고 카메라 숍으로, 필름 카메라, 신상품 디지털카메라, 클래식 카메라 등을 모두 구비하고 있다. 중고 제품 구매가 꺼려지거나 카메라에 대해 잘 모르는 여성들도 쉽게 이해할 수 있도록 모든 카메라의 사양과 이력을 적어놓았으며 현재 카메라 상태에 대한 설명도 상세해 믿을 만하다. 영어가 서툴러도 중고 제품에 대한 해박한 지식을 갖춘 베테랑 스태프가 물건을 관리하므로 안심하고 구매할 수 있다. 지하 1층, 지상 4층으로 이루어져 있으며, 근처에는 브랜드별로 상품을 진열해둔 2호점이 있다. 같은 기종이라도 가격 차이가 나므로 여러 군데를 돌아보자. 한국에서 미리 가격 비교를 하고 가는게 좋다.

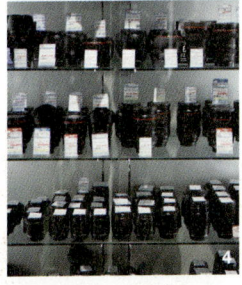

1 맵 카메라의 층별 안내도 **2** 가격 비교는 필수! 카메라를 살 예정이라면 한국에서 미리 가격을 알아보고 가자. **3** 제품들을 한눈에 보기 쉽게 진열해놓았다. **4** 렌즈의 종류도 다양하다.

Area 6 / Shinjuku / Shop

익살스러운 고양이 캐릭터가 이곳의 트레이드마크

워치필드 Wachifield 🔊 와치휘-루도

Add. 東京都新宿区新宿3-25-5 **Google Map** 35.692678, 139.701947
Tel. 03-5919-2334
Open 11:00~20:00
Access JR 신주쿠역 동쪽 출구에서 도보 3분
URL www.wachi.co.jp

이상한 나라의 고양이

1983년에 문을 연 워치필드는 그림책 작가 이케다 아키코가 만들어낸 익살꾸러기 고양이 다얀을 만날 수 있는 곳이다. 1층에는 가죽 소품과 각종 신상품, 스태프 추천 코너가 있어 인기를 끌고 있다. 2층에는 옷과 가죽 가방 등이 있는데, 30여 년 동안 축적한 기술로 다른 곳에서는 볼 수 없는 오리지널 신상품을 제작 판매한다. 고양이 캐릭터가 살아 있어 고양이를 좋아하는 마니아들이 즐겨 찾는다.

팬시용품은 가격대가 그리 싼 편은 아니다. 교통카드 케이스가 ¥2400, 머리핀은 ¥1200 정도.

1 2층에는 옷과 가방 등이 진열되어 있다. **2** 작가의 고양이 캐릭터 다얀 그림이 매장 곳곳에 있다. **3** 다얀 캐릭터를 이용한 장식품들

Area 6 / Shinjuku / Shop

기노쿠니야 紀伊国屋

Add. 東京都新宿区新宿3-17-7
Google Map 35.692234, 139.703012
Tel. 03-3354-0131 **Open** 10:00~21:00
Access JR 신주쿠역 동쪽 출구에서 도보 3분
URL www.kinokuniya.co.jp

Map P.405-D

원하는 서적이 모두 한자리에

지하철이나 패스트푸드점에서 혼자 시간을 보내는 일본인들을 보면 거의 대부분 손에 책을 들고 있다. 독서 강국으로 유명한 일본을 여행한다면 한번쯤은 서점에 들러야 하지 않을까? 1927년 신주쿠 중심에 자리 잡은 체인 서점 기노쿠니야는 오랜 역사를 자랑하는 서점 중 하나다. 유동 인구가 많은 신주쿠 거리에 있어 언제나 책을 읽고 고르는 사람들로 문전성시를 이룬다. 100만 권의 서적을 보유해 신주쿠에서 가장 큰 규모를 자랑한다. 의자에 앉아 책을 읽을 수도 있으니 잠시 지친 다리를 쉬어 가기 좋다. 신주쿠 본점을 비롯해 일본 전국에 매장이 있으며 미국, 싱가포르, 오스트레일리아, 인도네시아 등에도 진출했다.

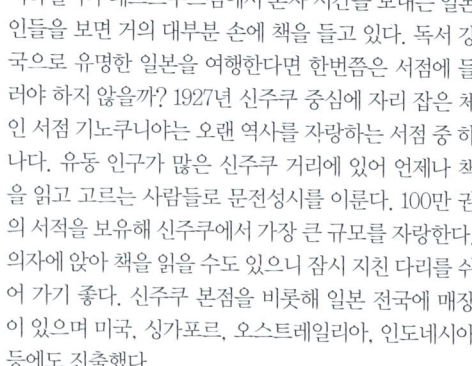

1 대단한 규모를 자랑하는 기노쿠니야 신주쿠 지점 **2** 한류 때문에 생겨난 한국 연예계 정보 잡지 **3** 일본에서 인기 있는 한국 스타의 책도 찾아볼 수 있다. **4** 한국어 열풍을 실감나게 하는 한국어 교재 매대

돈키호테 ドンキホーテ 🔈동키호-테

Add. 東京都新宿区大久保1-12-6
Google Map 35.699034, 139.703012
Tel. 03-5292-7411 **Open** 24시간
Access 지하철 오에도선 히가시신주쿠역 A1 출구에서 도보 5분
URL www.donki.com

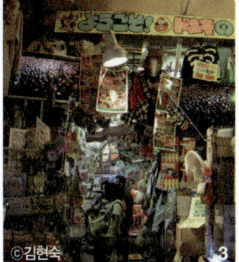

100엔 숍을 뛰어넘는 만물상

돈키호테는 일본 사람뿐 아니라 여행객이 들러도 좋을 만큼 편리한 만물 잡화점이다. 시내 매장은 대부분 24시간 운영하는데, 매장 입구에 약과 건강 보조 식품, 유행하는 아이템을 발 빠르게 비치해 호기심을 자극한다. 시중에서 판매하지 않는 홈쇼핑용 화장품과 스킨케어 제품, 색조 화장품까지 취급한다. 그 밖에 각종 식료품, 주방용품, 의류, 가전제품은 물론 샤넬, 루이 비통, 펜디, 디올 같은 명품 브랜드의 중고 제품, 성인용품까지 다양한 물건을 구경하자면 시간깨나 걸린다. 특히 신주쿠 지점이 규모가 커 한국인 관광객을 가득 실은 대형 버스가 수시로 오간다. 여유롭게 쇼핑을 즐기고 싶다면 오전이나 새벽에 방문하는 것이 좋다.

1 없는 게 없는 돈키호테 **2** 화려한 네온사인 간판이 눈에 띄는 돈키호테. 도쿄 곳곳에서 볼 수 있다. **3** 구제부터 명품까지 온갖 잡화를 구비하고 있다. **4** 여행자들이 특히 관심을 가질 만한 음료 코너. 다양성의 나라 일본답게 기상천외한 음료가 진열되어 있다.

도쿄의 작은 프랑스
가구라자카 神楽坂

서울에 서래마을이 있다면, 도쿄에는 가구라자카가 있다. 신주쿠에서 출발해 야마노테선에서 도자이선으로 갈아타면 10분 정도 걸리는 가구라자카는 프랑스인이 모여 사는 마을이다. 한적하게 뻗어 있는 가로수 길을 따라 프랑스어 간판이 낯설게 이어져 있다. 아주 작은 공간에 두어 개의 테이블만 놓아둔 예쁜 레스토랑을 만나면 저절로 카메라에 손이 간다. 파리 스타일의 카페에서는 신선한 빵 냄새가 코끝을 자극하고 유럽풍 잡화점이 발길을 잡아끄는 가구라자카에서는 느릿느릿 걸어보자.

Tip 가구라자카는 천천히 걸어도 20분이면 충분히 돌아볼 수 있는 작은 거리다. 일방통행인 언덕이 많기 때문에 골목에서 보행자와 자동차가 마주치는 일이 빈번하다. 어디에서 튀어나올지 모르는 자전거나 자동차를 주의할 것. 가구라자카역과 이다바시 사이의 와세다도리早稲田 통리 쪽에 상점이나 레스토랑이 밀집해 있다.

정통 프렌치 레스토랑
라 마티에르 La Matiere
정통 프렌치 요리를 부담 없는 가격으로 제공하는 레스토랑. 겉보기에도 예쁘고 풍성한 요리는 프랑스식대로 코스에 따라 한 접시씩 느긋하게 시간을 두고 나온다. 연인과 소중한 시간을 나누기 좋은 곳이다.

DATA Add. 東京都新宿区神楽坂6-29 **Google Map** 35.703831, 139.736243 **Tel.** 03-3260-4778 **Open** 11:30~14:00, 18:00~21:00 **Close** 매주 월요일 **Access** 지하철 가구라자카역에서 도보 3분

빵 굽는 냄새가 솔솔
조르주 상드 George Sand
마들렌에서부터 키슈와 타르트, 매일 새롭게 굽는 '오늘의 케이크'까지 맛있는 프랑스식 빵을 먹을 수 있다.

DATA Add. 東京都新宿区神楽坂 6-29 **Google Map** 35.703824, 139.736243 **Tel.** 03-5228-0538 **Open** 11:00~19:00, 일요일·공휴일 11:00~18:00 **Close** 매주 월요일 **Access** 지하철 가구라자카역에서 도보 2분

본토의 맛을 재현하는 프렌치 레스토랑
르 브르타뉴 Le Bretagne
프랑스 북서부 브르타뉴 지방의 전통 요리 갈레트를 전문으로 하는 음식점이다. 프랑스 사람들이 많이 찾는 만큼 프랑스 본토의 맛을 느껴볼 수 있다.

DATA Add. 東京都新宿区神楽坂4-2 **Google Map** 35.701960, 139.739703 **Tel.** 03-3235-3001 **Open** 11:30~22:30 **Close** 매주 월요일 **Access** JR 이다바시역에서 도보 5분

신선한 야키도리를 맛본다
루주 Rouge
복숭아와 포도 산지로 유명한 야마나시 현에서 직송한 유기농 야채와 숯불에 구운 야키도리를 와인과 함께 즐길 수 있다.

DATA Add. 東京都新宿区神楽坂6-26 **Google Map** 35.703875, 139.736435 **Tel.** 03-5206-3860 **Open** 17:30~23:30 **Close** 매주 일요일, 둘째 주 월요일 **Access** 지하철 가구라자카역에서 도보 2분 **URL** www.rouge.ecnet.jp

선물용 과자를 사기에 좋은 곳
바이카테이 梅花亭
1935년에 창업한 무첨가 수제 과자점. 콩고물을 묻힌 쫄깃쫄깃한 떡 등 적당히 달면서도 차와 마시기 좋은 일본 간식거리를 살 수 있다.

DATA Add. 東京都新宿区神楽坂6-15 **Google Map** 35.703028, 139.736974 **Tel.** 03-5228-0727 **Open** 10:00~19:30 **Access** 지하철 가구라자카역에서 도보 2분

눈이 즐거운 식료품점
푸즈 가든 Foods Garden
일본의 식료품점으로 깔끔하게 포장된 신선한 제철 과일과 야채가 손님을 맞이한다. 인기 메뉴는 고구마 맛탕 다이가쿠이모大学いも다. 9월 중순에서 4월 말 사이에만 판매한다.

DATA Add. 東京都新宿区神楽坂3-2-15 **Google Map** 35.701279, 139.740723 **Tel.** 03-3260-1566 **Open** 10:00~19:00 **Close** 매주 일요일·공휴일 **Access** JR 이다바시역에서 도보 5분

히트 J-POP 퍼레이드

제이팝은 일본 문화가 전면 개방된 이후 몇몇 유명 가수의 곡이 리메이크되면서 우리 정서에도 맞는 멜로디와 가사로 큰 사랑을 받은 바 있다. 일본인 관광객이 많은 명동 거리에서 자연스럽게 흘러나오는 인기 제이팝을 따라 흥얼거리는 젊은이들이 있을지도 모르겠다. 주관적인 기준으로 선택한 것이기는 하지만 일본을 대표하는 뮤지션의 음반을 소개한다.

감성적인 가사로 마음을 사로잡는다
스키마 스위치 スキマスイッチ

케미스트리나 고부쿠로, 유즈처럼 실력을 갖춘 남성 듀오가 많은 일본 음반 시장에서 주목할 만한 그룹을 꼽으라면 스키마 스위치를 추천하겠다. 1999년 11월 동갑내기인 고부치 겐타로, 구로다 슌스케가 결성한 그룹이다. 실력파 싱어송라이터로 꼽히는 이들은 시부야를 중심으로 언더그라운드에서 활동하다가, 2002년 여름 지바 머린 스타디움에서 선보인 퍼포먼스로 일약 스타덤에 올랐다. 편안하게 귀에 스미는 '가나데奏で'는 들으면 들을수록 깊이 빠져드는 곡이다. 그 밖에 '젠료쿠쇼넨全力少年', '머린스노マリンスノウ'를 추천한다.

제이팝의 퀸
아무로 나미에 安室奈美恵

자신만의 확고한 음악 세계를 구축하고 최고의 아티스트로 성장한 아무로 나미에. 빠른 비트에도 흔들림 없는 완벽한 라이브 실력, 둘째가라면 서러워할 댄스로 1990년대 후반부터 지금까지 폭발적인 인기를 끌며 제이팝계의 여왕으로 등극했다. 한국에서도 너무나 유명해서 제이팝에 관심이 없는 사람도 한 번쯤은 그녀의 이름을 들어봤을 것이다. 국내 연예인들이 그녀의 헤어스타일과 패션을 모방해 비난을 받는 굴욕까지 당할 정도로 일본의 대표 스타라고 할 수 있다. 어린 나이에 결혼, 출산, 이혼 등 많은 일을 겪고 슬럼프에 빠지기도 했지만, 현재까지도 일본 젊은이들의 영원한 우상으로 꼽힌다. 최근에 발매한 앨범 〈베스트 픽션Best Fiction〉은 170만 장 넘게 팔리면서 그해 최고의 판매고를 기록한 음반이 되었다. 어떤 곡을 들어도 그 매력에 푹 빠져들겠지만, 싱글 앨범 〈워크 인 더 파크A Work in the Park〉, 〈소 크레이지So Crazy〉, 〈베이비 돈트 크라이Baby Don't Cry〉를 추천한다.

파워풀한 가창력의 디바
고다 구미 倖田來未

고다 구미는 무명 시절을 꿋꿋하게 견뎌내고 실력으로 당당히 정상에 오른 가수다. 폭발적인 가창력이 매력적인 그녀는 하마사키 아유미가 주춤한 틈을 타 일본 열도를 휘어잡았다. 발매하는 싱글마다 불티나게 팔리는 등 전성기를 누리다 "여성은 35세가 넘으면 양수가 썩는다."라는 망언을 해 여성들에게 거센 질타를 받았다. 그 때문에 활동을 접고 근신하는 등 이미지에 타격을 입고 위기에 처하기도 했지만 '유메노 우타夢のうた'로 2007년 최고 여가수, 최고 유행 가수 비디오상을 수상했다. 유메노 우타의 슬픈 멜로디가 한동안 텔레비전이나 거리 곳곳에서 울려 퍼질 만큼 큰 인기를 끌었다. '프라미스Promise'는 그의 대표적인 발라드곡. 차분하고 섹시한 음색과 멜로디가 우리의 정서에도 잘 맞는다. '큐티 하니キューティーハニー'는 아유미가 리메이크해 국내에도 잘 알려진 곡인데, 허스키한 목소리가 매력인 고다 구미의 원곡을 들어보길 권한다.

세련된 R & B 힙합 여성 듀오
소울헤드 Soulhead

소울헤드는 홋카이도 출신 R & B 자매 듀오다. 여자 가수들의 가냘픈 목소리와 달리 힘있는 음색으로 넘쳐나는 팝 그룹 사이에서 독보적인 스타일을 고수하고 있다. 그녀들이 들려주는 최상의 하모니는 아무리 들어도 질리지 않아 앨범에 있는 곡 모두가 추천곡이다. 들을수록 더 큰 매력으로 다가오는 막강하고 중독성 강한 그녀들의 노래 중 '유 캔 두 댓You Can Do That', '오 마이 시스터Oh My Sister', '소라空'를 추천한다.

카리스마 넘치는 싱어송라이터
시나 링고 椎名裕美子

사람을 중독시키는 매력이 있는 시나 링고는 1998년에 데뷔한 개성파 아티스트로, 특이하고 섹시한 음색과 자유분방한 음악으로 남녀를 불문하고 두터운 마니아층을 거느리고 있다. 추천하고 싶은 노래는 '기부스ギブス', '혼노本能', '가부키초노 조오歌舞伎町の女王' 등이다.

대중과 평단으로부터 동시에 사랑받는 아티스트
우타다 히카루 宇多田光

우타다 히카루는 16세의 어린 나이에 미국 음악 시장에서도 인정받은 싱글 〈오토매틱Automatic〉으로 음악성과 재능을 인정받은 가수다. 신인으로는 이례적으로 각종 차트를 석권하며 일본 가요계를 송두리째 흔들어놓았다. 또 당시 폭발적인 인기를 누리고 있던 하마사키 아유미와 벌인 베스트 앨범 판매 경쟁에서도 승리하며 최고의 아티스트로 자리매김했다. 미국 시장으로 진출해 주목할 만한 성적을 거두지는 못했지만 여전히 그녀의 이름 하나로 음반 판매량이 보장된다.

제이팝 음반을 구입하기 위해 꼭 들러야 할 곳

에이치 엠 브이HMV
DATA Add. 東京都新宿区新宿3-38-1 ルミネエスト6F **Google Map** 35.691234, 139.701097 **Tel.** 03-5269-2571 **Open** 11:00~22:00 **Access** JR 신주쿠역 중앙 동쪽 출구에서 도보 1분 **URL** www.hmv.co.jp

타워 레코드Tower Records
DATA Add. 東京都渋谷区神南1-22-14 **Google Map** 35.661889, 139.701102 **Tel.** 03-3496-3661 **Open** 10:00~23:00(카페는 23:30까지) **Access** JR 시부야역에서 도보 5분 **URL** www.tower.jp

쓰타야Tsutaya
DATA Add. 東京都港区六本木6-11-1 六本木ヒルズ けやき坂通り **Google Map** 35.658605, 139.731835 **Tel.** 03-5775-1515 **Open** 07:00~다음날 04:00 **Access** 지하철 히비야선 롯폰기역에서 도보 5분, 지하철 오에도선 아자부주반역에서 도보 5분 **URL** www.tsutaya.co.jp
● 쓰타야는 DVD, CD, 책, 게임 소프트 등 원하는 물건을 살 수 있는 만능 숍. 대여나 중고품 매매도 가능하다.

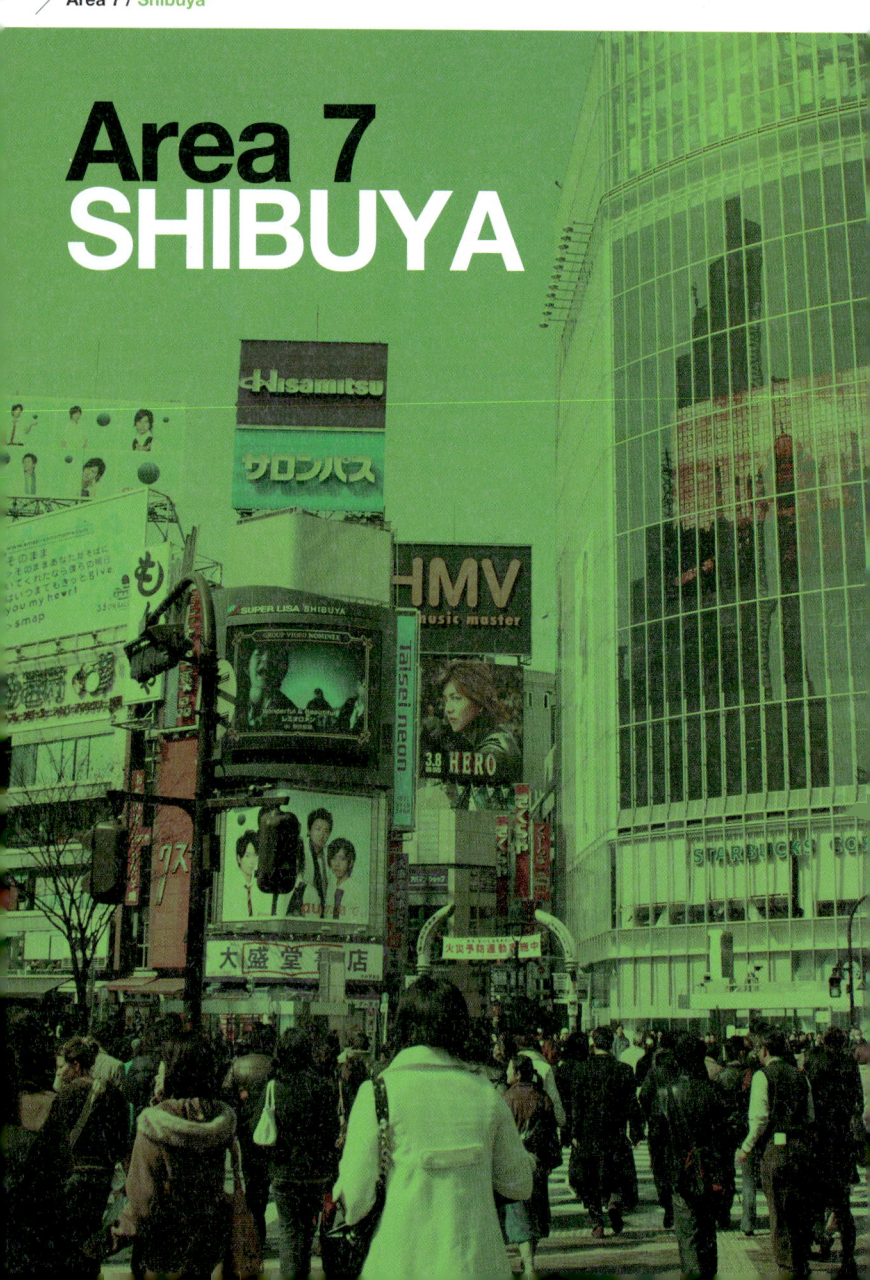

시부야
渋谷

● 　　귀에 쏙 들어오지 않는 일본의 다른 지명과는 달리 한번쯤은 들어봤을 법한 도쿄의 중심지다. 도쿄 사람들의 젊은 파워가 느껴지는 시부야에 있으면 현재 도쿄를 가장 뜨겁게 달구고 있는 트렌드가 무엇인지 한눈에 알아볼 수 있다. 끝도 없이 쏟아져 나오는 사람들이 횡단보도를 가득 메우는 스크램블 교차로의 광경은 시부야의 상징처럼 여행자의 머릿속에 각인된다. 교복을 입은 채 백화점과 쇼핑몰을 누비는 중·고등학생들, 진한 화장과 특유의 눈에 띄는 패션으로 이목을 집중시키는 갸루(girl의 구어 gal의 일본어 발음. 여고생 사이에 유행하던 패션 스타일, 혹은 그런 스타일을 즐기는 일본 여학생을 이름)는 시부야의 트레이드마크다. 시부야는 먹을거리와 놀거리가 넘쳐나는 하라주쿠나 오모테산도와 가깝고, 예쁜 카페와 셀렉트 숍이 곳곳에 숨어 있어 쇼핑에 열광하는 여성들이 최고의 놀이터로 꼽는다. 그렇다고 남자들은 즐길거리가 없는 곳이라는 뜻은 아니다. 도쿄 클럽을 주도하는 시부야는 클럽 뮤직과 시부야케이, 각종 인디 음반을 판매하는 숍으로 가득해 다양한 취향을 만족시킨다.

Area 7 / Shibuya / Access

Access
가는 방법

시부야渋谷역
방향 잡기 시부야의 중심가라 할 수 있는 센터가이는 패스트푸드점과 게임센터가 몰려 있는 곳이다. 주로 10~20대가 찾는 곳이라 저렴한 런치 메뉴를 파는 레스토랑과 힙합·하우스·트랜스 클럽을 쉽게 찾아볼 수 있다.

Check Point

● 오전 10시 이전은 대체로 한산한 편이나 점심시간을 전후로 사람들이 급격히 늘어난다. 시부야역을 중심으로 저녁때까지 혼잡하다.

● 유행의 거리 센타가이, 스페인 골목이라고 불리는 스페인자카, 클럽, 러브호텔이 모여 있는 도겐자카 등 유명한 거리에서 도쿄 젊은이들의 구경하는 것도 재미 중 하나.

● 시부야역 → 다이칸야마역 → 에비스 가든플레이스 → 에비스역을 연결하는 하치코 버스는 귀여운 강아지가 그려져 있는 오렌지색 미니버스로 어느 곳에서 타더라도 ¥100으로 이용할 수 있다. 역 근처 오렌지색 간판과 강아지를 찾아보자.

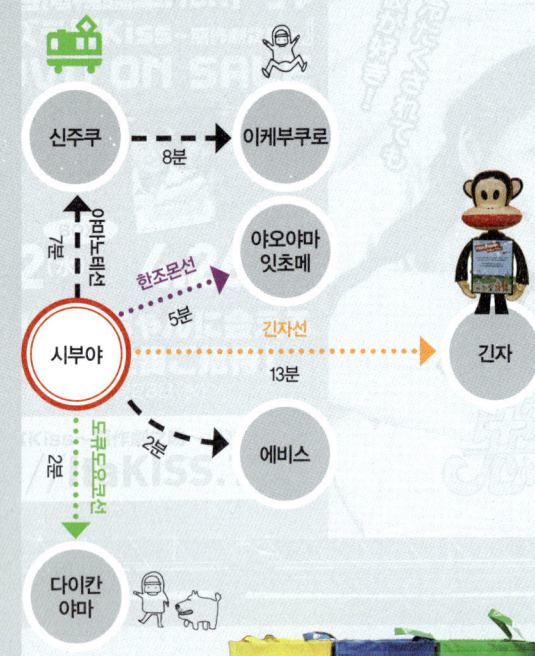

Plan
추천 루트
시부야
하루 걷기 여행

빈스 Beams 11:15
일본을 대표하는 캐주얼 스토어.
캐주얼 의류부터 인테리어, 잡화까지
개성 넘치는 상품들이 가득하다.

도보 5분

11:00 **시부야역 하치코 八千公 동상**
시부야의 대표적인 만남의
장소다. 가슴 뭉클한 사연이 담긴
동상 앞에는 흡연자들이 뿜어내는
담배 연기가 자욱하지만 기념촬영
하는 것을 잊지 말자.

도보 4분

12:00 **골드러시 Gold Rush**
미국식 오리지널 수제 햄버거 전문점. 100%
양질의 쇠고기를 사용해 부드럽고 풍부한
육즙의 햄버거 스테이크 맛을 자랑한다.

도보 12분

히카리에 Hikarie 13:00
시부야의 새로운 심볼로 떠오른
대형 쇼핑몰은 쇼핑을 사랑하는
사람에게는 파라다이스

도보 12분

17:00 **스위츠 파라다이스**
Sweets Paradise
걷느라 지친 다리와 심신을
달콤한 디저트로 달래보자.
요깃거리도 있어 아이스크림과
케이크를 곁들여 먹을 수 있다.

도보 3분

뮤지엄 포 십스 19:00
Museum for Ships
심플한 캐주얼 의류부터
드레스까지 다양한 브랜드의
제품을 갖춘 셀렉트 숍을 둘러보며
여유 있게 쇼핑을 즐기자.

Area 7 / Shibuya / Restaurant

골드러시(본점) Gold Rush(本店) 고-루도 랏슈

Map P.406-A

Add. 東京都渋谷区宇田川町4-7 トウセン宇田川ビル 4F
Google Map 35.662512, 139.697874 **Tel.** 03-3496-5971
Open 점심 11:30~16:00, 저녁 16:00~23:00
Close 매주 일요일 점심 **Access** JR 시부야역 3A 출구에서 도보 5분
URL www.gold-rush.jp

푸짐한 양과 맛있는 데미글라스소스가 일품

1980년 처음 문을 연 곳으로 6개월에 걸쳐 주인과 종업원이 함께 미국 서부의 골드러시를 테마로 직접 인테리어했다. 지금도 과거의 모습을 그대로 간직하고 있는 유서 깊은 곳이다. 미국식 오리지널 수제 햄버거(햄버그 스테이크)는 양질의 쇠고기를 100% 사용해 부드럽고 풍부한 육즙을 자랑한다. 10여 종류의 향신료를 가미해 먹을 수 있으며 이틀간 푹 끓여낸 데미글라스소스와의 궁합은 한번 맛을 본 사람이라면 누구나 팬이 되기 마련이다. 또한 양이 푸짐해 성인 남자가 1개만 먹어도 배가 부를 정도다. 골드러시의 최고 인기 메뉴는 더블 치즈 햄버거로, 치즈 시트가 두 겹이라 치즈를 좋아하는 사람에게 추천한다.

1 웨이팅은 기본. 기다리는 동안 무료하지 않도록 음악을 빵빵하게 틀어준다. **2** 낡은 미국 서부 시대를 테마로 한 내부 **3** 신선한 고기로 만든 육즙이 풍부한 수제 햄버거 **4** 클럽과 한 건물을 사용해서 언제나 신나는 분위기다.

347 카페 앤 라운지 **347 Café & Lounge** 산요나나 카풰 앤도 라운지

Add. 東京都渋谷区渋谷1-23-16 cocoti3階
Google Map 35.661983, 139.702798
Tel. 03-5766-3798 **Open** 11:30~23:00
Access JR 시부야역 동쪽 출구에서 도보 4분
URL www.347cafe.com/shibuya

작은 풀이 있는 리조트풍 카페

많은 사람들이 북적대는 시부야역 주변에서 한적한 카페를 찾기는 불가능에 가깝다. 역에서 약간 떨어져 있지만, 이만한 위치에 정갈한 카페가 있다는 건 행운이다. 347 카페가 입점해 있는 콤플렉스형 빌딩 코코티Cocoti는 2006년 리노베이션을 거친 곳으로, 힙한 쇼핑 스폿, 레스토랑, 카페가 가득해 인기 있는 랜드마크다. 12~13층은 야경을 감상할 수 있는 라운지 바, 9~11층은 피트니스와 스파 시설이 있다. 특히 13층의 작은 풀이 있는 사이드 가든 테라스석에서 바라보는 야경은 환상적이다. 낮과 밤의 분위기가 180도 바뀌는데, 작은 규모에 비해 꽤나 운치 있다. 밤에는 은은하게 비추는 조명에 무드가 살아나는 바로 변신해 TV 드라마나 영화의 로케 장소가 되기도 했다.

평일 한정 런치 메뉴를 즐길 수 있다. 런치 파스타(¥1100), 런치 샌드(¥1300)는 각각 파스타, 빵에 스프나 샐러드가 딸려 나오며, 스프와 빵이 함께 나오는 런치 샐러드(¥1400)도 있다. ¥100을 추가하면 음료를 선택할 수 있다.

1 프라이빗한 파티 장소로 활용되기도 한다. **2** 런치 세트를 주문하면 다양한 메뉴가 푸짐하게 나온다. **3** 레스토랑 한가운데 풀장이 있어 한결 자유로운 분위기다.

Area 7 / Shibuya / Cafe

스위츠 파라다이스 Sweets Paradise

Add. 東京都渋谷区宇田川町14-5 渋谷パルコ PART3 3F
Google Map 35.661886, 139.698444
Tel. 03-6661-8671 **Open** 11:00~20:30, 토·일요일 10:30~21:00
Access JR 시부야역 하치코 출구에서 도보 3분
URL www.sweets-paradise.com

달콤한 유혹에 빠지는 시간

과자나 요구르트 같은 디저트를 즐기는 여고생이나 젊은 여성들 사이에서 인기 있는 디저트 전문점. 시간을 정해 두고 일정 금액을 지불하면 마음껏 디저트를 즐길 수 있는 방식으로 운영한다. 보통 90분 기준의 메뉴를 많이 선택하는데, 90분이면 시간에 쫓기지 않고 여유롭게 즐길 수 있다. 치즈 케이크, 후르츠 케이크 등 보기만 해도 입맛 당기는 케이크와 무스, 젤리, 파르페, 소프트 아이스크림, 20여 가지의 음료가 준비되어 있다. 할로윈에는 호박 케이크와 같은 특별한 디저트도 만들어 손님에게 즐거움을 준다.

90분 기준으로 어른 ¥1530, 어린이 ¥860이다. 예약을 받지 않기 때문에 언제나 순서를 기다리는 손님들이 긴 줄을 서 있다. 카드 결제가 안 된다는 점도 기억할 것.

1 순서를 기다리는 손님들이 가게 밖까지 길게 줄지어 서 있다. **2** 산뜻한 테이블과 의자는 디저트 전문점의 콘셉트와 잘 어울린다. **3** 뷔페식으로 즐길 수 있는 케이크류 **4** 일본식 디저트인 안미쓰

Area 7 / Shibuya / Shop

빔스 Beams 🔊바무즈

Add. 東京都渋谷区神南1-15-1 1~2階
Google Map 35.663817, 139.699666
Tel. 03-3780-5500 **Open** 11:00~20:00
Access JR 시부야역 하치코 출구에서 도보 10분
URL www.beams.co.jp

Map P.406-B

개성 넘치는 캐주얼 브랜드 숍

미국에 갭이 있다면 일본에는 빔스가 있다. 1976년에 창업한 빔스는 시부야에만도 몇 개의 매장이 있는데, 이 지점은 남성복과 여성복 코너를 함께 운영해 다른 곳에 비해 쇼핑 나온 커플들이 자주 눈에 띈다. 고객들의 만족도가 높고 오리지널리티가 살아 있는 캐주얼 브랜드의 선두주자다. 빔스의 장점은 합리적인 가격에 품질도 좋다는 것이다. 창업 당시부터 빔스의 제품을 구매해 입던 아버지 세대와 자녀가 공유할 수 있는 화젯거리를 만들어줘 더욱 인기 있다. 의류와 함께 코디할 액세서리나 구두, 가방 등 소품, 인테리어 영역까지 다양한 상품을 갖추고 있다. 푸드와 디저트를 구비한 타임 카페, 테이크아웃해 갈 수 있는 빔스 델리까지 많은 영역에서 두드러진 성장세를 이어가고 있다.

1 도쿄 시내 곳곳에 빔스의 특화된 매장이 있다. **2** 패션 숍 안에 휴식 공간을 만들어 인기를 더하고 있는 빔스 타임 카페의 디저트 메뉴 **3** 판매하는 티셔츠만으로 매장을 스타일리시하게 꾸민 빔스 T **4** 커다란 쇼윈도가 빔스 매장의 특징이다.

시부야 109 渋谷109 🔊시부야 이치마루큐

Add. 東京都渋谷区道玄坂2-29-1 **Google Map** 35.659562, 139.699090
Tel. 03-3477-5111
Open 10:00~21:00(카페 마 메종 10:00~22:00, 키리코 디 나폴리 11:00~22:00)
Close 1월 1일 **Access** JR 시부야역 하치코 출구에서 도보 3분
URL www.shibuya109.jp

10~20대 쇼퍼들의 파라다이스

도쿄 걸즈 패션의 선두주자인 소녀들 사이에서 최고의 인기를 구가하는 곳이다. 10대 후반에서 20대 중반의 젊은 여성들의 패션을 주도하는 이곳은 지방에서 올라온 소녀들이 쇼핑하고 싶은 백화점 1위에 꼽힐 정도로 전국적인 인기를 얻고 있다. 패션 잡지 〈비비ViVi〉에 소개되는 시부야 109의 아이템은 하루아침에 베스트셀러 상품이 될 정도라고 하니 센스 있는 여성이라면 놓쳐서는 안 될 쇼핑 포인트라고 할 수 있다. 점원들도 연예인처럼 예쁘게 꾸미고 있어 기획사에서 스카우트해 가기도 한다. 때문에 시부야 109의 점원이 되길 희망하는 소녀들이 셀 수 없을 정도라고 한다. 쇼핑은 물론 이곳을 찾는 멋쟁이들의 패션을 구경하는 것만으로도 즐거운 시간을 보낼 수 있다.

SHOP IN SHOP

리엔다Rienda → B2 인기 모델 후지 리나를 앞세운 여성스러운 리본이나 선을 강조한 스타일이 주류.
슬라이Sly → B2 글래머러스한 스타일에 어울리는 부티크.
사만사 베가Samantha Vega → 1F 큐트한 디자인으로 고정 팬을 확보한 브랜드.
피치, 존 더 스토어Peach, John the Store → 3F 요시카와 히나노, 미치바타 제시카 등 혼혈 모델들을 내세운 란제리 브랜드.
에고이스트Egoist → 4F 국내에도 진출한 발랄한 캐릭터 브랜드.
마우지Moussy → 5F 진 위주의 보이시한 아이템이 매력적인 곳으로 일본 내에서 인기 상승 중인 브랜드.

---

1 원형의 독특한 외관으로 유명한 시부야 109 **2** 외부에서 바라보는 야경도 멋지다. **3** 한국에 들어오지 않은 패션 소품 브랜드를 눈여겨보자.

Area 7 / Shibuya / Shop

뮤지엄 포 십스 Museum for Ships
뮤-지아무 포 십쁘스

Add. 東京都渋谷区神南1-18-1
Google Map 35.662833, 139.700195
Tel. 03-3496-0481 **Open** 10:00~20:30
Access JR 시부야역 하치코 출구에서 도보 5분
URL www.shipsltd.co.jp

캐주얼 브랜드 셀렉트 숍

1975년에 창업한 유한회사 미우라가 1977년 긴자에 처음 문을 연 토털 브랜드 숍이다. 그 후 전국적으로 매장을 확장했으며, 유명 브랜드보다 실용적이고 캐주얼한 브랜드 제품을 갖춘 셀렉트 숍으로 성장했다. 4층 규모의 매장에 가득한 아이템은 패션을 사랑하는 사람들의 탄성을 자아내게 한다.

시부야의 트렌드를 이끄는 대형 숍 중 하나로 멋스러운 캐주얼 의류부터 드레스까지 다양한 아이템을 구경할 수 있다. 입소문을 탄 신생 브랜드의 실용적인 의류를 구비해놓아 특히 인기를 끌고 있다. 주로 안드레아 그레코Andrea Greco, 마틴 그린필드Martin Greenfield, 파라부트Paraboot, 로타Rota 등의 브랜드 제품을 취급한다. 액세서리 브랜드로는 모이나Moyna, 루루 프로스트Lulu Frost 등이 있다.

1 제품이 색상별로 가지런히 정리된 내부 **2** 맨즈 라인 역시 다양하게 구비되어 있다. **3** 여유 있게 쇼핑하기 좋은 뮤지엄 포 십스의 매장

도큐 핸즈 東急ハンズ 도큐 한즈

Add. 東京都渋谷区宇田川町12-18
Google Map 35.661958, 139.698018
Tel. 03-5489-5111 **Open** 10:00~21:00
Access JR 시부야역 하치코 출구에서 센타가이 방면으로 도보 6분
URL www.tokyu-hands.co.jp

생활 필수품을 한자리에

지하 2층에서 지상 7층까지 무려 30만여 종에 달하는 DIY 관련 공구, 팬시용품, 디자인 소품, 생활용품으로 가득한 곳이다. 1978년에 문을 연 시부야점은 도큐 핸즈의 여타 지점 중에서도 많은 아이템을 보유한 곳 중 하나라 반나절은 투자해야 한다. 건물 구조가 섬세하다 못해 복잡해 일본인도 헷갈릴 정도. 이곳저곳을 돌아다니는 고생을 하지 않으려면 돌아보기 전에 미리 1층에서 전체적인 구조를 파악하는 것이 좋다.

도큐 핸즈는 감성과 아이디어가 넘치는 아이템으로 유명하다. 깜찍한 돼지 모양의 조리 기구용 손잡이, 화장실 절수기, 노트북 전용 시큐리티 세트, 재생 가죽으로 만든 메모꽂이 겸 펜꽂이가 인기 아이템이다. 미리 예산을 짜려면 홈페이지를 방문해 가격대를 체크하자. 인포메이션 센터에 영수증과 여권을 보여주면 세금을 돌려받을 수 있다.

1 심플한 서류 가방을 저렴하게 구입할 수 있다. **2** 일본풍 분위기를 연출할 때 쓰면 좋은 전통 문양의 종이 **3** 보온 물통 역시 종류가 다양하다.

> Area 7 / Shibuya / Shop

2012년에 문을 연 히카리에는 시부야의 랜드마크로 자리매김했다.

히카리에 Hikarie

Add. 東京都渋谷区渋谷2-21-1
Google Map 35.659034, 139.703468 **Tel.** 03-5468-5892
Open Shin Qs 10:00~21:00, 카페·레스토랑 11:00~23:00, 8층 크리에이티브 스페이스 11:00~20:00(일부 점포는 ~23:00)
Access JR 시부야역 동쪽 출구에서 도보 4분 **URL** www.hikarie.jp

시부야의 젊은이들을 열광케 하는 대형 쇼핑몰

일본의 젊은이들에게 큰 사랑을 받고 있는 대형 쇼핑몰로 JR 시부야역 2층에서 연결된다. 지하 3층부터 지상 34층까지 다양한 숍과 카페, 레스토랑, 엔터테인먼트 공간, 오피스가 들어서 있어 시부야의 새로운 명소로 단숨에 떠올랐다. 단순히 물건을 판매하는 상점을 넘어 라이프 스타일을 제안하는 장소로, 새로운 가치를 창조, 발산하는 플랫폼이 될 것을 목표로 삼고 있다. 5층까지는 쇼핑 공간인 Shin Qs, 6·7층은 카페·레스토랑, 8층은 크리에이티브 스페이스 등으로 이뤄져 있다. 9~16층은 상업 극장을 비롯한 문화 시설 등을 만나볼 수 있다. 5층의 더 콘랜 숍, 8층의 디 앤 디파트먼트 D&Departement 숍 등이 볼만하다. 유명 디자이너들의 상품만을 모아 놓은 편집 숍은 디자인 제품을 사랑하는 사람들에게 인기 있다.

Shin Qs
지하 3층~지상 5층에 형성된 쇼핑 지역으로 200여 개의 매장이 있다.

Shin Qs Food → B3~2
세계 각국의 식료품을 판매한다. 식료품과 와인 코너, 스위츠 코너로 구성되어 있다.

Shin Qs Beauty → B1~1F
고급 화장품부터 뷰티 잡화에 이르기까지 오거닉과 웰빙 관련 여성용품을 판매한다.

Shin Qs Fashion → 2~4F
캐주얼과 여성 패션, 신발, 여행, 아웃도어용품을 판매한다.

Shin Qs Life Style → 5F
라이프스타일 전문 매장. 개성 있는 잡화, 주방용품, 문화용품을 판매한다.

1 생활 잡화 판매 매장은 5층에 있다. **2** 취향대로 골라보자.

Area 7 / Shibuya / Shop

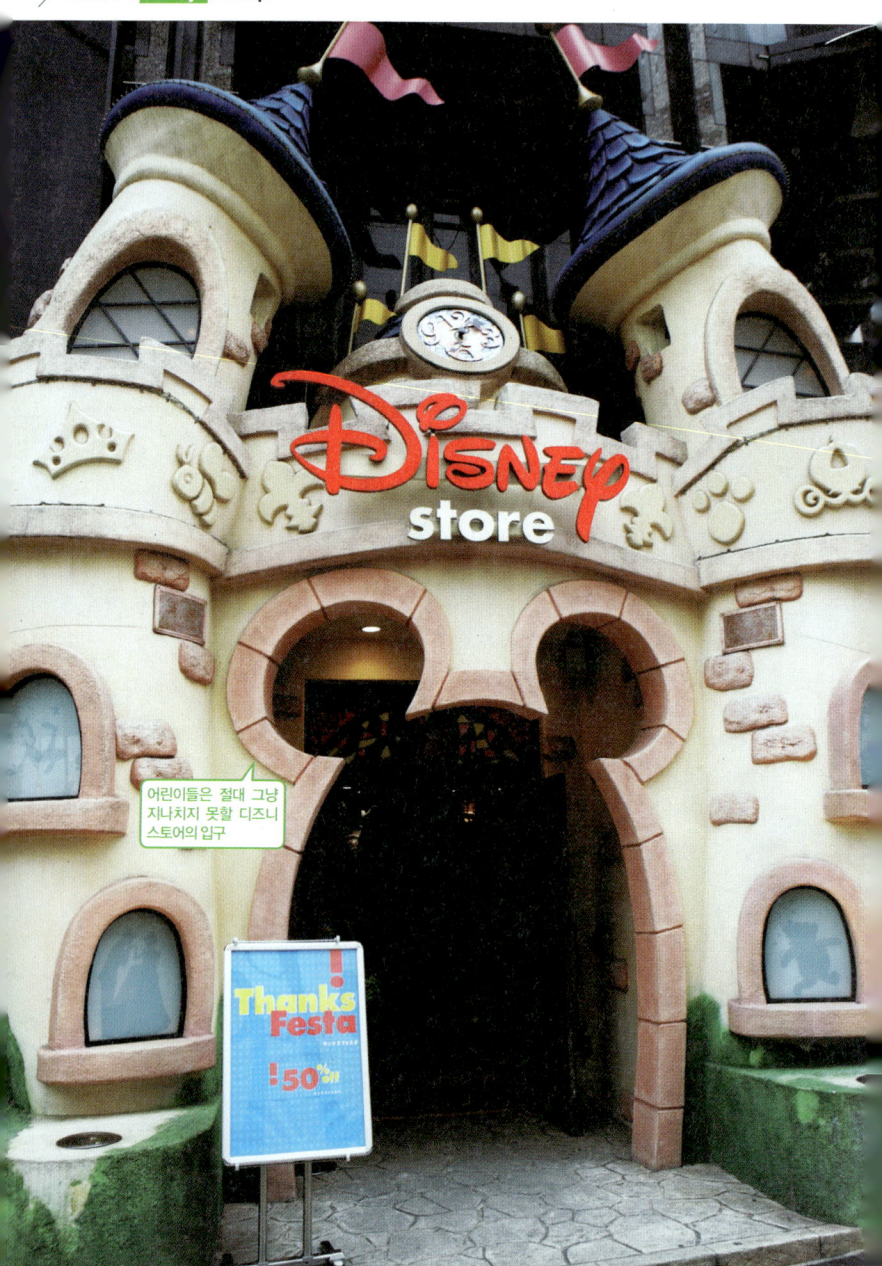

어린이들은 절대 그냥 지나치지 못할 디즈니 스토어의 입구

디즈니 스토어 Disney Store 🔊 디즈니- 스토아

Add. 東京都渋谷区宇田川町20-15 ヒューマックスパビリオン渋谷公園通り
Google Map 35.661159, 139.700213
Tel. 03-3461-3932 **Open** 10:00~21:30
Access JR 시부야역 하치코 출구에서 도보 5분
URL www.disneystore.co.jp

디즈니 만화영화 속 캐릭터 총출동

시부야 공원 거리를 걷다 보면 건물들 사이로 디즈니 스토어가 보인다. 외관만으로도 시선을 확실히 잡아끄는 건물은 마치 놀이동산의 일부를 보는 듯하다. 건물은 모두 3층으로 나뉘고, 내부에는 엘리베이터 대신 핑크, 블루 등의 계단이 있다. 꿈과 환상의 세계를 테마로 한 1층에는 신상품과 디즈니의 대표적인 캐릭터 인형이 있다. 꿈과 로맨스를 주제로 한 2층은 무도회를 연상케 하는 분위기로 연출했으며 생활 잡화, 각종 액세서리 소품, 기념 쿠키 등이 종류별, 캐릭터별로 분류되어 있다. 3층에서는 디즈니 만화영화의 명장면을 상영한다. 베이비용품 같은 아이템도 구비되어 있어 젊은 엄마들이 유모차를 끌고 쇼핑하러 온다. 3층에는 도쿄 디즈니 리조트 입장권을 파는 티켓 카운터가 있다.

1 디즈니의 최신 상품 위주로 진열된 1층 매장 **2** 핸드타월과 티슈박스는 20대에게 큰 인기를 끈다. **3** 캐릭터로 장식된 보온 물병 케이스 **4** 디즈니 회원에게만 주는 리미티드 에디션도 있다.

Area 7 / Shibuya / Place

Everybody 흔들어! 시부야의 클러빙

도쿄는 아시아의 클럽 문화를 이끄는 곳이다. 밤 문화를 사랑하는 당신에게 도쿄의 클럽은 달콤한 유혹 그 자체다. 도심 전체에 빽빽이 들어찬 빌딩에서 펼치는 화려한 일루미네이션과 몇 시간은 공들였을 법한 분장에 가까운 화장을 한 소녀들을 헤치고 한적한 도겐자카 쪽으로 향해보자.

최강 하우스 클럽 디제잉
웜 Womb

하우스에 열광하는 당신을 위한 첫 번째 제안은 도쿄에서 최고의 인기를 누리고 있는 클럽 웜. 현대적인 디스코 음악인 하우스는 믹싱에 따라 달라지는 다양한 사운드가 매력적이다. 클러버들의 기분을 고조시키는 하우스의 정점이 바로 웜이다. 콘크리트 건물 지하에 자리한 이곳의 문을 열고 들어가면 심장 박동 소리와 같은 비트가 느껴져 왠지 모를 기대감에 한껏 들뜬다. 환상적인 레이저 빔이 거대한 미러볼에 반사되어 분위기를 더욱 고조시켜 음악과 춤을 사랑하는 이들을 즐겁게 해준다.

DATA Add. 東京都渋谷区円山町2-16 **Google Map** 35.658403, 139.695046 **Tel.** 03-5459-0039 **Open** 23:00~ **Access** JR 시부야역에서 도보 15분(도겐자카 쪽으로 올라가 교차점에서 우회전, 10m 앞 편의점 앞에서 오른쪽으로 직진) **URL** www.womb.co.jp

하이엔드 음향에 취한다
티케이 TK

일렉트로닉 댄스 뮤직EDM 마니아들에게 추천하고 싶은 장소. 인기 클럽이었던 T2의 후신이다. 젊은이들로 붐비는 에너지 넘치는 클럽으로, 쾅쾅 울리는 음향이 기분을 돋워준다.

DATA Add 東京都渋谷区宇田川町13-8 ちとせ会館 **Google Map** 35.660930, 139.698555 **Tel.** 03-5456-2400 **Open** 22:00~다음날 04:30 **Access** JR 시부야역 남쪽 출구로 나와 북서쪽으로 걸어 하치코 광장 앞의 횡단보도를 건넌다. 시부야 츠타야를 바라보면서 왼쪽 길로 직진해 세 번째 블록에서 우회전한다. 블록 끝의 더바디샵 매장 건너편의 스와치 매장에서 횡단보도를 한번 더 건너 치토세 회관에 위치. 도보 6분 **URL** tk-shibuya.com

Tip
● 대부분의 클럽은 요일, 영업시간, 이벤트에 따라 다른 요금을 적용하는 곳이 많다. 또 스케줄표와 음악 장르를 미리 확인하지 않으면 취향에 맞지 않는 음악 때문에 제대로 즐길 수 없는 경우도 있다. 입장 시 신분증을 제시해야 하니 여권 지참은 필수.

● 도쿄의 클럽에서 몸을 비벼대거나 노출이 심하고 야한 패션은 NG! 대부분 친구도 사귀고 술 한 잔하고 음악을 들으며 춤추러 오는 것이 일반적이므로 오버했다가는 눈초리를 받기 십상이다. 그러나 할로윈데이 같은 이벤트가 있을 때는 과감한 복장을 한 사람들도 눈에 띈다. 돈키호테에서 할로윈용 복장을 사는 것도 재미를 더하는 방법 중 하나.

● 보통 클럽에서 즐기는 드링크는 ¥500부터이고 맥주와 진 라임, 보드카토닉, 럼, 테킬라까지 여러 종류의 주류가 구비되어 있다. 술을 못 마시는 사람은 콜라나 물을 주문해도 무방하다. 도쿄의 클럽들은 보통 새벽 1시 30분쯤부터 사람들이 몰리면서 분위기가 고조된다. 대개 새벽 5시쯤 되면 한산해지는데, 해외에서 유명 DJ들이 초빙된 날에는 1~2시간 연장하기도 한다. 때에 따라 아침이나 정오까지 파티가 이어지니 특별한 이벤트가 있을 때는 사이트에서 확인하거나 스태프에게 물어볼 것.

다양한 장르를 선택할 수 있는 클럽
아톰 Atom

힙합, 일렉트로닉스 등 다양한 장르로 구분된 층에서 자신의 취향에 맞춰 놀 수 있도록 된 3층 규모의 클럽. 특히 여성들에게 인기 있다. 클럽 주변에서 나눠주는 할인 팸플릿을 지참해 입장하는 것이 절약의 비결.

DATA Add. 東京都渋谷区円山町2-4 Dr.ジーカンスビル4F/6F **Google Map** 35.658269, 139.695253 **Tel.** 03-3464-0703 **Open** 22:00~04:30 **Access** JR 시부야역 하치코 출구에서 도보 7분 **URL** atom-tokyo.com

시부야 생활 10년 차 **리코**가 알려주는 시부야의 숨은 맛집 리스트

미도리카와 리코는 메이크업 헤어 아티스트이자, 명품 브랜드의 리미티드 에디션을 셀렉트하는 스피넥스Spnext의 MD다. 도쿄에서 태어난 것은 아니지만 벌써 10년이 넘게 산 시부야는 제2의 고향이나 다름없다. 시부야는 대개 쇼핑의 거리, 유행을 선도하는 거리로 알려져 있지만 다양한 음식을 판매하는 가게도 많아서 ¥500 이하로 한 끼를 때울 수 있는 가정식 백반집이 있는가 하면 으리으리한 호텔 레스토랑이나 고급 레스토랑도 있다. 부쩍 가벼워진 주머니가 마음 아프게 하는 요즘, 저렴한 가격으로 여행에 활력을 불어넣어줄 곳은 어디일까?

리코's DIRECTORY

아침 식사를 가볍게 해결할 수 있는 곳
산 마르크 카페 サンマルクカフェ

잠이 달아날 만큼 진한 향의 커피와 바삭한 크루아상으로 아침을 시작하는 것은 어떨까? 산 마르크 카페는 진한 커피와 초콜릿을 넣은 크루아상으로 아침을 거른 직장인들에게 환영받고 있다. 단, 여기서는 이 2가지로만 만족할 것!

DATA Add. 東京都渋谷区宇多川町12-7 渋谷エメラルドビル1階 **Google Map** 35.661505, 139.697989 **Tel.** 03-5459-9309 **Open** 07:30~22:30 **Access** JR 시부야역 하치코 출구에서 도보 15분 **URL** www.saint-marc-hd.com/cafe

¥500 이하로 우동과 유부초밥을 즐길 수 있는 곳
하나마루 우동 はなまるうどん

빵으로는 도저히 점심까지 버틸 수 없다고 생각하는 사람에게는 쫄깃한 우동을 권한다. 하라주쿠의 다케시타도리와 시부야 센터가이에도 점포가 있는 하나마루 우동은 맛있는 데다 빨리 나오고 셀프 서비스라 가격도 저렴하다. 또 소·중·대 세 가지 사이즈 중에서 고를 수 있고, 주먹밥이나 유부초밥을 추가해도 좋다. 오전 10시까지만 판매하는 아침 우동을 눈여겨보자.

DATA Add. 東京都渋谷区宇多川町28-2 ニュー渋谷ビル地下1階 **Google Map** 35.660284, 139.698312 **Tel.** 03-5784-3633 **Open** 08:00~23:00 **Access** JR 시부야역 하치코 출구에서 도보 8분 **URL** www.hanamaruudon.com

느긋하게 모닝 메뉴를 즐기고 싶을 때
브라세리 비롱 Brasserie Viron

사람마다 여행의 목적이 다양하지만 먹는 것을 중요하게 생각하는 사람이라면 아침도 거르지 않을 것이다. 든든하게 먹고 하루를 시작하고 싶다면 브라세리 비롱의 빵을 추천한다. 파리의 바게트 콩쿠르에서 아홉 번이나 우승한 유명한 가게의 일본 1호점으로 빵이 정말 맛있다. 비롱의 아침 식사ヴィロンの朝食는 바게트나 시리얼+6종류의 잼+꿀, 초콜릿 크림+커피 또는 홍차로 구성되며, 파리의 아침 식사パリの朝食은 오늘의 샐러드+달걀 반숙+오렌지 주스+바게트 롤+커피 또는 차로 구성되어 있다.

DATA Add. 東京都渋谷区宇多川町33-8 **Google Map** 35.660913, 139.696821 **Tel.** 03-5458-1776 **Open** 아침 09:00~11:00, 점심 12:00~15:00, 저녁 19:00~24:00 **Access** JR 시부야역 하치코 출구에서 도보 5분

300엔짜리 파스타로 화제를 모으는 곳
블랙 브라운 Black Brown

갸루들의 밀집 쇼핑센터 시부야 109의 Y자 교차로에서 도큐백화점 본점 쪽으로 걸어가다 보면 블랙 브라운을 발견할 수 있다. 지하에 있어 눈에 확 띄진 않지만 시부야를 조금 아는 사람이면 모를 리가 없다. 블랙 브라운은 싸다는 게 최대 장점이다. 가격의 거품을 쫙 뺀 파스타가 300엔대로 학생이나 여행자들에게 고마운 가게다. 정말 싸고 음식도 가격에 비해 맛있어서 항상 붐비는 곳이다. 추천할 만한 메뉴는 크림 파스타. 유의할 점은 사이드 메뉴를 이것저것 고르다 보면 금세 금액이 올라간다는 것.

DATA Add. 東京都渋谷区道玄坂2-29-19 セキグチビル地下1階 **Google Map** 35.659967, 139.697951 **Tel.** 03-3464-1616 **Open** 11:00~23:00 **Access** JR 시부야역 하치코 출구에서 도보 6분

시골 농장의 풋풋함이 그대로
그린 그릴 Green Grill 野菜の力と大地の恵み

코코티Cocoti 빌딩에 있는 그린 그릴은 낮에는 런치 메뉴를 ¥1500 정도에 즐길 수 있고 밤에는 술과 간단한 요리를 곁들여 멋진 시간을 보낼 수 있는 곳이다. 사실 말로 표현할 수 없을 정도로 아름다운 요코하마 지점을 더 좋아하지만 시부야 지점도 나쁘지 않다. 계약을 맺은 농가에서 들여오는 신선한 재료로 만든 채식 요리는 다이어트에 신경 쓰는 여성들에게 무척 인기 높다.

DATA Add. 東京都渋谷区渋谷1-23-16 cocoti3階 **Google Map** 35.662030, 139.702616 **Tel.** 03-3486-7280 **Open** 11:30~15:30, 17:30~23:00 **Access** JR 시부야역 동쪽 출구에서 도보 8분

특이한 메뉴가 가득한 레스토랑
가베노 아나 壁の穴

이탈리언 레스토랑이라고는 느껴지지 않는 분위기가 특징이며, 우리가 흔히 알던 맛과 전혀 다른 일본식 오리지널 메뉴를 선보인다. 명란 스파게티의 원조라 할 수 있으며, 그 밖에도 대구알이나 성게알 같은 재료를 써서 느끼함을 줄인 새로운 메뉴로 유명하다. 런치타임에는 꽤나 혼잡하다.

DATA Add. 東京都渋谷区道玄坂2-25-17 カスミビル1階 **Google Map** 35.659582, 139.697706 **Tel.** 03-3770-8305 **Open** 11:30~23:00 **Access** JR 시부야역 하치코 출구에서 도보 5분 **URL** www.kabenoana.com

초보자도 손쉽게 만들 수 있는
일본 요리 Best 4

건강에 좋고 담백해 해외에서 더 인기 높은 일본 요리 중 누구나 집에서 쉽게 만들 수 있는 가정식 요리 몇 가지를 소개한다. 재료는 '혼자 밥 먹는 도시' 도쿄답게 1인분 기준이다.

Recipe 1
볶음우동 焼きうどん **야키우동**

유통 기한이 다가오는 야채들아, 분리수거하기 전에 모여라! 냉장고 처리용 우동 요리.

재료 쇠고기 100g, 우동 면 1인분, 양송이버섯 5~6개, 양배추 2장, 콩나물 적당량

조미료 간장 1큰술, 쓰유 3큰술, 참기름 1작은술, 깨소금 약간

〈조리 순서〉
1 양송이버섯은 썰어놓고 양배추는 적당한 크기로 자른다. 2 팬에 참기름을 두른 다음 쇠고기를 볶다가 콩나물을 넣어 함께 익힌다. 3 ②에 양송이버섯과 양배추를 넣어 볶다가 쓰유를 넣어 살짝 간한다. 4 ③에 우동 면을 넣고 물과 간장을 더해 익힌다. 5 ④가 익으면 그릇에 담고 깨소금을 뿌린다.

Tip
1 고기나 야채는 어떤 것을 사용해도 상관없다. 냉장고에 있는 재료를 십분 활용하자.
2 우동 면은 미리 해동해놓거나 물에 담가둔다.

Recipe 2
닭고기덮밥 親子丼 **오야코동**

닭고기와 달걀의 환상적인 조화를 맛볼 수 있는 초간편, 초스피드 뚝딱 쿠킹!

재료 닭고기 1/2마리, 밥 1공기, 양파 1/2개, 달걀 2개

조미료 육수 1/2컵, 미림·간장 2큰술씩, 술 1큰술, 설탕 1/2큰술

〈조리 순서〉
1 닭고기는 한입 크기로 썰고, 양파는 2~3mm로 썬다. 달걀은 풀어놓는다. 2 작은 팬이나 냄비에 조미료를 넣고 조리다가 양파를 넣는다. 양파의 숨이 죽으면 닭고기를 넣어 익힌다. 3 ② 위에 풀어놓은 달걀을 살짝 흘려 넣고 불을 줄여 반 정도 익힌다. 4 오목한 그릇에 밥을 담고 ③을 모양이 흐트러지지 않도록 살포시 얹는다.

Tip
1 육수가 없을 때는 물을 사용해도 괜찮다.
2 닭고기는 먼저 식용유를 두른 팬에 넣어 껍질 쪽을 익힌 후에 요리하면 고소하고 바삭한 맛을 더할 수 있다.

Recipe 3
돼지고기 생강구이
豚肉のしょうが焼き 부타니쿠노 쇼가야키

생강을 듬뿍 넣어 누린내가 나지 않는 돼지고기 로스구이.

재료 돼지고기(로스용) 200g, 양배추 1~2장, 미니토마토 1개, 식용유 약간

생강소스 생강 1쪽 또는 생강 튜브, 간장·술·미림 3큰술씩, 꿀 2큰술, 설탕 1큰술

〈조리 순서〉
1 생강을 강판에 갈아놓고 여기에 간장, 술, 미림 등을 섞어 생강소스를 만들어 돼지고기를 재운다.
2 팬에 식용유를 두르고 재워놓은 돼지고기를 펼쳐 중간 불에서 갈색이 나도록 노릇하게 굽는다.
3 ②에 생강소스를 얹어가면서 굽고 양배추는 잘게, 미니토마토는 반으로 잘라 준비한다. 4 접시에 고기를 1장씩 고르게 올려놓고 팬에 남은 소스를 뿌린 후 양배추와 미니토마토로 장식한다.

Tip
1 돼지고기를 생강소스에 오래 재워두면 생강 맛이 너무 강해지니 주의한다.
2 고기는 처음에는 센 불에, 어느 정도 익었을 때는 약한 불로 속까지 푹 익힌다.

Recipe 4
고기감자 肉じゃが 니쿠자가

일본 가정의 식탁에 단골로 올라오는 메뉴로, 감자조림에 야채를 더해 달달하게 만들어 국물에 밥을 말아 먹어도 Good!

재료 물 1/2컵, 쇠고기 150g, 감자 2~3개, 양파·당근 1개씩, 기누사야(꼬투리째 먹는 완두)·식용유 약간씩

조미료 간장 3큰술, 설탕 1큰술, 미림 3~4큰술

〈조리 순서〉
1 감자와 당근은 껍질을 벗기고 적당한 크기로 깍둑썰기하고 양파는 듬성듬성 4~5토막 낸다. 기누사야는 끓는 물에 살짝 데쳐 선명한 색을 낸다. 2 냄비에 식용유를 두르고 눌어붙지 않도록 주의해가며 쇠고기를 볶는다. 3 쇠고기의 색깔이 변하면 식용유를 좀 더 넣는다. 그런 다음 감자, 당근, 양파, 기누사야를 넣어 볶고 물을 넣어 조린다. 4 전체적으로 끓으면 중간 불로 조리다가 감자가 익으면 조미료를 넣는다. 5 가끔 저으면서 국물이 자작자작해질 때까지 조린다.

Tip
1 기누사야는 고기감자의 색을 내는 역할을 하는데, 처음부터 같이 넣어도 되고 다른 야채로 대체해도 된다. 2 오래 조리면 감자가 으스러지니 너무 뒤적거리지 않는다. 3 쇠고기 대신 돼지고기를 사용해도 무난하며 다른 야채를 더해 색깔을 내도 예쁘다.

Area 8 / Harajuku & Omotesando

Area 8
HARAJUKU & OMOTESANDO

하라주쿠 & 오모테산도
原宿 & 表参道

● 　　　일본의 패션 트렌드가 시작되는 거리. 그저 거리를 걷거나 지나가는 사람들을 바라보는 것만으로도 재미있는 이곳은 우리나라의 이대 뒷골목과 비교되곤 한다. 하라주쿠는 개성 만점의 젊은이들이 모이는 곳으로, 코스프레 복장이나 롤리타 룩 등을 표현한 각양각색의 사람으로 넘쳐나 관광객들에게 웃음을 주기도 한다. 갭 매장 앞은 패셔니스타를 대상으로 여러 가지 앙케트나 기획사의 스카우트가 이루어지는 곳으로 유명하다. 근처에 일본 최대의 신사인 메이지진구가 있다. 하라주쿠 하면 빼놓을 수 없는 다케시타도리는 주말이면 지나다니기도 힘들 만큼 많은 사람으로 넘쳐난다. 교복을 입은 학생들이 많아 옷이나 액세서리를 비교적 저렴하게 판매하는 숍이 대부분이다. '우라하라'라고 불리는 하라주쿠의 뒷골목 캣 스트리트는 크레페를 먹으며 옷가게를 구경하는 이들로 붐빈다. 주말이면 개성이 넘치다 못해 조금은 이상하게 여겨지는 독특한 사람들과 오모테산도 부티크 거리로 쇼핑 나온 부인들까지 합세해 하라주쿠의 다양한 면모를 경험할 수 있다.

Access
가는 방법

하라주쿠原宿**역 / 오모테산도**表参道**역 / 메이지진구마에**明治神宮前**역**
방향 잡기 JR 하라주쿠역, 다케시타도리에서 오모테산도, 시부야까지 걸어갈 수 있다. 하루를 투자해 천천히 둘러볼 것을 추천한다.

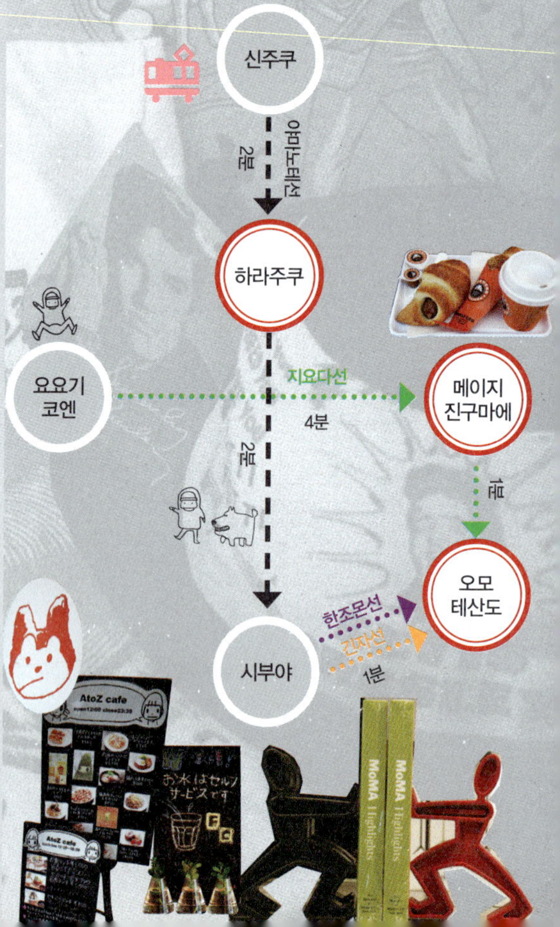

신주쿠
↓ 2분 야마노테선
하라주쿠
→ 지요다선 4분 → 메이지진구마에
요요기코엔
↓ 2분
시부야 → 한조몬선/긴자선 1분 → 오모테산도

Check Point

● 하라주쿠에서 오모테산도까지는 도보로 다니기에 좋고 다케시타도리, 캣 스트리트, 오모테산도힐스 같은 쇼핑 거리나 메이지진구, 와타리움미술관 등 볼거리와 놀거리가 가득하니 여유를 가지고 돌아보자.

● 오모테산도 거리에서는 루이 비통, 로에베, 펜디, 샤넬, 구찌, 디올 등 고급 부티크 숍과 ¥1000 이하로 멋지게 스타일링할 수 있는 하라주쿠의 구제 숍이 있다. 두 곳의 상반된 스타일을 즐겨보자.

Plan
추천 루트
하라주쿠 & 오모테산도
하루 걷기 여행

12:00 모마 스토어 MoMA Store
'모마MoMA'는 '뉴욕 현대미술관Museum of Modern Art'의 약자다. 뉴욕에 이어 오픈한 오모테산도점에서는 디자인 관련 액세서리를 비롯한 모마의 한정품과 아이템을 판매한다.

도보 8분

돈카쓰 마이센(아오야마 본점) とんかつまい泉 青山本店 13:15
일본 전국에 점포를 8개 운영하는 도쿄의 대표적인 돈가스 맛집으로 옛날 목욕탕을 개조해 만든 실내가 특이하다.

도보 4분

애니버서리 카페 Anniversaire Café 15:30
오모테산도의 대표적인 오픈 테라스 카페에서 카페오레나 샴페인을 즐겨보자.

도보 3분

16:00 오모테산도힐스 表参道ヒルズ
오모테산도의 얼굴로 자리매김한 오모테산도힐스는 꼭 들러야 할 명소. 주말에는 가족 단위 손님이 많이 찾기 때문에 붐빈다.

도보 7분

스파이럴 Spiral 17:00
갤러리와 다목적 홀을 중심으로 레스토랑과 바, 생활 잡화, 숍, 뷰티 살롱 등으로 구성된 복합 문화 공간. 도쿄의 젊은이들이 많이 찾는다.

도보 8분

서니 힐스 Sunny Hills 18:15
타이완의 파인애플 케이크 브랜드. 산뜻한 파인애플 케이크와 에스프레소 한 모금 마시며 쉬어 가자.

Area 8 / Harajuku & Omotesando / Place

아마추어 아티스트의 작품으로 꾸민 디자인 페스타

디자인 페스타 Design Festa 🔊데자인 훼스타

Add. EAST 東京都渋谷区神宮前3-20-2 1~3階, WEST 東京都渋谷区神宮前3-20-18 1~2階 **Google Map** 35.670568, 139.708161
Tel. 03-3479-1442 **Open** 11:00~20:00
Close 도쿄 빅 사이트 디자인 페스타 개최일 **Access** 지하철 지요다선 메이지진구마에역 5번 출구에서 도보 5분 **URL** www.designfestagallery.com

아마추어 아티스트들의 표현의 장

디자인 페스타 입구는 현란한 그래피티와 조각으로 치장되어 있어 눈이 피곤할 정도다. 아마추어 아티스트들에게 자유로운 표현의 장을 마련해주기 위해 조성된 공간임을 여실히 보여주는 부분이라 할 수 있다. 이곳에서는 전 세계 40여 개국에서 온 아티스트들이 1년 내내 전시를 열며, 거주지 역할을 하기도 한다. 연령과 성별을 불문하고 아티스트들이 한 단계 발전할 수 있는 기반을 제공해주는 디자인 페스타는 매년 2회씩 아트 이벤트를 개최한다. 디자인 페스타의 전시는 언제나 무료라 부담 없이 구경할 수 있으며 전시장에서 운영하는 작은 카페에서 음료를 마시거나 식사를 할 수도 있다. 마음에 드는 작품의 작가 이름을 유심히 봐두자. 이곳에서 데뷔한 세계적인 아티스트가 탄생할지도 모를 일.

1 초등학생들이 빗자루를 이용해 작품을 만들고 있다. **2** 자판기 역시 평범함을 거부한다. **3** 이보다 더 독특할 수 없다. **4** 마치 환상 속 괴수의 모습을 표현한 듯한 작품과 아티스트

젊은 디자이너들의 경연장 디자인 페스타 갤러리의 아트 디렉터 **우스키**

Secret >> 반갑습니다. 디자인 페스타 갤러리에 관한 소개부터 부탁드립니다.

Local >> 디자인 페스타 갤러리는 젊은 아티스트들의 끼와 정열을 발산할 수 있는 복합 문화 공간입니다. '예술을 사러 가자'는 콘셉트 아래 오직 하나밖에 없는 오리지널 작품을 구입하고 인종과 국가를 초월한 다양한 장르의 예술 작품을 공유할 수 있게 만들자는 취지에서 이 공간을 열었습니다.

Secret >> 디자인 페스타라는 행사도 운영하시는 것으로 알고 있습니다. 행사에 대한 소개를 부탁드립니다.

Local >> 오다이바의 도쿄 빅 사이트에서 열리는 디자인 페스타 이벤트는 젊은 디자이너들이 솜씨를 뽐내는 디자인 축제의 한마당입니다. 1994년부터 진행된 이 행사는 지금은 아시아 최대의 아트 페스티벌로 83개국 7000여 명의 아티스트가 참여합니다. 자신이 재능이 있다고 생각한다면 누구나 부스를 만들 수 있습니다.

Secret >> 디자인 페스타 갤러리를 열게 된 특별한 이유가 있으셨나요?

Local >> 아티스트들이 도쿄의 비싼 갤러리 대여 비용에 스트레스 받지 않고 표현하고자 하는 것을 자유롭게 표현하길 바라는 마음에서 이 일을 시작했습니다. 어쩌면 이곳은 관람객을 위한 공간이라기보다는 순수한 창작 활동을 하는 아티스트와 이들의 작품 세계를 사랑하는 사람들이 한데 모일 수 있는 장이라고 할 수 있겠죠. 저희 디자인 페스타에 참여하는 데 장르나 실력 따위는 필요 없습니다. 저렴한 가격으로 기간 내에 얼마든지 자신의 작품을 전시할 수 있습니다.

Secret >> 참가 자격에도 제한이 없다고 들었는데요?

Local >> 예술은 보고 듣고 느끼는 바를 자신의 아이디어로 표현하는 것입니다. 예술에 대해 수준이 높고 낮음을 따지는 것은 어떻게 보면 현대 사회가 만들어낸 상업화의 결과라 보면 됩니다. 저희 행사에서는 다섯 살배기 어린아이가 세뱃돈으로 구입한 스케치북과 크레파스로 그린 그림을 전시한 적도 있습니다.

Secret >> 행사 운영 스태프는 어떻게 구성되어 있나요?

Local >> 디자인 페스타를 위해 한국인 스태프 4명이 일하고 있습니다. 그 밖에 타이완, 홍콩, 미국, 영국, 독일, 오스트레일리아 등의 스태프들이 디자인 페스타를 전 세계에 알리고 인쇄물과 홈페이지를 만들어 관리하고 있습니다. 한국에서 디자인 페스타 투어가 열린다는 소식은 2~3년 전부터 들었습니다. 디자인 페스타 갤러리를 찾는 한국인의 숫자도 예년에 비해 많이 늘었습니다.

Secret >> 한국의 젊은 디자이너를 위한 어드바이스를 부탁합니다.

Local >> 저는 상대방에게 "이런 것을 해보고 싶어요"라는 말을 들을 때가 가장 행복합니다. 무언가를 하고 싶다는 의욕과 마음이 있다면 전공이나 경력 따위는 문제가 되지 않습니다. 자신이 표현하고자 하는 것을 디자인 페스타나 갤러리를 통해 표현하고 아트의 세계에 뛰어들길 바랍니다.

Secret >> 디자인 페스타를 하면서 기억에 남는 아티스트가 있나요?

Local >> 많은 아티스트가 기억에 남지만 가라쿠지라는 아티스트가 떠오르는군요. 공사장 인부로 일했던 그는 미술 교육을 받아본 적이 없었습니다. 그런데 우연히 우리 갤러리를 방문한 뒤 예술에 대한 열정과 끼를 발견해 아트의 세계로 뛰어들었다고 하더군요. 지금은 작가로 활발한 창작 활동을 하는 가라쿠지뿐만 아니라 누구에게나 열려 있는 우리의 낮은 문턱을 발판 삼아 성공한 사람이 많습니다.

Secret >> 이런 형태의 디자인 페스타를 다른 국가에서도 선보이고 있나요?

Local >> 파리에 레 프리고Les Frigos가 있으며 베를린과 런던에도 디자인 페스타 갤러리와 같은 낡은 건물에 들어선 아티스트들의 아틀리에가 있습니다. 저희는 그들과 많은 교류를 하는데, 매년 800~1000여 명의 아티스트가 디자인 페스타 갤러리를 찾습니다. 그들 모두가 디자인 페스타를 통해 예술의 세계로 뛰어들기를 희망합니다.

다케시타도리 竹下通り

Add. 東京都渋谷区神宮前1
Google Map 35.671566, 139.703147
Tel. 03-5321-3077
Access JR 하라주쿠역에서 바로
URL www.takeshita-street.com

Map P.408-B

개성 넘치는 젊은이들의 거리

JR 하라주쿠역의 개찰구를 나오면 밑으로 뻗어 있는 400m가량의 작은 골목길이 다케시타도리다. 차량은 진입할 수 없는 보행자 천국이다. 대개 오전 10시 30분이 넘어야 셔터를 올리는 의류·액세서리 숍, 카페가 즐비하게 늘어서 있다. 이곳에서는 오전부터 크레페를 먹으며 거리를 활보하는 교복 차림의 학생이나 화려하게 치장한 젊은이를 쉽게 볼 수 있다. 도쿄를 관광하러 오는 지방 사람들이나 외국인 관광객들도 한번씩은 이 골목에 발을 디딘다. 가게 구경도 재미있지만 명동처럼 엄청난 인파에 이리저리 휩쓸려 다니는 것도 즐겁다. 북적거리는 것이 싫은 사람이라면 다케시타도리가 그다지 마음에 들지 않을 수도 있다. 하지만 어느 가이드북이든 하라주쿠의 명소로 꼽는 곳이므로 꼭 한번 들러보길 바란다.

1 다케시타도리에서 하라주쿠역을 바라본 모습. 거리 시작을 알리는 조형물이 인상적이다. **2** 평일, 주말 할 것 없이 늘 사람들로 가득한 골목 **3** 개성 있는 패션 숍이 골목을 가득 메우고 있다 **4** 구경거리가 많은 대표적인 패션 거리

스파이럴 Spiral スパイラル 🔊 스파이라루

Add. 東京都港区南青山5-6-23 **Google Map** 35.663586, 139.711750
Tel. 03-3498-1171 **Open** 11:00~20:00
Access 지하철 지요다선·한조몬선·긴자선 오모테산도역 B1·B3 출구에서 도보 1분 ※B3 출구는 엘리베이터와 에스컬레이터로 연결된다.
URL www.spiral.co.jp

언제나 탐나는 에지 있는 아이템

갤러리와 다목적 홀을 중심으로 레스토랑과 바, 생활 잡화, 숍, 뷰티 살롱 등으로 구성된 복합 문화 공간. '생활과 아트의 융합'을 콘셉트로 현대 미술이나 디자인, 전람회, 연극, 댄스, 콘서트, 심포지엄, 파티 등이 펼쳐져 언제나 활기찬 분위기다. 건물은 건축가 마키 후미히코가 디자인·설계했으며, 지상 9층, 지하 2층으로 이루어졌다. 스파이럴 마켓Spiral Market과 스파이럴 레코드Spiral Records 숍은 1980년대 일본 근대주의 건축 양식을 대표하는 건물로 유명하다. 세계 디자인계에 자랑스럽게 내놓을 수 있는 일본 디자이너들의 아이템을 전시·판매한다. 그 밖에도 입구 옆에 있는 쇼케이스Show Case에서는 특별 전시나 이벤트를 개최하며, CW-X 컨셔닝 스토어Contionning Store에서는 스포츠 용품을 판매한다. 가벼운 식사를 즐길 수 있는 스파이럴 카페Spiral Cafe도 있다.

1 활기찬 복합 문화 공간에는 늘 많은 사람들로 붐빈다. **2** 1층에 마련된 카페 & 레스토랑은 오모테산도를 찾는 사람들의 약속 장소로 사랑 받는다. **3** 햇살이 내리쬐는 1층의 전시 공간 **4** 2층에는 CD, 공예품과 같은 일상에 도움이 되는 아이템을 살 수 있다.

Area 8 / Harajuku & Omotesando / Place, Restaurant

코뮌 세컨드 Commune 2nd

Add. 東京都港区南青山3-13
Google Map 35.665658, 139.713294
Access 지하철 긴자선·지요다선·한조몬선 오모테산도역에서 도보 2분
Open 11:00~22:00(점포마다 다름)
URL commune2nd.com

Map
P.409-G

실험적인 스폿들이 모여 있는 재미있는 공간

건물이 세워지기 전 임시 부지나 공터를 무대로 카페와 레스토랑, 부티크 등을 운영해 온 복합 야외 팝업 공간인 코뮌246Commune246이 2017년 1월 코뮌 세컨드 Commune 2nd라는 새로운 이름으로 다시 태어났다. 운영은 자유 대학Freedom University이라는 단체가 맡고 있으며, 브루클린 리본 프라이, 비건 푸드, 비어 브레인, 도트 카페 등 아담한 스폿들이 한데 모여 다양한 음식과 문화를 즐길 수 있는 오픈 스페이스를 지향한다. 대부분 가격이 저렴한 편이라 주머니가 넉넉지 않은 여행객도 부담 없이 즐길 수 있다.

1 개성 있는 외관의 소규모 점포들이 모여 있다. 2 소박하지만 멋스럽다. 3 좁은 골목을 걸으면서 먹어도 좋다.

돈카쓰 마이센(아오야마 본점) とんかつまい泉(青山本店)

Add. 東京都渋谷区神宮前4-8-5
Google Map 35.667984, 139.711530
Tel. 0120-428-485 **Open** 11:00~22:45
Access 지하철 지요다선·한조몬선·긴자선 오모테산도역 A2 출구에서 도보 4분
URL www.mai-sen.com

옛 목욕탕에서 즐기는 잊지 못할 돈가스 맛

전국에 8개의 점포를 운영하는 도쿄의 대표적인 돈가스 레스토랑으로 옛날 목욕탕을 개조해 만들었다. 레스토랑이 문을 연 1965년부터 한결같은 맛으로 도쿄 사람들은 물론 여행객에게 사랑받고 있다. 미국의 세계적인 레스토랑 안내서 〈저갯 서베이 Zagat Survey〉에 5회 이상 게재되었을 정도로 공인된 맛을 자랑한다. 규슈 가고시마에서 직송한 최고급 돼지고기와 엄선한 소스, 빵가루를 사용하고, 4가지 기름을 배합해 만든 특제 식용유에 돈가스를 튀겨내 겉은 바삭하고 속은 부드럽다. 특히 하루에 제한된 양만 파는 특제 흑돼지 돈가스 세트(¥3100)를 추천한다. 간판 메뉴인 돈가스 외에 전통 일식도 즐길 수 있다.

1 옛 목욕탕이 도쿄의 소문난 돈가스집으로 변신했다. **2, 3** 남녀노소 즐거운 분위기에서 즐길 수 있는 패밀리 레스토랑 **4** 바삭한 튀김옷과 촉촉한 육즙의 절묘한 조화가 일품이다.

Area 8 / Harajuku & Omotesando / Restaurant

프레시니스 버거 Freshness Burger 후레슈네스 바-가

Map P.409-C

Add. 東京都渋谷区神宮前2-18-7
Google Map 35.672451, 139.709797
Tel. 03-5772-1772 **Open** 09:00~21:00
Access 지하철 지요다선 메이지진구마에역 5번 출구에서 도보 10분
URL www.freshnessburger.co.jp

환상적인 수제 버거를 맛볼 수 있는 곳

예쁜 주택을 개조한 프레시니스 버거에 들어서면 왠지 모르게 기대감이 생긴다. 미리 만들어놓은 햄버거를 파는 것이 아니라 주문을 받으면 바로바로 만드니 5~10분 정도는 기다려야 한다. 점원이 테이블까지 햄버거를 가져다주는데, 두툼한 고기 패티와 신선한 토마토, 양상추를 듬뿍 넣은 수제 햄버거의 맛은 오랫동안 잊지 못할 정도로 별미다. 시끄럽게 수다를 떠는 교복 입은 학생보다 혼자 책을 읽으며 시간을 보내는 사람이 대부분이라 무척 조용하다.

간판 메뉴인 프레시니스 버거フレッシュネスバーガー는 ¥380, 교자독 Gyoza독은 ¥420, 베지터블 수프ベジタブルスープ는 ¥350이다.

1 입구는 생각보다 좁으니 지나치지 않도록 주의하자. **2** 선반은 별다른 장치 없이 로고를 최대한 활용해 꾸몄다. **3** 억지로 멋 부리지 않는 것이 프레시니스 버거의 특징 **4** 앙증맞은 소스통. 케첩과 머스터드는 직접 가져다 먹도록 되어 있다.

뱀부 Bamboo 🔊뱀부

Add. 東京都渋谷区神宮前5-8-8 **Google Map** 35.666620, 139.708044
Tel. 03-3407-8427
Open 점심 11:00~15:00, 카페 15:00~17:30, 저녁 17:00~22:30
Access 지하철 지요다선·한조몬선·긴자선 오모테산도역 A1 출구에서 도보 3분
URL www.bamboo.co.jp/omotesando

오픈 카페의 원조

1997년 일본 최초로 오픈한 테라스 카페 뱀부가 이곳의 전신이다. 2005년 오모테산도의 경관과 시대의 흐름에 맞춰 프렌치 레스토랑으로 리뉴얼했다. 꽃으로 둘러싸인 노천 공간은 낮에는 발랄한 카페, 밤에는 멋진 야외 라운지로 변한다. 생일이나 기념일을 맞아 특별한 시간을 보내려는 사람들로 붐빈다. 이곳의 셰프 니시무라 준이치는 전통 스페인 요리를 바탕으로 한 퓨전 요리를 선보인다. 특별한 레시피로 승부하는 곳으로 일본 셀러브리티들도 자주 찾는다고 한다.

샐러드 바와 파스타 또는 리소토, 커피, 디저트가 포함된 런치 세트(￥2000~2800)나 치킨이나 생선, 고기, 커피, 디저트가 포함된 런치 세트(￥2300~3900)를 추천한다.

1 깔끔한 양옥 스타일에 외관이 흰색이라서 눈에 잘 띈다. **2** 건물 모양을 따서 만든 장식 **3** 커피와 케이크는 빼놓을 수 없는 티타임 코스 **4** 평온한 실내 분위기

Area 8 / Harajuku & Omotesando / Restaurant

하라주쿠교자 로우 原宿餃子 樓

Add. 東京都渋谷区神宮前6-2-4
Google Map 35.667556, 139.706141
Tel. 03-3406-4743
Open 11:30~다음날 04:30
Access 지하철 지요다선 메이지진구마에역 4번 출구에서 도보 5분

맛, 가격 모두 100점 만점

1999년 4월에 오픈한 이래 주말에는 언제나 긴 행렬이 늘어설 정도로 인기를 누리는 집이다. 메뉴가 워낙 간단해 줄이 길어도 테이블 회전이 빠르므로 오래 기다리지 않아도 된다는 것이 장점이다. 메뉴는 심플하게 군만두와 물만두뿐이고 입맛에 맞게 부추와 마늘을 옵션으로 선택할 수 있다. 사이드 메뉴는 병아리 눈물만큼 나오는 오이, 숙주, 양배추 정도. 저렴한 가격과 한 접시를 뚝딱 비울 정도로 입에 착착 붙는 맛으로 많은 사람들을 유혹한다. 흠이라면 점원이 살짝 불친절하다는 것.

물만두水餃子(스이교자) ¥290, 군만두燒餃子(야키교자) ¥290, 숙주もやし(모야시) ¥180, 양배추きゃべつ(캬베쓰) ¥180, 생맥주生ビール(나마 비-루) ¥500이다.

1 넓은 하라주쿠교자 로우의 입구 **2** 저렴한 가격으로 인기몰이 중 **3** 바삭하게 구운 만두 **4** 주문 즉시 만두를 만들기 시작한다.

야이야이 やいやい

Add. 東京都渋谷区神宮前6-8-7 1階
Google Map 35.667022, 139.705667 **Tel.** 03-3406-8181
Open 월~금요일 15:00~다음날 01:00, 토·일요일·공휴일 12:00~23:00
Access 지하철 지요다선 메이지진구마에역 4번 출구에서 도보 5분
URL www.opefac.com/yaiyai

오사카풍 오코노미야키의 진수

'일본식 빈대떡'으로 불리는 오코노미야키는 남녀노소 누구나 좋아하는 부담 없는 메뉴다. 서민적인 분위기가 특징인 야이야이에서는 오사카풍 오코노미야키의 맛을 그대로 전하기 위해 신선한 재료를 사용한다. 또 스태프가 직접 손님 앞에서 만들어주기 때문에 더욱 맛있게 느껴진다. 고기나 해물 등 원하는 토핑을 선택할 수 있다. 평일에는 다음날 새벽 3시까지 영업하기 때문에 젊은이들이 야식을 먹는 곳으로도 인기가 높다. 철판볶음 하나에 오코노미야키 하나를 시키면 둘이 먹기에 충분한 양이며 술안주로도 좋다.

추천 메뉴는 오징어와 새우를 넣은 마제야키まぜ焼き(￥880), 돼지고기와 파를 넣은 아마카라야키あまから焼き(￥880)다.

1 커다란 등을 달아놓은 외관 **2** 카운터 석에 큰 철판이 있다. **3** 2~4명이 앉을 수 있는 테이블 석 **4** 돼지고기를 토핑한 오코노미야키

Area 8 / Harajuku & Omotesando / Restaurant, Cafe, Shop

다운 더 스테어스 Down The Stairs ダウン ザ ステアーズ
🔊 다운 자 스테아~즈

Map P.409-H

Add. 東京都港区南青山6丁目 1-6 **Google Map** 35.662441, 139.716694
Tel. 03-5464-3711 **Open** 월~목요일 09:00~20:00, 금요일 09:00~23:00, 토·일요일·공휴일 10:00~23:00, 아침 09:00~11:30(평일 한정), 점심 12:00~15:00
Close 넷째 주 월요일 **Access** 지하철 지요다선·한조몬선·긴자선 오모테산도역에서 도보 5분 **URL** www.arts-science.com/shoplist/down_the_stairs

슬로 푸드로 원기 충전

아트 앤 사이언스라는 라이프스타일 브랜드 숍을 운영 중인 소냐 박의 세련된 감각이 돋보이는 유기농 레스토랑. 파인 다이닝보다는 가벼운 식단을 선보여 브런치를 즐기기에 안성맞춤이다. 신선한 재료를 사용해 어머니가 요리한 듯 정성을 다한 메뉴는 고른 영양소를 섭취하되 낮은 칼로리로 건강을 지킬 수 있는 음식으로 구성되어 있다. 아트 앤 사이언스에서 엄선한 그릇이나 커틀러리를 구입할 수 있으며 레스토랑에서 내놓는 커피나 잼과 같은 일부 식품을 판매하는 작은 숍도 함께 운영한다. 영국 디자이너 스티브 해리슨이 만든 도자기 그릇에 담겨 나오는 애프터눈 티를 즐길 수 있으며, 점심식사에 사용되는 플레이트는 아스티에 드 빌라트 Astier de Villatte 제품으로 여성들이 사랑하는 아이템이 가득하다. 소냐 박이 쓴 책 <소냐의 쇼핑 메뉴얼 Sonya's Shopping Manual>의 팬들이 단골로 드나들면서 명성을 얻고 있다.

1 반지하층에 있는데다 간판 하나 없어 쉽게 눈에 띄지 않는다. **2** 유기농 잼과 버터를 비롯하여 몸에 이로운 음식만을 판매한다.
3 수작업으로 만든 클래식한 머그컵. **4** 느긋한 아침을 즐기려는 사람을 위한 브런치 메뉴

푸글렌 도쿄 Fuglen Tokyo フグレントウキョウ
🔊 후그렌 토우쿄우

Add. 東京都渋谷区富ケ谷1-16-11 **Google Map** 35.666672, 139.692440
Tel. 03-3481-0884
Open 카페 월~금요일 08:00~19:00, 토·일요일 10:00~19:00(바 월·화요일 ~다음날 01:00, 수·일요일 ~24:00, 목요일 ~다음날 01:00, 금·토요일 ~다음날 02:00)
Access JR 하라주쿠역에서 도보 10분 **URL** www.fuglen.com/japanese

노르웨이의 유명 카페가 도쿄에 상륙

세계 최고 품질의 커피를 자랑하는 노르웨이 오슬로의 대표 커피 전문점 푸글렌을 도쿄에서 만날 수 있다. 푸글렌은 노르웨이어로 '새'를 의미한다. 오슬로 본점을 그대로 복원한 듯한 푸글렌 도쿄는 노르딕 라이프스타일을 체험할 수 있는 공간이라는 점에서 사람들의 폭발적인 지지를 받고 있다. 노르웨이에서 직접 로스팅한 원두로 내린 핸드 드립 커피 칼리타 웨이브カリタウェーブ(¥620)는 오리지널 커피의 진한 맛을 만끽할 수 있으며, 오늘의 커피本日のコーヒー(¥360)는 가볍게 즐기기 좋다. 바리스타가 추천하는 메뉴로는 우유 거품이 풍부한 카페 모카カフェモカ(싱글 ¥620), 스파이시한 향이 매력적인 리얼 차이チャイ・ラテ(¥720) 등이다. 오전 시간에는 주택가의 한적한 분위기에서 여유로운 시간을 보내기에 좋다. 저녁 시간에는 칵테일 바로 변신해 도쿄 선남선녀들의 만남의 장이 되기도 한다.

1 도쿄에서 멋쟁이들이 가장 많이 모여드는 카페 **2** 스칸디나비아의 감성을 고스란히 담아낸 내부 **3** 최고의 커피 맛은 기본. **4** 푸글렌 카페 본점의 아이덴티티를 고스란히 물려 받아 앤티크한 분위기.

애니버서리 카페 Anniversaire Cafe 아니붸루세루 카훼

Add. 東京都港区北青山3-5-30
Google Map 35.666071, 139.711235 **Tel.** 03-5411-5988
Open 월~금요일 11:00~23:30, 토·일요일·공휴일 09:00~20:00
Access 지하철 지요다선·한조몬선·긴자선 오모테산도역 A2 출구에서 바로
URL www.anniversaire.co.jp

Map P.409-G

secret

오모테산도의 대표적인 오픈 테라스 카페

가수 이마이 미키와 미야자키 아오이가 결혼 피로연을 열어 유명해진 동명의 레스토랑 옆에 있는 유럽풍 노천 카페. 샤갈의 대표작 중 하나인 <애니버서리>에서 이름을 따온 이곳은 1층을 결혼식장으로 사용한다. 평일 낮에는 혼자 샌드위치 등 가벼운 런치를 즐기거나 에스프레소를 마시는 여성들이 많다. 그 밖에도 친구들끼리 식사나 케이크를 즐기면서 수다를 떠는 사람들로 항상 붐빈다. 밤에는 샴페인을 마시면서 오모테산도의 로맨틱한 야경을 즐길 수 있다. 바닐라, 캐러멜, 헤이즐넛 3종류 중 선택할 수 있는 카페오레를 추천하며 저녁이라면 글라스 샴페인도 좋다. 햄 & 치즈 샌드위치, 오늘의 스페셜 런치는 출출할 때 먹으면 좋다.

카페오레カフェオレ(카훼오레) ¥900, 글라스 샴페인シャンパン グラス(샴판 구라스) ¥1600, 크로크무슈クロックムッシュ(쿠록쿠무슈) ¥1500, 오늘의 스페셜 런치日替わりランチ(히가와리 란치) ¥12000이다.

1 카페의 오픈 테라스 석 **2** 아케이드 아래로 테이블이 놓여 있어 유럽풍 분위기가 물씬 풍긴다. **3** 입구의 메뉴 보드 **4** 오모테산도에서 쇼핑을 즐기다 잠시 쉬었다 가기 좋은 카페

에이 투 지 카페 A to Z Cafe ◀≉에 투 제토 카훼

Add. 東京都港区南青山5-8-3 equboビル5階
Google Map 35.662553, 139.712272
Tel. 03-5464-0281 **Open** 12:00~23:30
Access 지하철 지요다선·한조몬선·긴자선 오모테산도역 B1 출구에서 도보 5분
URL atozcafe.exblog.jp

나라 요시토모가 프로듀스한 카페

아오야마 골목 안 5층 빌딩에 있는 에이 투 지 카페는 우리나라에서도 유명한 아티스트인 나라 요시토모의 크리에이티브 카페다. 2006년에 문을 연 이곳은 작은 교실을 연상케 하는 나무 테이블, 교회에서 사용했던 앤티크용품 등으로 장식되어 있다. 또 작가의 아틀리에를 재현한 중앙의 작은 방에는 작품을 걸어놓았다. 외국 초등학교 같은 귀여운 분위기와 매일 바뀌는 런치 메뉴에 반한 젊은 여성들에게 인기가 많아 저녁이면 늘 자리가 없을 정도로 붐빈다. 메뉴도 다양해 소박한 식사부터 디저트와 술까지 즐길 수 있다.

런치 메뉴는 생선魚ランチ(사카나 란치)과 고기肉ランチ(니꾸 란치) 중 택할 수 있고 가격은 ¥10000이다. 돈부리 란치丼ランチ(동 란치)는 ¥800.

1 입구에 메뉴에 대한 설명과 사진이 붙어 있다. **2** 앤티크한 분위기의 카페 **3** 곳곳에 걸린 액자 그림 역시 나라 요시토모의 작품이다. **4** 탐나는 카페의 소품들 **5** 세트 메뉴와 함께 느긋한 오후를 보내자.

Area 8 / Harajuku & Omotesando / Cafe

롤케이크와 타르트가 꾸준히 인기 있다.

브라운 라이스 카페 Brown Rice Cafe 부라운 라이스 카훼

Add. 東京都渋谷区神宮前5-1-17
Google Map 35.665646, 139.709857
Tel. 03-5778-5416 **Open** 11:30~18:00
Access 지하철 지요다선·한조몬선·긴자선 오모테산도역 A1 출구에서 도보 3분
URL www.brown.co.jp

채식주의자들이 사랑하는 카페

도심에서도 계절을 느낄 수 있는 오리지널 메뉴는 일본 전국에서 직송하는 콩, 현미, 야채 같은 재료로 만든다. 어떤 성분도 첨가하지 않고 재료 자체의 특징을 살려 조리하며 야채 그대로의 맛을 전하기 위해 껍질을 벗겨내지 않는다. 먹는 사람의 건강까지 챙기는 친절한 카페라고 할 수 있다. 간은 간장이나 된장으로 맞춘다. 매일 먹어도 질리지 않는 것이 특징이다. 매장 안은 그리 넓지 않아 문을 여는 것과 동시에 만원을 이루는 인기를 자랑한다.

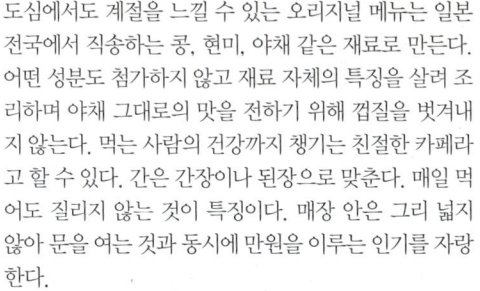

제철 야채에 콩을 넣은 카레인 순노 야사이노 마메카레旬の野菜の豆カレー에 현미밥이나 천연 발효빵, 된장국과 드링크가 포함된 런치 세트(¥2000)를 추천한다. 순노 야사이노 마메카레는 단품으로도 판매한다(¥1500).

1 노출 콘크리트로 된 외벽이 깔끔한 카페 입구 **2** 각지에서 보내오는 미림과 쓰유도 판매한다. **3** 유리에 메뉴를 적어놓았다. **4** 두부를 메인으로 한 세트

Area 8 / Harajuku & Omotesando / Cafe

서니 힐스 Sunny Hills サニーヒルズ 🔊사니-히르즈

Map P.409-H

Add. 東京都港区南青山3-10-20
Google Map 35.665705, 139.716210
Tel. 03-3408-7778 **Open** 11:00~19:00
Access 지하철 지요다선·한조몬선·긴자선 오모테산도역 A4 출구에서 도보 6분
URL www.sunnyhills.co.jp

산뜻한 파인애플 케이크와 에스프레소 한 모금

타이완의 파인애플 케이크 브랜드 서니 힐스 Sunny Hills의 도쿄 플래그십 스토어로 50년이 넘는 역사를 자랑하는 브랜드 노하우를 한눈에 살펴볼 수 있다. 나무를 사용한 건축물로 명성을 떨치고 있는 일본의 유명 건축가 구마 겐고가 설계했다. 전통적인 원목 재료를 숙련된 장인의 손길로 입체적으로 쌓아 올려 지나가는 사람들의 발걸음을 잡아끈다. 여름에 수확해 신맛이 진한 타이완산 파인애플만으로 만든 천연 잼과 함께 달걀, 프랑스 AOP 인증을 받은 에시레 Echiré사의 천연 버터, 일본산 밀가루 등으로 구워낸 파인애플 케이크(5개 ¥1500, 10개 ¥3000)를 살 수 있으며, 살롱 드 테 공간에서 차와 케이크를 먹으며 조용히 쉴 수 있다. 오모테산도를 쇼핑하다 지칠 즈음에 잠시 들렀다 가기 좋은 장소다.

1 차 한잔과 환상의 궁합을 보여주는 파인애플 케이크 **2** 예쁜 꽃이 분위기를 화사하게 전해주는 내부 **3** 연인끼리 들러도 좋지만 혼자서도 부담 없이 즐길 수 있다. **4** 나무로 지어진 외관을 통해 안으로 들어가면 비밀스러운 장소가 나온다.

산 마르크 카페 サンマルク カフェ  산 마루쿠 카훼

Add. 東京都渋谷区神宮前1-14-24
Google Map 35.669841, 139.703164
Tel. 03-5775-0309 **Open** 08:00~22:00
Access JR 하라주쿠역에서 도보 2분
URL www.saint-marc-hd.com/cafe

커피 한잔으로 여는 아침

이곳은 커피와 초콜릿이 들어 있는 따뜻한 크루아상을 주 메뉴로 판매하는 카페이다. 주문 즉시 신선한 커피를 내려준다. 버터 향이 입속 가득 퍼지는 갓 구운 크루아상과 함께 즐기면 더욱 좋다. 테이크아웃하는 손님들에게는 집에서도 맛있게 먹을 수 있도록 "전자레인지에서 15초, 토스터에서는 1분간 데워드세요." 하고 먹는 법을 친절하게 알려준다.

대표 메뉴인 초콜릿을 넣은 초코 크루아상チョコクロ은 ¥170, 크루아상 안에 소시지를 넣은 크루아상 프랑크クロワッサンフランク는 ¥230이다. 여기에 ¥150을 추가하면 커피를 함께 내준다.

1 저렴한 가격, 캐주얼한 분위기로 인기 만점 **2** 도쿄 외 일본의 대도시로도 지점을 넓힌 체인 카페 **3** 초콜릿이 들어 있는 갓 구운 빵을 맛보자. **4** 향긋한 커피가 일품이다.

Area 8 / Harajuku & Omotesando / Cafe, Shop

노아 카페 Noa Cafe 노아 카훼

Map P.408-B

Add. 東京都渋谷区神宮前1-17-5
Google Map 35.671467, 139.703461
Tel. 03-3401-7655 **Open** 08:00〜23:30
Access JR 하라주쿠역에서 다케시타도리 방면으로 도보 1분
URL www.noacafe.jp

여성들이 좋아하는 메뉴가 풍성한 카페

하라주쿠의 쇼핑 거리를 정신없이 돌아다니다 보면 차 한잔과 함께 맛있는 디저트를 먹고 싶은 생각이 간절할 때가 있다. 이런 여성의 마음을 사로잡은 곳이 바로 노아 카페다. 커피는 갓 볶은 원두를 사용해 내리고, 와플은 주문받자마자 굽기 때문에 바삭바삭한 맛이 살아 있다. 식사보다 디저트 메뉴가 풍부하고 계절 한정 메뉴가 있으니 주문하기 전에 미리 확인할 것. 긴자에도 지점이 있다.

아침 식사도 할 수 있는데, 오전 8시에서 오후 1시까지 음료와 삶은 달걀, 토스트를 ¥460에 제공한다. 가장 인기 있는 메뉴는 원두 향기가 그윽한 브랜드 커피ブレンドコーヒー(부렌도 코-히-, ¥460), 녹차와 팥이 토핑된 말차와 아즈키 와플抹茶 & あずきのワッフル(마차 안도 아즈키노 와후루, ¥750)이다.

1 요즘엔 커피를 즐기는 남성들이 늘고 있다. **2** 토스트와 커피는 모닝 세트로 저렴하게 즐길 수 있다. **3** 진한 커피와 잘 어울리는 달콤한 티라미수 **4** 메이플시럽을 곁들인 와플은 에스프레소와 함께 먹으면 좋다.

카페 키츠네 Cafe Kitsune カフェ キツネ 🔊 카훼 키츠네

Add. 東京都港区南青山3-17-1
Google Map 35.664843, 139.714136
Tel. 03-5786-4842
Open 09:00~20:00
Access 지하철 지요다선·한조몬선·긴자선 오모테산도역 A4 출구에서 도보 2분

도쿄의 멋쟁이들이 즐겨 찾는 미니멀한 카페 겸 숍

2013년 2월, 도쿄에 처음 문을 연 새로운 패션 숍의 한쪽을 차지하고 있는 카페. 키츠네는 일본어로 여우라는 의미로, 프랑스를 기점으로 다양한 활동을 펼치는 크리에이터 집단으로 급부상 중이다. 그 기세를 몰아 도쿄 패션의 중심인 미나미아오야마에 숍과 카페를 운영하고 있다. 우리나라에는 공유와 장동건이 즐겨 입는 카디건 브랜드로 알려져 있다. 일본 다실 문화에서 힌트를 얻었다는 카페는 아담한 공간으로 카운터에 앉아 핸드 드립 커피를 즐길 수 있다. 가게 안을 둘러보며 키츠네 티 Kitsune Tee나 파리지앵Parisien 라인, 키츠네Kitsune 라벨이 붙은 레코드와 CD를 쇼핑할 수 있다. 대나무로 만든 외관과 나무로 장식한 내부는 단정하면서 차분한 분위기다.

1 바리스타가 뽑아내는 맛있는 에스프레소는 활력을 준다. **2** 베이직하지만 멋스러운 셔츠가 진열되어 있는 매장 내부 **3, 4** 젠 스타일의 나무로 된 실내는 오모테산도의 비밀 장소와도 같다.

Area 8 / Harajuku & Omotesando / Shop

키디랜드 Kiddyland 🔊 키디란도

Add. 東京都渋谷区神宮前6-1-9
Google Map 35.667656, 139.706503 **Tel.** 03-3409-3431
Open 11:00∼21:00(토·일요일·공휴일 10:30∼21:00) **Close** 셋째 주 화요일
Access 지하철 지요다선 메이지진구마에역 4번 출구에서 도보 3분
URL www.kiddyland.co.jp

Map P.408-B

모든 캐릭터의 집합소

1950년에 자그마한 서점으로 문을 연 키디랜드는 장난감 백화점으로 크게 성장한 곳이다. 이곳에서 취급하는 완구와 각종 아이템은 10만 점 이상이나 된다. 캐릭터 완구와 문구의 천국으로 엄마들 사이에서 아이를 데리고 가고 싶은 곳 1위로 알려졌지만, 동시에 데려가고 싶지 않은 곳으로 꼽히기도 한다. 이곳을 찾은 아이들이 이것저것 사달라고 졸라대기 때문이란다. 어린이만을 위한 숍이라고 생각하면 큰 오산! 귀여운 곰 캐릭터 리락쿠마, 깜찍한 헬로키티, 디즈니 만화의 캐릭터 등을 활용한 카드 케이스, 손수건, 필기구류 등 귀엽고 조그마한 소품을 좋아하는 키덜트족이 늘면서 20대 젊은이도 쉽게 볼 수 있다.

1 입구에 진열된 벼랑 위의 포뇨! 그 인기를 실감할 수 있을 정도다. **2** 깜찍한 포뇨 인형은 하루에도 수십 개가 넘게 판매된다. **3** 인간으로 변신 중인 포뇨 **4** 캐릭터 천국으로 돌어가는 키디랜드 외관

플라잉 타이거 코펜하겐 Flying Tiger Copenhagen

Add. 東京都渋谷区神宮前4-3-2
Search 35.666989, 139.710996
Tel. 03-6804-5723 **Open** 11:00~20:00
Access 지하철 오모테산도역 A2 출구에서 도보 4분
URL www.flyingtiger.jp

귀엽고 저렴한 북유럽 스타일 생활용품점

1995년 덴마크 코펜하겐에서 탄생한 이래 유머러스하면서 대중적인 아이템으로 폭발적인 인기를 얻고 있는 소품 전문 브랜드. 2011년 아시아권 최초로 오사카에 상륙한 데 이어 도쿄에 2호점을 오픈했다. 길게 늘어선 줄이 숍의 인기를 말해준다. 귀여운 콧수염, 예쁜 우산, 동물 모양의 옷걸이, 사랑스러운 문구류와 집 안을 위트 있게 꾸밀 수 있는 아이템에 이르기까지 다양한 생활용품을 갖추고 있을 뿐 아니라 제품 가격대가 보통 100~2000엔으로 매우 저렴하다. '북유럽의 다이소'라 불릴 만큼 가격, 디자인, 실용성을 모두 갖췄다. 항상 많은 사람으로 붐비니 주말은 피하고 평일 오전 시간에 맞춰 들르는 것이 편안한 쇼핑을 즐기는 방법이다.

1 언제나 사람들로 붐빈다. **2** 귀여운 소품이 인기

디자인 티셔츠 스토어 그라니프

Design Tshirts Store Graniph 데자인 티샤츠 스토아 그라니후

Map P.408-F

Add. 東京都渋谷区神宮前6-12-17
Google Map 35.666217, 139.703955
Tel. 03-6419-3053 **Open** 11:00~20:00
Access 지하철 지요다선 · 후쿠토신선 메이지진구마에역에서 도보 5분
URL www.graniph.com

2017 New

그래픽 티셔츠 천국

티셔츠를 좋아하는 마니아라면 놓쳐서는 안 될 숍이다. 가수 빅뱅의 멤버들이 데뷔 당시 자주 입으면서 우리나라에도 알려졌다. 유니클로보다 가격이 조금 비싼 편이지만, 뛰어난 감각의 아티스트들과 컬래버레이션한 제품들을 선보여 브랜드만이 지닌 감각을 찾는 사람들의 발길이 끊이지 않고 있다. 다채로운 컬러와 소재로 만든 티셔츠를 좋아하는 사람을 위한 선물로도 좋은 선택이 될 것이다. 티셔츠는 물론 셔츠, 탱크톱, 원피스, 카디건, 재미있는 캐릭터가 그려진 양말 등 다양한 제품을 만나볼 수 있다. 어른용뿐 아니라 아이용 옷도 구비되어 있어 온 가족이 쇼핑을 즐길 수 있다.

1 브랜드명이 크게 적혀 있는 매장 전면 **2, 3** 다채로운 컬러와 디자인의 티셔츠들이 걸려 있다.

니코앤드 Niko and Tokyo 🔊니코안도

Add. 東京都渋谷区神宮前6-12-20 1~2F
Google Map 35.666534, 139.704440
Tel. 03-5778-3304 **Open** 11:00~22:00
Access 지하철 지요다센·후쿠토신센 메이지진구마에역에서 도보 4분
URL www.nikoand.jp

2017 New

일본을 대표하는 SPA 브랜드

패션 잡화부터 가구 및 스테이셔너리, 리빙 인테리어 소품에 이르기까지 다양한 일상용품을 한자리에서 쇼핑할 수 있는 라이프스타일 SPA 브랜드. 특히 여성들에게 사랑받는 곳이다. 2014년 10월 말에 오픈한 하라주쿠 매장은 늘 많은 사람들로 붐비는 핫 플레이스로 자리잡았으며, 2개월에 한 번 전체적인 콘셉트를 바꾸어 새로운 라이프스타일을 제안한다. 카페도 함께 운영하고 있어 쇼핑을 즐긴 후에는 편안하게 쉬면서 커피 한잔의 여유를 즐길 수 있다. 우리나라에도 몇 개의 매장이 있다.

1 고객 접근성이 좋도록 개방한 매장 전면 **2, 3** 다양한 생활 잡화를 구입할 수 있다. **4** 쇼핑에 지친 발을 쉬어갈 수 있는 카페

Area 8 / Harajuku & Omotesando / Shop

기둥이 없이 길게 이어진 오모테산도힐스의 내부

오모테산도힐스 表参道ヒルズ 오모테산도히루즈

Add. 東京都渋谷区神宮前4-12-10
Google Map 35.667189, 139.709031
Tel. 03-3497-0310 **Open** 숍 11:00~21:00, 레스토랑 11:00~22:30
Access 지하철 지요다선·한조몬선·긴자선 오모테산도역 A2 출구에서 도보 2분
URL www.omotesandohills.com

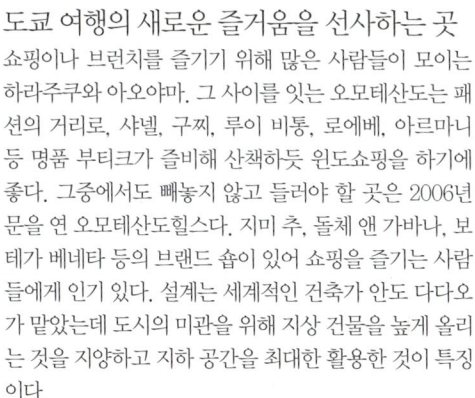

도쿄 여행의 새로운 즐거움을 선사하는 곳

쇼핑이나 브런치를 즐기기 위해 많은 사람들이 모이는 하라주쿠와 아오야마. 그 사이를 잇는 오모테산도는 패션의 거리로, 샤넬, 구찌, 루이 비통, 로에베, 아르마니 등 명품 부티크가 즐비해 산책하듯 윈도쇼핑을 하기에 좋다. 그중에서도 빼놓지 않고 들러야 할 곳은 2006년 문을 연 오모테산도힐스다. 지미 추, 돌체 앤 가바나, 보테가 베네타 등의 브랜드 숍이 있어 쇼핑을 즐기는 사람들에게 인기 있다. 설계는 세계적인 건축가 안도 다다오가 맡았는데 도시의 미관을 위해 지상 건물을 높게 올리는 것을 지양하고 지하 공간을 최대한 활용한 것이 특징이다.

1 고급 브랜드 부티크가 줄지어 있는 오모테산도 **2** 여성들이 열광하는 주얼리 브랜드 등이 입점해 있다. **3** 본관 외부 모습 **4** 평일에도 이곳을 찾는 사람들로 가득하다.

Area 8 / Harajuku & Omotesando / Shop

코노미 Conomi

Map
P.408-B

Add. 東京都渋谷区神宮前1-19-2ミノワビル1階
Google Map 35.671617, 139.704084
Tel. 03-6273-0225 **Open** 10:00~19:00
Access JR 하라주쿠역에서 도보 2분
URL www.conomi.jp

교복도 패션이다

인터넷상에서 인기를 얻어 2008년 2월 다케시타도리에 문을 연 코노미는 7개의 교복 브랜드 의류를 주로 판매한다. 교복과 함께 매치하면 좋은 가방과 로퍼, 리본, 넥타이 등을 함께 구비해 토털 패션 룩을 연출할 수 있다. 계절마다 정기 세일을 해 발 디딜 틈 없이 사람들이 몰려든다. 학생들뿐 아니라 학창 시절을 그리워하는 성인도 많이 찾는다고 한다. 체크무늬 티셔츠나 스웨터는 스쿨 룩이 아니더라도 평소에 활용하기 좋은 아이템이다. 〈세븐틴Seventeen〉, 〈니콜라nicola〉 등 틴에이저 잡지 모델들도 종종 들른다.

추천 아이템은 리본リボン(¥1680), 카디건カーディガン(¥6115), 블라우스ブラウス(¥3255), 스커트スカート(¥1290)다.

1 일본 교복 패션을 완성하는 것은 역시 리본 장식 **2** 캐멀색 카디건을 교복 치마와 함께 매치했다. **3** 스타일링에 참조할 만한 패션 잡지가 구비되어 있다. **4** 이곳은 고교생들이 열광하는 숍이다.

저널 스탠더드 **Journal Standard** 자-나루스탄다-도

Add. 東京都渋谷区神宮前6-7-1
Google Map 35.667200, 139.706356
Tel. 03-6418-7958 **Open** 11:00~20:00
Access 지하철 지요다선 메이지진구마에역에서 도보 5분
URL www.journal-standard.jp

고감도 인기 멀티숍

1997년 탄생한 저널 스탠더드는 전 세계에서 유행하는 패션 의류를 골고루 갖춘 셀렉트 숍이다. 자연스러운 멋을 중시해 내추럴하면서 소재가 좋은 아이템이 많다. 바이어가 해외에서 선별한 브랜드 제품과 자체 제작한 오리지널 상품을 선보여 남녀 모두에게 인기를 얻고 있다. 온라인으로도 캐주얼한 아메리칸 패션 아이템을 판매한다. 아오야마, 시부야, 신주쿠 등 시내 곳곳에 매장이 있는데, 오모테산도 지점은 2006년 3월에 문을 열었다. 집을 개조한 매장에 들어서면 친구네 집에 놀러 온 것처럼 편안한 기분이 든다. 정원 테라스에는 차를 즐길 수 있는 공간도 마련되어 있다.

무지 면 티셔츠가 ¥5250부터. 원피스는 ¥1만9750부터.

1 외관만 봐서는 패션 숍임을 짐작하기 힘들다. **2** 외벽에 작은 간판이 붙어 있는 게 전부여서 그냥 지나치기 쉽다. **3, 4** 앤티크한 등이 특이하다.

Area 8 / Harajuku & Omotesando / Shop

챕터 Chapter 차뿌타

Add. 東京都渋谷区神宮前3-22-7
Google Map 35.670031, 139.707136
Tel. 03-5474-5215 Open 11:00~20:00
Access 지하철 지요다선 메이지진구마에역에서 도보 3분
URL www.chapterworld.com

Map P.408-B

스니커즈 마니아들의 지지를 받는 숍

이곳은 '스니커즈 마니아들의 천국'으로, 아는 사람들만 아는 한정판으로 승부하는 가게다. 나이키, 푸마, 아디다스와 같은 메이저 브랜드부터 컬렉터를 위한 브랜드에 이르기까지 각종 브랜드의 스니커즈를 직접 해외에서 들여오는 챕터는 연령을 불문하고 두터운 마니아층을 거느리고 있다. 다른 곳에서는 찾아볼 수 없는 스니커즈가 자그마치 800여 종이나 있다고 한다. 에릭 클랩튼, 올랜도 블룸 등 해외 유명 스타들이 다녀가기도 했다고 하니 그 명성을 짐작할 만하다. 거의 매일 신상품이 입하되어 새롭게 디스플레이되는데, 대부분 금세 동이 난다.

아디다스 슈퍼 스타 빈티지Adidas Super Star Vintage ¥1만6800, 팀버랜드 롤 톱 부츠Timberland Roll Top Boots ¥1만5540, 애드미럴 왓포드Admiral Watford ¥1만290.

1 스니커 마니아들을 설레게 하는 디스플레이 **2** 어떤 것을 골라 신어볼까? **3** 리미티드 에디션은 스태프에게 문의하자 **4** 스니커즈 백화점이라 할 만하다.

크레용 하우스 Crayon House 쿠레용 하우스

Add. 東京都港区北青山3-8-15 **Google Map** 35.665270, 139.709925
Tel. 03-3406-6308 **Open** 11:00~19:00(토·일요일·공휴일은 10:30~),
마켓·레스토랑 11:00~22:00(런치는 ~14:00) **Close** 연말연시
Access 지하철 지요다선·한조몬선·긴자선 오모테산도역 A1 출구에서 도보 3분
URL www.crayonhouse.co.jp

엄마와 아이가 즐거운
오후를 보낼 수 있는 곳

1976년 오치아이 게이코가 낸 작은 그림책 전문점으로 시작한 크레용 하우스는 여성과 어린이를 위한 공간으로 크게 발전했다. 1층은 아이들의 언어와 지능 발달에 도움을 주는 그림책이 찾기 쉽게 정리되어 있으며 의자를 놓아두어 느긋하게 책을 고를 수 있다. 2층은 장난감이 주를 이루는 토이 숍으로 여러 가지 형태의 블록과 카드, 인형과 게임 등을 충실히 갖추어놓았다. 3층에서는 여성들에게 필요한 각종 전문 서적과 오거닉 천연 화장품, 아기용 소품 등을 판매한다. 또 지하에는 유기농 야채 슈퍼마켓과 오거닉 레스토랑 히로바Hiroba가 있다.

히로바Hiroba에서는 ¥1260으로 뷔페 식사를 할 수 있다.

1 크레용 하우스는 주택가 한가운데에 있다. **2** 책 표지가 한눈에 보이도록 진열해두었다. **3** 크레용 하우스의 캐릭터가 큼지막하게 붙어 있다. **4** 아이와 엄마를 위한 책이 가득하다.

Area 8 / Harajuku & Omotesando / Shop

마리메코 Marimekko

Add. 東京都渋谷区神宮前4-25-18 エスポワール表参道アネックス1階
Google Map 35.668234, 139.707637
Tel. 03-5785-2571 **Open** 11:30~20:00
Access 지하철 지요다선 메이지진구마에역 A2 출구에서 도보 3분
URL www.marimekko.jp

Map P.408-B

핀란드를 대표하는 디자인 브랜드 숍

마리메코는 핀란드에서 10명 중 1~2명은 제품을 가지고 있을 정도로 애용되는 핀란드 국민 브랜드다. 1960년대 재클린 케네디가 마리메코의 드레스를 한 번에 7벌이나 구입했다는 기사가 나는 등 세계적으로 유명해졌다. 디자인이 뛰어난 생활 소품이나 테이블보가 인기 있는데, 모던하면서 대담한 프린트로 강렬한 인상을 준다. 특히 유행을 타지 않는 독창적인 백은 여성들에게 큰 인기를 얻고 있으며, 늘 새것과 같은 느낌을 주는 소재가 특징이다. 지하 1층에서 지상 2층에 걸쳐 자리 잡고 있는 오모테산도점은 패브릭뿐만 아니라 의류, 인테리어 잡화, 식기, 어린이 옷까지 취급하고 있다.

마리에코의 상징인 큰 꽃이 그려져 있는 토트백 ¥9975, 화장품 파우치 ¥6825.

1 멀리서도 한눈에 들어오는 간판 **2** 마리메코의 입구 **3** 원색 소품이 청량감을 준다. **4** 꽤 넓은 공간을 차지하고 있는 마리메코 매장

아소코 Asoko

Add. 東京都渋谷区神宮前6-27-8
Google Map 35.666717, 139.703856
Tel 03-6712-6752 **Open** 11:00~20:00
Access 지하철 지요다선 메이지진구마에역에서 도보 5분
URL www.asoko-jpn.com

저렴하면서 멋진 일상 잡화점

오사카에 본점이 있는 생활용품 전문 숍. 2013년에 도쿄점을 오픈했다. 플라잉 타이거 코펜하겐, 도큐 핸즈와 더불어 20~30대 여성들에게 특히 인기가 많다. 아트 갤러리에서 파는 것처럼 예쁜 디자인과 착한 가격이 인기 비결이다. 2층 규모로 1층은 문구류, 2층은 생활 잡화 위주로 꾸며져 있다. 주방, 리빙, 데코레이션, 수납, DIY, 문구, 취미용품 등 아이디어 넘치는 아이템이 진열되어 있다. 귀여운 쿠션과 실용적인 에코백은 무난하게 집어들만한 아이템이다. 가격대도 다양한 편이라 부담 없는 선물을 구입하기 좋다.

1 벽의 패턴이 인상적인 매장 내부 2 주로 20~30대 여성들이 즐겨 찾는다. 3 화려한 무늬의 아이템이 많다.

Area 8 / Harajuku & Omotesando / Shop

디자인의 모든 것을 보여주는 모마 스토어

모마 스토어 MoMA Store

Add. 東京都渋谷区神宮前 5-10-1 Gyre3階
Google Map 35.667503, 139.706847
Tel. 03-5468-5801 **Open** 11:00~20:00
Access 지하철 지요다선 메이지진구마에역 4번 출구에서 오모테산도역 방면으로 도보 3분 **URL** www.momastore.jp

세계 최대의 박물관 디자인 스토어

2007년 11월 오모테산도의 기레Gyre빌딩에 모마 스토어가 입점했다. 모마의 첫 해외 오프라인 매장인 이곳에는 인테리어 잡화, 여행용품, 서적, 가구에 이르는 1800여 점의 디자인 상품이 구비되어 있다. 디자인이 독특한 이곳 제품들은 전 세계를 돌며 구입한 것이라고 한다. 집 안을 색다른 분위기로 바꿔줄 소품과 실용적인 아이템이 즐거움을 준다. 스토어 내에는 42인치 액정 모니터 5대를 설치해 모마의 최신 정보를 제공하고 있다. 숍 인테리어는 세계적인 명성의 리처드 글러크먼이 맡았다. 전면을 유리 패널로 꾸며 오모테산도 거리와 잘 어우러지도록 신경 썼다고 한다. 이곳의 명성을 익히 알고 있는 젊은 손님과 관광객으로 늘 붐빈다.

1 화이트 톤의 깔끔한 내부 **2** 선물용 제품만 따로 모아둔 코너 **3** 이탈리아 주방용품 브랜드인 알레시의 제품도 있다. **4** 컵이나 접시 하나에서도 수준 높은 디자인 감각을 엿볼 수 있다.

Area 8 / Harajuku & Omotesando / Shop

폴 스미스 스페이스 Paul Smith Space 뽀-루 스미스 스페-스

Map P.408-F

Add. 東京都渋谷区神宮前5-46-14
Google Map 35.664129, 139.708261 **Tel.** 03-5766-1788
Open 12:00~20:00(토·일요일·공휴일은 11:00~) **Close** 매주 수요일
Access 지하철 지요다선·한조몬선·긴자선 오모테산도역 A1 출구에서 도보 7분
URL www.paulsmith.co.jp

폴 스미스의 모든 것

스마트하면서 쿨한 콘셉트로 스타가 된 패션 디자이너 폴 스미스가 2006년 3월에 아시아에서는 최초로 오픈한 스페이스 갤러리다. 남성복, 여성복, 액세서리 등 전 라인을 갖추어 폴 스미스 제품의 집합소라 할 수 있다. 지하 1층은 잡화와 캐주얼, 1층에는 시계와 액세서리, 가방, 신발이 진열되어 있고 2층에는 캐주얼 스타일의 남녀 의류가 있다. 3층은 사진 전시회 등 갤러리로 쓰이는 공간과 피팅룸 등으로 구성되어 있다. 가정집을 부티크로 개조한 덕분에 부담 없이 편안하게 들를 수 있는 분위기가 특징이다.

기본 티셔츠나 가볍게 걸치기 좋은 재킷, 심플한 신발을 노려볼 만하다. 한국에는 들어오지 않는 제품이 많으니 눈여겨보자.

1 일식 레스토랑 분위기의 폴 스미스 스페이스 갤러리 **2** 매장을 가리키는 표지판 **3** 원색의 오브제가 독특한 느낌을 준다. **4** 이곳에선 폴 스미스의 모든 것을 만날 수 있다.

라 포레 La Foret

Add. 東京都渋谷区神宮前1-11-6
Google Map 35.669131, 139.705369
Tel. 03-3475-0411 **Open** 11:00~21:00
Access 지하철 지요다선 메이지진구마에역 5번 출구에서 도보 1분
URL www.laforet.ne.jp

하라주쿠 대표 패션 빌딩

라 포레는 20대를 대상으로 한 대형 쇼핑몰. 메이지도리와 메이지진구마에역의 교차점에 있어 랜드마크 역할을 톡톡히 하는 곳이다. 라 포레 입구는 언제부터인가 만남의 장소가 되어 평일, 주말 할 것 없이 사람들로 붐빈다. 쇼핑몰은 1978년에 세운 6층짜리 건물로, 안에는 130여 개의 의류·액세서리·레코드 숍이 들어차 있다. 이곳에 입점한 점포는 주로 액세서리나 패션 의류 매장이다. 젊은이들의 취향에 맞춰 인기 가수들의 라이브 공연, 패션쇼 등이 열리기도 한다. 내부는 독특하게 연결되어 있으므로 건물 가이드 책자를 활용하면 유용하다.

1 왼쪽 원형 건물이 라 포레다. **2** 라 포레의 야경 **3** 특이하게 생긴 입구는 만남의 장소 역할을 톡톡히 한다. **4** 세일 기간에는 몰려든 인파로 시끌벅적하다.

매주 일요일이면 신나는 사람 구경, 물건 구경!
요요기공원의 벼룩시장

요요기공원은 일본에서 처음으로 벼룩시장이 열린 곳이다. 자신이 사용하지 않는 물건을 다른 이들과 나누고 재활용하는 절약 정신에서 시작한 이벤트성 행사가 도쿄의 대표적인 볼거리로 자리 잡았다.

벼룩시장은 오전부터 열리는데, 일찍 가서 곳곳을 구경하며 흥정하는 재미가 쏠쏠하다. 오래된 것도 잘 버리지 못하는 일본인의 습성 때문일까? 언제적 물건인가 싶을 정도로 오래된 옷가지며 가방, 신발을 심심찮게 볼 수 있다. 보관 상태가 좋은 것들이 많으니 빈티지 패션에 관심 있다면 꼼꼼히 둘러보자. 믿기지 않는 가격에 마음에 드는 아이템을 구입할 수 있을지도 모른다.

벼룩시장 외에도 공원 곳곳에서 아마추어 밴드의 공연이나 각종 이벤트가 펼쳐진다. 자기 흥에 취해 음악을 틀어놓고 춤을 추는 사람, 코스프레 복장으로 시선을 끄는 무리, 강아지와 산책 나온 가족, 여행자들까지, 사람 구경이 오히려 벼룩시장보다 더 큰 볼거리가 되어버렸다. 아무것도 하지 않고 오가는 사람만 바라봐도 재미있는 시간이 될 것이다.

요요기공원 代々木公園

DATA Add. 東京都渋谷区代々木2丁目1番
Google Map 35.671749, 139.694945
Tel. 03-3469-6081 **Open** 10월 16일~다음해 4월 30일 05:00~17:00, 5월 1일~10월 15일 05:00~20:00 **Access** JR 하라주쿠역·지하철 지요다선 요요기코엔역에서 도보 3분

군살 걱정 따위는 잠시 접어두세요!
마지막까지 달콤한 한입
크레페의 유혹

하라주쿠 하면 제일 먼저 떠오르는 것은 역시 수많은 인파와 크레페 가게. 손님 몇 명만 들어가도 꽉 차는 작은 공간에서 만들어내는 간식거리가 젊은이들을 사로잡는다. 하라주쿠를 찾은 여학생들은 참새가 방앗간을 그냥 지나치지 못하듯 지갑을 꺼내 들고 토핑을 고른다. 핑크 컬러를 좋아하는 여성의 마음을 잘 아는 엔젤스 하트Angels Heart는 커다란 핑크 하트 간판으로 외관에 공을 들였다. 1977년 일본에서 처음으로 크레페 카페를 선보였는데, 당시에는 크레페에 대해 아는 사람조차 적어 그다지 인기를 얻지 못하다가 하라주쿠만의 스타일로 생크림, 과일, 아이스크림 등을 토핑하면서 히트를 쳤다. 생크림과 반죽의 기가 막힌 조화로 만들어내는 부드러운 질감이 인기 비결. 초코 시럽도 달지 않아 어린이뿐만 아니라 어른들에게도 인기가 좋다. 추천 메뉴는 초코 치즈 케이크 생크림チョコチーズケーキ生クリーム(초코 치-즈 케-키 나마쿠리-무, ¥450). 엔젤스 하트에 대적할 만한 크레페 가게가 있는데, 계절마다 한정 크레페를 선보이는 마리온 크레페Marion Crepes다. 엔젤스 하트와 마주한 이곳은 1976년 주차장을 개조해 문을 열었다. 프랑스의 대표적 음식인 크레페를 시부야공원 한쪽에서 걸어다니며 먹을 수 있게 종이로 싸서 판 것이 시작이다. 내용물은 설탕, 잼 등을 넣은 단출한 프랑스식 크레페와 딴판이다. 패스트푸드가 별로 없던 시절에 입소문을 타고 화제가 된 이곳의 자랑은 풍부한 토핑 메뉴. 한 끼 식사로도 손색 없는 참치 피자 치즈ツナピザチーズ(쯔나 피자 치-즈, ¥450), 베스트셀러인 바나나 초코 생크림 크레페バナナチョコ生クリーム(바나나 초코 나마쿠리-무, ¥400)를 추천한다.

맛있는 크레페 숍 추천

엔젤스 하트 Angels Heart

DATA **Add.** 東京都渋谷区神宮前1-20-6 **Google Map** 35.671280, 139.704830 **Tel.** 03-3497-0050 **Open** 10:00~22:00 **Access** JR 하라주쿠역에서 도보 5분

마리온 크레페 Marion Crepes

DATA **Add.** 東京都渋谷区神宮前1-6-15 原宿ジュネスビル **Google Map** 35.671248, 139.704926 **Tel.** 03-3401-7297 **Open** 10:00~22:00 **Access** JR 하라주쿠역에서 도보 5분

세계 명품 가구 디자인의 현주소를 알 수 있는 셀렉트 숍 h/h style의 홍보 담당 **이시노다**

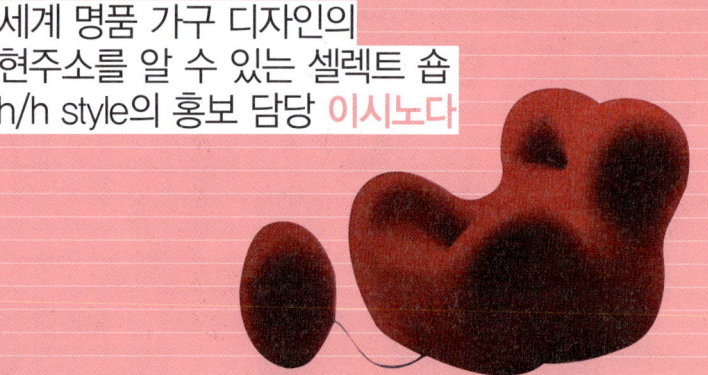

Secret >> 도쿄의 대표적인 가구 인테리어 숍인 h/h style에 대한 소개부터 부탁드립니다.

Local >> 우리 회사가 설립될 당시 콘셉트는 일반인도 인터넷에서 세계적인 디자이너의 가구를 접할 수 있게 하자는 것이었습니다. 오프라인 매장 h/h style은 2000년 9월 하라주쿠에 처음 문을 열었으며 아오야마, 오사카에도 새롭게 매장을 오픈했습니다. h/h는 hundred/happening을 의미합니다.

Secret >> 매장에 들어서는 순간 디자인 뮤지엄에서 본 세계적인 디자이너들의 가구가 눈에 띕니다. 주로 어떤 기준으로 제품을 선택하시나요?

Local >> 전통적인 디자인 강국인 프랑스, 스위스, 독일, 영국, 북유럽 제품을 중심으로 셀렉트하며 미국 디자이너들의 작품도 상당수 있습니다. 세계적으로 주목받는 디자이너들의 작품을 주로 다루고, 최근 주목받고 있는 신진 디자이너의 작품도 놓치지 않고 있습니다.

Secret >> 특별히 이곳 매장에서 만날 수 있는 유명 디자이너가 있나요?

Local >> 프랑스의 장 프루스트가 디자인한 스탠더드, 미국의 조지 넬슨이 디자인한 볼 클락 시계, 덴마크의 베르너 팬톤과 같은 월드 디자이너를 기본으로 h/h style의 베스트 히트 상품인 빔스 디자이너와 프랑스의 디자이너인 장 프루베 그리고 현재 활동 중인 디자이너, 재스퍼 모리슨과 부훌렉 형제의 작품은 도쿄에서 저희 매장이 아니면 만나보기 힘든 아이템입니다.

Secret >> h/h style 매장의 외관과 인테리어도 눈에 띄는데요.

Local >> 매장에 들어서기 전부터 유리로 된 건물 외관을 통해 진열된 가구들을 한눈에 볼 수 있도록 꾸몄습니다. '생활=디자인'이라는 공식을 제시해 '생활 속의 디자인'을 어필하는 것이 콘셉트입니다. 그저 바라보고 끝나는 것이 아니라 우리가 살고 있는 공간을 아름답게 채우는 것이 리빙 라이프스타일이라 생각합니다. 고객들에게 새로운 디자인에 대한 정보를 주는 곳이자 갤러리와 같은 느낌으로 매장을 꾸며 가구와 의자를 살펴볼 수 있도록 늘 신경 씁니다. 이곳은 건축가 세쓰마 가즈오가 디자인한 건물로, 계단 입구 높이를 2층과 3층으로 올라가는 각 층의 바닥보다 낮게 설계해 계단을 오르면서도 가구의 모습을 전부 볼 수 있도록 한 것이 특징입니다. 의자 진열에도 세심하게 신경 썼는데, 의자를 높은 곳에 진열해 눈에 잘 보이지 않는 의자 아랫부분까지 보여주고자 했습니다. 1층에는 명품이라 할 수 있는 세계적인 디자이너들의 작품과 일상용품, 2층은 다이닝 스페셜로 거실 테이블이나 큰 소파 등이 주를 이룹니다.

Secret >> 최근의 가구 트렌드나 이곳을 찾는 주요 고객에 대해 말씀해주실 수 있나요?

Local >> 가구 부문에서는 이탈리아, 독일, 스칸디나비아 디자이너들이 트렌드를 이끌고 있습니다. 저희 매장은 20대 중반에서 40대 고객이 많이 찾습니다. 과거에는 기능적인 것에 치중했

지만 지금은 가구도 옷을 사는 것처럼 디자인을 의식해 선택하는 손님이 늘고 있습니다. 그만큼 가구를 고르는 감각과 센스가 수준급이 되었다는 뜻이죠. 또 과거에는 크리에이터나 건축가들이 많이 찾았습니다. 그러나 지금은 다양한 계층의 사람들이 디자인 가구에 관심을 갖고 있습니다.

Secret >> 아시아 디자이너들이 세계 시장에서 꾸준하게 주목받고 있습니다. h/h style은 자체 디자이너를 발굴하거나 아시아의 젊은 디자이너를 육성할 계획이 있지요.

Local >> 아시아 신진 디자이너들의 활약은 아직 미미하다고 할 수 있지만, 미래를 내다봤을 때 충분히 가능성이 있다고 봅니다. 아시아의 독창적인 리빙 스타일은 한류 열풍이 불고 유럽에서 스시 열풍이 부는 것과 마찬가지로 세계적으로 인정받을 것입니다. 경쟁력을 갖춘 디자이너가 있다면 언제든 발굴해 매장에서 작품을 소개할 것입니다.

DATA Tel. 03-5772-1112 **Open** 12:00~20:00

Area 9
UENO & ASAKUSA

우에노 & 아사쿠사
上野 & 浅草

● 데이트하는 연인들이나 삼삼오오 모여 산책하는 노인들의 모습을 흔히 볼 수 있는 우에노공원은 언제 찾아도 정겹다. 이곳은 벚꽃이 흐드러지는 초여름에 가장 풍요롭다. 공원 안 미술관에서 호젓한 시간을 갖거나, 어린이들의 사랑을 독차지하는 우에노동물원, 남대문시장을 방불케 하는 아메요코를 돌아보는 것 역시 우에노에서 빼놓을 수 없는 즐거움이다.
우에노와 가까운 아사쿠사는 첨단을 향해 진화해가는 도쿄에서 전통의 흔적을 찾아볼 수 있는 몇 안 남은 명소다. 오랜 역사가 서린 사원과 과거 어민들이 모여 살던 어촌의 모습도 간간이 보인다. 현재는 관광지로 유명하지만 에도 시대에는 여러 축제가 열려 언제나 먹을거리, 놀거리가 넘쳐나는 활기찬 삶의 터전이었다고 한다. 도쿄에서 제일 오래된 절 센소지, 아사쿠사의 명물인 가미나리몬. 가미나리몬 앞으로 이어진 나카미세도리에 늘어선 아기자기한 가게들을 보면 연간 3000만 명의 관광객이 몰려드는 이유를 알 수 있다.

Access
가는 방법

우에노上野역 / 오카치마치御徒町역 / 아사쿠사浅草역
방향 잡기 JR 우에노역에서는 우에노공원 출구 쪽 미술관과 박물관을, JR 오카치마치역에서는 아메요코시장이나 상점들을, 아사쿠사역에서는 옛 일본 문화를 그대로 엿볼 수 있다.

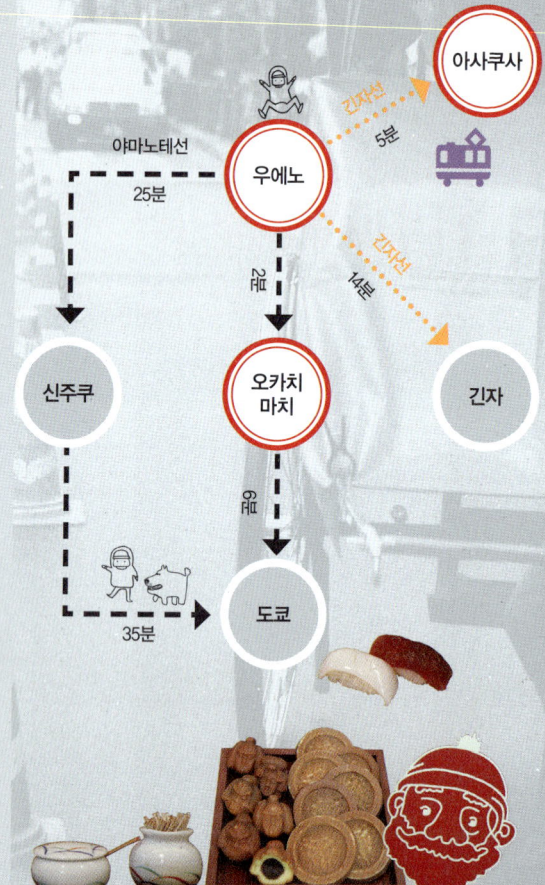

- 우에노 → 아사쿠사: 긴자선 5분
- 우에노 → 긴자: 긴자선 14분
- 신주쿠 → 우에노: 야마노테선 25분
- 우에노 → 오카치마치: 2분
- 오카치마치 → 도쿄: 6분
- 신주쿠 → 도쿄: 35분

Check Point
● 오전에 아사쿠사를 돌아보고 우에노 쪽을 둘러보거나, 반대로 미술관이나 박물관을 먼저 둘러보고 아사쿠사로 가도 좋다. 코스는 목적에 따라 정하면 된다.

● 가볍게 식사하고 싶다면 소바나 우동 등 저렴하고 맛 좋은 집을 얼마든지 찾을 수 있다. 특히 아메요코나 아사쿠사 관광지에서는 간식거리도 많이 판매하니 간식 먹을 배는 남겨두자!

Plan
추천 루트

우에노 & 아사쿠사
하루 여행

가미나리몬·나카미세도리·센소지
雷門·仲見世通り·淺草 10:00
아사쿠사에서 빼놓을 수 없는 지역.
가이드북에 꼭 소개되는 곳이다.
일본의 옛 정서가 남아 있는
나카미세도리나 절에 들러 일본의
분위기를 느껴보자.

도보 3분

12:00 **요로이야 与ろゐ屋**
앞다투어 새로운 맛을 선보이는 라멘
가게가 넘쳐나는 요즘, 옛날 방식 그대로
만드는 이곳 라멘에는 정성이 가득 담겨
있다. 국물까지 시원하게 마셔보자.

JR로 17분

아메요코 アメ横 13:00
일본인의 정을 느낄
수 있는 아메요코는
사람 냄새가 나는
시장이다. 여기저기
둘러보는 것만으로도
재미있다.

도보 7분

우에노공원 上野公園
벚꽃이 만발하는
시기에는 젊은이들이
자리를 펼치고 늦게까지
꽃놀이를 즐긴다.
조용한 공원에 있는
우에노동물원이나
국립서양미술관,
과학박물관 등 원하는
곳을 둘러보며 우에노의
매력에 빠져보자.

14:30

Area 9 / Ueno & Asakusa / Place

도쿄 도심에 이렇게
큰 공원이 있다는 건
행운이다.

우에노공원 上野公園 우에노코-엔

Map P.410-B

Add. 東京都台東区上野公園9-83 **Google Map** 35.714060, 139.774090
Tel. 03-3828-5644 **Open** 09:00~17:00(금요일은 ~20:00)
Close 매주 월요일(공휴일인 경우는 그 다음날)
Admition Fee 우에노동물원 ¥600
Access JR 우에노역 공원 출구에서 도보 5분

아이와 어른 모두를 위한 살아 있는 자연 학습장

우에노공원은 도쿄 시민들의 주말 나들이 코스로 유명하다. 공원 안에는 서양미술박물관, 도쿄국립박물관, 국립자연사박물관과 대형 호수가 있어 휴식을 취할 수 있는 것은 물론 문화와 과학, 역사에 대해 생각해볼 수 있다. 반나절은 족히 걸릴 만큼 볼거리가 많은데, 특히 1882년에 일본 최초의 동물원으로 개원한 우에노동물원은 필수 코스. 판다가 있는 동물원으로 인기가 있어 판다와 관련된 상품을 판매하는 숍도 많다. 우에노공원이 진가를 발휘하는 시기는 벚꽃이 만발하는 3~4월경이다. 특히 밤에는 앉을 자리가 없을 정도로 사람들이 많다. 달빛 아래 흐드러진 벚꽃을 감상하는 독특한 경험은 잊지 못할 도쿄 여행의 추억이 될 것이다.

1 어린아이를 데리고 우에노공원을 찾는 사람들이 많다. **2** 공원 안을 산책하다 보면 곳곳에 일본풍 조형물이 있다. **3** 기모노를 곱게 차려입은 이들 **4** 산책이 즐거운 꽃나무 길

국립서양미술관 国立西洋美術館 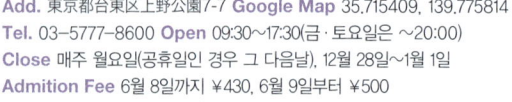 고쿠리츠 세이요-비쥬츠칸

Map P.410-B

Add. 東京都台東区上野公園7-7 **Google Map** 35.715409, 139.775814
Tel. 03-5777-8600 **Open** 09:30~17:30(금·토요일은 ~20:00)
Close 매주 월요일(공휴일인 경우 그 다음날), 12월 28일~1월 1일
Admition Fee 6월 8일까지 ¥430, 6월 9일부터 ¥500
Access JR 우에노역 공원 출구에서 도보 1분 **URL** www.nmwa.go.jp

유럽의 미술 작품을 볼 수 있는 서양 미술의 보고

현대 건축의 아버지라 할 수 있는 르 코르뷔지에가 설계한 건물 안에 들어선 고즈넉한 분위기의 미술관. 중·고등학교 시절 교과서에서 봤을 법한 유명 작품을 접할 수 있는 곳으로, 서양 미술을 중심으로 한 수집·전시관이다. 이 미술관이 자랑하는 컬렉션은 조각가 로댕과 부르델의 대표작, 고흐와 르누아르 등 프랑스 근대 작품들이다. 특히 로댕의 〈생각하는 사람〉과 〈지옥의 문〉을 놓치지 말자. 굳이 유럽까지 가지 않아도 가까운 도쿄에서 훌륭한 컬렉션을 감상할 수 있으니 고마울 따름이다. 공원에 들렀다가 미술관에서 의외로 오랜 시간을 보내는 여행자가 많다. 미술에 관심 있다면 일정을 짤 때 이곳에서 보내는 시간을 넉넉히 안배하자.

1 로댕의 〈생각하는 사람〉 **2** 로댕의 〈지옥의 문〉 **3** 현대적인 분위기의 국립서양미술관 입구

국립과학박물관 国立科学博物館 <small>ː 고쿠리츠 카가쿠 하쿠부츠칸</small>

Add. 東京都台東区上野公園7-20 **Google Map** 35.716376, 139.776382
Tel. 03-5777-8600
Open 09:00~17:00(금·토요일은 ~20:00) **Close** 매주 월요일
Access JR 우에노역 공원 출구에서 도보 5분
Admition Fee ¥620 **URL** www.kahaku.go.jp

경이로운 과학의 세계와 만나다

과학의 경이로움과 동식물의 진화 과정을 살펴볼 수 있어 주말에는 가족 단위 관람객들로 붐빈다. 약 150만 년 전에 살았던 동물이나 곤충의 진화 과정을 보여주는 생생한 전시물이 볼만하고 기획 전시도 자주 열린다. 살아 있는 듯 생생한 동물 박제는 엄청난 크기로 사람들로 하여금 감탄사를 자아내게 한다. 전시물을 만져볼 수도 있어 아이들이 특히 좋아한다. 시부야의 유명한 충견 하치의 모습도 눈여겨볼 것. 본관이 공사 때문에 문을 닫고 일본관이라는 이름으로 새롭게 태어났다. 일본관에서는 인류와 생물이 진화해온 과정을 살펴볼 수 있으며 여러 기획전과 전시물을 통해 학습하기 좋다. 외국인 관광객을 위해 리노베이션하면서 작품 설명을 영어, 한국어, 중국어로 번역해놓았다.

1 자연사박물관의 성격이 짙은 국립과학박물관 **2** 실외에 있는 상어 조형물 **3** 직접 만져볼 수 있는 박물관이라 호응도가 높다. **4** 부모와 아이가 함께 즐기는 박물관

가미나리몬/나카미세도리/센소지 雷門/仲見世通り/淺草寺

Google Map 가미나리몬 35.711063, 139.796345
나카미세도리 35.711385, 139.796420
센소지 35.714783, 139.796655
Access 지하철 긴자선 아사쿠사역 1번 출구에서 도보 5분

Map P.411-B, D

아사쿠사의 대표 명소

아사쿠사 하면 커다란 가미나리몬을 떠올리는 사람이 많을 것이다. 가미나리몬에는 높이 4m, 지름 3.4m, 무게는 670kg이 넘는 거대한 등이 걸려 있어 기념 촬영을 하는 사람들로 항상 북적거린다. 입구에 들어서면 시작되는 나카미세도리에는, 일본의 전통미를 느낄 수 있는 기념품을 판매하는 상점이 자리 잡고 있어, 간식거리를 즐기면서 천천히 둘러보기 좋다. 1년에 약 3000만 명의 참배객이 찾는 절로 유명한 센소지는 628년 스미다 강에서 어부 형제의 그물에 걸려 올라온 관음상을 모시면서 널리 알려졌다. 1년 내내 소원을 비는 사람들의 행렬이 이어진다. 외국인들이 도쿄에서 가장 일본답다고 여기는 장소로 꼽힌다.

1 볼 것 많고, 먹을 것 많고, 살 것도 많은 나카미세도리 **2** 기념품 가게. 구미가 당기는 아이템이 많지 않지만, 가격은 저렴하다. **3** 걸음을 멈추게 하는 가미나리몬 **4** 튀긴 떡인 아게만주 가게의 익살스러운 주인장

아메요코 アメ横

Google Map 35.710333, 139.774527
Access JR 우에노역에서 도보 2분
URL www.ameyoko.net

일본의 남대문시장

입구에서부터 서민적인 냄새가 물씬 풍기는 시장 아메요코에는 400개 이상의 가게가 밀집해 있다. 제2차 세계대전이 끝난 후 생긴 거리로, 당시에는 흔히 볼 수 없었던 미제 사탕을 파는 가게가 많아 사탕을 뜻하는 '아메'라는 이름이 붙었다고 전해 내려온다. 물자가 부족했던 시절 이곳에 오면 미제 상품을 구할 수 있었고, 선풍적인 인기를 끈 청바지도 이 거리에서부터 일본 전역으로 퍼져 나갔다고 한다. 현재 아메요코는 남대문시장처럼 깨끗하게 정비된 모습이다. 의류, 신발, 건어물 가게는 외국 가이드북에도 소개될 정도. 아메요코 근처에는 한국 식당도 20~30곳 자리하고 있다. 어디에 가나 조용하고 정갈한 일본이 갑갑하다는 여행자도 있다. 아메요코는 적어도 그런 오해(?)를 풀어줄 만한 숨통 트이는 공간이다.

1 우에노역을 나오면 아메요코 입구를 알리는 조형물을 볼 수 있다. **2** 잘라서 판매하는 연어 **3** 부위별 고기를 판매하는 매장 **4** 하나에 ¥3000~4000 하는 문어 다리

도쿄국립박물관 東京国立博物館 도쿄 고쿠리츠 하쿠부츠칸

Add. 東京都台東区上野公園13-9 **Google Map** 35.718883, 139.776511
Tel. 03-5777-8600 **Open** 09:30~17:00(금·토요일은 ~18:00)
Close 매주 월요일, 연말연시
Admition Fee 일반 ¥620, 학생 ¥410
Access JR 우에노역 공원 출구에서 도보 7분 **URL** www.tnm.jp

Map P.410-B

일본 최초의 박물관

일본에서 제일 오래된 박물관으로, 1872년에 개관했다. 유물과 미술품 등을 보관하는 본관은 중요문화재로 지정될 정도로 의미가 깊은 곳이다. 푸른 정원에 둘러싸여 특유의 분위기를 풍기는 박물관은 아시아 각국의 미술품을 전시하는 동양관, 각종 이벤트를 진행하는 효케이관, 일본의 역사적 자료를 보관해놓은 헤이세이관, 호류지의 보물을 전시하는 호류지 보물관 등 5개 전시관과 자료실로 이루어져 있다. 10만 점에 달하는 문화재, 국보, 미술품을 소장하고 있어 학생들은 물론 외국인 관광객도 많이 찾는다. 쇼핑과 식도락을 목적으로 도쿄를 찾았다면 박물관 같은 곳은 간과하기 쉽다. 그래도 딱 한 곳만 가보고자 한다면 도쿄국립박물관을 선택하자.

1 국보급 유물이 전시된 박물관. 도쿄에서 단 한 곳의 박물관만 둘러봐야 한다면 주저할 것 없이 이곳으로 향하자. **2** 과거의 복식을 재현한 정교한 미니어처 **3** 화려함이 특징인 일본식 도자 예술 **4** 연녹색 돔 지붕과 대리석 외관이 유럽의 박물관을 연상시킨다.

아사히비어홀 アサヒビアホール 🔊 아사히 비아호-루

Add. 東京都墨田区吾妻橋1-23-1 **Google Map** 35.709847, 139.800330
Tel. 03-5608-5379
Open 10:00~22:00 **Close** 연말연시
Access 지하철 긴자선 아사쿠사역에서 도보 3분

아사히맥주의 모든 것을 한눈에

1989년에 세운 아사히 비어홀 건물은 세계적 건축가인 필립 스탁이 디자인해 눈길을 끌었다. 스미다 강 근처에 스카이트리가 들어선 이후 아사히비어홀도 아사쿠사의 명소로 더욱 주목받고 있다. 할리우드 뮤지컬에서 아이디어를 따온 유리 블록 계단은 밤에 더욱 반짝인다. 로비에 아사히맥주의 역사를 소개하는 간단한 전시물이 있을 뿐 맥주 시음을 겸한 견학 코스가 없는 것이 아쉽다. 빌딩 22층에 있는 아사히 스카이룸은 도쿄를 한눈에 내려다볼 수 있어 야경 데이트 코스로 인기다.

수미다 아쿠아리움 Sumida Aquarium 🔊 수미다 아쿠아리우-무(스이조쿠칸)

Add. 東京都墨田区押上一丁目1番2号 **Google Map** 35.710033, 139.809815
Tel. 03-5619-1821 **Open** 09:00~21:00 **Admission** 일반 ¥2050
Access 도부 스카이트리 라인 도쿄 스카이트리역(JR 아사쿠사역에서 한 정거장 또는 도보 15분)에서 바로 **URL** www.sumida-aquarium.com

펭귄과 인사를 나눌 수 있는 신나는 공간

스카이트리 타운을 중심으로 왼쪽에 위치한 웨스트야드의 5층과 6층에 있다. 관동 지역에 하나밖에 없는 수족관으로 가족 나들이 코스로 많은 사랑을 받고 있다. 수족관은 인공 해수 제조 시스템으로 수조 내 물의 인공 해수화를 완벽히 실현했으며, 1년 내내 일정 수질을 유지해 수조 내의 생물에게 쾌적한 환경을 제공한다. 실내 개방 수조에서는 눈앞에서 펭귄과 물개를 볼 수 있으며, 사육사가 동물들에게 먹이를 주는 현장도 볼 수 있다. 아이들을 동반한 가족 여행객에게 추천한다.

Area 9 / Ueno & Asakusa / Place

도쿄의 새로운 랜드마크

스카이트리 Skytree ᴷᴿ 스카이츠리

Map P.411-D

Add. 東京都墨田区押上1-1-2 **Google Map** 35.710063, 139.810722
Tel. 03-5302-3470 **Open** 08:00~22:00
Admission 제1전망대(Tembo Deck, 350m) 일반 ¥2060, 제2전망대(Tembo Galleria, 450m) 일반 ¥1030 *인터넷 예약 시 일본 국내에서 발행한 신용카드만 사용 가능하며, 결제 후에는 취소나 변경할 수 없다.
Access 도부 스카이트리 라인 도쿄 스카이트리역(JR 아사쿠사역에서 한 정거장 또는 도보 15분)에서 바로 **URL** www.tokyo-skytree.jp

세계에서 가장 높은 전파탑

일본 도쿄 외곽 스미다墨田 구에 설치된 자립식 전파탑으로, 2008년 7월 공사를 시작해 2012년 5월 22일에 완성한 철탑이다. 주목적은 방송 전파의 송수신으로 과거 일본 방송사들은 도쿄타워를 이용해 방송 전파를 발신했는데, 주변에 고층 빌딩이 많아지면서 전파 장애가 잦아져 스카이트리를 세웠다. 이 철탑은 2013년부터 NHK 등 6개 방송사가 디지털 방송용 송출탑으로 사용하고 있다. 스카이트리의 높이는 634m로, 도쿄 주변의 옛 지명인 무사시武藏의 발음에 빗대 6(무쓰) 3(산) 4(시)로 정했다. 기존 도쿄의 상징물인 도쿄타워(332.6m)의 1.9배, 서울 남산타워(265m)의 2.5배, 파리 에펠탑(301m)의 2배로, 세계에서 가장 높은 전파탑으로 기네스북에도 올랐다. 일반 상업용 빌딩까지 합칠 경우 아랍에미리트 두바이의 부르즈 할리파Burj khalifa(828m)에 이어 두 번째로 높다. 350m 높이의 제1전망대에서 도쿄 전경을 감상한 다음 스카이타워 그림 과자를 얹은 소프트아이스크림(¥400)을 맛보자. 100m 더 높은 450m 지점의 제2전망대까지는 나선형 산책로를 통해 천천히 오르면 된다. 해무가 없고 시야가 뚜렷한 시간은 14:30~16:30까지로 기념 촬영하기 좋다.

1 연인들도 즐겨 찾는다. **2** 간식을 먹으면서 전망을 감상할 수 있다. **3** 아득히 아래로 보이는 도쿄 시내의 전경

아사쿠사 뒷골목에서 만난
괴짜 예술가 하야시 히데노리

Secret >> 하얀 털모자에 흰 작업복을 입고 버섯 인형을 만드는 당신은 예술가인가요, 수집가인가요?

Local >> 대학에 다닐 때 경영을 전공했습니다. 수업을 열심히 들으며 세계적인 비즈니스맨을 꿈꾸던 중 우연한 기회에 영화 관련 일을 시작하게 되었습니다. 젊은 시절을 샐러리맨으로 보낸 것에 대해 후회하던 어느 날, 내게 다가온 영화의 세계는 충분히 매력적이었습니다. 이후 영상과 회화와 관련된 일을 하고 있으며 개인적으로 작업한 작품을 독립 영화로 제작했습니다. 몇 년 전부터는 런던에서 간간이 개인전을 열고 있습니다.

Secret >> 당신의 낡은 트랜지스터라디오에서는 영어 방송이 흘러나옵니다. 런던에서 전시도 자주 연다는데 특별히 런던을 고집하는 이유가 있나요?

Local >> 경영 공부를 마치고 회사에 취직한 후 해외에 나갈 기회가 많았습니다. 해외에 나가 넓은 세상을 경험하면서 우물 안 개구리로 지내는데 환멸을 느꼈습니다. 그래서 틈만 나면 와이프와 함께 해외여행을 했고, 그러다 보니 예술에 푹 빠져들었습니다. 특히 런던의 히피 문화와 자유롭고 액티브한 예술가들의 생활을 보면서 그곳에 자주 가게 되었습니다. 지금도 런던에서 전시를 하고 있습니다. 아틀리에에 나와 일을 할 때는 늘 영어 방송을 듣습니다. 이제는 나이가 들어 기억력이 별로 좋지 않아 반복 학습을 하지 않으면 금방 잊어버리기 때문입니다.

Secret >> 지금 버섯을 만드는 작업에 몰두하는 이유는 무엇인가요?

Local >> 어릴 때부터 그림 그리는 것을 좋아했습니다. 회사에 다니면서 시간이 날 때면 캔버스를 들고 들판에 나가 그림을 그리기도 하고 갤러리에서 시간을 보내기도 했습니다. 영감이 떠오르는 테마를 정해 작업을 하는데, 어느 날 갑자기 우주적인 느낌이 드는 재미있는 식물인 버섯에 대한 영감이 떠올랐습니다. 지금까지 만든 버섯 작품이 수천 개나 됩니다. 사실 예술이란 특별한 것이 아닙니다. 영감이 떠오르는 대로 자기가 하고 싶은 작업을 하면 되는 것입니다. 거기에 규제나 상업적인 요소에 대한 갈망이 있다면 아티스트라 할 수 없지 않을까요?

Secret >> 가게 안을 가득 메운 오브제는 당신이 수집한 것들인가요?

Local >> 많은 나라를 다니면서 오랜 세월 동안 모은 자식과 같은 것들입니다. 일본의 시골 장터에서 구입한 양철 로봇부터 멕시코의 벼룩시장에서 구입한 빈티지 인형, 미국에서 산 미니어처 자전거, 영국, 태국 등에서 산 잡화에 이르기까지 다양한 물건을 가게 안에 전시해놓았습니다. 최근에는 이베이나 기타 경매 사이트에서 좋아하는 물건을 구입하기도 하고 갖고 있던 물건을 내놓기도 하는데, 이는 단순히 돈을 벌기 위해서가 아니라 내가 갖고 있는 소중한 물건을 다른 사람들과 나누기 위해서입니다. 욕심이 아닌 공유를 통해 경험을 나누는 것은 즐거운 일입니다. 요즘 젊은이들은 자신만을 위해 사는 경향이 있습니다. 우리 세대가 그들에게 가르쳐야 할 것은 기술이나 지식보다 사랑과 나눔입니다. 그리고 자신 있게 삶을 살 수 있도록 뒷받침해주어야 한다고 생각합니다.

하야시 히데노리의 아틀리에
DATA Add. 東京都台東区浅草1-38-10
Google Map 35.712772, 139.795519 **Tel.** 03-3843-3204 **Open** 11:00~18:00 **Access** 지하철 긴자선 아사쿠사역에서 도보 5분

Area 9 / Ueno & Asakusa / Restaurant

다코큐 多古久

Add. 東京都台東区上野2-11-8
Google Map 35.709040, 139.770290
Tel. 03-3831-5088
Open 18:00~23:00 **Close** 매주 월요일
Access 지하철 지요다선 유시마역 2번 출구에서 도보 2분

Map P.410-C

100년 역사의 오뎅집

1904년에 창업한 이래 100년이 넘는 역사를 자랑하는 다코큐는 대를 이어 경영하는 가족적인 분위기의 오뎅 가게다. 외관은 초라하지만 가게 안으로 들어가면 긴 카운터석과 작은 테이블이 있다. 카운터 한쪽에서는 80세가 훌쩍 넘은 할머니가 무, 꼬치, 감자, 곤약, 다시마, 달걀 등 30여 종류의 재료를 큰 냄비에 가득 넣어 국물을 끓인다. 이틀 동안 끓여 진한 맛이 일품이다. 한꺼번에 여러 개를 시키면 식어버려 맛이 없으니 한두 개씩 주문해서 먹는 것이 좋다. 오뎅 외에도 사시미 같은 단품 요리가 있어 일본술인 사케를 마시는 사람들도 있다. 매스컴에 맛집으로 소개되면서 유명 연예인들도 즐겨 찾는다고 한다.

메뉴에는 가격이 쓰여 있지 않다. 오뎅 종류는 ¥300부터 라고 하니 물어보면서 선택할 것. 단골 손님들이 많아 반드시 예약해야 한다.

1 국물 자체가 진해서 별도의 양념이 필요 없지만, 기호에 따라 추가해도 된다. **2** 예스러운 액자가 가게 안 여기저기에 걸려 있다.
3 카운터석은 중년 남성들이 차지한다. **4** 단골손님이 많은 다코큐의 외관

쓰네즈시 常寿司

Add. 東京都台東区浅草1-15-7 **Google Map** 35.711949, 139.794110
Tel. 03-3844-9955
Open 11:30~21:00 **Close** 매주 월요일
Access JR 아사쿠사역에서 도보 3분
URL www5b.biglobe.ne.jp/~sushi

에도 시대의 스시 맛 그대로

3대째 이어온 전통 스시집으로, 제 2차 세계대전 이후 가미나리몬 거리에 포장마차를 세워놓고 스시를 판 것이 시초다. 특별한 먹을거리가 없던 당시에는 오후가 되면 스시나 오뎅, 덴푸라 등을 파는 포장마차가 성업했다. 지금의 장소로 이전한 후에 작은 카운터와 테이블을 마련해 단골손님들이 보다 편안하게 식사할 수 있게 되었다.

입에서 살살 녹는 도쿠조니기리特上にぎり(¥2200)의 맛은 환상적이다. 참치, 새우, 달걀, 붕장어 등 계절에 맞는 생선이 어우러진 모둠 스시도 추천 메뉴다. 장어구이 아난고즈쿠시穴子づくし(¥1700)는 쓰네즈시의 비법 소스를 발라 여러 차례 구워내 부드러운 맛이 일품이다.

1 카운터석에 앉아 바로 앞에서 직접 내주는 스시를 먹어보자. **2** 서민적 분위기의 실내 **3** 쓰네즈시는 대를 이어온 전통 있는 스시집이다. **4** 일본풍 장식들이 걸려있는 벽

Area 9 / Ueno & Asakusa / Restaurant

산사다 雷門 三定

Map P.411-D

Add. 東京都台東区浅草1-2-2 **Google Map** 35.711019, 139.796586
Tel. 03-3841-3400
Open 11:30~22:00
Access 지하철 긴자선 아사쿠사역 1번 출구에서 도보 1분
URL www.tempura-sansada.co.jp

도쿄에서 가장 오래된 튀김집

1837년 처음 문을 연 이후 170년이 넘는 역사를 이어오는 튀김 가게. 오랜 역사나 명성에 비하면 음식 맛은 지극히 평범한데다 관광객이 많이 찾는 지역이어서 현지인에게는 인정받지 못하는 편이다. 아이치 현에 살았던 오너가 고향 선배를 따라 상경해 닌교초의 자택 앞에서 시작한 튀김 포장마차가 기원이다. 이곳의 튀김은 '에도식 덴푸라'로 불린다. 에도 근해에서 잡은 물고기에 튀김옷을 입혀 팔기 시작했기 때문인데, 질 좋은 참기름을 사용해 튀김옷이 갈색을 띠는 것이 특징이다. 특제 참기름과 신선한 재료를 내세운 덴푸라는 향이 풍부하고 가볍게 씹히는 맛이 자랑으로 무를 갈아 만든 특제 소스(오로시)에 찍어 먹으면 진가를 발휘한다.

1 전통을 사랑하는 나이 드신 단골손님들이 드나든다. 2 가게에 들어가면 마주 보이는 1층 홀 3 산사다에서 가장 인기 있는 메뉴 새우튀김덮밥

요로이야 与ろゐ屋

Add. 東京都台東区浅草1-36-7
Google Map 35.712738, 139.796774
Tel. 03-3845-4618 **Open** 11:00~20:30
Access 지하철 긴자선 아사쿠사역 6번 출구에서 도보 2분
URL www.yoroiya.jp

아사쿠사의 명물 라멘과 교자를 먹을 수 있는 곳

아사쿠사에서 자란 주인이 자존심을 걸고 전통을 지켜 온 라멘집. 쇼와 시대의 라멘 맛을 재현한 요로이야 라멘은 대를 이어 운영하고 있다. 지금이야 전국 방방곡곡에 라멘집이 생기고 국물 맛이나 면발을 뽑아내는 기술도 각기 다르지만 옛 맛을 그대로 간직하고 싶은 주인의 마음은 언제나 변함이 없다. 일본의 맛 대 맛 TV 프로그램에 소개되고 잡지에 게재되는 등 공식적으로도 인정받은 집이므로 실패할 확률은 0%. 품질 좋은 돼지 뼈와 닭 뼈, 다시마, 멸치, 가쓰오부시, 신중하게 선별한 신선한 야채를 넣고 육수를 만들어 라멘 한 그릇에 정성과 영양이 가득 담겨 있다.

라멘らーめん은 ¥750, 교자ぎょうざ는 ¥350이다.

1 화려한 요로이야의 외관 **2** 혼자가도 부담스럽지 않은 카운터석 **3** 일본식 다다미 좌석 **4** 푸짐한 재료로 우려낸 국물 맛이 일품이다.

Area 9 / Ueno & Asakusa / Restaurant

주라쿠 じゅらく

Add. 東京都台東区上野6-11-11 Google Map 35.711383, 139.774698
Tel. 03-3831-8452
Open 월~금요일 11:00~23:00(토·일요일·공휴일은 ~22:00)
Access JR 우에노역에서 도보 1분
URL www.juraku.com

메뉴 고르기가 망설여진다면 이곳으로

양식, 일식, 중식 등 다양한 메뉴를 선보이는 패밀리 레스토랑으로 선택의 폭이 넓다. 점심시간에는 점심을 먹으러 오는 직장인들로, 저녁에는 외식하러 나온 가족들로 가득 찬다. 밥, 국, 메인 요리, 샐러드나 빵, 수프, 메인 요리, 디저트로 구성된 세트 메뉴도 있다. 저렴한 가격에 후식까지 즐길 수 있어 인기를 얻고 있다. 일본 전통의 맛을 고수해 한국식 일본 요리에 익숙한 입맛에는 맞지 않을 수도 있다.

절임 반찬에 소바 또는 우동을 선택할 수 있는 가쓰동 세트カツ丼セット(가쯔동셋또)는 ¥980, 수프가 포함된 나폴리탄 스파게티ナポリタンスパゲティ(나뽀리탄 스빠게티)는 ¥780, 역시 수프가 포함된 오므라이스 & 햄버그스테이크オムライス & ハンバーグ(오무라이스 & 함바그)는 ¥950이다.

1 패밀리 레스토랑의 성격상 항시 붐빈다. **2** 카운터석에 앉으면 비교적 여유롭게 식사할 수 있다. **3** 바삭하게 튀긴 돈가스 **4** 우에노역에서 나오면 간판이 바로 보인다.

미하시 みはし

Add. 東京都台東区上野4-9-7
Google Map 35.710285, 139.773976
Tel. 03-3831-0384 **Open** 10:30〜21:00
Access JR 우에노역에서 도보 3분
URL www.mihashi.co.jp

우에노에 가면 꼭 들러야 할 일본식 디저트 가게

1948년에 창업한 미하시는 홋카이도산 팥과 오키나와산 흑설탕 등 엄선된 재료만을 사용해 옛날 방식 그대로 안미쓰あんみつ를 만드는 가게다. 입구에 있는 티켓 판매기를 통해 주문하면 되는데, 원하는 메뉴의 버튼을 누른 후 티켓이 나오면 점원에게 가져다주는 시스템이다. 매장 안에는 창업 당시의 사진이 걸려 있어 믿음을 더한다. 우에노에 가면 꼭 들러야 하는 가게로 자주 소개되는 곳이다.

안미쓰あんみつ(¥500), 경단 크림 안미쓰白玉クリームあんみつ(시라타마 쿠리-무 안미쓰, ¥720), 말차 안미쓰抹茶あんみつ(마차 안미쓰, ¥630) 중에서 말차 안미쓰가 가장 인기 있다.

1 안미쓰를 좋아하는 어른들이 모이는 미하시 **2** 실내는 중년 손님들로 가득하다. **3** 팥과 과일을 넣어 만든 담백한 디저트 **4** 떡과 아이스크림은 기호에 따라 추가하면 된다.

가메이도 亀井堂

Add. 東京都台東区上野4-5-6
Google Map 35.709195, 139.773593
Tel. 03-3832-1001 **Open** 11:00~19:00
Access JR 오카치마치역에서 도보 4분
URL www.kamei-do.co.jp

Map
P.410-D

진짜 센베이의 맛

가메이도는 1873년에 창업한 이래 명물로 자리 잡은 가게다. 오랜 전통을 자랑하는 이곳 센베이는 인공 첨가물을 넣지 않아 안심하고 먹을 수 있다. 오래 전부터 고수해온 포장 방식과 과자 모양은 처음 보는 이도 친숙하게 만드는 매력이 있다. 향과 맛 역시 부드러워서 거부감이 없다. 긴 역사를 지닌 점포인 만큼 나이가 지긋한 단골손님들이 우에노에 나오면 들르는 명소라고 하니 꼭 방문해보자.

간식거리로 차와 먹기 좋은 센베이를 포장 판매하는데, 가격은 ¥640부터다. 특히 가와라 센베이는 달걀과 설탕을 듬뿍 넣어 무척 부드럽다. 가메이도의 로고와 연도를 넣어 만드는 과자로 유명하다.

1 우에노에 본점을 둔 가메이도 **2** 진짜 센베이의 담백한 맛을 경험할 수 있다. **3** 다양한 센베이를 묶은 패키지는 가메이도의 인기 상품 **4** 차와 함께 즐기기 좋다.

시무라쇼텐 志村商店

Add. 東京都台東区上野6-11-3
Google Map 35.710812, 139.774676
Tel. 03-3831-2454
Open 09:00~19:00
Access JR 우에노역에서 아메요코 상점가 방면으로 도보 2분

후덕한 인심이 기분 좋은 곳

초콜릿을 좋아하는 사람이라면 반드시 들러야 할 아메요코의 명물 상점. 우에노역에서 아메요코 입구 방향으로 30m쯤 들어가면 왼쪽에 있다. 큰 소리로 손님들을 불러 모으기 때문에 대부분 한번쯤 눈을 돌리게 된다. 주인아저씨가 "하나 더"를 외치며 여러 브랜드의 초콜릿을 섞어 봉지에 담아주는데, 초콜릿 가격의 3배는 되어 보이는 푸짐한 양에 깜짝 놀란다. 한 번 사면 1~2주는 디저트로 초콜릿만 먹어야 할 정도로 양이 많다. 덤으로 주는 초콜릿은 유명 수입 초콜릿부터 본토의 인기 초콜릿까지, 이렇게 해서 남나 싶을 정도로 퀄리티 높은 것들이다. 따뜻한 마음 씀씀이 덕분에 주인아저씨는 이미 각종 매스컴에 소개되어 한국에서도 취재를 올 정도로 유명 인사가 되었다.

초콜릿 1봉지에 ¥1000~.

1 정신 없이 붙어 있는 판촉 문구가 밤이면 더욱 눈에 띈다. **2** 젊은 여성이라면 쉽게 지나치지 못할 달콤한 냄새가 풍긴다. **3, 4** 사는 사람, 파는 사람, 구경하는 사람들로 언제나 북새통을 이룬다.

Area 9 / Ueno & Asakusa / Shop

スイートポテト
210円
(税込み)

アップルポテト
525円
(税込み)

① 大学芋
小町
500g箱入 ¥1,250

② 大学芋
カモテ
500g箱入 ¥945

보기만해도 군침이 도는 고구마

오이모야상 おいもやさん

Add. 東京都台東区駒形2-6-6
Google Map 35.707408, 139.795445
Tel. 03-3844-9678 **Open** 10:00~20:00(토·일요일·공휴일은 ~19:00)
Access 지하철 긴자선 아사쿠사역 A2-B 출구에서 도보 3분
URL www.oimoyasan.com

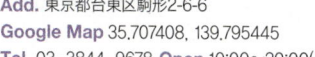

간식거리로 추천하는 맛탕 가게

1876년에 창업한, 우리식으로 말하면 '고구마 맛탕' 가게. 단골 손님이 많아 언제나 줄이 길게 늘어서 있다. 전국 각지에서 재배한 고구마 중에서 가장 맛있는 것만을 엄선해 심혈을 기울여 만든다. 단맛은 덜한 대신 겉은 바삭바삭하고 속은 부드러운 다이가쿠이모大学いも는 우리 입맛에도 잘 맞는다. 단맛의 정도를 고를 수 있으며 100g 기준으로 ¥190~250에 즐길 수 있어 간식 대용으로 사랑받고 있다. 500g 기준에 고구마가 13조각 정도 담겨 나오니 2~3명이 먹을 거라면 500g은 주문해야 한다. 더욱 부드러운 고구마 빵을 원한다면 스위트 포테이토를 추천한다. 고구마와 설탕, 우유, 버터, 달걀노른자 등이 들어가 촉촉한 커스터드처럼 담백한 빵과 같은 맛이다.

Tip 우리식 맛탕을 일본에서는 '대학 고구마'로 부른다. 도쿄대학 앞에서 밥집을 하던 주인이 식사 후 학생들에게 달콤한 간식거리를 무료로 제공해준 데서 비롯되었다고 한다.

1 무엇을 고를까 망설여지는 달콤한 유혹 **2** 입안에 쏙 들어가는 맛탕은 간식거리로 그만이다. **3** 촉촉한 고구마 케이크도 여성들에게 사랑받는 메뉴

Area 9 / Ueno & Asakusa / Shop

소라마치 Solamachi

Add. 東京都墨田区押上1-1-2
Google Map 35.710191, 139.810895 **Tel.** 03-570-550-102
Open 10:00~21:00(6·7·30·31층 11:00~23:00)
Access 도부 스카이트리 라인 도쿄 스카이트리역(아사쿠사역에서 한 정거장 또는 도보 15분)에서 바로 **URL** www.tokyo-solamachi.jp

스카이트리 앞에 자리잡은 대형 쇼핑몰

스카이트리와 함께 개장한 대형 쇼핑몰로 스카이트리를 관람한 다음 즐거운 쇼핑으로 시간을 보낼 수 있다. 도부 철도주식회사가 운영하는 상업 시설로 3개의 건물이 이어져 있다. 스카이트리를 중심으로 왼쪽은 웨스트야드West Yard(스카이트리역 방면), 오른쪽은 이스트야드East Yard(오시아게역 방면)로 구분되며, 각 건물 사이는 주요 층으로 연결된다. 웨스트야드 5층에는 도쿄 유일의 수족관인 수미다 아쿠아리움이 있어 아이를 동반한 가족 여행자라면 반가울 만하다. 그 외에도 의류, 잡화, 기념품 숍 외 카페, 레스토랑, 이벤트 시설 등이 모여 있으니 여유롭게 쇼핑과 식도락을 즐겨보자.

East Yard

소라마치 쇼텐가이 Solamachi Shotengai → 1F 이스트야드 1층에 있는 상점가로 약 120m 길이의 통로 좌우측에 식품점, 잡화점, 카페 등 35개의 숍이 모여 있다.

패션 존 Fashion Zone → 2F 이스트야드 2층에 있는 구역으로 젊은 여성을 위한 공간. 패션과 잡화 매장, 디저트 카페 등이 모여 있으며, 이스트야드·타워야드 3층은 일상생활에 필요한 라이프스타일 관련 점포가 있다.

일본 기념품(선물/잡화) → 4F 이스트야드 4층에 모여 있는 기념품 전문점. TV 캐릭터 공식 스토어 및 스트리트 푸드는 웨스트야드 4층에 있다.

저팬 익스피리언스 존 Japan Experience Zone → 5F 일본의 독창적인 아이덴티티를 살펴볼 수 있는 공간으로, 일본 기업과 생활 정보가 녹아 있는 제품을 구경할 수 있다.

West Yard

푸드 마르쉐 Food Marche → 2F 신선한 식품과 일식, 양식, 반찬거리 및 선물용 아이템을 판매한다. 타워야드 2층에도 있다.

소라마치 다베 테라스 Solamachi Tabe-Terrace → 3F 일식부터 중식, 카페까지 다양한 식사와 디저트를 즐길 수 있는 공간.

1, 2 300여 개의 상점에서 마음껏 쇼핑에 빠져보자.
3 도쿄 스카이트리 에디션 베어브릭이 인기

긴자
銀座

● 1612년 은화 주조소가 들어서면서 번영하기 시작한 긴자는 도쿠가와 막부의 행정 중심지가 된 이래 도쿄의 핵심 지역이었다. 일본 천황이 살고 있는 고쿄부터 마루노우치, 신바시에 이르기까지 광대하게 펼쳐진 긴자의 중심가는 도쿄의 어떤 곳보다 강렬한 인상을 준다. 전통과 현대적인 분위기가 공존하는 지역이기도 한데, 세계 일류 브랜드 숍이 골목 곳곳에 자리 잡고 있는가 하면 100년이 넘도록 한자리를 지켜온 전통 있는 가게도 많다.

건물 외관이 변신할 때마다 이슈가 되는 마쓰야, 런던 트래펄가 광장의 사자상을 모델로 만든 미쓰코시, 프랑스의 유명 백화점이자 긴자를 대표하는 프렝탕, 옛 미쓰자카야 부지에 새롭게 들어선 긴자 식스 같은 백화점이 모여 있어 멋쟁이 중년 여성들이 차를 마시거나 쇼핑을 즐기는 모습을 쉽게 볼 수 있다. 평일에는 비즈니스맨들의 바쁜 발걸음과 자동차 행렬이 이어지는 긴자 거리는 주말이면 차 없는 보행자 천국이 된다. 고급 브랜드 숍의 이미지가 제일 먼저 떠오르는 나미키도리並木通り를 걸으며 구경하는 것만으로도 화려한 긴자에 왔다는 사실을 실감할 수 있을 것이다.

Access
가는 방법

긴자銀座역 / 유라쿠초有楽町역 / 긴자잇초메銀座一丁目역 / 히가시긴자東銀座역 / 신바시新橋역

방향 잡기 긴자는 도쿄 시내 교통의 거점이다. 긴자역, 유라쿠초역, 긴자잇초메역, 히가시긴자역 등을 이용하면 되는데, 4개 역이 도보권에 있으므로 출발지가 어느 노선에 있는지 먼저 파악한 후 환승 횟수가 적은 역으로 가면 된다.

Check Point

● 주오도리中央通り에 긴자를 대표하는 미쓰코시, 마쓰야, 긴자 식스 백화점이 모여 있다. 프렝탕백화점에서는 멋쟁이 여성들의 최신 유행을 엿볼 수 있다. 한번쯤 들어봤을 법한 디저트 브랜드나 각종 먹을거리가 있는 백화점 식품 코너도 빼놓지 말고 들러보자.

● 젊은이보다 중년층이 주로 쇼핑하는 거리라서 식사 비용도 약간 비싼 편이다. 점심시간대를 정해놓고 세트 메뉴를 파는 곳이 많으므로 런치 세트를 고르면 가장 무난하다.

Plan
추천 루트

긴자
하루 걷기 여행

미쓰코시백화점 三越 — 10:00
유명 코즈메틱 브랜드 제품과 액세서리 등을 주로 취급하는 일본의 대표 백화점이다. 입구에 사자 동상이 만남의 장소로도 유명하다. 근처에 있는 마쓰야백화점도 최신 유행을 선도하는 백화점으로 젊은 층이 선호한다.

지하철로 15분

이토야 伊東屋 — 12:00
샤넬, 아르마니, 디올 등 내로라하는 부티크 건물은 윈도쇼핑을 즐기기에 최고다. 꼭 쇼핑을 하지 않더라도 트렌드를 알 수 있는 곳이므로 한번 둘러보는 것도 좋다. 명품 쇼핑에 관심이 없다면 대형 문구 백화점 이토야에서 시간을 보내자.

도보 3분

렌가테이 煉瓦亭 — 13:00
일본인 입맛에 맞는 양식을 선보이는 레스토랑이다. 점심으로 맛있는 원조 돈가스나 오므라이스를 먹어보자.

도보 5분

닛산크로싱 Nissan Crossing — 15:00
자동차에 관심 있는 사람은 산책하듯 닛산크로싱을 돌아보자.

도보 5분

도라야 とらや — 16:00
진한 녹차와 함께 일본 화과자를 즐기는 티타임을 가져보자. 보기만 해도 예쁜 화과자는 일본의 멋을 느낄 수 있는 디저트다.

도보 3분

하쿠힌칸 博品館 — 18:00
장난감 천국. 어른과 아이 모두 동심의 세계에 빠져 시간 가는 줄 모르고 즐겁게 보낼 수 있다.

Area 10 / Ginza / Place

공원 기념품점에서 파는 인형

히비야공원 日比谷公園 🔊 히비야 코-엔

Add. 東京都千代田区日比谷公園1-6
Google Map 35.674499, 139.756336
Tel. 03-3501-6428
Access 지하철 히비야선 히비야역 A10 출구에서 바로
URL www.tokyo-park.or.jp/park/format/index037.html

역사 깊은 도쿄의 공원

1903년에 개관한 히비야공원은 일본 최초의 서양식 정원이다. 에도 시대에 영주의 저택이었던 이곳은 메이지 시대에 육군장에서 공원으로 탈바꿈했다. 히비야 공원은 도심 한가운데라는 사실이 믿어지지 않을 정도로 짙은 녹음에 둘러싸여 있다. 공원 남동쪽에는 천황이 사는 고쿄皇居가 빌딩들 사이에 자리 잡고 있다. 16만㎡가 넘는 공원 안에는 도서관과 테니스 코트도 있고 야외 음악당에서는 1년에 몇 차례씩 주민들을 위한 음악 콘서트를 개최한다. 여름에는 대분수에서 보기만 해도 시원한 물줄기가 뿜어져 나온다. 데이트하는 연인, 근처 사무실에서 업무를 보다 산책 나온 직장인이 많다.

1 벚꽃이 만개한 히비야공원 **2** 꽃과 나무가 잘 가꾸어져 있다. **3** 요요기공원만큼은 아니지만 중·고생들이 모여 있는 모습을 볼 수 있다. **4** 공원 내에서 파는 오코노미야키

고쿄 皇居

Add. 東京都千代田区千代田1番地 **Google Map** 35.685227, 139.752842
Tel. 03-3213-1111
Open 09:00~17:00 **Close** 매주 월요일
Access 지하철 지요다선 니주바시마에역에서 도보 5분, JR 도쿄역 마루노우치 중앙 출구에서 도보 12분

왕실 가족이 거주하는 곳

일본의 천황이 거주하는 곳이다. 에도가와 막부의 거성이었던 곳으로 1868년에 고쿄라는 이름이 붙었다. 원래는 교토에 있던 에도성이 현재의 자리로 옮겨가고 제2차 세계대전 때 폭격을 맞은 후 재건되었다. 2개의 아치로 이루어진 돌다리인 메가네바시와 철교 니주바시를 지나면 내부로 이어진다. 일반인도 입장할 수 있는 일본식 정원 고쿄 히가시교엔에는 황실 관련 시설과 에도 성의 건물이 아직 그대로 남아 있다. 공원 티켓은 무료이며 나갈 때 반납해야 하므로 잃어버리지 않도록 주의하자. 새해나 특별 행사가 있는 날에는 왕실 가족이 모습을 드러내 국민들에게 인사를 한다. 고쿄를 둘러보기 위해서는 예약해서 참관 허락을 받아야 한다. 인터넷으로도 예약할 수 있으며 히가시교엔은 예약 없이 자유롭게 출입할 수 있다.

1 일본식 옛 건물이 아름답다. **2** 잘 정돈된 정원과 우거진 나무에서 자연미를 느낄 수 있다. **3** 고쿄는 도쿄에서 벚꽃이 아름답기로 소문난 곳이다. **4** 물과 나무가 어우러진 고쿄 내부

303

Map
P.412-A

국회의사당 国会議事堂 곡카이기지도-

Add. 東京都千代田区永田町1-7-1
Google Map 35.675940, 139.744858
Tel. 03-5521-7445
Open 08:00~17:00 **Close** 매주 토·일요일·공휴일
Access 지하철 마루노우치선 곡카이기마에역 1번 출구에서 도보 5분

일본의 입법부를 책임지는 곳

1920년에 착공해 17년에 걸쳐 완성한 일본 입법부의 심장부인 국회의사당은 한적한 산책로에 자리하고 있다. 총 3만톤의 석재를 사용해 건축한 이 건물은 모던 아시안 건축과 유러피언 양식이 완벽한 조화를 이루는 것이 특징으로 현재 중의원(하원) 쪽은 견학이 불가능하고 참의원(상원) 쪽만 개방된다. 내부를 관람하려면 미리 견학 신청을 해야 하며 60분간의 무료 가이드 투어에 참여할 수 있다.

도쿄 시민조차 의사당 견학에 대해 모르는 경우가 많은데 사전에 신청을 하거나 당일 접수해도 된다. 국회의사당 건물을 왼쪽에 끼고 뒤로 돌아가면 신청 장소가 있다. 하루 3회, 오전 10시, 오후 1시, 오후 3시 중 선택할 수 있으며, 가이드 투어는 일어와 영어로 진행한다.

1 일본 정계의 핵심인 국회의사당 **2** 분수 위로 활짝 핀 벚꽃 **3** 고코 너머로 녹지와 어우러진 건물 상단부가 보인다. **4** 원형을 보존한 채 보수 공사를 진행하고 있는 국회의사당

Area 10 / Ginza / Place

긴자 한복판에서 전통의 맥을 이어가는 가부키 공연장

305

가부키자 歌舞伎座

Map P.413-H

Add. 東京都中央区銀座4-12-15 **Google Map** 35.669414, 139.767737
Tel. 03-3545-6800 **Open** 공연에 따라 다름
Access 지하철 긴자선 긴자역 A6 출구에서 도보 5분, 지하철 히비야선 히가시긴자역 3번 출구에서 바로
URL www.kabuki-za.co.jp

세대가 바뀌어도 변함없는 전통 예술 공연장

긴자4초메에 있는 가부키자는 1889년 11월에 건립된 일본 전통극 공연장이다. 에도 시대 초기에 처음 문을 연 이곳은 일본 문화의 단면을 보여주는 중요한 장소다. 지금의 건물은 지난 1921년 간토에서 발생한 대지진으로 손상되고 3년 후인 1924년 나라 시대의 모모야마 양식으로 재건축한 것이다. 가부키의 화려함은 정교하고 아름다운 의상, 노래, 연주, 미묘한 움직임에서 나온다. 매일 오전과 오후로 나뉘어 두 번의 공연이 진행되는데, 전체 객석 수는 1866석이다. 여기서 가부키를 관람하길 원하는 사람을 위해 팁 한 가지! 과거에는 주로 여자 배우가 가부키 공연을 했는데, 당시 사회적인 풍습으로는 이를 문란하다고 받아들여 어느 순간부터인가 모든 배역을 남자 배우들이 맡게 되었다. 사실 일본어가 능통하지 않고는 웬만해서 알아듣기 힘든데, 외국인을 위한 영어 오디오 가이드 서비스가 있어 아쉬운 대로 즐길 수 있다. 가부키를 보면서 또 하나의 즐거움이라 할 수 있는 것은 막이 끝나고 중간 휴식 시간에 좌석에 앉아 먹는 도시락이다. 너나 할 것 없이 순식간에 꺼내놓아 여느 극장에서는 볼 수 없는 풍경이 펼쳐진다. 2010년 재건축에 들어가 2013년 새로운 모습으로 문을 열었다.

Tip 가부키, 이렇게 즐기자
- 원하는 좌석에서 관람하려면 예약은 필수.
- 당일 공연 약 1시간 전에도 표를 살 수 있다.
- 국제 학생증을 제시하면 학생 할인이 된다.
- 1막만 관람할 수 있는 단막표도 판매한다. 단, 4층의 좁은 좌석으로 배치되기 때문에 자리가 불편하다. 가격은 ¥1000~.

1 공사를 마치고 새롭게 탈바꿈 하기 전의 가부키자의 모습 **2** 공사 전 화려한 가부키자의 모습 **3** 공연장에 전시된 가부키 인형

Area 10 / Ginza / Place

닛산크로싱 Nissan Crossing

Add. 東京都中央区銀座5-8-1
Google Map 35.670742, 139.765020
Tel. 03-3573-0523 **Open** 10:00~20:00
Access 지하철 긴자선 긴자역 A4 출구에서 바로
URL www.nissan.co.jp/CROSSING

Map
P.413-G

세계적인 닛산자동차의 쇼룸

1933년에 창립한 닛산자동차는 도요타자동차와 더불어 일본 자동차 업계를 이끌어가고 있다. 한때 소형차를 주로 제작하다가 경영난을 겪은 후 1999년에 프랑스 르노사와 제휴했다. 우리나라에도 인피니티를 비롯한 닛산자동차를 선호하는 마니아층이 형성되어 있다. 긴자에 있는 닛산크로싱은 닛산자동차의 역사와 제품에 대한 정보를 제공한다. 규모가 크지 않고 자동차 몇 대뿐이지만 다양한 행사를 펼쳐 볼거리가 풍성하다. 옛날 자동차들을 전시해 클래식카에 대한 향수를 불러일으키는가 하면, 다양한 경품 행사를 통해 행운의 주인공을 뽑기도 한다. 다른 자동차 회사의 쇼룸과 달리 길을 걷다 부담 없이 들어가 구경할 수 있으며 직접 시승 신청을 하거나, 쇼룸 안에 있는 카페에서 저렴하게 커피를 즐길 수도 있다.

1 쇼룸에는 판매하는 모델뿐 아니라 콘셉트카도 전시한다. **2** 신차를 알리는 포스터 **3** 입구에서 시승 신청을 할 수 있다. **4** 닛산의 레이싱카

도쿄국제포럼 東京国際フォーラム 도-쿄고쿠사이호-라무

Add. 東京都千代田区丸の内3-5-1
Google Map 35.676657, 139.764278
Tel. 03-5221-9000 **Open** 09:00~17:00
Access JR 유라쿠초역 B1 출구에서 도보 1분, 지하철 긴자선 긴자역 C9 출구에서 도보 5분 **URL** www.t-i-forum.co.jp

새로운 건축의 역사를 열다

1997년 1월에 처음 모습을 드러낸 도쿄국제포럼 건물은 세계적인 건축가들이 건설에 참여해 도쿄의 건축 역사에 새로운 획을 그었다. 1990년에 공모전을 통해 당선된 건축가 라파엘 비뇰리가 설계했는데, 우리나라 종각역에 있는 종로타워를 설계해 친근한 건축가이기도 하다. 지하 3층, 지상 11층으로 구성되어 있으며 기능적으로는 7개의 이벤트홀과 전시 공간, 33개의 회의실, 각종 숍, 레스토랑 등이 있어 큰 규모의 행사와 전시를 개최할 수 있다. 건축미가 돋보이는 배 모양의 건물로 천장까지의 높이가 60m나 되어 개방감이 느껴진다. 근처 오피스 건물에서 쏟아져 나온 회사원들의 휴식처가 되는 녹음 지대는 답답한 도심에서 잠시나마 여유를 주는 오아시스 같은 공간이다.

1 도쿄국제포럼 입구. 입체적인 건축 디자인이 돋보인다. **2** 구름다리가 놓여 있는 건물 내부 **3** 도쿄국제포럼은 직장인에게 휴식 공간을 제공한다. **4** 커다란 배를 떠올리게 하는 건물 디자인

Area 10 / Ginza / Restaurant

시세이도 파라 資生堂パーラー 🔊 시세이도 파-라-

Map P.415-C

Add. 東京都中央区銀座8-8-3 東京銀座資生堂ビル4·5階
Google Map 35.668569, 139.761918 **Tel.** 03-5537-6241
Open 11:30~21:30 **Close** 첫째·셋째 주 월요일(공휴일인 경우 영업)
Access 지하철 긴자선 긴자역 A4 출구에서 도보 5분
URL www.shiseido.co.jp/parlour/html

수십 년에 걸쳐 사랑받아 온 양식집

창업한 지 100년이 넘는 코스메틱 브랜드인 시세이도의 본사 빌딩 4층에 자리한 시세이도 파라는 오래전부터 긴자의 터줏대감 역할을 해온 곳이다. 1902년 일본에선 최초로 탄산수에 시럽을 넣은 소다수, 크림소다, 아이스크림을 판매하면서 명성을 얻었다. 3층 카페에서 즐길 수 있는 아이스크림소다(¥1155)는 가장 인기 있는 메뉴. 식사를 즐기길 원한다면 같은 건물 4·5층에 있는 레스토랑으로 가보자. 1928년부터 서양 요리를 선보이면서 많은 사람들로부터 사랑받아 온 레스토랑은 변함없는 전통의 맛을 선보인다.

미트 크로켓(¥2700)은 쇼와 시대 초기에 등장한 오리지널을 그대로 재현한 메뉴이며, 오므라이스(¥2830)는 질리지 않는 맛이 특징이다. 세트 메뉴인 긴자 모던 런치(¥3990)는 수프와 미트 크로켓, 고기와 생선 요리 중 하나, 하야시라이스와 카레라이스 중 하나가 나온다.

1 딸기와 크림을 듬뿍 넣은 파르페 **2** 크림소다는 중년 여성들에게도 대인기다. **3** 달콤한 캐러멜 푸딩 **4** 고급스러운 실내 인테리어

긴자 가가리 銀座 篝

Add. 東京都中央区銀座4-4-1 銀座Aビル
Google Map 35.672298, 139.765184
Open 11:00~15:30, 17:30~22:30(토요일·공휴일은 ~21:00)
Close 매주 일요일
Access 지하철 긴자선 긴자역에서 도보 2분

잊을 수 없는 국수 맛의 감동

2013년 처음 문을 연 긴자의 작은 맛집. 가가리는 '화롯불을 피우는 쇠 바구니'를 의미한다. 심야 식당을 연상케 하는 이곳은 겨우 여덟 자리만 있는 작은 식당이지만, 물가가 비싸기로 유명한 긴자에서 맛있고 저렴하기로 입소문 나면서 언제나 긴 줄을 서야 한다. 하지만 불편함도 아랑곳하지 않는 사람들로 문전성시를 이룬다. 닭 뼈를 고아 만든 진한 국물 맛의 도리파이탄鶏白湯 소바는 마지막 한 방울까지 남김없이 비우게 되는 매력이 있다. 어느 소바를 주문하든 깊은 육수 맛에 감동할 것이 분명하다. 개인적으로는 멸치로 국물 맛을 낸 소바를 추천한다.

1 깔끔한 레스토랑의 입구 **2** 두 사람의 요리사가 조리를 맡고 있다. **3, 4** 잊을 수 없는 진한 국물 맛은 다른 곳에서는 맛보기 힘들다.

Area 10 / Ginza / Restaurant

대기 줄이 길게 늘어서는 인기 맛집

무기 토 올리브 Ginza Noodles Clam Ramen むぎとオリーブ 무기 또 오리브

Add. 東京都中央区銀座6-12-12 銀座ステラビル 1F **Google Map** 35.668984, 139.764386 **Tel** 03-3571-2123 **Open** 월~금요일 11:30~22:00, 토요일 11:30~21:00 ※육수가 떨어지면 영업 종료 **Close** 매주 일요일 **Access** 도에이 지하철 아사쿠사선·지하철 긴자선 히가시긴자역 A1 출구에서 도보 5분. 지하철 긴자선·마루노우치선·히비야선 긴자역 A5 출구에서 도보 6분 **URL** twitter.com/mugiori

2017 New

시원한 조개 국물맛이 일품인 라멘집

2014년에 처음 문을 연 라멘집으로, 곧바로 〈미쉐린 가이드〉에 가성비 좋은 맛집으로 선정되었을 뿐 아니라 〈뉴욕타임스〉에도 소개되어 여행자들에게도 유명하다. 레스토랑 이름은 '메밀과 올리브'를 의미한다. 긴자에서 쇼핑을 하다가 출출할 때 들르기 좋은 곳이다. 인기 메뉴는 시원한 조개 국물의 클램 라멘(¥1180), 치킨 육수를 베이스로한 깔끔한 치킨 라멘(¥1080), 조개와 치킨에 건조한 정어리를 더한 라멘(¥1180) 등이다. 어느 것을 선택해도 후회가 없으므로 개인의 취향에 따라 고를 것. 주문 방식은 레스토랑 내부에 있는 자판기로 티켓을 사서 바에 앉아 종업원에게 내면 된다. 아키하바라에도 지점이 있다.

1 나무로 만든 귀여운 간판이 걸려 있다. **2** 가게 내부에는 바테이블이 길게 놓여 있다. **3** 돼지고기 차슈와 계란 토핑 추가를 추천한다. **4** 바 너머로 요리하는 모습이 보인다.

Area 10 / Ginza / Restaurant

렌가테이 煉瓦亭

Add. 東京都中央区銀座3-5-16
Google Map 35.672707, 139.766017
Tel. 03-3561-7258
Open 월~금요일 11:15~15:00, 16:40~21:00, 토요일·공휴일 11:15~20:45
Close 매주 일요일 **Access** 지하철 긴자선 긴자역 A13 출구에서 도보 3분

Map P.413-G

일본 양식집의 원조

1895년에 창업해 올해로 122주년을 맞은 일본 양식집의 원조 렌가테이는 도쿄에 서양식을 처음 알린 곳이다. 우리나라로 치면 '원조 돈가스집'이라고 할 수 있다. 또 원조 오므라이스를 일본인의 입맛에 맞게 탄생시킨 곳으로도 알려져 있다. 옛 모습을 유지하고 있는 가게 내부가 정겨운 기분이 든다. 렌카테이의 돈가스는 우리가 예전에 먹던 경양식 돈가스를 떠올리듯 일본인들에게 옛맛을 느끼게 해준다고 한다. 소스에 특별한 비법이 있을 듯한데, 종업원의 말에 따르면 어디에서나 구할 수 있는 우스터소스가 맛의 비결이란다.

포크가스ポークカツレツ와 햄버그스테이크ハンバーグステーキ는 각각 ¥1300.

1 빨간 간판을 단 양식집 렌가테이 **2** 긴자의 유명한 가게들을 소개하는 포스터 **3** 고기와 감자를 다져 튀겨낸 멘치가스 **4** 경양식집이라고 불러야 할 것만 같은 예스러운 테이블과 의자

긴자 후루카와 Ginza Furukawa
銀座古川 ギンザフルカワ

Add. 東京都中央区銀座5-7-10 ニューメルサビル 7F
Google Map 35.670763, 139.763975
Tel. 03-3574-7005 **Open** 점심 11:00~14:30, 저녁 17:30~20:30
Access 지하철 긴자선 긴자역 A2 출구에서 도보 1분
URL www.ginza-furukawa.com

크림 스튜 맛은 일본 내 최고

일본 스타일의 스튜와 카레 요리를 선보이는 곳으로 최고의 맛을 자랑한다. 일본의 특급 호텔인 제국호텔과 프랑스의 명문 리츠호텔 등에서 수십 년간 근무하면서 프랑스 요리의 신으로 불린 바 있는 무라카미 노부오 밑에서 훈련한 도모히사가 운영한다. 어머니가 집에서 만든 듯한 정성이 배어 있는 따스한 음식을 즐길 수 있다. 특제 닭고기 육수를 베이스로 32종류의 향신료가 어우러진 유럽 스타일의 카레와 달콤하면서 깊은 크림 맛이 인상적인 스튜는 어느 것을 선택해도 후회가 없다. 일본의 유명 맛집 순위를 매겨 소개하는 TV 프로그램인 〈VVV6〉에서 이 집의 해산물 크림 스튜가 1등을 차지하기도 했다.

1 겉에서 보기에는 평범한 양식 레스토랑처럼 보인다. **2** 유명 맛집 소개 프로그램에서 당당히 1등을 차지한 크림 스튜 **3** 평일에도 자리가 비는 시간은 많지 않다. **4** 장조림을 연상시키는 부드러운 고기 스튜

Area 10 / Ginza / Restaurant

긴자와 매우 잘 어울리는 정통 일식집

긴자 다이마스 銀座大増

Add. 東京都中央区銀座6-9-6
Google Map 35.669972, 139.763376
Tel. 03-3571-3584
Open 11:30~21:30
Access 지하철 긴자선 긴자역 A2 출구에서 도보 3분

대를 이어 지켜온 전통의 맛

1933년 긴자에 처음 문을 연 다이마스는 3대에 걸쳐 경영해온 정통 일본 레스토랑이다. 80년 넘게 한자리를 지켜온 이곳의 자랑은 혼자서도 편안하게 들를 수 있도록 자리 배치에 최대한 신경 썼다는 점이다. 음식 맛 또한 매우 훌륭하다. 지하는 개별실로 이루어져 있는데, 조용하게 식사하고 싶어하는 손님들이 많이 찾으므로 서둘러 예약해야 한다. 1~2층은 의자가 있는 테이블석, 3층은 좌식으로 되어 있어 외국 바이어를 접대하려는 샐러리맨들이나 느긋하게 디너를 즐기기 위해 모인 중년 부인들이 많이 찾는다.

오후 4시까지 제공하는 런치 메뉴 히루노 고젠昼の御膳(¥2940)은 사시미와 덴푸라, 생선구이 등을 예쁘게 담아내 보기에도 먹음직스럽다.

1 테이블석이 마련되어 있는 1층 **2** 긴자에서 80년 넘게 자리를 지키고 있는 전통 있는 맛집이다. **3** 테이블 간격이 넓어 옆 테이블 때문에 방해받을 일이 거의 없다. **4** 쇼윈도로 보이는 메뉴 모형들

Area 10 / Ginza / Restaurant

긴자 덴쿠니 銀座天国

Map P.415-G

Add. 東京都中央区銀座8-9-11 **Google Map** 35.667660, 139.761560
Tel. 03-3571-1092
Open 11:30~22:00 **Close** 연말연시
Access JR 신바시역에서 도보 3분
URL www.tenkuni.com

덴푸라의 역사를 말해주는 곳

간판도 없이 한결같은 맛을 이어가는 긴자 덴쿠니는 1885년 긴자에 처음 문을 연 이후 1984년에 본사 빌딩을 세우면서 130여 년 전통의 소바와 튀김 맛을 그대로 지켜온 가게다. 특제 참기름을 사용해 고소함을 최대로 끌어올린 바삭한 덴푸라와 창업 당시부터 이어온 비법 소스는 거부할 수 없을 만큼 매력적인 맛이다. 지하는 조리하는 모습이 보이는 카운터석, 1층은 테이블석, 2~3층은 개별실로 이루어져 있다.

평일 오전 11시 30분에서 오후 5시까지 주문할 수 있는 점심 덴동은 가격이 부담 없어 인기 있다. 단품 메뉴는 오히루텐동お昼天丼(¥1100) 을, 세트 메뉴는 덴푸라와 밥, 미소시루, 샐러드가 포함된 우메테이쇼쿠梅定食(¥2668)를 추천한다.

1 멀리서도 한눈에 알아볼 수 있는 덴쿠니의 건물 **2** 새우와 환살생선이 담긴 덴동 **3** 점심때는 혼자 식사하러 오는 중년 손님이 많다. **4** 조용하게 식사를 즐기는 사람들

베이지 알랭 뒤카스 도쿄 Beige Alain Ducasse Tokyo

Add. 東京都中央区銀座3-5-3 シャネル銀座ビルディング10階
Google Map 35.673065, 139.766466 **Tel.** 03-5159-5500
Open 점심 11:30~16:30, 저녁 18:00~23:30 **Close** 매주 월·화요일, 8월·12월 말
Access 지하철 긴자선 긴자역 A13 출구에서 도보 3분
URL www.beige-tokyo.com

샤넬에서 운영하는 레스토랑

샤넬 도쿄 플래그십 스토어 빌딩의 전용 엘리베이터를 타고 10층에서 내리면 화사한 빛을 머금은 베이지 알랭 뒤카스 도쿄가 나온다. 패션계를 선도하는 브랜드인 샤넬과 프랑스 최고의 셰프 알랭 뒤카스가 손잡고 프로듀스한 레스토랑이다. 정통 프렌치 요리와 정갈한 일본 스타일을 결합한 요리를 선보인다. 재료 본연의 맛을 살리는 데 중점을 두어 소스 맛도 너무 강하지 않다. 손님 한 명 한 명 세심하게 신경 써주는 스태프 덕분에 식사하는 내내 유쾌한 기분이 든다.

점심은 채식주의자를 위한 메뉴(¥5900), 생선과 야채를 중심으로 한 메르테르(¥9000), 2가지를 합한 풀코스 메뉴(¥1만3000) 중 선택할 수 있다. 예약은 필수다.

1 트위드 패브릭으로 장식한 체어에서 샤넬의 기품이 느껴진다. **2** 내가 직접 고른 음식이 즉석에서 인쇄되어 나오는 개별 메뉴 안내판 **3** 감자와 야채를 곁들인 송어 요리 **4** '샤넬Chanel'이라는 이름의 초콜릿 프랄린 디저트와 헤이즐넛 아이스크림

Area 10 / Ginza / Restaurant

누구라도 반할 아이 코닉의 코스 요리

아이코닉 Iconic 🔊 아이코닉쿠

Add. 東京都中央区銀座2-4-6 銀座Velvia館9階
Google Map 35.674018, 139.766323
Tel. 03-3562-7500 **Open** 점심 11:30~14:00, 저녁 17:30~20:30
Access 지하철 유라쿠초선 긴자잇초메역에서 도보 1분, 지하철 긴자선 긴자역 B4 출구에서 도보 3분 **URL** www.hiramatsurestaurant.jp/iconic

21세기 서양식을 테마로 한 곳

'엘리건트함을 더한 모던 유러피언'을 콘셉트로 내세운 아이코닉은 유명 레스토랑 그룹 D & D의 오너 테렌스 콘랜 경과 그의 파트너 3명이 프로듀스한 레스토랑이다. 화이트를 기본 컬러로 한 이국적인 스타일에 일본 스타일을 더한 인테리어가 편안하면서 럭셔리한 분위기를 자아낸다. 콘랜이 직접 디자인한 소파도 고급스러움을 더한다. 점심시간에는 여성들이 주로 찾고 심야에 문을 여는 플라자 바Plaza Bar는 와인 1300여 병을 구비하고 있어 심야 데이트족이 즐겨 찾는다.

점심 메뉴(¥3800)는 메인으로 오징어 먹물 스파게티가 나오고 식후에 커피 또는 차를 선택할 수 있다. 저녁 메뉴(¥8000)는 애피타이저, 생선 또는 고기 중 택할 수 있는 메인 요리, 디저트, 커피 또는 차가 포함되어 있다.

1 천장이 높아 개방감이 느껴진다. 고급스러운 테이블 세팅도 눈여겨볼 만하다. **2** 프라이빗한 단체석이 마련되어 있다. **3** 조개관자 요리. 너무 무르지도, 단단하지도 않은 조갯살이 일품이다.

상스 에 사뵈르 サンス・エ・サヴール 🔊상스 에 사부루

Add. 東京都千代田区丸の内2-4-1 丸の内ビルディング35階
Google Map 35.681024, 139.763643 **Tel.** 03-5220-2701
Open 점심 11:00~13:30(토·일요일·공휴일 11:30~14:00), 저녁 17:30~21:00(일요일·공휴일 17:30~20:30) **Access** JR 도쿄역 마루노우치 출구에서 도보 2분
URL www.hiramatsurestaurant.jp/sensetsaveurs

Map P.412-A

1

2

3

4

새로운 프랑스 요리를 창조하는 레스토랑

남프랑스 랑그도크 지방의 미쉐린 3스타 레스토랑인 '르 자르댕 데 생스Le Jardin des Sens'의 쌍둥이 셰프 잭 푸르셀과 로랭 푸르셀 형제가 일본의 유명 레스토랑 그룹 히라마쓰와 손잡고 오픈한 곳이다. 마루빌딩 35층에 자리해 수려한 전망을 자랑하며 창작 요리의 세심한 맛은 오감을 자극한다. 300여 종류의 와인이 준비되어 있으며 소믈리에가 요리에 맞는 와인을 선별해주어 특별한 식사를 즐길 수 있다. 식사 전후에는 멋진 경관을 감상할 수 있는 바 공간에서 시간을 보내보자.

평일에만 즐길 수 있는 런치 코스 메뉴인 다페르D'affaire(¥3800)에는 한입에 넣을 수 있는 전채, 호두 오일을 곁들인 샐러드, 연어 요리와 커피가 포함되어 있다.

1 구운 치킨 요리와 에그 그라탱은 함께 먹으면 좋은 조합이다. **2** 오늘의 전채, 그날그날 메뉴가 달라진다. **3** 바나나와 캐러멜 무스 **4** 붉은색을 테마로 한 강렬한 입구

긴자 라이온 나나초메 銀座 ライオン 七丁目

Add. 東京都中央区銀座7-9-20 **Google Map** 35.669202, 139.763196
Tel. 050-5788-0502
Open 11:30~23:00(일요일·공휴일은 ~22:30)
Access 지하철 긴자선 긴자역 A3 출구에서 도보 3분
URL www.ginzalion.jp

아름다운 비어홀

1934년에 창업한 긴자 라이온은 지금까지 긴자7초메를 지키며 시원하고 맛있는 생맥주를 제조하고 있다. 이곳은 250가지 색의 스테인드글라스가 아름다운 빛을 발하는 일본 최초의 비어홀이다. 퇴근 시간이 되면 생맥주 한잔에 하루의 피로를 씻어내려는 샐러리맨들이 끊이지 않아 초저녁이면 금세 자리가 다 찰 때가 많다. 이곳의 인기 비결은 지하 탱크에 들어 있는 맥주의 온도를 2℃로 유지하고, 손님에게 서빙할 때는 4~5℃의 온도를 유지하는 데 있다. 이와 더불어 친절한 서비스와 다양한 맥주 안주도 명성에 한몫한다. 특히 6시간 동안 구워 만드는 로스트비프Roast Beef는 평일 오후 5시 30분과 8시에 제공되는데, 조리장이 직접 잘라 서비스해주는 이곳의 간판 메뉴다.

1 독일의 브로이 하우스도 부럽지 않을 긴자 라이온 **2** 긴자7초메에서 75년 이상 이어온 오랜 역사의 비어홀 **3** 대낮에도 맥주 애호가들이 몰려든다. **4** 맥주 안주만 파는 것은 아니다. 각국의 다양한 요리를 즐길 수 있다.

Area 10 / Ginza / Cafe

차분한 일본 감성을
느낄 수 있는 인테리어

모노클 카페 Monocle Cafe モノクル カフェ 🔊 모노쿠루 카훼

Add. 東京都千代田区有楽町2-5
Google Map 35.673594, 139.762640 **Tel.** 03-6252-5285
Open 월·화요일 12:00~20:00(수~금요일은 ~21:00), 토요일 11:00~21:00(일요일·공휴일은 ~20:00) **Access** 지하철 긴자선 긴자역 A0 출구에서 도보 3분
URL monocle.com/about/contacts/tokyo-cafe

글로벌 정보지 〈모노클〉의 카페

세계적인 이슈나 비즈니스, 문화, 디자인 등과 관련한 소식을 전해주는 〈모노클〉의 편집장인 테일러 브륄레가 직접 프로듀스한 카페. 2007년 창간한 〈모노클〉 잡지의 성공에 힘입어, 우수한 브랜드의 제품을 선정해 판매하는 모노클 숍을 오픈했고, 뒤이어 잡지 마니아와 새로운 고객을 위해 모노클 카페를 열었다. 일본의 가츠 샌드나 카레, 뉴욕의 루벤 샌드위치, 덴마크의 토스트 스카겐 등을 즐길 수 있다. 커피는 바리스타 구니토모 에이치가 맡아 늘 최고의 커피를 제공한다. 에도 디자인과 모던함을 접목해 내추럴하면서도 차분한 일본 감성을 느낄 수 있는 인테리어도 깔끔하다. 일본 가구 회사인 마루니 우드에서 디자인에 참여했다. 매장 한쪽에는 모노클 제품과 매거진을 전시해 놓았으며, 구입도 가능하다.

1, 2 하이브리드 남성 잡지를 추구하는 모노클은 잡지로 이름을 먼저 알렸다. **3** 차 한잔의 여유를 즐기기에 세련된 카페 내부 **4** 모노클의 향수는 히노키 향과 같은 유니크한 느낌을 선사한다.

Area 10 / Ginza / Cafe

도라야 とらや 🔊 토라야

Map P.415-C

Add. 東京都中央区銀座7-8-6 **Google Map** 35.669162, 139.762533
Tel. 03-3571-3679
Open 10:00~20:00(일요일·공휴일은 ~19:00)
Access 지하철 긴자선 긴자역 A4 출구에서 도보 5분
URL www.toraya-grouP.co.jp

일본을 대표하는 NO.1 화과자

땅값 비싼 긴자에서 지난 60년간 꿋꿋하게 버텨 온 일본 최고의 과자점. 도라야는 교토에 처음 문을 열었는데, 지금은 긴자에서 500년이 넘는 역사를 이어오고 있다. 1980년에는 파리에 진출해 파리지앵의 마음까지 사로잡는 데 성공했다. 선물로 좋은 도라야의 화과자는 예쁘고 섬세한 모양에 누구나 반하고 만다. 또 양갱 하면 이곳을 떠올리는 사람들이 많을 정도로 연양갱이 인기를 끌고 있다. 후지산의 물, 홋카이도의 팥을 사용해 만드는 것이 맛의 비결이라고. 1층에서 도라야의 화과자를 판매하고, 2층에는 차를 함께 마실 수 있는 조용한 카페 공간이 있다.

1 500년의 전통을 이어오고 있는 화과자점. 외관은 매우 세련됐다. **2** 카페에서 일본식 디저트도 즐길 수 있다. **3** 노을 진 하늘에 떠 있는 구름을 표현한 양갱 **4** 화과자 자체가 너무 예뻐서 별도의 디스플레이 소품이 필요 없다.

피에르 마르콜리니 Pierre Marcolini 🔊 피에-루 마루코라-니

Add. 中央区銀座5-5-8 2·3F
Google Map 35.671145, 139.763509
Tel. 03-5537-0015
Open 월~토요일 11:00~20:00(일요일·공휴일은 ~19:00)
Access 지하철 긴자선 긴자역에서 도보 2분 **URL** www.pierremarcolini.jp

벨기에에서 온 초콜릿의 황제

벨기에에 본점을 둔 고급 초콜릿 전문점. 긴자에 리뉴얼 오픈하면서 디저트에 열광하는 20~30대 여성들에게 사랑받고 있다. 1층은 선물용 초콜릿을 판매하는 곳과 달콤하면서 깊은 맛으로 유명한 아이스크림을 파는 곳으로 나누어 운영하고 있다. 2층에는 다양한 디저트를 경험할 수 있는 카페가 있다. 밸런타인데이와 크리스마스 같은 특별한 날에는 매장 밖까지 길게 늘어선 줄 때문에 한참을 기다려야 하지만, 벨기에 정통 초콜릿을 맛보려면 그 정도 수고는 감수할 만한 가치가 있다. 깊은 카카오 풍미를 느낄 수 있는 초콜릿 파르페는 개점 당시부터 단골들에게 꾸준히 인기를 얻고 있으며, 초콜릿 아이스크림과 생크림을 얹은 와플이 인기 메뉴다.

1, 4 벨기에에서 공수해온 최고의 재료만을 사용하는 매장 내부 **2** 겨울철에 인기인 달콤한 초콜릿, 트리플 **3** 여름철 베스트 아이템인 아이스크림

Area 10 / Ginza / Cafe

달로와요 **Dalloyau** 다로와이요

Add. 東京都中央区銀座6-9-3 **Google Map** 35.670378, 139.763565
Tel. 03-3289-8260
Open 일~목요일 10:00~21:00, 금~토요일·공휴일 전날 11:00~22:00
Close 연말연시 **Access** 지하철 긴자선 긴자역 A2 출구에서 도보 2분
URL www.dalloyau.co.jp

유서 깊은 디저트 명가

일본인들의 프랑스 사랑은 대단하다. 긴자 중심에 자리 잡은 프랑스 상점만 해도 프렝탕백화점, 마리아주 프레르, 디올, 샤넬, 까르띠에 등 셀 수 없이 많다. 200년이 넘는 역사를 자랑하는 달로와요 역시 프랑스의 대표 브랜드 중 하나. 1989년에 오픈한 달로와요 긴자점은 케이크와 마카롱, 초콜릿 등 갖가지 디저트로 가득해 여성들의 사랑을 한몸에 받고 있다. 매장 한쪽에는 차 마실 공간을 마련해놓았다. 이곳 최고의 인기 아이템은 파스텔 톤으로 시각과 미각을 자극하는 마카롱. 레몬, 커피, 피스타치오, 쇼콜라 등 여러 가지 맛이 있으며 선물용으로 구입할 때는 6개들이 마카롱マカロン(¥1404)을 사는 것이 경제적이다. 대표 메뉴인 초콜릿 케이크 오페라オペラ(¥486)는 꼭 먹어볼 것.

1 파리의 매장을 연상케 하는 외관 **2** 프랑스의 마카롱 전문점 달로와요가 도쿄에서 큰 인기를 끌고 있다. **3** 마카롱 외에 예술적인 모양새의 초콜릿이 눈길을 끈다. **4** 피스타치오·시트롱·초콜릿 맛의 마카롱

Area 10 / Ginza / Cafe

새로 발매한 사쿠라 화이트 티 Sakura White Tea

329

마리아주 프레르 Mariage Frères 🔊 마리아쥬 후레-루

Add. 東京都中央区銀座5-6-6
Google Map 35.671006, 139.763973
Tel. 03-3572-1854 **Open** 11:00~20:00
Access 지하철 긴자선 긴자역 A1 출구에서 도보 3분
URL www.mariagefreres.co.jp

Map P.413-G

프랑스의 유명 홍차 브랜드

일본인들 사이에서 인기 있는 마리아주 프레르는 앙리와 에드워드 형제가 1854년 파리에 오픈한 프랑스 홍차 브랜드. 파리에 있는 매장을 그대로 옮겨놓은 듯한 긴자의 매장은 선물을 사려는 사람들로 북적인다. 매장 안에 들어서는 순간 향긋한 차 냄새에 정신이 혼미해질 정도. 1층에서는 무게에 따라 차를 판매하는데, 찻잔과 초콜릿 등도 구입할 수 있다. 지하는 홍차박물관으로 꾸며져 있으며 2~3층에는 차와 식사를 즐길 수 있는 살롱이 있다.

세계적으로 인기를 얻고 있는 차인 마르코 폴로Marco Polo를 강력 추천한다. 마리아주 런치(¥3000)는 전채와 메인 디시, 빵, 홍차를 함께 즐길 수 있는 메뉴. 홍차의 종류가 많기 때문에 선택하는 데도 시간이 걸리니 살롱에서 차를 마실 때는 직원에게 추천을 받자.

1 테이크아웃용 컵에 담긴 케이크 **2** 고풍스런 외관은 파리의 감성을 그대로 담았다. **3** 시나몬 가루를 듬뿍 뿌린 스콘 **4** 마카롱, 롤케이크, 샌드위치가 3단 트레이에 담겨 나오는 애프터눈 티 세트

Area 10 / Ginza / Cafe

분센도혼포 文錢堂本舗 🔊분센도우혼포

Add. 東京都港区新橋3-6-14 **Google Map** 35.666456, 139.755289
Tel. 03-3591-4441
Open 월~금요일 08:30~19:30, 토요일 09:00~16:00 **Close** 매주 일요일·공휴일
Access JR 신바시역 가라스모리 출구에서 도보 3분
URL www.bunsendo-hompo.com

Map P.414-F

맛이 빚어내는 모나카의 역사

창업한 지 60년 된 분센도의 간판스타는 바로 모나카다. 매장에 진열된 화과자를 훑어보고 있으면 점원이 차를 가져다준다. 일본인들이 즐겨 마시는 진한 녹차와 함께 먹으면 더욱 깊은 맛을 느낄 수 있는 모나카는 간식거리로 그만이다. 매주 목요일과 금요일에 한정 판매하는 팥을 넣은 마메 다이후쿠豆大福(¥170)는 분센도만의 명물로 소문이 자자해 젊은 층에게 인기가 높다. 매월 5종류가 넘는 화과자를 선보이는데, 모양이 예쁘고 종류가 다양하다. 긴자에 갈 기회가 있다면 모나카나 콩 찹쌀떡은 꼭 한번 먹어보길.

분센도가 다른 가게보다 좋은 것은 차와 더불어 화과자를 시식할 수 있다는 점이다. 점원들도 매우 친절해 화과자에 대한 설명을 곁들여준다. 그 상냥함에 제품에 절로 손이 갈지도 모른다.

1 모나카는 따뜻한 차와 함께 마시면 더욱 맛있다. **2** 별사탕은 무료로 제공된다. **3** 화과자는 맛도 맛이지만, 색깔과 모양이 생명이다. **4** 예쁜 화과자가 가지런하게 정돈되어 있는 진열대

기무라야 소혼텐 木村屋 総本店

Add. 東京都中央区銀座4-5-7
Google Map 35.671698, 139.765282
Tel. 03-3561-0091 **Open** 10:00~21:00
Access 지하철 긴자선 긴자역 A9 출구에서 바로
URL www.ginzakimuraya.jp

일본에서 팥빵을 처음 선보인 곳

기무라야 소혼텐은 1874년 일본에 처음으로 팥빵을 선보인 가게다. 이후 천황에게 올리는 진상품이 되면서 유명해졌다. 1층에는 베이커리 숍이 들어서 있어 길을 지나다 쇼윈도를 바라보는 순간 달콤한 유혹에 빠져든다. 메이지 시대부터 변하지 않는 맛을 자랑하는 이 가게의 스페셜 메뉴는 소금에 절인 벚꽃을 넣은 벚꽃 팥빵. 흰팥, 밤, 치즈크림 등 9종류의 팥빵을 모은 모둠 세트도 인기 있다. 부담 없이 즐길 수 있는 사쿠라안빵桜あんぱん, 오구라안빵小倉あんぱん은 반드시 먹어보자. 천연 효모균으로 만든 120여 종의 빵은 가게와 같은 건물에 자리한 공장에서 바로 구워 신선하다.

사쿠라안빵桜あんぱん, 오구라안빵小倉あんぱん은 각 ¥126이다. 1층은 기무라야 본점, 2층은 카페, 3층은 그릴, 4층은 레스토랑으로 위층으로 올라갈수록 가격이 비싸진다.

1 큰 간판이 달린 기무라야의 입구 모습 **2** 다양한 종류의 팥빵이 진열되어 있다. **3** 달콤한 소가 들은 팥빵 **4** 요즘 사람들 입맛에 맞추어 담백한 빵도 출시했다.

Area 10 / Ginza / Cafe, Shop

마네켄 Manneken

Add. 東京都中央区銀座5-7-19 第一生命銀座フォリ-ビル1階
Google Map 35.671368, 139.764537
Tel. 03-3289-0141 **Open** 11:00~22:00
Access 지하철 긴자선 긴자역 A1 출구에서 바로
URL www.manneken.co.jp

Map
P.413-G

도쿄에서 가장 맛있는 와플

마네켄은 수많은 와플 가게 중 변함없는 인기를 유지하는 곳이다. 일본에서 처음으로 와플을 구워낸 가게로도 알려졌다. 높은 인기에 비해 규모는 작지만 언제나 손님들이 가게 앞에 길게 늘어서 있다. 처음 문을 열었을 때는 주변 사람들이 큰일이 일어난 줄 알 정도로 손님들이 몰려들어 화제를 불러일으켰다고 한다. 뭐니 뭐니 해도 금방 구운 것이 가장 맛있으니 구입 후 바로 먹어볼 것.

벨기에산 펄 슈거와 버터, 꿀을 첨가한 기본 메뉴 플레인プレーン(뿌렌, ¥129), 비터 초콜릿을 더한 초콜릿チョコレート(초코레-토, ¥151)이 인기 있다. 물가 비싼 긴자에서 부담스럽지 않게 간식을 즐길 수 있는 곳이다.

1 어느 것을 골라 먹어볼까? **2** 일본식으로 만든 마차 와플 **3** 가장 무난한 선택은 플레인 와플 **4** 저녁 시간에도 행렬이 늘어서 있는 모습을 쉽게 볼 수 있다.

무지 Muji 有楽町

Add. 東京都千代田区丸の内3-8-3
Google Map 35.675486, 139.764996
Tel. 03-5208-8241 **Open** 10:00~21:00
Access JR 유라쿠초역 D7A 출구에서 도보 1분
URL www.muji.net

세계에서 가장 큰 무지 매장

우리나라에는 '무인양품'이란 이름으로 더 익숙한 브랜드 무지. 7000여 종의 아이템을 한자리에서 만나볼 수 있는 긴자점은 우리나라 매장과는 비교되지 않을 만큼 큰 규모를 자랑한다. 인테리어에 관심이 많은 사람이라면 시간 가는 줄 모르고 구경하게 될 것이다. 모든 제품은 심플해 보이지만 구석구석 생활의 편안함을 추구하기 위해 고민한 흔적이 보인다. 다시 말해 '디자인의 본질'에 충실한 브랜드다. 1980년에 출시된 후 독일 IF 어워드에서 수상한 벽걸이 CD플레이어를 비롯해 남성복과 여성복, 아동복, 속옷, 가방, 가구, 화장품에 이르기까지 다양한 제품을 판매한다. 매장 한편에는 맛있는 일본식 요리 또는 베이커리를 즐길 수 있는 카페 공간과 서점도 마련되어 있다.

1 폭신한 빵과 커피로 쇼핑에 지친 다리를 쉬어 갈 수 있는 카페를 함께 운영한다. **2** 식탁을 예쁘게 꾸며줄 식기류가 가득한 매장 내부 **3, 4** 집안을 꾸미는데 필요한 심플한 가구들이 디스플레이 되어 있다.

Area 10 / Ginza / Shop

유니클로 Uniqlo 🔊유니쿠로

Add. 東京都中央区銀座6-9-5
Google Map 35.670111, 139.763575
Tel. 03-6252-5181 **Open** 11:00~21:00
Access 지하철 긴자선 긴자역 A2 출구에서 도보 1분
URL www.uniqlo.com/jp

Map
P.415-C

중저가 일본 국민 브랜드

우리나라에서도 인기를 끌고 있는 유니클로는 '동양의 베네통Benetton', '아시아의 갭GAP'이라 불릴 정도로 화려한 컬러와 합리적인 가격으로 승부하는 중저가 캐주얼 브랜드다. 색깔별, 종류별로 진열되어 있는 옷을 편안하게 골라 입어볼 수 있다. '베이식'과 '심플'을 앞세운 상품으로 유명한 유니클로는 1943년에 설립된 이래 일본에 700여 개의 점포를 운영하고 있으며 한국, 영국, 미국, 중국 등에도 진출해 전 세계적으로 사랑받는 브랜드가 되었다. 가볍게 입을 수 있는 캐주얼웨어를 취급한다는 점, 중간 유통을 거치지 않아 가격대가 저렴하다는 점이 최대 매력이다. 티셔츠를 비롯한 상의, 청바지, 재킷, 속옷과 양말 등 패션을 완성하는 모든 아이템을 원스톱으로 구매할 수 있다. 특히 폴라플리스 소재 제품으로 붐을 일으킨 유니클로 셔츠는 세탁기에 돌려 빨아도 보풀이 일거나 잘 구겨지지 않아 가격 대비 만족도가 높다. 도쿄를 대표하는 랜드마크 스카이트리, 오다이바, 긴자를 상징하는 그림이 그려진 티셔츠는 긴자점에서만 구입할 수 있다.

저렴한 가격에 비해 소재와 색상 선택의 폭이 넓어 온 가족이 함께 쇼핑하기 좋고, 가격이 저렴해 유학생들에게도 큰 인기를 끄는 브랜드다. 캐미솔은 ¥500부터, 티셔츠는 ¥1990부터, 청바지는 ¥3990부터다. 한국에서처럼 정기 세일을 하거나 기간별 한정 상품을 출시하므로 시기를 잘 맞추면 횡재 쇼핑의 기회가 된다.

1 감각적인 외관 **2** 저렴한 가격, 다양한 제품은 유니클로의 자랑 **3** 브랜드 로고를 내세우던 때, 오히려 로고가 없는 디자인으로 눈길을 끌었다.

다마키야 玉木屋

Add. 東京都港区新橋1-8-5 **Google Map** 35.666943, 139.760418
Tel. 03-3571-2474
Open 월~금요일 10:00~19:00(토·일요일·공휴일은 ~18:30)
Access JR 신바시역 긴자 출구에서 도보 2분, 지하철 긴자선 신바시역 1번 출구에서 도보 1분 **URL** www.tamakiya.co.jp

옛 방식 그대로 만드는 일본 반찬

200여 년 전 에도 시대까지 거슬러 올라가는 다마키야의 역사는 한 어민이 작은 생선을 쪄서 판매한 데서 시작했다. 제철 생선을 조려 만든 식품류는 반찬으로 먹어도 훌륭하고 술안주로도 안성맞춤이어서 어른을 위한 선물로 최고다. 하얀 쌀밥 위에 뿌려 먹는 후리카케ふりかけ와 생선을 통째로 조려 포장한 스가타니姿煮가 인기 아이템이다.

가장 안전하게 선택할 수 있는 아이템은 녹차 잎이 들어 있는 차 세트다. 약간의 모험을 원한다면 계절마다 한정 판매하는 반찬류에 관심을 기울여보자. 우리 입맛에 잘 맞는 집이라 실패할 확률이 적다. 다만, 음식에 따라 지나치게 단 경우가 있으니 스태프에게 문의하자.

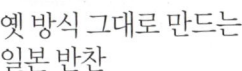

1 깨끗하게 진공 포장되어 있는 제품들. 일반적으로 떠올리는 반찬 가게와는 딴판이다. **2** 검은콩을 포장한 자젠마메ざぜん豆
3 통째로 조린 스가타니 생선 **4** 불에 구운 조개판자

Area 10 / Ginza / Shop

규쿄도 鳩居堂

Add. 東京都中央区銀座 5-7-4 **Google Map** 35.671122, 139.764497
Tel. 03-3571-4429
Open 월~토요일 10:00~19:00(일요일은 11:00~)
Access 지하철 긴자선 긴자역 A2 출구에서 바로
URL www.kyukyodo.co.jp

역사와 전통을 자랑하는 오래된 문구점

1663년에 창업한 향과 문방구 전문점 규쿄도는 전통 있는 문구점이다. 도쿄에서 가장 비싼 금싸라기 땅에 문구점이 있다는 사실이 놀랍기만 하다. 1층에서는 일본 종이로 만든 오리지널 엽서와 편지지를, 2층에서는 향, 서예용품을 판매한다. 친구나 가족을 위한 기념품을 구입하기 좋은데, 특히 ¥60~150의 오리지널 그림엽서는 외국인들이 부담 없이 구입할 수 있는 인기 아이템 중 하나. 많은 외국인을 상대하는 노련한 점원이 취향과 예산에 맞는 제품을 추천해준다.

실용적인 사무용품 외에 장식용 소품이 다양하다. 수백 년이나 이어온 문구점이라는 점 때문에 유명해지면서 외국인을 겨냥한 일본풍 장식품이 이곳의 중요한 판매 아이템이 되었다. 저렴한 기념품부터 고급 제품까지 종류도 다양하다. 화려한 색상의 여러 가지 소품들은 조금 비싼 값을 주고라도 사고 싶을 정도다.

1 400년 전통을 이어온 문구점 **2** 캐릭터로 장식한 문구 트레이 **3** 규쿄도 정문에 디스플레이된 목마 장식품 **4** 젓가락은 선물용으로 부담 없는 아이템

하쿠힌칸 博品館

Add. 東京都中央区銀座8-8-11
Google Map 35.667941, 139.761067
Tel. 03-3571-8008 **Open** 11:00~20:00
Access 지하철 긴자선 긴자역 A2 출구에서 도보 5분, JR 신바시역에서 도보 3분
URL www.hakuhinkan.co.jp

일본 최대의 장난감 백화점

사람들은 보통 어린아이나 자녀를 둔 부모만 장난감에 관심을 갖는다고 여긴다. 그러나 긴자에 있는 하쿠힌칸의 엄청난 규모와 가게 안을 가득 메운 장난감을 보면 생각이 달라질 것이다. 1899년에 장난감 전문 백화점으로 개업해 1978년에 10층 건물을 신축하면서 지금의 모습을 갖춘 이곳은 일본에서 제일 큰 장난감 전문점으로 기네스북에 이름을 올렸다. 지하에서 지상 4층까지는 완구 코너로 인형과 게임용품, 캐릭터 상품을 취급한다. 5~6층에는 레스토랑이 모여 있고, 8층에는 하쿠힌칸극장이 있다. 지하에는 일본의 미미 인형 리카짱 인형과 관련된 물건을 갖춘 코너가 있어 특히 여자아이들에게 인기가 많다.

1 일본을 대표하는 캐릭터 상품의 전시장 **2, 3** 세계적으로 인기 있는 오리가미(종이접기) **4** 토토로는 아이들에게 여전히 톱 스타

Area 10 / Ginza / Shop

이토야 伊藤屋

Add. 東京都中央区銀座 2-7-15 **Google Map** 35.673011, 139.767354
Tel. 03-3561-8311
Open 월~토요일 10:00~20:00, 일요일·공휴일 10:00~19:00
Access 지하철 긴자선 긴자역 A13 출구에서 도보 2분
URL www.ito-ya.co.jp

Map P.413-C

도쿄의 초대형 문구점

1904년에 오픈한 대형 문구 전문점으로 건물 입구에 커다란 빨간 클립이 있어 찾기 쉽다. 지하 2층, 지상 9층 규모의 매장 안에는 15만 종이 넘는 제품이 있다. 종이, 고급 필기구, 사무용품은 물론 취미용품에 이르기까지 다양하고 예쁜 제품을 취급해 여성들의 사랑을 받고 있다. 동네 편의점이나 대형 마트에서는 구하기 어려운 문구류도 쉽게 찾을 수 있으며 향수를 불러일으키는 옛날 물건도 많다. 이는 단순히 잘 팔리는 상품만을 취급하는 것이 아니라 종합 문구점으로서 장인들이 생산하는 제품을 빼놓지 않고 컬렉트하는 이토야의 경영 철학 덕분이다. 본관 9층 갤러리에는 이토야에서 직접 운영하는 티 라운지가 있다.

1 이 거대한 건물이 문구류로 채워져 있다. 지상, 지하를 합치면 총 11층 규모다. **2** 빨간색 클립은 이토야의 상징 **3** 핑크색 카드 케이스 **4** 없는 것 없이 다 있는 문구 백화점

애플 스토어 Apple Store 앞뿌루 스토아

Add. 東京都中央区銀座 3-5-12
Google Map 35.672300, 139.765769
Tel. 03-5159-8200 **Open** 10:00~21:00
Access 지하철 긴자선 긴자역 A13 출구에서 도보 1분
URL www.apple.com/jp

세상을 변화시킨 사과

새로운 전자 기기에 열광하는 일본인들의 성향에 맞추어 오픈한 아시아 최초의 애플사 직영점이다. 2003년 문을 연 날 5000명이 넘는 사람들이 줄을 설 정도로 인기를 끌어 이슈가 되었다. 한 공간에서 애플의 모든 제품 라인과 다양한 액세서리를 접할 수 있다. 또 영어, 한국어, 프랑스 어 등 10개국 언어를 구사하는 스태프가 상시 대기하고 있다. 현재 유행하는 신상품이나 한국에서는 시판되지 않는 모델을 접할 수 있다는 것도 매력이다. 전문가들이 각 기기의 사용법을 친절하게 알려주는 '지니어스바Genius Bar'도 있다. 애플 스토어 내부에서는 촬영이 금지되어 있어 예쁜 제품을 사진에 담을 수 없는 점이 아쉽다. 마쓰야백화점 맞은편에 있으며 외관에 애플을 상징하는 사과 마크가 있다.

1 심벌인 애플 로고 덕분에 찾기 쉽다. **2, 3** 최신 제품을 발 빠르게 접할 수 있다. **4** 로봇으로 디스플레이한 감각적인 내부

도쿄 커피 투어의 새로운 목적지
히라노

도쿄에는 질 좋은 원두와 세밀하고 고집스러운 방법으로 볶아내는 로스팅 기술, 숙련된 핸드 드립 기술을 가지고 있는 바리스타들이 많다. 그들의 솜씨를 즐길 수 있는 카페에서 맛보는 커피는 도쿄 여행의 즐거움 중 하나다. 현대 미술관과 작은 갤러리, 카페들이 어우러져 조용한 바람을 불러 일으키는 히라노 지역에는 미국의 블루 보틀 커피, 뉴질랜드의 올프레스 에스프레소 같은 해외 브랜드의 커피 하우스가 들어섰다. 또 이에 맞서는 저패니즈 브랜드, 더 크림 오브 더 크롭 커피와 같은 개성 넘치는 카페의 도약도 눈여겨볼 필요가 있다. 조용한 주택가를 거니는 사이 카페에서 풍기는 진한 커피 내음을 즐길 수 있는 히라노 지역은 지금 도쿄에서 가장 핫한 지역으로 떠오르고 있다.

앵글로 색슨을 넘어 일본에 진출한 카페
올프레스 에스프레소 도쿄 로스터리 앤 카페
Allpress Espresso Tokyo Roastery & Cafe

과거 제재소 창고로 이용하던 공간에 들어선 로스팅 하우스 겸 카페. 1986년에 뉴질랜드에서 창립한 올프레스 에스프레소는 현재 런던과 도쿄 등 전 세계에 8개의 지점이 생길 정도로 급성장하고 있다. 생산자와의 직거래를 통해 구매한 공정 무역 커피를 잘 훈련된 바리스타들이 훌륭한 맛으로 뽑아낸다. 커피는 물론 신선한 과일과 재료로 만드는 건강한 음식과 주스, 스무디 등을 함께 즐길 수 있으며 아침 식사 메뉴도 있다.

DATA Add. 東京都江東区平野3-7-2 **Google Map** 35.677771, 139.805222 **Tel** 03-5875-9392 **Open** 월~금요일 08:00~17:00, 토·일요일 09:00~18:00 **Access** 도에이 지하철 오에도선 기요스미시라카와역에서 도보 13분 **URL** jp.allpressespresso.com

'커피계의 애플'로 불리는 로스팅 하우스 겸 카페
블루 보틀 커피 Blue Bottle Coffee

캘리포니아 오클랜드에서 역사가 시작된 블루 보틀 커피는 스텀프타운Stumptown, 인텔리겐치아Intelligentsia와 더불어 세계 3대 커피로 사랑받는 브랜드. 최근에는 전 세계적으로 공격적인 마케팅에 나서고 있으며, 미국의 마이크로 브루와 비슷한 환경을 가진 히라노(기요스미) 지역에 일본 1호점을 오픈한 것을 시작으로 잇따라 아오야마점, 시부야점을 열었다. 이곳에서는 단일 품종으로 만든 고품질의 커피를 차별화된 로스팅, 블렌딩, 추출법을 이용해 뽑아내어 색다른 향과 맛을 경험해 볼 수 있다. 기념품으로 에코백이나 블루 보틀 기요스미 머그컵 등을 구입할 수 있다.

DATA Add. 東京都江東区平野1-4-8
Google Map 35.677736, 139.800705
Open 08:00~19:00 **Access** 도에이 지하철 오에도선 기요스미시라카와역에서 도보 10분
URL bluebottlecoffee.jp/cafes/kiyosumi

창고 건물을 개조한 로스팅 하우스 겸 카페
더 크림 오브 더 크롭 커피 The Cream of the Crop Coffee

블루 보틀 커피 근처에 위치한 커피 하우스. 높은 지붕이 있는 창고 건물을 개조해서 로스팅 하우스와 카페 공간을 겸하고 있다. 이곳은 귀여운 강아지 로고만큼이나 직원들의 서비스가 친근감 있다. 건물 테라스에 테이블이 하나 있고, 카페 안쪽에는 노출 콘크리트를 배경으로 가죽 소파가 놓여 있으며 거대한 로스터리 기계에서 갓 로스팅한 커피의 향이 공간을 가득 메우고 있다. 모든 커피는 핸드 드립 스타일로 내리는데 니카라과와 에티오피아의 예가체프가 인기 있다.

DATA Add. 東京都江東区白河4-5-4 **Google Map** 35.681839, 139.809851 **Tel** 03-5809-8523 **Open** 10:00~18:00 **Close** 월요일 **Access** 도에이 지하철 오에도선 기요스미시라카와역 B2 출구에서 도보 10분 **URL** www.c-c-coffee.ne.jp

긴자의 백화점과 부티크

패션 부티크와 대형 백화점이 없는 긴자는 상상할 수 없다. 긴자를 대표하는 쟁쟁한 쇼핑 스폿을 소개한다.

백화점 & 브랜드 부티크

미쓰코시 三越
긴자를 대표하는 백화점 하면 제일 먼저 생각나는 곳. 큰 이벤트나 세일 기간에는 매스컴의 공세를 받는다. 긴자에서 사람들의 발길이 가장 많이 이어지는 곳이기도 하다.

DATA Add. 東京都中央区銀座4-6-16 **Google Map** 35.671304, 139.765836 **Tel.** 03-3562-1111 **Open** 10:30~20:00 **Access** 지하철 긴자선 긴자역에서 미쓰코시백화점으로 가는 에스컬레이터 이용 **URL** www.mitsukoshi.co.jp/ginza

마쓰야 긴자 松屋 銀座
일본을 대표하는 디자이너와 아티스트들이 엄선한 엘리건트한 최신 상품이 많아 패션과 디자인에 관심 많은 젊은이들이 즐겨 찾는다.

DATA Add. 東京都中央区銀座3-6-1 **Google Map** 35.672282, 139.766676 **Tel.** 03-3567-1211 **Open** 10:00~20:00 **Access** 지하철 긴자선 긴자역 A13 출구에서 도보 1분 **URL** www.matsuya.com

프렝탕 긴자 プランタン銀座
파리 프렝탕백화점의 모던 스타일을 그대로 재현한 백화점. 1984년 문을 연 이래 긴자의 마담과 젊은 여성들에게 꾸준한 사랑을 받는 곳이다.

DATA Add. 東京都中央区銀座3-2-1 **Google Map** 35.673759, 139.765131 **Tel.** 03-3567-0077 **Open** 11:00~21:00 **Access** 지하철 긴자선 긴자역 C6·C8 출구에서 도보 2분

샤넬 Chanel
2004년에 오픈한 샤넬 매장. 뉴욕의 건축가 피터 마리노가 설계했다. 전체 10층 건물로 1~3층은 의류와 가방을 진열해놓았고 4층 넥서스홀 Nexus Hall은 신상품을 소개하거나 전시회를 여는 행사용 공간으로 사용하고 있다.

DATA Add. 東京都中央区銀座3-5-3 **Google Map** 35.673066, 139.766500 **Tel.** 03-5159-5519 **Open** 11:00~20:00 **Access** 지하철 긴자선 긴자역 A13 출구에서 도보 3분 **URL** www.chanel-ginza.com

불가리 긴자타워 Bvlgari Ginza Tower
이탈리아의 명품 브랜드 불가리의 플래그십 스토어로 3년간의 준비를 거쳐 2007년에 긴자2초메에 들어섰다. 1층은 시계와 주얼리, 2층은 선글라스와 백을 취급하며 3층은 VIP룸으로 꾸며져 있다. 4층에는 시계 수리 코너가 있다. 9층에는 일본 첫 불가리 레스토랑인 일 리스토란테Il Ristorante가 들어서 있다.

DATA Add. 東京都中央区銀座2-7-12 **Google Map** 35.673018, 139.767165 **Tel.** 03-3239-0100 **Open** 11:00~20:00 **Access** 지하철 긴자선 긴자역 A13 출구에서 도보 3분

아르마니 긴자타워
Armani Ginza Tower
이탈리아 건축가 도리아나와 마시밀리아노가 설계한 이곳은 절제된 모던함과 심플함을 추구한다. 지하 2층, 지상 12층으로 이루어져 있고, 아르마니의 전 라인을 갖추어놓았으며 작업실을 재현했다. 5층에는 아르마니 스파, 10층에는 이탤리언 레스토랑이 있다.

DATA Add. 東京都中央区銀座5-5-4 **Google Map** 35.671665, 139.763922 **Tel.** 03-6274-7000 **Open** 11:00~20:00 **Access** 지하철 긴자선 긴자역 B5 출구에서 도보 3분

까르띠에 Cartier
9층 건물로 된 까르띠에는 프랑스 건축가 실뱅 뒤뷔송이 건물 전면을 리뉴얼해 낮에는 햇빛을 받으면 황금색으로 빛나고 밤에는 내장 LED에 의해 빛을 발한다.

DATA Add. 東京都中央区銀座2-6-12 **Google Map** 35.673206, 139.766748 **Tel.** 03-5158-3200 **Open** 11:00~20:00 **Access** 지하철 긴자선 긴자역 A13 출구에서 도보 3분

디올 Dior
2004년 오픈한 이 건물은 입체적인 격자무늬가 특징이다. 디올 옴므, 레이디스, 가방과 액세서리 등 디올의 모든 라인과 VIP룸이 있다.

DATA **Add.** 東京都中央区銀座5-6-1 **Google Map** 35.671571, 139.764221 **Tel.** 03-5537-8211 **Open** 11:00~20:00 **Access** 지하철 긴자선 긴자역 A4 출구에서 바로

미키모토 긴자2 Mikimoto Ginza2
긴자 마로니에거리와 나미키거리 교차점에 자리한 미키모토 긴자 2호점. 1층은 패션 주얼리·코즈메틱, 2층에는 미용 소품과 남녀 시계를 판매하며 3층에는 미키모토 라운지 카페가 있다. 7~9층에는 레스토랑이 들어서 있다.

DATA **Add.** 東京都中央区銀座3-5-5 **Google Map** 35.673818, 139.765950 **Tel.** 03-3535-4611 **Open** 월~토요일 11:00~19:30(일요일·공휴일은 ~19:00) **Access** 지하철 긴자선 긴자역 A13 출구에서 도보 3분 **URL** ginza2.mikimoto.com

구찌 Gucci
세계 최초로 지은 구찌 빌딩. 건물 내 구찌 카페에서는 이곳에서만 한정으로 판매하는 구찌의 G 로고가 찍힌 초콜릿(4개들이 ¥2000)을 살 수 있다.

DATA **Add.** 東京都中央区銀座4-4-10 **Google Map** 35.671898, 139.764598 **Tel.** 03-3562-8111 **Open** 11:00~20:00 **Access** 지하철 긴자선 긴자역 A8 출구에서 바로

프라다 Prada
일본을 대표하는 디자이너와 아티스트들이 엄선한 엘리건트한 최신 상품이 많아 패션과 디자인에 관심 많은 젊은이들이 즐겨 찾는다.

DATA **Add.** 東京都中央区銀座4-6-16 **Google Map** 35.671203, 139.765862 **Tel.** 03-5250-4465 **Open** 11:00~20:00 **Access** 지하철 긴자선 긴자역 A4 출구에서 도보 3분

그 밖의 브랜드 부티크

리모와 Rimowa
DATA **Add.** 東京都中央区1-4-8 銀座ビッグウエストビル 5号館 **Google Map** 35.674786, 139.766554 **Open** 11:00~20:00

도버 스트리트 마켓 긴자 Dover Street Market Ginza
DATA **Add.** 東京都銀座中央 銀杏小松セント 6-9-5 **Google Map** 35.670410, 139.763321 **Open** 11:00~20:00

티더블유지 TWG
DATA **Add.** 東京都中央区銀座5-2-1 東急プラザ銀座 3階 **Google Map** 35.672518, 139.762888 **Open** 11:00~21:00

에르메스 Hermés
DATA **Add.** 東京都中央区銀座5-4-1 **Google Map** 35.672010, 139.763424 **Tel.** 03-3289-6811 **Open** 11:00~19:00

티파니 Tiffany & Co
DATA **Add.** 東京都中央区銀座2-7-17 **Google Map** 35.673337, 139.767535 **Tel.** 03-5250-2900 **Open** 11:00~20:00

로에베 Loewe
DATA **Add.** 東京都中央区銀座7-5-4 **Google Map** 35.670124, 139.761586 **Tel.** 03-5568-6191 **Open** 11:00~20:00

도쿄 사람들의 신선한 식탁을 책임지는 곳
쓰키지시장

어린 시절, 레스토랑을 운영하던 어머니를 따라 새벽시장에 간 적이 있다. 생선과 고기, 야채에 이르기까지 이름 모를 다양한 물건에 그저 신기할 따름이었고, 시장 사람들의 부지런하고 싱싱한 삶은 매우 인상적이었다. 외국에서 오랫동안 살면서 한국 새벽시장에 대한 추억은 아득히 먼 기억 속에 잊혀져갔다. 그러다 문득 옛 추억을 되돌아볼 수 있게 해준 곳이 바로 쓰키지다. 도쿄 사람들에게 신선한 생선을 제공하는 새벽시장 나들이는 새벽 4시에 시작되었다. 첫 지하철을 타고 쓰키지역에 내려 처음 들른 곳은 거대한 참치를 해체하는 작업장. 성인 남자 몸집의 몇 배는 됨직한 거대한 상어와 참치를 해체하는 작업에는 칼이 아닌 톱이 사용되었다. 일반인에게 개방하기 전 상인들을 상대로 경매를 하는 이들의 모습도 눈에 띈다.

DATA Open 05:00~15:00(점포마다 다름) **Access** 지하철 히비야선 쓰키지역 1번 출구에서 도보 3분

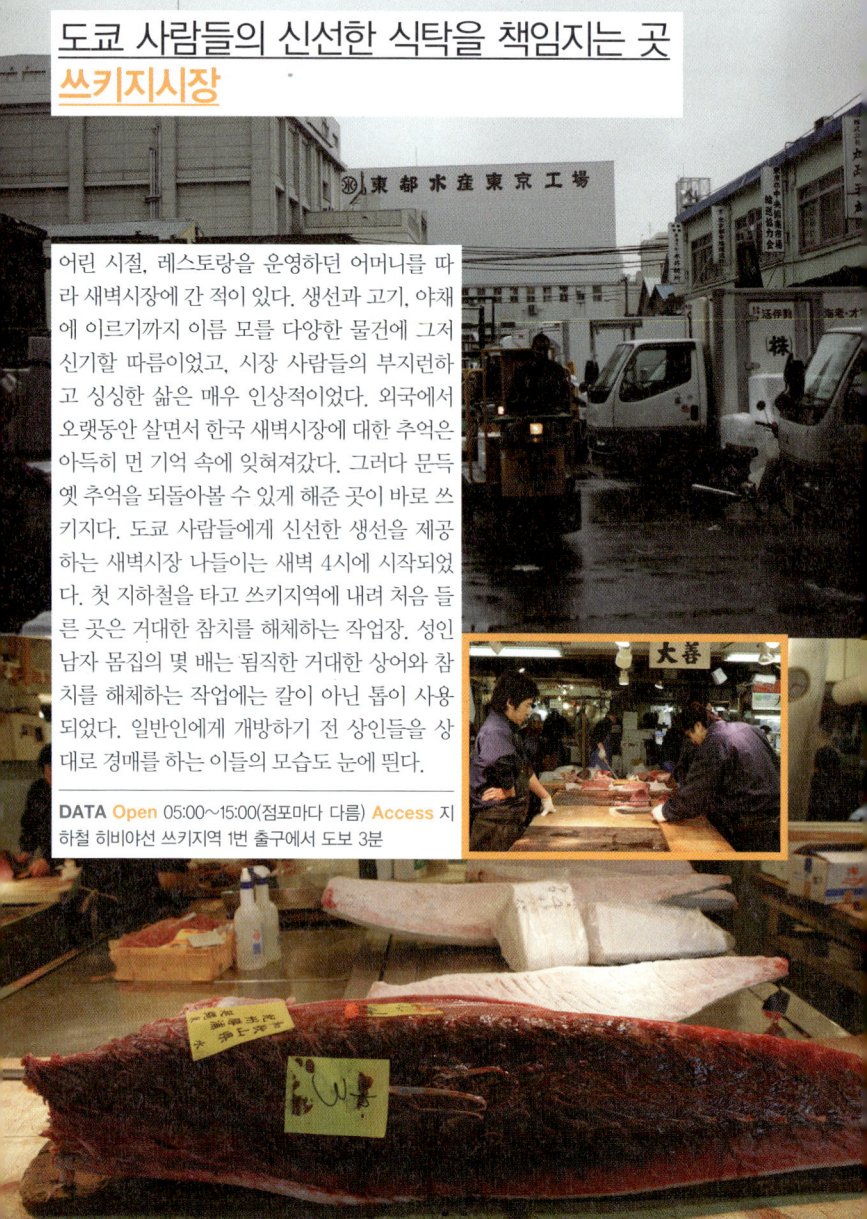

쓰키지의 대표 스시집

다이와즈시 大和壽司
쓰키지시장 안에 있는 최고의 스시 전문점. 늘 긴 줄이 늘어서지만 기다릴 만한 가치가 있다. 계절에 따라 다른 생선을 선보이며 인공 첨가물을 가미하지 않은 싱싱한 재료만 사용해 인기가 많다. 외국인 관광객이 많아 활기찬 분위기다.

DATA **Add.** 東京都中央区築地5-2-1 築地卸売場6号館 **Google Map** 35.663705, 139.769544 **Tel.** 03-3547-6807 **Open** 05:30~13:30 **Close** 매주 수·일요일, 공휴일 **Cost** 오마카세 세트 ¥3670~ **Access** 지하철 히비야선 쓰키지역 1번 출구에서 도보 7분, 지하철 오에도선 쓰키지역 A1 출구에서 도보 3분

다케노 多け乃
시장에서 바로 직송한 신선한 재료로 만든 회와 덴푸라가 대표 메뉴. 계절에 따라 메뉴가 바뀌므로 벽에 붙은 단품 메뉴를 체크할 것.

DATA **Add.** 東京都中央区築地6-21-2 **Google Map** 35.664622, 139.772212 **Tel.** 03-3541-8698 **Open** 11:00~21:00(토요일은 ~20:00) **Close** 매주 일요일 **Access** 지하철 히비야선 쓰키지역 1번 출구, 지하철 오에도선 쓰키지역 A1 출구에서 도보 5분

세가와 瀬川
카운터석만 있는 간이 레스토랑으로 언제나 단골 손님들로 붐빈다. 메뉴는 마구로동 한 가지로 간장으로 만든 진한 소스에 재운 혼마구로의 아카미(참치 속살)를 밥 위에 얹은 것이다.

DATA **Add.** 東京都中央区築地4-9-12 **Google Map** 35.665634, 139.769790 **Tel.** 03-3542-8878 **Open** 07:30~12:30(품절 시 영업 종료) **Cost** 마구로동 ¥800 **Access** 지하철 히비야선 쓰키지역에서 도보 3분

다이사다 大定
80년의 역사를 자랑하는 전통 있는 가게. 타 업소의 주인들도 이곳의 달걀구이를 먹기 위해 찾을 정도로 유명하다. 입에 넣을 때 느껴지는 폭신한 촉감과 인공 첨가물을 사용하지 않은 자연의 맛이 일품이며 가격도 저렴하다.

DATA **Add.** 東京都中央区築地4-13-11 **Google Map** 35.664958, 139.770279 **Tel.** 03-5459-8630 **Open** 04:00~14:00 **Close** 일요일·공휴일·쓰키지시장 휴일 **Access** 지하철 히비야선 쓰키지역에서 도보 3분

Area 11 / Odaiba

Area 11
ODAIBA

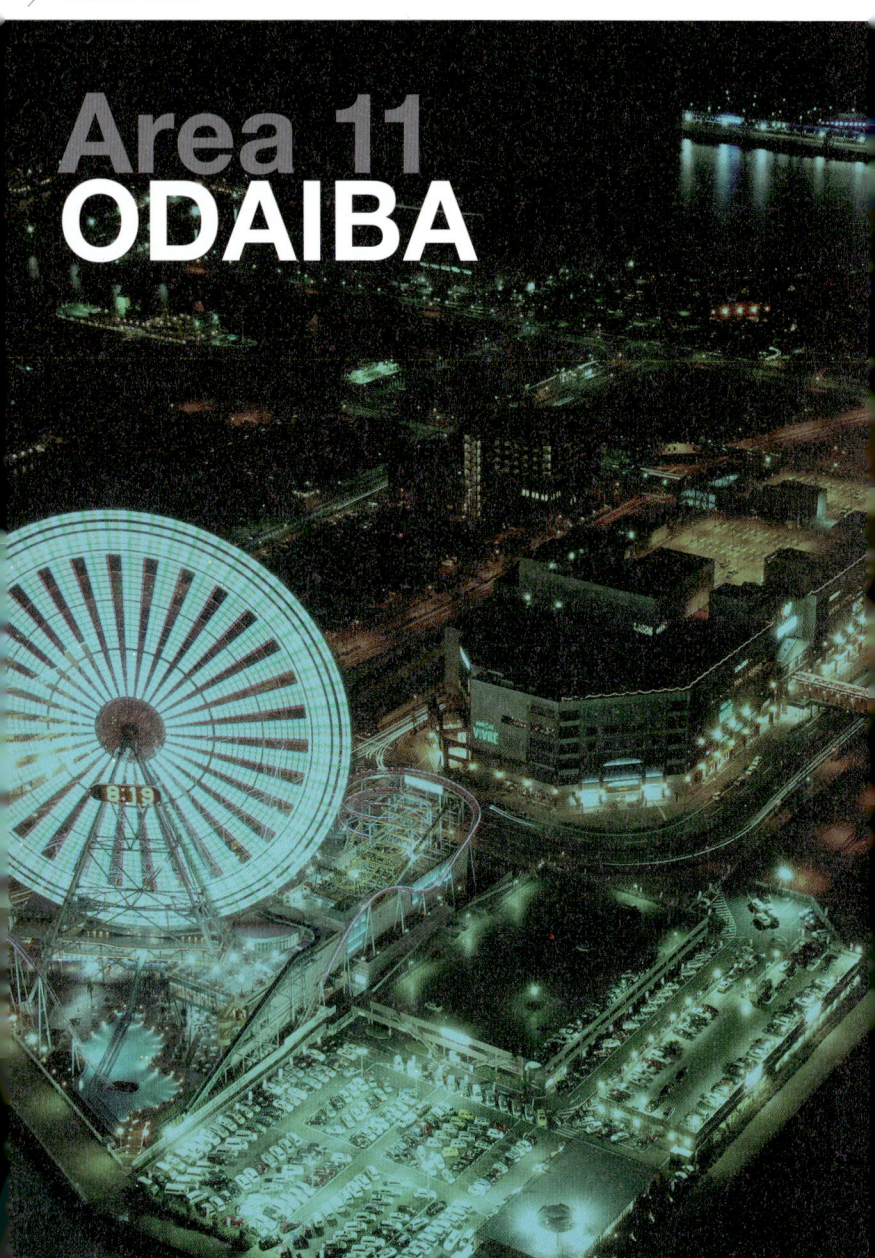

오다이바
お台場

● 도쿄는 지진에 대비한 완충 장치를 갖춘 초고층 빌딩이 하나둘 생겨나면서 최첨단 도시가 되었다. 겉으로는 화려하지만, 가끔은 삭막한 빌딩 숲에서 숨이 막히는 듯한 느낌이 들기도 한다. 오다이바는 답답한 도시 속에서 잠시나마 쾌적하게 휴식을 취할 수 있는 곳이다. 낮과 밤의 분위기가 전혀 다른 아름다운 레인보우브리지를 건너면 거대한 어뮤즈먼트 존이 펼쳐진다. 단번에 시선을 끄는 거대한 대관람차, 노곤한 몸을 쉬게 해줄 오에도온천, 일본 대표 방송국의 하나인 후지테레비 주변에 가족과 연인들을 위한 테마파크가 조성되어 있다. 밤이 되면 도쿄를 환하게 밝히는 환상적인 나이트 스포트 아래 오다이바는 또 다른 모습으로 다가온다.

Access
가는 방법

방향 잡기 오다이바에 가려면 도쿄 중심(신주쿠, 시부야 등)에서 린카이선을 이용하면 된다. 빠른 대신 요금이 비싼 것이 흠. 가장 추천하고 싶은 방법은 도쿄 중심에서 신바시까지 이동한 다음 유리카모메를 타는 것. JR 신바시역에서 가라스모리烏森口 출구로 나가 '유리카모메ゆりかもめ'라고 쓰인 표지판을 따라가면 매표소와 개찰구가 나온다. 신바시에서 오다이바 내 모든 지역을 다닐 수 있는 원데이 코먼 티켓Oneday Common Ticket(¥820)을 사는 것이 가장 효율적이다.

1. 유리카모메ゆりかもめ
오다이바를 돌아보기에 가장 편리한 수단은 모노레일인 유리카모메다. 후지테레비, 아쿠아 시티 오다이바에 가려면 다이바역에서, 메가 웹, 비너스 포트에 가려면 아오미역에서 하차하면 된다.

2. 수상버스 히미코水上バス ヒミコ
아사쿠사에서 오다이바까지 갈 수 있는 독특한 우주선 모양의 배는 국내에서도 유명한 〈은하철도 999〉를 만든 작가가 직접 디자인했다. 어린이에게 꿈을 심어줄 만한 디자인의 배는 철이와 메텔 등 만화 캐릭터의 목소리로 기내방송을 해 마치 함께 타고 여행하는 기분이 든다. 아사쿠사에서 오다이바까지 약 50분 소요된다(¥1560).

Check Point

●쇼핑, 식사, 오락 등 아침부터 밤까지 오다이바 안에서 모든 것을 해결할 수 있다. 쇼핑을 즐기려면 낮에, 야경을 보고 싶다면 저녁에 방문하면 된다. 한 건물 안에 여러 가지 시설이 자리 잡고 있기 때문에 굳이 코스를 짜지 않고 자유롭게 돌아다녀도 무방하다.

●오전 11시부터 저녁 8시까지 15분 간격으로 운행되는 셔틀버스인 베이 셔틀Bay Shuttle을 이용하면 주요 관광지를 편하게 이동할 수 있다. 요금은 무료이며 건물 앞쪽에 표지판이 있어 알기 쉽다. 요일별로, 혹은 사정에 따라 정차하지 않는 때가 있으니 시각표를 확인하는 것이 좋다. 운행 코스는 다음과 같다.

●아오미 임시 주차장青海臨時駐車場-일본과학미래관日本科学未来館-후지테레비フジテレビ-팔레트타운パレットタウン-도쿄텔레포트東京テレポート-호텔 일본항공 도쿄 ホテル日航東京-아쿠아 시티 오다이바アクアシティお台場-그랜드 닛코 도쿄グランドニッコー東京

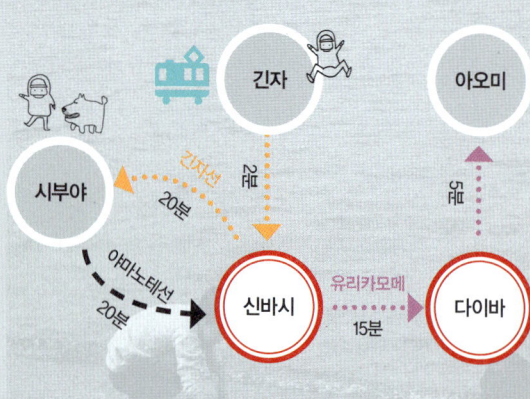

메가웹 Mega Web 🔊 메가웨부

Add. 東京都江東区青海1-3-12 パレットタウン
Google Map 35.625891, 139.781361
Tel. 03-3599-0808 **Open** 11:00~21:00
Access JR 사이쿄선 쾌속(린카이선 직통) 이용, 도쿄텔레포트역에서 도보 3분
URL www.megaweb.gr.jp

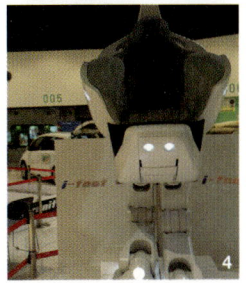

도요타자동차의 모든 것을 알 수 있다

단일 브랜드 자동차 전시장으로는 최대 규모를 자랑한다. 도요타자동차의 새로운 모델을 세계에서 가장 먼저 만나볼 수 있으며 무료로 신차를 시승할 수 있는 것이 장점이다. 도요타 시티 쇼케이스Toyota City Showcase에서는 넓은 공간에 신모델을 출시·전시한다. 과거부터 미래에 이르기까지 도요타에 관한 모든 것을 알 수 있는데, 자동차에 관심 없는 사람이라도 한번쯤 들러볼 만하다. 메가웹에서 놓쳐서는 안 될 히스토리 개러지History Garage는 다양한 콘셉트로 꾸민 공간에 오래된 도요타자동차를 전시해놓아 기념 촬영을 하기 좋다.

1 탁 트인 공간에서 즐기는 신나는 자동차 체험 **2** 렉서스 차량이 중앙에 전시되어 있다. **3** 도요타의 신차종과 가장 먼저 만나볼 수 있는 전시장 **4** 디자인 소품도 보기 좋게 진열해 놓았다.

Area 11 / Odaiba / Place

후지테레비 フジテレビ

Map P.416-B

Add. 東京都港区台場2-4-8 **Google Map** 35.626614, 139.774035
Tel. 03-5500-8027
Open 10:00~20:00 **Close** 매주 월요일
Access 유리카모멘션 다이바역에서 도보 3분
URL www.fujitv.co.jp

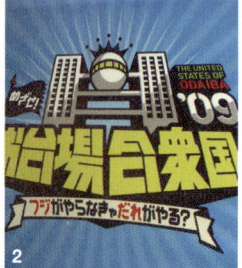

일본의 대표 민영 방송국

일본의 유명 건축가 단게 겐조가 설계한 건물로 후지테레비 본사로 사용되고 있다. 거대한 미러볼처럼 생긴 동그란 볼이 포인트. 건물 사이에 끼어 공중에 떠 있는 것처럼 보이는 볼 안에는 270도로 오다이바의 멋진 절경을 감상할 수 있는 25층 높이의 하치타마 전망대가 있다. 입장료는 ¥500. 날씨가 화창하면 후지산도 보인다. 두 번째 포인트는 스튜디오 프롬나드. 방송 세트나 소품을 전시해 프로그램을 더욱 친근하게 느낄 수 있도록 했다. 운이 좋으면 녹화하는 모습을 볼 수 있고 기념 촬영장이 따로 마련되어 있다. 전망대를 시작으로 정해진 6개 장소를 돌아다니며 스탬프를 받으면 소정의 기념품을 받을 수 있다.

1 중앙에 둥근 원형 조형물과 구멍이 뚫린 듯한 외관이 후지테레비 건물을 차별화하는 요소다. **2** 익살스러운 후지테레비의 광고 포스터 **3** 언제나 붐비는 광장 **4** 관광 명소가 된 후지테레비. 실제로 프로그램을 제작하고 송출하는 방송국이다.

355

Map P.416-E

오에도온천 大江戸温泉 🔊 오-에도온센

Add. 東京江東区青海2-6-3 **Google Map** 35.615490, 139.777503
Tel. 03-5500-1126 **Open** 11:00~다음날 09:00
Admition Fee 일반 ¥2827(심야에는 ¥1575 추가)
Access 유리카모메선 텔레콤센터역에서 도보 2분
URL www.ooedoonsen.jp

오다이바의 온천 테마파크

2003년 오픈할 당시 이슈를 불러일으켰던 오에도온천은 온천 테마파크다. 깨끗한 시설과 고층 빌딩이 보이는 도심 가운데 약 2314m²의 정원 안에서 남녀가 함께 족욕을 할 수 있는데, 족탕 바닥을 울퉁불퉁하게 만들어 발바닥을 자극해 혈액순환을 돕도록 했다. 도쿄 만(灣) 지하 400m에서 올라오는 지하수를 사용하며 14종류의 탕을 구비했다. 다양한 탕에서 몸속 노폐물을 제거하고 휴식을 취할 수 있는 것이 장점이다. 또 자신이 원하는 색깔이나 디자인의 일본 전통 목욕 가운 유카타를 고를 수 있으며 옵션으로 에스테틱이나 마사지를 받거나 레스토랑에서 식사를 하는 등 편안한 시간을 보낼 수 있다. 또 이것저것 구경할 수 있는 기념품 가게도 있다.

1 최신식 시설을 갖춘 온천 테마파크 **2** 온천 외에도 즐길거리가 많다. **3** 깔끔한 현대식 온천에 걸맞은 외관 **4** 테마파크답게 내부는 밝은 편이다.

덱스도쿄비치 デックス東京ビーチ 🔊 덱쿠스도쿄비치

Add. 東京都港区台場1-6-1
Google Map 35.629106, 139.775913
Tel. 03-3599-6500 **Open** 11:00~21:00(일부 레스토랑은 ~24:00)
Access 유리카모멘션 오다이바 가이힌코엔역에서 도보 2분
URL www.odaiba-decks.com

Map P.416-B

복합 엔터테인먼트 시설

덱스도쿄비치는 시사이드 몰Seaside Mall과 아일랜드 몰Island Mall로 나뉘어 있다. 시사이드 몰에는 각종 레스토랑과 쇼와 시대의 거리를 재현한 다이바 1번지 상점가台場1丁目商店街가 있다. 아일랜드 몰에는 대형 오락 시설이 들어서 있다. 6층에는 레고 공식 체험형 테마파크인 레고 디스커버리 센터Legoland Discovery Center와 전 세계 유명인의 모습을 재현한 밀랍인형 전시관인 마담 투소Madame Tussauds가 있어 아이를 동반한 가족여행자에게 추천한다. 특히 눈여겨볼 만한 곳은 일본 최대의 게임 회사인 세가Sega에서 운영하는 테마파크 도쿄 조이 폴리스東京ジョイポリス다. 시사이드 몰 3층에 있으며 20여 종의 신나는 어트랙션을 즐길 수 있다. 1일 자유 이용 패스포트는 일반 ¥4300, 학생 ¥3300이다.

1 향수를 불러일으키는 옛날 모습의 거리 **2** 쇼핑 후 산책하기 좋은 코스 **3** 신나는 놀이동산 도쿄 조이 폴리스 입구 **4** 다양한 패션 아이템을 판매한다.

덱스도쿄비치 추천 숍 & 레스토랑

시사이드 몰 → 3F
칼 카나이Kark Kani 브루클린에서 탄생한 디자이너 브랜드로 일본 최대의 오피셜 숍이다.

빌즈Bills 호주 가정식을 모티브로 브런치를 제공하는 올데이 다이닝 레스토랑. 리코타 팬케이크와 에그 스크램블은 꼭 먹어보자.

시사이드 몰 → 4F
다이바잇초메 쇼텐가台場一丁目商店街
1930~1950년대의 거리를 재현하고 옛 간판과 장식으로 향수를 불러일으키는 곳이다. 거리 안에는 소품점과 카페, 귀신의 집까지 있다.

오카라쿠야お器樂屋 아담한 매장 내에는 이곳만의 오리지널 잡화들이 있다. 미니어처 유리 공예품과 나무로 만든 장난감 등으로 가득한 곳이다.

시사이드 몰 → 5F
쓰키지 다마즈시築地玉寿司 레인보우 브리지를 내려다보며 쓰키지시장에서 직송한 신선한 생선으로 만든 스시를 먹어보자.

와코和幸 밥, 미소시루, 양배추를 원하는 대로 주는 돈가스 체인점이다. 바삭하고 볼륨 있는 돈가스는 절로 미소 짓게 한다.

시사이드 몰 → 6F
다이요로太陽樓 일식, 양식, 중식 등 60종류의 음식을 마음대로 먹을 수 있는 인기 뷔페 레스토랑이다.

엔터테인먼트

시사이드 몰 → 3F
도쿄 조이 폴리스東京ジョイポリス 세계적인 게임 업체인 세가에서 운영하는 실내형 테마파크. 부동의 넘버원 어트랙션인 〈하프 파이프 도쿄〉나 롤러코스터 〈베일 오브 다크〉를 비롯해 20여 종이 넘는 어트랙션을 즐길 수 있다.
Open 10:00~22:00(입장 마감은 21:15)

아일랜드 몰 → 6F
마담 투소Madame Tussauds 스포츠, 영화, TV 등 해외 유명 인사들의 모습을 실물보다 더 리얼하게 표현한 밀랍 인형을 60여 점 이상 전시한 곳. 암스테르담, 런던, 홍콩에도 같은 이름의 박물관이 있다.
Open 11:00~20:00, 토·일요일·공휴일 10:00~20:00(입장 마감은 19:00)

레고랜드 디스커버리 센터 도쿄Legoland Discovery Center 300만 개 이상의 레고 블록으로 장식한 실내형 어트랙션. 레고 블록을 가지고 놀면서 물건을 만들어내는 즐거움을 느낄 수 있는 레고 교실과 레고 레이서 운동, 유아의 창조력을 자극하는 체험형 어트랙션, 4D 시네마 등을 만끽할 수 있다.
Open 10:00~20:00(입장 마감은 18:00), 토·일요일·공휴일 10:00~21:00(입장 마감은 19:00)

다이버 시티 도쿄 플라자 Diver City Tokyo Plaza

Add. 東京都江東区青海1-1-10
Google Map 35.625046, 139.775410 **Tel.** 03-6380-7800
Open 숍 10:00~21:00, 푸드 코트 10:00~22:00, 레스토랑 11:00~23:00
Access 지하철 다이바역에서 도보 5분
URL www.divercity-tokyo.com

오다이바를 대표하는 명소

다이버 시티 도쿄 플라자는 '극장형 도시 공간'이라는 콘셉트로 쇼핑은 물론이고 오락, 휴식, 놀라움과 감동을 체감할 수 있는 도쿄의 명소로 자리매김하고 있다. 해외 브랜드를 비롯한 일본 국내 캐주얼 브랜드와 디자이너의 독창적인 브랜드 등 고감도 패션 브랜드 숍에서 쇼핑을 즐길 수 있다. 그 외에도 여러 가지 체험을 할 수 있는 대형 엔터테인먼트 시설과 도쿄의 유명 체인이 모두 모인 푸드 코트, 오감으로 즐기는 레스토랑 등 다양한 상업 시설이 모여 있어 식도락을 즐기기에도 최적이다. 특히 건물 앞에 우뚝 서 있던 명물 로봇 건담Gundam 모형은 다이버 시티 도쿄 플라자를 상징하던 조형물로 많은 사람들의 발길을 이끌었지만 2017년 3월 8년간의 전시를 마치고 철거됐다.

1 거대한 건담은 어른과 아이 모두 즐겁게 만들었지만 2017년 3월에 철거됐다. **2** 미식과 쇼핑을 모두 책임진다. **3** 오다이바의 대표 상업 시설

아쿠아 시티 오다이바 Aqua City Odaiba アクアシティお台場

Add. 東京都港区台場 1-7-1
Google Map 35.627820, 139.773574 **Tel.** 03-3599-4700
Open 숍 11:00~21:00, 레스토랑 11:00~23:00
Access 유리카모메선 다이바역에서 도보 3분
URL www.aquacity.jp

레인보우브리지가 바라보이는 복합 쇼핑몰

패션·잡화 숍과 레스토랑이 100곳 이상 입점해 있는 쇼핑몰로 오다이바의 상징인 '자유의 여신상'과 마주 보고 있다. 부담 없이 쇼핑 가능한 중저가 브랜드가 대부분이다. 1층에는 13개의 스크린, 3000석의 객석을 갖춘 영화관 유나이티드 시네마United Cinema가 있다. 5층 소니 익스플로라 사이언스Sony Explora Science에서는 소니의 전자 제품이나 게임, 영화, 음악 등의 엔터테인먼트 기술에 활용한 30여 종류의 전시물을 자유롭게 만져보고 체험할 수 있다. 그 외에 디즈니 캐릭터 상품을 갖춘 디즈니 스토어와 코카콜라 스토어 등 볼거리가 풍성한 잡화점도 입점해 있다. 코카콜라 스토어는 패션 아이템이나 문구, 생활 잡화, 스포츠 용품 등 500여 종류의 코카콜라 아이템을 갖추고 있다.

1 산책로가 조성되어 있는 아쿠아 시티 **2** 개성 있는 액세서리 전문점 **3** 아쿠아 시티 입구. 뒤로 후지테레비가 보인다. **4** 아쿠아 시티 옆에는 자유의 여신상을 모사한 미니어처가 있다.

Area 11 / Odaiba / Shop

비너스포트 Venus Fort 바-니스 포-토

Map P.416-F

Add. 東京江東区青海 1-3-15 Google Map 35.624886, 139.779927
Tel. 03-3599-0700
Open 숍 11:00~21:00(토요일은 ~22:00), 레스토랑 11:00~23:00
Access 유리카모메선 아오미역에서 연결
URL www.venusfort.co.jp

로맨틱한 쇼핑몰

오다이바에서 제일 인기 높은 쇼핑몰. 미식과 쇼핑을 동시에 즐길 수 있어 주말에는 발 디딜 틈이 없을 정도로 많은 사람들이 찾는다. 2층은 중세 유럽풍으로 꾸며 놓아 이국적인 분위기를 풍긴다. 이탈리아 로마 '진실의 입'의 복제 작품이 볼거리를 제공하고 분수 광장의 천장 조명은 아침, 점심, 저녁 각기 다른 모습을 연출해 또 다른 볼거리를 제공한다. 아티스트들의 라이브 공연 등 이벤트도 개최해 다양한 즐거움을 느낄 수 있다. 약 160개의 숍과 레스토랑이 건물 안에 들어차 있어 하루 종일 둘러봐도 싫증나지 않는다.

스타 주얼리, OZOC, 랄프 로렌 등 일본 브랜드와 수입 브랜드의 패션 숍이 입점해 있다.

1 분수대가 아름다운 중앙 홀 **2** 각 층을 연결하는 에스컬레이터 **3** 비너스포트는 하나의 타운 같다. **4** 천장까지 신나는 분위기로 꾸며 놓았다.

비너스포트 추천 숍 & 레스토랑

비너스 패밀리Venus Family → 1F
제라프루 솔로 우노Gelafru Solo Uno
젤라토를 대리석 위에 놓고 과자와 과일을 섞어주는 가게.

빌리지 뱅가드Village Vanguard
장난감 매장처럼 보이는 색다른 서점.

히스토리 개러지History Garage
일본을 대표하는 자동차 회사 중 하나인 도요타에서 생산한 컬렉션용 클래식 자동차를 전시하는 곳으로 이와 관련 있는 기념품도 살 수 있다. 타임머신을 타고 과거로 돌아간 느낌이 드는 곳이자 자동차 마니아들에게 사랑받는 장소.

세라이Serai
실속파 쇼핑객을 위한 100엔 숍.

비너스 그랜드Venus Grand → 2F
젤리 빈스Jelly Beans
컬러풀한 구두가 넓은 매장에 예쁘게 디스플레이되어 있다. 가격이 적당하고 종류가 다양한 것이 특징으로, 편하게 신어볼 수 있다.

뮤제 드 포Musée de Peau
시세이도에서 운영하는 코스메틱 매장으로 다양한 제품을 한곳에서 살 수 있어 편리하다.

키디 랜드Kiddy Land
전 세계적으로 인기 있는 헬로 키티 캐릭터 상품을 판매하는 곳.

코바라 헤타Cobara-Hetta
가볍게 즐길 수 있는 프렌치 캐주얼 레스토랑.

포르토피노 아 레 로익Portofino à le Loïc
아이스크림과 크레이페 등 가벼운 간식거리를 파는 가게.

비너스 아웃렛Venus Outlet → 3F

프랑프랑 바자Francfranc Bazar
집 안을 귀엽고 밝게 꾸밀 수 있는 소소하면서도 팬시한 아이템이 많다. 인기 품목은 시중 매장과 가격이 같고, 할인 제품은 따로 비치하고 있다.

루비 카페Ruby Cafe
생맥주와 와인, 칵테일 등의 주류를 마실 수 있는 바. 바리스타가 만들어주는 카푸치노와 커피는 인기가 높다. 스무디도 9종류나 있어 잠시 쉬어 가기 좋다.

> **Tip**
> ★ 하네다공항 14번 승강장에서 직통 버스를 타면 비너스포트까지 바로 갈 수 있다.
> ★ 비너스포트와 인접한 곳에 있는 팔레트타운 대관람차는 지름 100m, 높이 115m로 오다이바의 랜드마크 도쿄타워와 레인보우브리지 등을 16분간 볼 수 있다.

Area 12 / Yokohama

Area 12
YOKOHAMA

요코하마

横浜

● 가와가나 현의 항구 도시 요코하마는 1970년대에 유행한 노래 '블루 라이트 요코하마'만 연상케 할 뿐 딱히 아무런 감흥이 없던 곳이다. 그러나 막상 직접 방문해보니 낮에는 차이나타운의 시끌벅적함이, 밤에는 고층 빌딩과 항구에서 감상할 수 있는 환상적인 야경이 "여기가 혹시 홍콩이 아닌가?" 싶을 정도로 마음을 설레게 했다. 도쿄에서 대중교통을 이용해 갈 수 있어 당일치기 여행지로 안성맞춤이다. 효율적인 하루 추천 코스를 참고해 알찬 요코하마 여행을 즐겨보자.

Access
가는 방법

1. JR 게이힌도호쿠선京浜東北線
방향 잡기 파란색 라인으로 우에노上野역, 아키하바라秋葉原역, 도쿄東京역, 시나가와品川역을 경유한다. 오후나행大船行이나 이소고행磯子行에 승차해 사쿠라키초桜木町역에서 하차. 소요 시간은 약 40분, 요금은 ￥550이다.

2. 도큐도요코선東急東横線
방향 잡기 시부야渋谷역에서 도큐도요코선을 타면 요코하마에서 미나토미라이선みなとみらい線으로 자동으로 연결된다. 소요 시간은 약 28~32분, 요금은 ￥410~470이다.

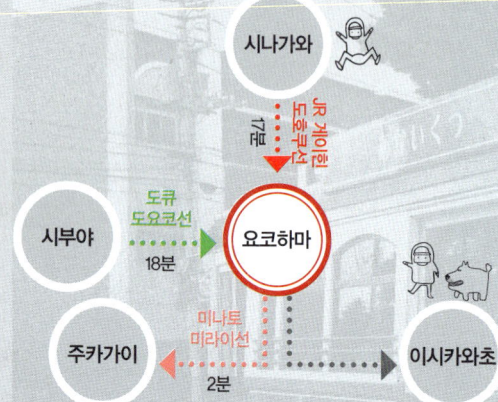

Check Point

요코하마 내 1일 승차권 선택은 신중하게!

● **미나토미라이 티켓**みなとみらいチケット ￥860
요코하마 외의 다른 지역을 들르지 않고 도쿄로 되돌아온다면 이 티켓을 구입하는 것이 가장 경제적이다. 시부야역 도큐도요코선을 타고 모토마치·주카가이를 왕복할 수 있는 티켓과 미나토미라이선 1일 승차권을 합친 것이다. 미나토미라이선 구간에서는 횟수에 상관없이 승차가 가능하지만 도큐선 구간에서는 왕복밖에 이용할 수 없고 도큐선 중간에서 하차하면 추가 요금이 더해지므로 주의해야 한다.

● **요코하마 프리패스**横浜フリーきっぷ ￥830~1040
JR역의 발권기와 미도리노 마도구치みどりの窓口에서 구입하는 요코하마 프리패스는 도큐역에서 요코하마까지 왕복이 가능하며 프리 구역 내의 JR과 아카이구쓰버스赤い靴バス를 무제한으로 탈 수 있다. 타는 곳에 따라 요금이 달라진다. 시부야, 메구로에서 타면 가장 저렴하고, 이케부쿠로 쪽으로 갈수록 비싸진다.

● **미나토 부라리 티켓**みなとぶらりチケット ￥500
관광 명소가 밀집한 야마시타공원山下公園, 주카가이中華街, 미나토미라이21ミナトミライ21 등을 지하철과 버스로 하루 동안 이용할 수 있는 티켓이다.

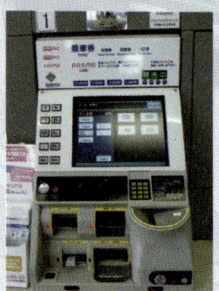

Plan
추천 루트

요코하마 하루 여행

10:00 | 시 파라다이스 シーパラダイス
무료로 즐길 수 있는 수족관. 방대한 부지에 자리하고 있으므로 계획을 세워 돌아보자.

지하철로 1시간

14:40 | 요코하마 외국인 묘지 横浜外国人墓地
개항 당시 서양 문화를 들여오는 데 공헌한 40개국의 외국인 4500명이 잠들어 있어 역사의 숨결이 느껴지는 곳이다.

도보 15분

야마테 111번관 山手111番館 | 15:15
3개의 아치가 눈에 띄는 스페인 스타일의 건물이다.

도보 5분

15:40 | 미나토미에루오카 港見える丘
요코하마항의 절경을 만끽할 수 있는 산책로를 걸어보자.

도보 10분

모토마치 元町 | 16:30
패션 브랜드와 클럽, 카페와 레스토랑이 밀집한 패션 스트리트.

도보 2분

주카가이 中華街 | 18:00
골라 먹는 재미가 있는 중화요리의 거리에서 저녁을 먹자.

도보 15분

머린타워 マリンタワー | 19:00
요코하마의 스카이라인을 책임지는 높이 106m의 타워에서 전망을 감상하자.

Area 12 / Yokohama / Place

모토마치 元町

Google Map 35.441684, 139.650970
Access 미나토미라이선 모토마치·주카가이역에서 도보 1분

Map
P.419-D

외국인들이 즐겨 찾던 거리

개항 당시 거주하던 외국인들로 활기를 띠던 거리. 지금은 젊은이들의 쇼핑 스트리트로 패션 브랜드와 클럽, 카페와 레스토랑이 아기자기하게 자리하고 있다. 시부야처럼 시끌벅적하지는 않지만 나름 멋쟁이들이 쇼핑을 나오는 곳이다. 특히 2월과 9월 차밍 세일 기간에는 더욱 많은 인파가 몰린다.

모토마치 상점가의 추천 맛집 & 쇼핑 어드바이스
요코하마의 쇼핑 거리 모토마치 상점가에는 숍과 레스토랑이 늘어서 있다. 수많은 숍 중에 가볍게 들러볼 만한 곳은 1888년에 창업한 우치키 베이커리ウチキパン. 빵을 담아주는 포장지에서도 왠지 모를 노스탤지어가 느껴진다. 특히 창업 당시부터 만들어온 식빵 잉구란도를 굽는 오전 11시경에는 손님들이 긴 행렬을 이룰 정도다. 함께 줄을 서서 오리지널 빵을 맛보자! 가격은 잉구란도イングランド ¥330, 카레빵カレーパン ¥150.

우치키 베이커리에서 160m 정도 내려가면 오른쪽으로 구두 가게 미하마 쇼카이ミハマ商会가 있다. 이곳에서 장인이 만든 구두를 구경하자. 편안함에 중점을 둔 모던한 구두는 유행을 타지 않아 오래 신을 수 있는 것이 장점이다. 가격도 적당하므로 부담 없이 한 켤레 구입해도 좋을 듯하다. 조금 내려가다 보면 지카자와 레스텐近沢レース店이 있다. 이곳에서는 핸드메이드 레이스를 구입할 수 있는데, 100년 이상 된 가게로 유명하다. 레이스를 좋아한다면 꼭 들러볼 것. 마지막으로 기타무라キタムラ는 일본에서 유명한 가죽 제품 브랜드 숍으로 캐주얼한 차림이나 정장 차림에 두루 잘 어울리는 오리지널 가방을 판매한다. 식상하고 값비싼 브랜드 제품보다 담백하면서 실용성 있는 가방을 찾는다면 이곳을 빼놓지 말자. 질 좋은 가죽으로 만든 부츠 종류도 인기가 있다.

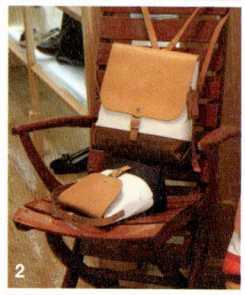

1 모토마치는 깔끔하게 정돈되어 있어 여유로운 쇼핑을 즐기기 좋다. **2** 기타무라의 가죽 백팩 **3** 구수한 냄새가 발길을 잡아끄는 우치키 베이커리

시 파라다이스 Sea Paradise

Add. 横浜市金沢区八景島 **Google Map** 35.337998, 139.649266
Tel. 045-788-8888
Open 09:00~20:00(계절별, 요일별로 변동이 크므로 사전에 확인 필요)
Admission Fee 원데이 패스 일반 ¥5050, 학생 ¥3600, 어린이 ¥2050
Access 시사이드 라인의 핫케시마역에서 도보 5분 **URL** www.seaparadise.co.jp

수족관과 놀이기구를 동시에 즐기다

일본 드라마 〈1리터의 눈물〉의 촬영지로 알려지면서 드라마 팬들에게 사랑을 받았던 해양 테마파크. 요코하마 시내에서는 다소 떨어져 있다. 500종 이상, 10만 마리의 어류가 헤엄치는 4개의 수족관이 모여 있는 아쿠아 뮤지엄Aqua Museum, 15개의 어트랙션을 갖춘 놀이동산 플레저 랜드Pleasure Land로 구성되어 있다. 아쿠아 뮤지엄에서는 사랑스럽고 환상적인 돌고래 쇼를 볼 수 있는 돌핀 판타지, 돌고래를 직접 만져보거나 함께 수영도 할 수 있는 후레아이 라군ふれあいラグーン 등 다른 아쿠아리움에서는 흔히 경험할 수 없는 체험 코스를 즐길 수 있다. 시 파라다이스를 효율적으로 돌아보려면 원데이 패스를 사는 것이 경제적이다.

반찬 한 가지도 공짜로 주는 법이 없는 일본에서 배불리 한 끼를 먹으려면 역시 뷔페만 한 게 없다. 시 파라다이스 내에 있는 저렴하고 맛있는 라 타라후쿠ラ・タラフク에서 ¥1470으로 양식 뷔페를 즐겨보자.

1 환상적인 푸른빛을 머금은 수족관 내부 **2** 최고의 인기 스타는 역시 돌고래 **3** 드라마의 한 장면을 재현하는 물고기 떼

야마테 111번관 山手111番館 ◀:야마테 하쿠쥬이치방칸

Add. 神奈川県横浜市中区山手町111 **Google Map** 35.438775, 139.654757
Tel. 045-623-2957 **Open** 09:30~17:00 **Close** 둘째 주 수요일
Access 미나토미라이선 모토마치·주카가이역에서 도보 10분, 미나토미에루오카에서 도보 1분

쇼와 시대의 서양관을 볼 수 있는 곳

3개의 아치가 눈에 띄는 스페인 스타일의 건물인 야마테 111번관은 1926년 당시 미국인 환전상이 살던 곳이다. 쇼와 시대 초기의 서양관을 살펴볼 수 있어 이색적인 경험을 선사한다. 의외로 관광객보다 오히려 일본인들이 많이 찾는다. 건물 내에 정원을 바라보며 차를 마실 수 있는 카페도 있다.

미나토미에루오카 港見える丘 ◀:미나토미에루오카

Add. 神奈川県横浜市中区山手町114
Google Map 35.440394, 139.654728
Tel. 045-622-8244
Access 미나토미라이선 모토마치·주카가이역에서 도보 8분

산책하기 좋은 공원

'항구가 보이는 언덕'이라는 뜻의 미나토미에루오카는 요코하마를 여행할 때 빼놓을 수 없는 아름다운 산책 코스다. 특히 봄과 가을에는 여러 종류의 장미가 피어나는 로즈 가든이 유명하다. 언덕에서 높이 55m, 길이 860m의 베이브리지Bay Bridge가 내려다보이며 항구의 절경을 만끽할 수 있어 연인들이 사진도 찍고 데이트를 즐기는 곳으로 인기 있다.

외교관의 집 外交官の家 가이코오칸노 이에

Add. 神奈川県横浜市中区山手町16 **Google Map** 35.436633, 139.643361
Tel. 045-662-8819 **Open** 10:00~16:00 **Close** 넷째 주 수요일
Access JR 이시카와초역 남쪽 출구에서 도보 10분
URL www2.yamate-seiyoukan.org

개항기의 모습이 남아 있는 곳

바다가 보이는 야마테 언덕 위에는 개항기의 역사가 담긴 공원과 주택이 가득한데, 이탈리아 정원에 있는 외교관의 집이 특히 유명하다. 메이지 정부의 외교관이 살던 저택으로 1910년 도쿄 시부야에 있던 것을 1997년 이곳으로 옮겨왔다. 내부는 가구까지 그대로 재현해 당시의 생활상을 엿볼 수 있다. 아름다운 정원에 앉아 가볍게 차와 디저트를 마시며 지친 다리를 쉬어 가기 좋다.

요코하마 외국인 묘지 横浜外国人墓地 요코하마 가이코쿠징 보치

Add. 神奈川県横浜市中区山手町96 **Google Map** 35.439581, 139.652391
Open 3~12월 토·일요일·공휴일 12:00~16:00 **Admisson Fee** ¥200~300
Access 미나토미라이선 모토마치·주카가이역에서 도보 8분
URL www.yfgc-japan.com

외국인 4500명이 잠들어 있는 곳

개항 당시 서양 문화를 들여오는 데 공헌한 40개 국 4500여 명의 외국인이 잠들어 있어 역사의 숨결이 느껴지는 곳. 원칙적으로 비공개지만 특별한 행사가 없을 때는 3~12월의 주말과 공휴일에 한해 일반에 개방된다. 공원 입구에서 200엔 정도 지불하면 묘지 관련 자료를 받을 수 있다. 외국인 묘지 자료관에는 이곳에 묻힌 사람들과 관련한 자료가 전시되어 있다.

주카가이 中華街 🔊주카가이

Google Map 35.442368, 139.646393
Access 미나토미라이선 모토마치·주카가이역에서 바로

일본 속의 중국을 느낄 수 있는 곳

요코하마 하면 백이면 백 먼저 중국집을 떠올릴 정도로 주카가이에는 쓰촨 요리, 베이징 요리, 광둥 요리 등 주요 중국 요리를 맛볼 수 있는 음식점이 가득하다. 대표적인 레스토랑으로는 먼저 산둥 지방의 소박한 가정 요리를 선보이는 '산둥山東'을 꼽을 수 있다. 신선한 육즙이 입안 가득 퍼지는 물만두水餃子는 산둥의 인기 메뉴(¥730)다. 예약을 해도 줄을 서야 먹을 수 있을 정도로, 그 비법을 알기 위해 요리사들도 즐겨 찾는다고 한다(주카가이 오도리中華街 大通り 두 번째 블록에서 좌회전 도보 2분). '세이후로清風楼'는 홍콩식 만두의 일종인 쇼마이シウマイ로 이름난 곳이다. 쇼마이 한 접시에 420엔으로 가격도 저렴하다(주카가이 오도리 세 번째 블록에서 우회전 후 100m 직진하다 좌회전).

1 차이나타운을 알리는 거리 초입의 패루牌楼 2 화려한 주카가이의 밤 3 흔히 볼 수 있는 중식당 4 판다로 장식한 가게 벽면

머린타워 マリンタワー 🔊 마린타와

Add. 神奈川県横浜市中区山下町15 **Google Map** 35.443903, 139.650941
Tel. 045-664-1100 **Open** 10:00~22:30
Admission Fee 일반 ¥750, 학생 ¥500
Access 미나토미라이선 모토마치·주카가이역에서 도보 2분
URL www.marinetower.jp

요코하마의 상징물

높이 106m를 자랑하는 머린타워는 요코하마 스카이라인의 핵심으로, 2009년 리노베이션 후 요코하마의 새로운 명소로 급부상했다. 대부분의 마천루가 그렇듯 머린타워의 전망대에 오르는 것보다는 다른 건물에서 머린타워를 바라보는 편이 더 멋있다. 사진 욕심이 있는 여행자라면 머린타워를 멋지게 찍을 수 있는 코스모 월드를 놓치지 말자.

1 머린타워에서 내려다본 요코하마 시내 **2** 모던한 콘셉트로 개보수를 마치고 2009년 재개장했다. **3** 개항 초기의 요코하마를 묘사한 벽면 장식화 **4** 중앙에 보이는 다리가 요코하마 베이브리지다.

Outro 1	**Entrance** 일본 입국하기	374
Outro 2	**Transfer** 공항에서 시내 이동하기	375
Outro 3	**Traffic** 도쿄 대중교통 이용 노하우	378
Outro 4	**Tokyo Travel A to Z** 도쿄 여행의 모든 것	380
Outro 5	**Travel Calendar** 도쿄의 연중행사 캘린더	382
Outro 6	**Movie** 일본에 가기 전 꼭 봐야 할 영화	384
Outro 7	**Secret Staying** 도쿄의 숙소	386
Outro 8	**Survival Japanese** 서바이벌 일본어 여행 회화	392

Outro 01
Entrance
일본 입국하기

비자 면제 협정이 체결된 이후 관광은 물론 워킹 홀리데이, 취업 등 다양한 목적으로 일본을 입국하는 한국인이 많아 일본 공항 곳곳에는 한글 표지판이 눈에 띈다. 여행하기 위해 일본에 입국할 때 비자는 필요 없지만 한국인에 대한 심사가 까다로우니 젊은 여성이라면 화려한 옷차림과 짙은 화장은 삼가야 한다. 또 트레이닝복은 집 안에서 입는 옷, 운동복이라는 인식이 강하기 때문에 유행이라 해도 가급적 피하는 것이 좋다. 입국 신고서에 숙박 장소와 여행 목적을 정확하게 적어야 하며 심사관이 묻는 말에 간단한 영어로라도 제대로 대답하는 것이 중요하다.

일본 입국은 **1** 입국심사, **2** 짐 찾기, **3** 세관검사 순으로 진행된다.

1 '외국인Foreigner'이라고 쓰인 심사대로 가 심사관에게 미리 작성한 입국 신고서와 여권을 제출한다. 귀국 항공편과 숙소, 체류 기간과 목적 등에 대해 질문할 수 있다. 지문 인식과 사진 촬영 역시 의무이므로 대기하면서 전광판에 표시된 내용에 따라 검사에 응한다.

2 입국 허가 스탬프를 받은 다음 전광판에서 타고 온 비행기 편명을 확인하고 해당 컨베이어벨트로 가서 짐을 기다린다. 짐이 나오지 않으면 항공권 수속 시 받은 수하물 태그를 들고 'Baggage Claim'으로 가서 항공사 직원의 안내를 받는다.

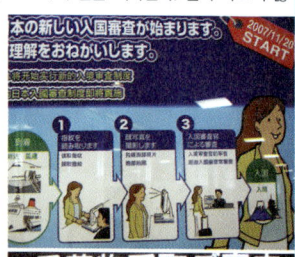

3 짐을 찾은 뒤에는 세관 검사대로 가서 짐과 여권을 보여준다. 세관에 신고할 것이 없으면 'Nothing to Declare' 쪽에 줄을 서면 된다. 일본 면세 한도는 물품의 가격을 모두 합산해서 ¥20만 이내이며 술 3병, 담배는 궐련 기준 400개비, 향수 2온스 등이다.

Outro

02
Transfer
공항에서 시내 이동하기

서울에서 도쿄에 갈 때는 하네다 국제공항羽田空港 또는 나리타 국제공항成田空港에 내린다. 김포 국제공항에서 출발하면 하네다 국제공항에, 인천 국제공항에서 출발하면 나리타 국제공항에 도착하는데, 보통 시내와 거리가 가까운 하네다 국제공항을 이용하는 국제선 항공 요금이 더 비싸다.

교통 참고 사이트
도쿄 모노레일
www.tokyo-monorail.co.jp

게이힌 전철
www.tokyo-monorail.co.jp

리무진 버스
www.limousinebus.co.jp

1. 하네다 국제공항에서 시내로
도쿄 시내에서 20km 정도 떨어진 하네다 국제공항에서 시내로 가려면 도쿄 모노레일東京モノレール을 이용해 JR 야마노테선山手線과 연결되는 하마마쓰초浜松町역으로 가거나 게이힌 급행京浜急行 전철을 타고 JR 시나가와品川역까지 간 다음 시부야, 신주쿠, 이케부쿠로 방면으로 갈 수 있다. 교통수단을 이용하려면 공항터미널을 빠져나오자마자 3번 버스 정류장에서 무료 셔틀버스를 타고 국내선 터미널로 간 다음 지하로 내려간다. 모노레일이나 전철을 타려면 자신이 타고자 하는 전철의 표지판을 따라가 행선지에 맞는 티켓을 구입한 후 반드시 전철의 종착역을 확인하고 타야 한다.

하네다 국제공항과 도쿄 시내 간 교통편

하네다 국제공항	리무진 버스	25~50분 ¥820	도쿄시티 에어터미널	
		25~45분 ¥930	도쿄역	
		30~70분 ¥1030	시부야역	
		35~75분 ¥1230	신주쿠역	
		40~75분 ¥800~1200	주요 호텔	
	게이힌 전철	11분 ¥410	시나가와역 JR로 환승	도쿄역
	도쿄 모노레일	13분 ¥490	하마마쓰초역 JR로 환승	도쿄역

Outro 02 / Transfer

2. 나리타 국제공항에서 시내로

나리타 국제공항에서 시내까지는 70km 정도 떨어져 있어 대중교통을 이용하면 1시간 30분에서 2시간 정도 걸린다. 시간은 많이 걸리지만 가장 싼 교통편은 게이세이선京成線이다. 닛포리日暮里역, 우에노上野역까지 ¥1000으로 갈 수 있다. 요금은 동일하지만 특급特急, 쾌속快速, 보통ローカル 열차에 따라 걸리는 시간이 30분까지 차이나므로 특급이나 쾌속 열차를 이용하자.

게이세이 스카이라이너京成スカイライナー는 게이세이 전철과 같은 구간을 운행하는 대신 좌석이 지정되어 있고 주요 역에만 정차하므로 30분 정도 절약할 수 있다. 빠른 대신 요금이 게이세이선의 2배 정도 되는 것이 흠. 될 수 있는 한 빨리 도착해야 한다면 JR 나리타 익스프레스JR成田エクスプレス를 이용하는 것도 좋다. 신주쿠新宿역, 도쿄東京역, 이케부쿠로池袋역 사이를 운행한다. 다만 배차 간격이 길고, 요금이 게이세이선보다 3배나 비싸다.

시내 주요 호텔과 신주쿠역, 도쿄역, 이케부쿠로역까지 연결되는 리무진버스リムジンバス(¥3000)도 많이 이용하는 교통편이다. 도쿄 시내까지 가는 가장 편한 교통수단이자 비싼 교통수단은 역시 택시タクシー(¥2만). 도쿄의 살인적인 물가를 경험하고 싶지 않다면 탈일이 거의 없을 것이다.

공항 내 주요 기관 업무시간

관광안내소(제1·2터미널) 08:00~20:00

환전소
Mizuho Bank 06:30~23:00, Kelyo Bank 07:00~22:00

ATM
Chiba Bank 월~토요일 08:00~21:00, 일요일 08:00~19:00
Mizuho Bank 월요일 07:00~23:00, 화~금요일 06:00~23:00, 토요일 06:00~22:00, 일요일 08:00~21:00

우편접수(3층) 08:30~20:00
휴대폰 대여 Soft Bank Counter(지하 1층) 06:30~21:00

나리타 국제공항과 도쿄 시내 간 교통편

나리타 국제공항	리무진 버스	60분	¥2800	도쿄시티 에어터미널
		60~90분	¥2500~3600	주요 호텔
	JR 나리타 익스프레스	특급 60분	¥3020	도쿄역
		특급 80분	¥3190	신주쿠역
		특급 90분	¥3190	이케부쿠로역
	게이세이선	특급 65분	¥1240	닛포리역
		특급 70분	¥1240	우에노역
	게이세이 스카이라이너	특급 36분	¥2470	닛포리역
		특급 41분	¥2470	우에노역

게이세이선
시간에 쫓길 때는 액세스 익스프레스Access Express 노선을 이용하면 나리타 국제공항에서 환승 없이 오시아게, 스카이트리, 아사쿠사, 히가시긴자로 갈 수 있다.
운행시간 공항 출발 첫차 월~금요일 06:03, 토요일·공휴일 06:14, 시내 출발 막차 월~금요일 22:39, 토요일·공휴일 22:39
소요시간 닛포리역까지 65분, 우에노역까지 70분
Price ¥1240

게이세이스카이라이너
나리타 국제공항 2터미널에서 발착하는 특급열차로 가장 빠르게 도쿄시내로 갈 수 있는 교통수단이다.
운행시간 공항 출발 첫차 월~금요일 08:17, 토요일·공휴일 08:16, 막차 월~금요일 22:30, 토요일·공휴일 22:30
시내 출발(우에노 기준) 첫차 월~금요일 05:58, 토요일·공휴일 05:58, 막차 월~금요일 17:45, 토요일·공휴일 17:40
소요시간 스카이라이너 우에노~나리타 국제공항 2터미널 41분, 닛포리~나리타 국제공항 2터미널 36분
Price ¥2470

아끼면 돈이 되는 패스
게이세이 스카이라이너 Keisei Skyliner**와 메트로 패스**Metro Pass
나리타 국제공항과 도심을 연결하는 스카이라이너권과 도쿄메트로의 모든 전철을 자유롭게 타고 내릴 수 있는 승차권이 세트로 구성된 유용한 패스가 있다. 구입은 나리타 국제공항 제1여객 터미널과 제2여객 터미널 도착 로비 승차권 판매 카운터에서 여권을 제시하면 된다.

★게이세이스카이라이너
편도+도쿄메트로 1일권
¥2800(¥570 할인)
★게이세이스카이라이너
편도+도쿄메트로 2일권
¥3200(¥1070 할인)
★게이세이스카이라이너
왕복+도쿄메트로 1일권
¥4700(¥1140 할인)
★게이세이스카이라이너
왕복+도쿄메트로 2일권
¥5100(¥1640 할인)

살인적인 요금의 도쿄 택시

교통 참고 사이트
JR 나리타 익스프레스
www.jreast.co.jp

게이세이선·게이세이 스카이라이너 www.keisei.co.jp

리무진 버스
www.limousinebus.co.jp

Outro 03 / Traffic

Outro 03

Traffic
도쿄 대중교통 이용 노하우

여행자에게 가장 편리한 대중 교통수단은 JR과 지하철이다. JR은 지상으로 다니는 전기 철도를 의미하며 지하철은 그야말로 지하로만 다니는 전기 철도를 의미한다. 우리나라 지하철과 다른 점은 티켓 요금이 이용 노선과 구간마다 다르다는 것. 이는 노선별 운영 회사가 다르기 때문이다.

1. 교통 패스를 알면 돈이 굳는다!

종류	이용 범위	가격	추천
도쿄 프리킷푸 東京フリーきっぷ	JR과 지하철을 하루 동안 무제한 이용	일반 ¥1590, 어린이 ¥800	넓은 지역을 하루 만에 돌아볼 여행자
도쿠나이 패스 都区内パス	JR을 하루 동안 무제한 이용	일반 ¥750	JR 노선을 중심으로 일정을 짠 여행자
도쿄메트로 1일 승차권 東京メトロ一日乗車券	도쿄메트로 9개 노선을 하루 동안 무제한 이용	일반 ¥600, 어린이 ¥300	JR에 비해 연결 지역이 더 많은 지하철을 이용해 도쿄 구석구석을 돌아볼 여행자
도에이지하철, 도쿄메트로 공통 1일 승차권 都営地下鉄、東京メトロ共通一日乗車券	도쿄메트로와 도에이지하철을 하루 동안 무제한 이용	일반 ¥900 어린이 ¥450	대부분의 지하철 노선을 이용할 수 있는 장점이 있음

2. 도쿄에서 지하철 이용하기

① 목적지를 정한 후 티켓 판매소로 가서 자판기 위의 전광판에 쓰여 있는 요금을 확인한다(현재 위치는 빨간색 화살표로 표시되어 있다).
② 티켓 판매기에 동전을 투입한다(동행자가 있을 때는 사람 수에 맞는 그림이 그려진 버튼을 누른다).
③ 티켓을 받고 개찰구를 통해 플랫폼으로 들어간다. 노선 번호, 색깔, 방향을 모두 확인해야 한다.
④ 목적지를 중간에 변경하거나 갈아탈 경우 내린 역에서 출구로 나가기 전 정산기에 표를 넣으면 모자란 금액이 화면에 표시된다. 이때 필요한 요금을 투입하면 정산된 표가 나온다. 나갈 때 이 표를 넣으면 통과할 수 있다.
⑤ 출구를 통해 나갈 때 충전 금액이 충분치 않을 경우 정산기에서 부족한 금액을 결제하면 된다.

3. 대중교통 이용 Tip

지하철
● 서울 지하철의 2호선(순환선)에 해당하는 JR 야마노테센山手線은 대부분의 관광 명소와 연결되는 편리한 노선이다. 출퇴근 시간에는 지옥철이 될 만큼 많은 사람들로 붐빈다.
● 스이카 카드나 파스모 카드를 충전을 할 때, 또는 티켓을 구입할 때는 ¥10000이나 ¥10000짜리 지폐를 사용할 수 있으며, ¥1짜리 잔돈까지 거스름돈이 나온다.
● 도쿄메트로 승차권은 거리에 따라 ¥170, ¥200, ¥240, ¥280,

¥310으로 가격이 올라간다.
- 도쿄메트로 안내 데스크는 긴자, 신주쿠, 시부야, 오모테산도역에 있으며 영어로 소통할 수 있는 직원은 09:15~17:15 사이에 상주한다.
- 파스모Pasmo, 스이카Suica 로고가 있는 가게와 자동판매기에서 파스모와 스이카 카드에 충전한 돈으로 물건을 구입할 수 있다.
- 도쿄메트로역에서는 무료 Wi-Fi를 제공한다. 사용 방법은 ① Wi-Fi 설정 화면에서 'Metro_Free_Wi-Fi'를 선택한다. ② 사용 중인 브라우저에서 한글을 선택한다. ③ 자신의 이메일 주소를 입력하고 규정에 동의하면 인터넷이 연결된다.
- 공항 등 공공기관에서는 외국인 여행자에 한해 도쿄메트로 1일 승차권을 ¥600, 2일 승차권을 ¥980에 제공한다. 자세한 사항은 도쿄메트로 홈페이지(www.tokyometro.jp/kr)를 참고하자.
- 도쿄메트로의 요금 체계는 거리에 따라 달라진다. 기본적으로 1~6km ¥170, 7~11km ¥200, 12~19km ¥240, 20~27km ¥280, 28~40km ¥310이다.

버스
- 버스 노선은 정류장의 안내 표시를 통해 확인할 수 있다. 운임은 거리에 따라 달라진다. 승차 시 입구에 있는 기계에서 티켓을 뽑아야 하고 내릴 때는 정류장마다 안내 방송을 한다. 전광판에 다음 정거장이 표시되며 내릴 때는 정지 버튼을 미리 눌러야 한다.

택시
- 택시는 택시 승강장에서 잡는 것이 일반적이다. 빈 차일 때는 지붕 위 등에 빨간 불이 켜져 있으니 참조하자. 승차 택시 문은 자동이므로 운전사가 열어 주며, 내릴 때도 자동으로 닫히므로 한국처럼 내릴 때 문을 세게 닫으면 안 된다. 택시 운전사 중에는 영어를 못하는 사람이 많으므로 목적지를 적은 쪽지를 보여주는 것이 좋다. 요금은 운전석 왼쪽에 있는 미터기에 표시되는데, 기본요금은 ¥730이며 운행 거리가 2000m를 넘으면 280m마다 ¥90씩 올라간다. 밤 11시부터 다음날 오전 5시까지 심야 할증이 붙는다.

URL www.taxisite.com

기타
- 와세다대학과 미나미센주를 연결하는 노상 전차를 이용하는 것도 낭만의 도쿄를 즐길 수 있는 방법 중 하나다.

편리한 충전식 티켓
스이카 카드Suica Card와 파스모 카드Pasmo Card

정확히 말하자면 도쿄에는 15개 사가 운행하는 30개 노선의 전철이 운영된다. 이들은 티켓을 따로 사야 하는 불편함이 따르는데, 그럴 때는 우리나라의 교통카드와 비슷한 스이카 카드나 파스모 카드를 사서 충전해 사용하는 것이 편리하다. 이 두 카드는 JR이나 지하철 매표소에서 살 수 있으며 티켓을 구입할 때는 최저 금액(스이카 카드는 ¥2000부터, 파스모 카드는 ¥1500부터)을 지불하면 된다. 여기에는 나중에 환불받을 수 있는 보증금 ¥500이 포함되어 있다. 이 두 카드는 각각의 카드 표시가 있는 편의점이나 서점 등에서 물건을 살 때도 이용할 수 있다.

스이카 카드 URL www.jreast.co.jp/kr
파스모 카드 URL www.pasmo.co.jp

파스모 카드가 필요 없어지면?
수수료 ¥220을 제외한 잔액과 보증금 ¥500을 되돌려 받을 수 있다. 이용자가 돌려받는 금액=SF(파스모에 충전되어 있는 카드 잔액)-수수료(¥210)+보증금(¥500)

Outro

04

Tokyo Travel A to Z
도쿄 여행의 모든 것

1. 지불 수단
현금 일본 여행 시 가장 편리한 지불 수단. 다만 분실하거나 도난당하면 보상받을 길이 없다는 점을 명심하자. 안전한 신용카드를 사용하더라도 도쿄까지의 교통수단 이용 요금이나 3일 정도의 체재비는 현금으로 미리 환전해 가는 것이 좋다. 일본의 공식 화폐는 円(엔)이다.
동전
¥1, ¥5, ¥10, ¥50, ¥100, ¥500
지폐
¥100, ¥2000, ¥5000, ¥1만
신용카드 호텔 예약 시나 레스토랑에서 음식값을 계산할 때, 물건을 구입할 때 가장 편리하면서 안전한 지불 수단이다. 일본에서 통용되는 신용카드로 마스터Master, 비자VISA, 아메리칸 익스프레스 카드 등을 사용할 수 있다. 도쿄 내에는 VISA, MasterCard, Diners Club, American Express 등의 신용카드와 전 세계 주요 은행에서 발행한 PLUS, Cirrus 등의 로고가 있는 현금카드를 사용할 수 있는 ATM이 설치되어 있다. 해외 카드로 현금을 인출하려면 우체국이나 시티 은행을 찾으면 된다. 은행 영업시간은 월~금요일 09:00~15:00, 토요일 08:00~12:00이다.
여행자수표 대형 상점이나 백화점에서만 통용되며 달러$나 엔¥을 선호한다. 은행이나 호텔의 커미션 차이는 크지 않은 편이니 없는 시간을 쪼개어 여기저기 발품 팔면서 다닐 필요는 없다. 분실에 대비해 여행자수표 번호와 한국에서 여행자수표 발행 시 제공하는 환전 영수증 등을 따로 보관하는 것이 좋다.

2. 전화電話
도쿄 내에서 전화하기 카드식과 동전식 전화가 있다. 도쿄 내에서는 지역번호 03을 뺀 나머지 번호를 차례로 누르면 된다. 휴대폰은 080 또는 090으로 시작하며 이때는 모든 번호를 차례대로 누른다.

도쿄에서 한국으로 전화하기
먼저 국제전화 인식번호 001을 누른 다음 한국 국가번호 82를 누르고 지역번호나 휴대폰 번호에서 0을 제외하고 누르면 된다.

3. 인터넷 카페ネットカフェ
한국처럼 인터넷 카페가 많지 않아 불편하지만 호텔이나 민박 등의 숙소에서는 인터넷을 사용할 수 있다. 일부 바나 호텔에서 무료 무선 인터넷 Wi-Fi 사용이 가능한데 정확한 위치는 www.freespot.com을 통해 알 수 있다. 긴자 애플 스토어에서도 무료 인터넷 사용이 가능하다. 일본의 대표적인 인터넷 카페 체인으로는 만부 Manboo가 있다.

DATA
만부 가부키초지점 Manboo
Add. 東京都新宿区歌舞伎町1-17-7 **Google Map** 35.694416, 139.701372
Tel. 03-5287-4688

4. 전압電氣과 플러그プラグ
일본 전역에서는 110V를 사용한다. 노트북, 카메라 충전기 등은 대부분 프리 볼트여서 변압기가 필요 없다. 대신 우리나라와 콘센트 모양이 달라 반드시 멀티 플러그를 준비해 가야 한다. 멀티 플러그를 준비해 가지 않으면 이를 구할 수 없어 애를 먹는 경우가 많은데, 그럴 때는 빅 카메라나 요도바시 카메라 점포에 가면 살 수 있다. 대부분의 호텔의 욕실에는 드라이어가 비치되어 있으므로 호텔에 묵을 계획이라면 드라이어는 따로 가져갈 필요가 없다.

5. 세금稅金과 팁チップ
일본에서 구매하는 모든 물건값에는 소비세 8%가 붙는다. 뿐만 아니라 레스토랑이나 호텔 같은 경우는 소비세에 10~15%의 서비스 요금이 부가된다. 미국과 달리 일본에서는 팁을 따로 주지 않아도 된다.
세금 환급 조건 글로벌 면세 쇼핑Global Blue Tax Free Shop 로고가 붙은 상점에서 물건을 구매하는 외국인은 같은 날 상점마다 최소 ¥1만501(소비세 포함) 이상을 소비해야 한다.
구비 서류 환급 서류를 작성하기 위해서는 여권이 필요하다.
청구 방법 상점에 따라 면세를 청구하는 방법에는 다음 두 가지가 있다. ① 상점에서 물건을 구입할 경우 총 금액에서 소비세가 공제된다. ② 대부분의 백화점에서는 모든 영수증을 면세 카운터 또는 고객 서비스 데스크로 가져가 구입한 물건과 영수증, 여권을 보여주면 세금 환급이 가능하다.

6. 유실물遺失物
전철이나 신칸센 등의 공공장소에서 짐을 분실했다면 역무실로 가서 안내를 받는다. 택시를 이용할 때는 타기 전에 회사의 번호와 이름을 적어두는 것이 좋다. 일본에서는 분실물을 돌려받을 가능성이 높기 때문에 물건을 잃어버렸다 해도 당황하지 말자.

7. 화장실トイレ
대부분의 지하철역과 상점, 백화점, 레스토랑, 맥도날드 등에 화장실이 있다. 공중 화장실은 반달 모양의 컵처럼 생겨 쪼그려 용변을 보는 일식 화장실과 비데(온수 세정 변기)가 설치된 화장실이 있다.

8. 치안治安
도쿄의 치안은 괜찮은 편이나 밤늦은 시간에 신주쿠 등에서는 강력 범죄가 발생하기도 한다. 낮에도 시내에서 불심 검문을 자주 하므로 여권은 반드시 소지하는 것이 좋다.

9. 택시 이용
도쿄의 택시 요금은 살인적이다. 가령 나리타 국제공항에서 시내까지 요금은 약 ¥2만 5000가량이므로 되도록 이용하지 않는다. 택시를 이용할 때는 택시 마크가 있는 승차장이나 거리에서 손을 흔들어 택시를 부른 다음 운전사에게 주소나 지도에 목적지를 표시해 보여주면 된다. 택시 승하차 시 문이 자동으로 열리므로 억지로 문을 열거나 닫아서는 안 된다.

10. 기후(추천 여행 시기)
우리나라와 같이 사계절이 있으며 3~5월 봄과 9~11월 가을이 여행하기에 가장 좋다. 장마철인 6월 중순부터 7월은 비가 오고 습한 날씨가 계속된다.

알아두면 유용한 연락처
도쿄관광안내소
Add. 東京都新宿区西新宿2-8-1 Google Map 35.689187, 139.691647
Tel. 03-5321-3077 Open 09:30~18:30 Access 지하철 오에도선 도초마에역 A4 출구

긴급상황
앰뷸런스 119 / 경찰 110 / 전화번호 안내 104

영어 구사가 가능한 병원
세인트 뢱 인터내셔널 호스피틀
Saint-Luc International Hospital
Add. 東京都中央区明石町9-1 Google Map 35.667345, 139.777139 Tel. 03-3541-5151
Access 지하철 히비야선쓰키지역에서 도보 7분 URL www.luke.or.jp

센터 메디컬 드 라 크로아 루즈 Centre medical de la Croix-Rouge
Add. 東京都渋谷区広尾4-1-22 Google Map 35.654537, 139.717874 Tel. 03-3400-1311
Access 지하철 히비야선 히로오역 1·2번 출구
URL www.med.jrc.or.jp

영어 구사가 가능한 약국
아메리칸 파머시
American Pharmacy
Add. 東京都千代田区丸の内2-4-1 Google Map 35.681249, 139.763994 Tel. 03-5220-7716
Open 월~토요일 10:30~21:00, 일요일·공휴일 10:00~20:00
Access 지하철 마루노우치선 도쿄역 남쪽 출구와 연결되는 마루노우치 빌딩 내

내셔널 아자부 슈퍼마켓
National Azabu Super-market
Add. 東京都港区南麻布4-5-2 Google Map 35.651279, 139.724137 Tel. 03-3442-3181
Open 09:30~19:00 Access 지하철 히비야선 히로오역 1·2번 출구

Outro 05 / Travel Calendar

Outro 05
Travel Calendar
도쿄의 연중행사 캘린더

일본은 '마쓰리(축제)'의 나라다. 도쿄 도심 곳곳에서 펼쳐지는 각종 행사를 미리 알고 있으면 더욱 특별하게 여행할 수 있다.

MARCH
3월 3일
히나마쓰리ひな祭り
집 안을 인형이나 특별한 장식품으로 꾸며놓고 경축하는 날. 특히 여자 어린이를 위한 축제일이다.

3월 18일
긴류노마이金龍の舞
아사쿠사의 센소지에서 금색 용의 춤을 연출한다.

3월 말~4월 초
하나미花見
벚꽃을 구경하는 날로 벚나무 밑에 수십 명이 모여 식사를 하거나 술을 마신다.

MAY
5월 3일
헌법기념일憲法記念日

5월 5일
고도노보리鯉幟
집집마다 문 앞에 잉어 모양의 깃발을 걸고 남자아이들에게 무사 인형을 사준다. 가족들이 모여 쌀 전병을 상수리 나뭇잎에 싸 먹는 날이기도 하다.

4월 29일~5월 5일
골든위크Golden-Week
연휴가 겹치는 기간으로 가족들이 여행을 하거나 쉬는 황금연휴다.

JUNE
6월 1일~10일
산노마쓰리山王祭り
히에진자에서 펼쳐지는 산노마쓰리는 도쿄의 3대 마쓰리 중 하나이며 혼백을 모신 가마 행렬이 지나가는 행사다.

JULY
7월 7일
다나바타七夕
은하수를 사이에 두고 견우성과 직녀성이 하느님의 허락을 받고 1년에 한 번만 이날에 만날 수 있다는 전설에서 유래한다. 보통 칠석 다음 날 부정을 흘려 보내고 대나무 가지에 자기의 소망을 적은 종이를 붙여 소망이 이루어지기를 기원한다.

7월 말
하나비 다이카이花火大会
7월 말부터 8월 중순까지 도쿄에서 가장 큰 폭죽 대회가 곳곳에서 열린다.

AUGUST
8월 둘째 주 토요일
도쿄 만 불꽃놀이 행사
아오우미 항구에서 펼쳐지는 불꽃놀이로, 대형 불꽃이 밤하늘을 장식하는 매력적인 행사다.

SEPTEMBER
9월 중순
쓰키미月見
동그란 보름달을 감상하는 날.

OCTOBER
10월 중순~11월 하순
기쿠마쓰리菊祭り
여러 곳의 진자와 공원에서 거행되는 축제.

NOVEMBER
11월 15일
시치고산七五三
아이들이 무사히 성장하기를 기원하는 날로 부모와 기념 촬영을 한다.

DECEMBER
12월 25일
크리스마스クリスマス
일본의 크리스마스는 종교적인 날이라는 개념보다는 가족들이나 친구들이 친목을 도모하며 데이트를 하는 등의 행사를 즐기는 날로 여긴다.

12월 하순
도시노세年の瀬
한 해를 마무리하며 대청소를 한다. 대부분 31일에 집 안을 깨끗이 하고 장수를 기원하는 도시코시소바라는 국수를 먹는다.

12월 31일
오미소카大晦日
1년의 마지막 날을 가리키는 말. 자정이 되면 사원에서 들려오는 108번의 종을 듣고 불교 사상에 근거해 세속의 108번뇌를 떨치는 행사이다.

Outro 06
Movie
일본에 가기 전 꼭 봐야 할 영화

일본 소설과 제이팝의 열기와 함께 드라마나 영화에 빠지는 사람이 많다. 심지어 밤을 꼴딱 새우며 드라마를 보고 그것도 모자라 주인공의 프로필까지 줄줄 꿰는 등 '일드(일본 드라마의 줄임말)' 폐인이 점차 증가하고 있다. 독특한 소재로 오감을 자극하는 다양한 장르의 영화 중 특히 인상적인 몇 편을 추려보았다.

1. 메종 드 히미코
メゾン・ド・ヒミコ

"편견 따위는 버려!"라고 말하고 싶은 꽤나 괜찮은 작품이다. 〈조제 호랑이 그리고 물고기들〉로 유명해진 이누도 잇신 감독의 영화로, 소외된 계층인 동성애자를 소재로 했다. 관심을 갖고 이 영화를 보면 잔잔하고 묘한 감동을 느낄 수 있다. 가족을 버리고 동성애자로 살아가는 아버지를 증오해온 사오리에게 아버지의 연인이 찾아와 아버지의 와병 소식을 알려준다. 유산을 받을 수 있을지 모른다는 말에 아버지가 만든 게이 실버타운에서 일하면서 벌어지는 일들을 그렸다. 인기 여배우 시바사키 고우가 엷은 화장에 수수한 모습으로 새로운 면모를 보여주며 오다기리 조가 더 많은 팬을 확보하게 된 영화다.

2. 거북이는 의외로 빨리 헤엄친다
亀は意外と速く泳ぐ

클래식 오케스트라를 주제로 삼은 드라마 〈베토벤 바이러스〉의 표절 논란이 있던 원작. 인기 드라마 〈노다메 칸타빌레〉와 상큼발랄 여고생들의 밴드 이야기 〈스윙 걸스〉의 히로인 우에노 주리가 나오는 영화다. 여기에 많은 국내 팬의 사랑을 받고 있는 〈허니와 클로버〉의 아오이 유우도 출연한다. 영화는 방송작가로 더 유명한 미키 사토시 감독의 특이한 제목만큼이나 독특하다. 평범한 젊은 주부가 스파이가 된다는 다소 유치한 설정에서 시작되는데, 평범한 일상이 주는 또 다른 세상을 색다르게 묘사하며 아무 생각 없이 웃을 수 있는 장면이 많아 보는 이들에게 유쾌함을 선사하는 신선한 코믹 영화이다.

3. 불량공주 모모코
下妻物語

인기 CM 디렉터, 나카시마 데쓰야 감독이 2004년에 만든 작품. 다케모토 노바라의 소설이 원작이다. 마리 앙투아네트를 꿈꾸며 장면마다 각기 다른 공주풍 롤리타 룩을 선보이는 깜찍하고 귀여운 후카다 교코의 영향으로 롤리타 룩 브랜드 '베이비 더 스타 샤인 브라이트'의 인지도가 상승했다. 또 한 명의 여자 주인공인 쓰치야 안나는 이 작품으로 호우치영화상 최우수 신인상에 만장일치로 뽑히는 행운을 얻으며 일약 스타로 발돋움했다. 그 외에도 시노하라 료코, 코이케 에이코 등 조연들의 활약으로 영화에 재미를 더했다. 변두리 작은 마을 시모쓰마를 배경으로 전혀 다른 두 소녀의 우정을 보여주는 상큼한 명랑발랄 코미디.

4. 도쿄타워
東京タワー

일본의 이상적인 여성상으로 불리며 30~40대 여성들에게 전폭적인 지지를 받는 구로키 히토미와 얼핏 20대 때의 장동건을 보는 듯한 인기 남성 아이돌 그룹 V6의 멤버 오카다 준이치, 일드 <꽃보다 남자>로 안티까지 팬으로 만든 아라시의 꽃미남 마쓰모토 준이 출연한다. 우리나라에서도 80만 부나 팔린 에쿠니 카오리의 원작 소설 <도쿄타워>를 영화로 만들었다. 중년 부인인 시후미가 스무 살 연하의 젊은 애인 도오루와 사랑에 빠지고 또 다른 커플 기미코와 바람둥이 고지가 사랑을 나눈다. 불륜과 섹스를 미화한 것은 현실감이 떨어지나 아름다운 도쿄의 야경이 펼쳐지는 영상과 두 커플의 사랑 이야기에 빠져드는 영화다.

5. 박치기
パッチギ

이즈쓰 가즈유키 감독의 수작. 2005년 개봉한 후 연말 영화 시상식의 상을 휩쓸고 사와지리 에리카를 단번에 스타의 자리에 올려놓은 영화이다. 1968년 교토를 무대로 재일교포 2세와 일본 젊은이들 간의 갈등, 진한 우정과 열정, 두근거리는 사랑 이야기를 담았다. 일본 배우들의 어설픈 한국어가 오히려 재미있다. 일본어를 할 수 있는 사람이라면 재미가 배가될 것이다. 남북 분단, 통일의 염원을 그려 감동을 주는 영화. 리얼한 싸움 장면과 풍부한 웃음을 자아내는 스토리로 남녀 모두를 끌어들일 만한 작품이다. 일본에서도 높은 평가로 흥행에 성공했으며 <박치기 LOVE & PEACE>라는 후속편이 나왔다.

6. 세상의 중심에서 사랑을 외치다
世界の中心で、愛をさけぶ

'세카추'라고 불리는 이 영화는 실로 엄청난 인기를 끌었다. 오락 프로그램과 시사 프로그램, 뉴스에서까지 관심을 가지며 보도하기도 했다. 가타야마 교이치의 동명 베스트셀러 소설을 영화화한 이 작품은 오자와 다카오, 시바사키 고우가 주연을 맡아 2004년을 뜨겁게 달구고 일본 열도를 뒤흔들 정도로 큰 화제를 불러일으켰다. 흥행 수입 ¥85억, 620만 명의 관객 수를 기록하고 그해 최고의 작품이 되면서 드라마로까지 만들어져 시청률을 높였으며 아름다운 영상미와 미술로 남성 팬들까지 사로잡아 국내에서 차태현, 송혜교 주연의 <파랑주의보>로 리메이크되었다.

Outro 07
Secret Staying
도쿄의 숙소

도쿄의 숙소는 한국인이 운영하는 한인 민박民宿, 세계의 젊은이들과 함께 지낼 수 있는 유스호스텔, 전통 일본식 숙소를 재현한 료칸旅館(여관), 주로 남자들이 이용하는 캡슐 호텔カプセルホテル, 비교적 저렴한 대신 심플하고 기능적인 시설만 갖춘 비즈니스호텔ビジネスホテル, 최고급 시설을 갖춘 특급 호텔 高級ホテル, 주로 연인들이 이용하는 러브호텔ラブホテル 등으로 나뉜다. 장기 출장자나 여행자라면 주 단위로 아파트를 빌릴 수 있는 아파트먼트 렌털 アパートレンタル을 이용하는 것도 좋다. 각각 장단점이 있으니 자신의 주머니 사정과 여행의 편의성을 고려해 숙소를 정해보자.

숙소 예약 노하우
인터넷 사이트가 보편화되지 않은 일본의 특성상 숙소에 관한 상세한 정보를 살펴보는 데는 한계가 있다. 따라서 주요 포털 사이트에 도쿄 숙소/민박/호텔 등을 검색해 사진과 설명을 훑어본 다음 숙소를 선택하는 것이 좋다. 개인이 예약하는 것보다 호텔 예약 사이트를 통해 예약하는 것이 경비를 절약하는 데 도움이 된다. 여행사나 인터넷을 통해 예약하면 10~40% 할인 혜택을 받을 수 있다.

호텔 에티켓
호텔에서 술을 먹고 고성방가를 일삼거나 호텔의 내부 규칙을 지키지 않아 눈살을 찌푸리게 하는 행동을 하면 한국인들에 대한 좋지 않은 인상을 심어줄 뿐 아니라 함께 호텔에 머물고 있는 손님들에게도 피해를 주므로 당연히 삼가야 한다. 호텔의 정해진 체크인(보통 14:00), 체크아웃(보통 12:00) 시간을 준수함은 물론 투숙 인원을 속이거나 방 안에서 빨래를 하는 등 도리에 어긋나는 행동은 하지 말자.

추천 숙소 예약 사이트
www.hoteljapan.com
www.hoteljava.co.kr
www.japanican.com
www.jprooms.com
www.justgo.kr
www.furnished-apartment-tokyo.com
www.booking.com
www.agoda.com
www.hotels.com

¥6000 이하의 초특급 이코노미 숙소

카오산 도쿄 사무라이
Khaosan Tokyo Samourai
Area 아사쿠사
Add. 東京都墨田区東駒形2-2-5 **Google Map** 35.714917, 139.792325
Tel. 03-5856-6560
Charge 도미토리 ¥2200, 더블 ¥2500
Access 지하철 긴자선 아사쿠사역 A2 출구에서 도보 15분
URL www.khaosan-tokyo.com/kr

무료 인터넷(Wi-Fi), 조리가 가능한 공용 주방 이용 가능. 체크인 시간은 15:00~17:00 시이며 통금 시간은 없다. 이곳 말고도 시설이 훌륭한 카오산 도쿄 가부키쵸과 커플을 위한 아늑한 방이 장점이다. 한국어 사이트가 제공되므로 편리하게 예약할 수 있다.

사쿠라호스텔 Sakura Hostel
Area 아사쿠사
Add. 東京都台東区浅草 2-24-2 **Google Map** 35.716039, 139.794829
Tel. 03-3847-8111
Charge 도미토리 ¥3000, 더블 ¥8500
Access 지하철 긴자선 아사쿠사역 3번 출구에서 도보 15분, 지하철 아사쿠사선 아사쿠사역 4번 출구에서 도보 18분
URL www.sakura-hostel.co.jp
전 세계 백패커들이 몰려드는 국제적인 명성을 자랑하는 호스텔로 청결하며 무엇보다 많은 친구를 사귈 수 있다. 인터넷 카페와 취사 시설이 완비되어 있다.

도쿄 센트럴 유스 호스텔
Tokyo Central Youth Hostel
Area 신주쿠
Add. 東京都新宿区神楽河岸 1-1 セントラルプラザ18階
Google Map 35.700908, 139.743522
Tel. 03-3235-1107
Charge 도미토리 ¥4050~
Access 지하철 유라쿠초선·도자이선·난보쿠선·도에이·오에도선 이다바시역 B2b 출구에서 도보 1분
URL www.jyh.gr.jp/tcyh
천황과 왕실 가족이 거주하는 고쿄에서 가까운 시내 중심의 호스텔. 시설이 깔끔하고 가족룸이 따로 있는 대형 호스텔. 신주쿠와 시부야, 아사쿠사, 우에노 등 주요 지역을 가기 용이한 지하철 5개 라인의 교차 지점으로 교통이 편리하다. 취사가 가능한 주방과 세탁실, 인터넷 등 편의 시설도 잘 갖추고 있다. 안전문제를 위해 23:00~06:00 사이에는 출입할 수 없다.

도쿄 우에노 유스 호스텔
Tokyo Ueno Youth Hostel
Area 우에노
Add. 東京都台東区上野1-13-6 東京新潟県人会館4階
Google Map 35.706430, 139.770278
Tel. 03-5817-8570
Charge 성수기 3~5인실 회원 ¥3300, 비회원 ¥3900, 트윈룸 회원 ¥7800, 비회원 ¥9000, 비수기 3~5인실 회원 ¥2900, 비회원 ¥3500, 트윈룸 회원 ¥6600, 비회원 ¥7800
Access 지하철 긴자선 히로코 지역 또는 오에도선 오카치마치역에서 도보 5분
URL www.jyh.gr.jp/ueno/english
아사쿠사, 신주쿠, 시부야를 관광하기 좋은 곳에 있어 아키하바라 전자상가까지 걸어서 5~10분 안에 갈 수 있다. 아침 식사가 제공되지 않지만, 주변에 편의점과 레스토랑이 많다. 공식 유스 호스텔로 객실은 2층 침대가 있는 룸과 일본식 다다미룸 중에 고를 수 있다.

케이즈 하우스 도쿄
K's House Tokyo
Area 아사쿠사
Add. 東京都台東区蔵前3丁目20-10 **Google Map** 35.705083, 139.792232
Tel. 03-5833-0555
Charge 도미토리 ¥2900~3200, 더블 ¥3600(주말 ¥3900)
Access 지하철 오에도선 구라마에역 A6 출구에서 도보 1분
URL www.kshouse.jp
지하철역에서 도보 1분 거리에 있다. 아늑한 분위기의 거실이 있으며 커피와 차를 무료로 제공한다. 취사 시설을 이용할 수 있으며 인터넷도 사용 가능하다(15분 ¥100).

뉴 코요 New Koyo
Area 우에노
Add. 東京都台東区日本堤 2-26-13 **Google Map** 35.728325, 139.798488
Tel. 03-3872-0343
Charge 싱글 ¥2900, 더블 ¥5200
Access 지하철 히비야선 미나미센주역 3번 출구에서 도보 8분, 미노와역 1번 출구에서 도보 10분
URL www.newkoyo.com
유러피언 스타일의 방과 다다미방이 있는 작은 호텔. 미노와

Outro 07 / Secret Staying

역에서 가까워서 시내 관광 시 편리하다.

비즈니스호텔 한국관
ビジネスホテル 韓國館
Area 이케부쿠로
Add. 東京都豊島区池袋 2-69-11 **Google Map** 35.735601, 139.708993
Tel. 03-5396-5679
Charge ¥3900
Access JR 이케부쿠로역 서쪽 출구에서 도보 10분
한국인 부부가 경영하는 호텔로 한국 가정식을 먹을 수 있으며, 인터넷을 24시간 무료로 사용할 수 있다.

기미료칸 Kimiryokan
Area 이케부쿠로
Add. 東京都豊島区池袋 2-36-8 **Google Map** 35.733451, 139.707524
Tel. 03-3971-3766
Charge 싱글 ¥4500, 더블 ¥6500~7500
Access JR 이케부쿠로역 서쪽 출구에서 도보 7분
URL www.kimi-ryokan.jp
저렴한 가격으로 일본의 전통 여관인 료칸에 머물고 싶어 하는 여행자에게 안성맞춤인 곳. 하얀색 외관과 내부가 깔끔하며, 히노키탕이 있어 편리하다.

호텔 후쿠다야 ホテル福田屋
Area 시부야
Add. 東京都目黒区青葉台4-5-9 **Google Map** 35.654044, 139.691443
Tel. 03-3467-5833
Charge 싱글 ¥5250~,
더블 ¥9450~
Access JR 시부야역 남쪽 출구에서 17번 버스를 타고 두 번째 정거장인 아오바다이온초메에서 하차해 좌회전 100m
URL www.fukudaya.com
다이칸야마를 돌아보기 좋은 곳에 있어 시부야 관광에도 편리하다. 일본식 침실과 서양식 침실을 선택할 수 있으며 샤워실 유무에 따라 요금이 달라진다.

사쿠라료칸 桜旅館
Area 아사쿠사
Add. 東京都台東区入谷2-6-2 **Google Map** 35.718938, 139.788998 **Tel.** 03-3876-8118 **Charge**
싱글 ¥5500~6600,
더블 ¥1만~1만1000,
아침 식사 ¥840
Access 지하철 히비야선 이리야역에서 아사쿠사 방면으로 도보 6분
URL www.sakura-ryokan.com
1989년에 문을 연 소박한 료칸으로 전 객실 18실이며 일본 스타일과 서양 스타일의 방 중 고를 수 있다. 원하는 사람은 저녁 식사(유료)도 먹을 수 있다.

도쿄 스미다가와 유스 호스텔
Tokyo Sumidagawa Youthhostel
Area 아키하바라
Add. 東京台東区柳橋 2-21-4 **Google Map** 35.699161, 139.789220
Tel. 03-3851-1121
Charge 도미토리 ¥3300~

Access 지하철 도에이 아사쿠사선 아사쿠사바시역 A3 출구에서 도보 5분
URL sumidagawayh.net
나리타공항과 하네다공항의 교통편이 연결되는 공식 유스 호스텔. 직접 조리해 먹을 수 있는 주방과 세탁실, 인터넷 등 편의 시설이 훌륭하다. 도미토리룸과 1개의 싱글 침대가 있는 룸, 다다미룸이 있다. 유스 호스텔 회원이 아니면 1박의 추가 요금(¥600)

¥6000~ 1만5000의 비즈니스호텔

호텔 빌라퐁텐 니혼바시
ホテルヴィラフォンテーヌ
Area 니혼바시
Add. 東京都中央区日本橋箱崎町20-10 **Google Map** 35.680448, 139.786049
Tel. 03-3667-3330
Charge 세미더블룸 ¥8600, 스페리아룸 ¥9000
Access 지하철 스이텐구마에역에서 도보 3분
URL www.hvf.jp
비즈니스호텔답게 스타일리시한 감각이 돋보인다. 빵, 샐러드와 커피 등이 포함된 뷔페식 아침 식사 무료.

슈퍼호텔 スーパーホテル
Area 우에노
Add. 東京都台東区上野 7-9-14 **Google Map** 35.715352, 139.779987
Tel. 03-3841-9000

Charge 싱글 ￥7480,
슈퍼룸 ￥9480
Access JR 우에노역
이리야구치에서 도보 3분
URL www.superhotel.co.jp
우에노동물원과 공원 근처에
있어 관광과 비즈니스하기에
편리한 호텔이다.

호텔 더 엠 인섬니아 아카사카
Hotel the M Innosmnia Akasaka
Area 아카사카
Add. 東京都港区赤坂2-14-14
Google Map 35.671948, 139.737660 **Tel.** 03-3468-3456 **Charge** 싱글 ￥7980,
더블 ￥1만290
Access 지하철 치요다선
아카사카역 2번 출구에서
도보 2분
URL www.avanshell.com
모던한 감각이 엿보이는 호텔.
전 객실이 스위트룸처럼 넓어
편리하다. 또 여성을 위한 레이
디스 프랜 요금은 아침 식사 포
함 ￥88200이다.

호텔 마이스테이즈 프리미어 아카사카ホテルマイステイズプレミア赤坂
Area 아카사카
Add. 東京都港区赤坂
2-17-54 **Google Map**
35.670251, 139.738450
Tel. 03-5570-0230
Charge 싱글 ￥8200,
트윈 ￥1만3200
Access 지하철 치요다선
아카사카역 5번 출구에서
도보 3분
URL www.mystays.com/ja/hotel/tokyo/mystays-premier-akasaka
일별, 주별, 월별로 예약할 수
있고 취사가 가능하다. 홈페이
지에서 한국어로 예약할 수 있
으며, 전화 예약은 영어와 일본
어로 가능하다. 246개의 룸을
갖춘 중형 레지던스 숙소. 싱글
룸부터 4인실로 나뉘며 다양한
종류의 객실은 편의 시설이 각
기 다르므로 인터넷 사이트를
통해 확인하자.

호텔 아시아회관
ホテルアジア会館
Area 롯폰기
Add. 東京都港区赤坂
8-10-32 **Google Map**
35.670471, 139.728056
Tel. 03-3402-6111
Charge 싱글 ￥8610,
더블 ￥1만290
Access 지하철 긴자·
오에도선 아오야마잇초메역
4번 출구에서 도보 5분
URL www.asiacenter.or.jp
좋은 동네인 만큼 조용하게 지
낼 수 있다. 롯폰기와 가까워
환상적인 밤 문화를 즐기기 좋
다. 173개의 객실이 있는 심플
한 분위기의 호텔이다.

사다치요요貞千代
Area 아사쿠사
Add. 東京都東区浅草2-20-1
Google Map 35.716534,
139.793230 **Tel.** 03-3842-6431(예약 전용 0120-081099)
Charge ￥9500,
더블 ￥1만9000~2만6000
Access 지하철 아사쿠사선
아사쿠사역에서 도보 10분
URL www.sadachiyo.co.jp
에도 시대의 건물을 재현한 료
칸으로 다다미방 6개, 대중목욕
탕이 2개 있다. 에도 시대에 먹
던 전통 요리도 판매한다.

호텔 뉴 우에노
Hotel New Ueno
Area 우에노
Add. 東京都台東区上野7-2-5
Google Map 35.712787,
139.777563 **Tel.** 03-3841-3221 **Charge** 싱글 ￥8925,
더블 ￥1만4700
Access JR 우에노역 중앙
출구에서 도보 1분
URL www.newueno.jp
우에노역에서 가까워 시내 관
광을 하거나 나리타 국제공항
이용 시 스카이라이너로 이동
할 수 있어 편리하다. 비즈니스
맨이나 여성들이 묵기에 편리하
며 일본 스타일과 서양 스타일
의 방을 고를 수 있다.

시부야 도부 호텔
Shibuya Tobu Hotel
Area 시부야
Add. 東京都渋谷区宇多
川町3-1 **Google Map**
35.663284, 139.698830
Tel. 03-3476-0111
Charge 싱글 ￥1만4140,
더블 ￥1만5440~
Access JR 시부야역에서
도보 7분 **URL** www.
tobuhotel.co.jp/shibuya
긴자와 시부야, 나리타공항과
가깝다. 아름다운 야경을 감상
할 수 있고 무선 랜을 사용할
수 있다.

Outro 07 / Secret Staying

시부야 시티호텔
渋谷シティホテル
Area 시부야
Add. 東京都渋谷区円山町1-1
Google Map 35.659859, 139.695412
Tel. 03-5489-1010
Charge 싱글 ¥9800, 더블 ¥1만7900
Access JR 시부야역 하치코 출구에서 도보 7분
URL www.courthotels.co.jp/shibuya
시부야에 있어 쇼핑 다니기 편리하며 57개의 객실을 갖추었다. 온라인으로 예약하면 가족이나 여성만을 위한 특별 플랜을 선택할 수 있다. 금연실이 따로 마련되어 있어 쾌적하다.

호텔 몬트레이 긴자 신관
Hotel Monterey Ginza 新館
Area 긴자
Add. 東京都中央区銀座2-10-2
Google Map 35.672885, 139.768997
Charge 싱글 ¥1만9000, 더블 ¥2만9000
Access 지하철 유라쿠초선 긴자잇초메역에서 도보 4분
URL www.hotelmonterey.co.jp/ginza
깨끗하고 따스한 분위기가 특징인 호텔. 도쿄디즈니랜드까지 지하철로 약 20분 거리에 있다.

게이오 프레소 인 신주쿠
京王プレッソイン新宿
Area 신주쿠
Add. 東京都新宿区西新宿3-4-5 Google Map 35.685829, 139.692423
Tel. 03-3348-0202
Charge 싱글 ¥8400, 더블 ¥1만1550
Access 지하철 마루노우치선 도초마에역 A4 출구에서 도보 5분
URL www.presso-inn.com
300개가 넘는 객실이 있으며 흡연실과 금연실 중 고를 수 있다. 2명이 예약하면 1박 조식 서비스를 제공한다.

신주쿠 시티호텔 론스타
新宿シティホテルロンスター
Area 신주쿠
Add. 東京都新宿区新宿2-12-12 Google Map 35.690682, 139.707727
Tel. 03-3356-6511
Access 부도심선·신주쿠선·마루노우치선 신주쿠산초메역 C8 출구에서 도보 1분
Charge 싱글 ¥7350, 더블 ¥1만3650
URL www.thehotel.co.jp
세련된 감각이 돋보이며 청결함이 넘치는 비즈니스호텔.

호텔 선라이트 신주쿠
Hotel Sunlite Shinjuku
Area 신주쿠
Add. 東京都新宿区新宿5-15-8 Google Map 35.694354, 139.707070
Tel. 03-3356-0391
Charge 싱글 ¥8715~, 더블 ¥1만2600~
Access 지하철 부도심선 신주쿠산초메역 E1 출구에서 도보 5분
URL www.sunlite.co.jp
이세탄백화점에서 가까워 신주쿠를 둘러보기 수월하다.

도쿄 스테이 신주쿠
Tokyo Stay Shinjuku
Area 신주쿠
Add. 東京都新宿区新宿3丁目7-1 Google Map 35.690864, 139.706224
Tel. 03-3353-0109
Charge 1인실 ¥1만5600, 2인실 ¥2만2100
Access 지하철 신주쿠선 신센신주쿠역에서 도보 10분
URL www.tokyostay.co.jp
2015년 5월에 오픈한 비즈니스호텔. 방의 크기는 작지만 가습기, 공기 청정기, 액정 TV, 인터넷, 세탁기와 건조기, 미니 건조기와 같은 편의 시설이 갖춰져 있다.

호텔 마이스테이즈 니시신주쿠
ホテルマイステイズ西新宿
Area 신주쿠
Add. 東京都新宿区西新宿7-14-14 Google Map 35.694994, 139.697320
Tel. 03-5389-1010
Charge 싱글 ¥9300, 더블 ¥1만5800
Access JR 신주쿠역에서 도보 5분, 지하철 오에도선 신주쿠니시구치역에서 도보 2분
URL www.mystays.com/hotel/tokyo/hotel-mystays-nishi-shinjuku
최근에 레노베이션한 마이스테이즈Mystays 호텔 그룹의 지점으로 102개의 룸이 있다. 기

능과 스타일, 편안함을 강조한 방은 공기정화기, 냉장고, 전기주전자, 인터넷 랜선 등의 편의시설을 갖추고 있다.

사쿠라 플뢰르 아오야마
サクラ・フルール青山
Area 시부야
Add. 東京都渋谷区渋谷2-14-15 Google Map 35.659518, 139.705814
Charge 싱글 ¥1만600, 더블 ¥1만3750
Access JR 시부야역 동쪽 출구에서 도보 5분
URL www.sakura-hotels.com
유럽식 인테리어가 고급스러운 느낌을 주는 곳이다. 룸 타입별로 다른 테마로 꾸며져 있다. 시즌별로 귀여운 선물을 주는 이벤트도 있다. 홈페이지에서 예약하면 체크아웃 시간을 1시간 연장해준다.

호텔 몬트레이 아카사카
Hotel Monterey 赤坂
Area 아카사카
Add. 東京都港区赤坂4-9-24
Google Map 35.675560, 139.732732
Tel. 03-3401-7111
Charge 싱글 ¥1만7500, 더블 ¥2만2000
Access 지하철 긴자선 아카사카미쓰케역 A 출구에서 도보 5분
롯폰기를 즐기기에 최적의 장소에 있는 호텔 몬트레이 아카사카는 모던함과 세련됨으로 비즈니스맨들과 관광객들에게 인기를 얻고 있다.

신주쿠 워싱턴 호텔
Shinjuku Washington Hotel
Area 신주쿠
Add. 東京都新宿区西新宿3-2-9 Google Map 35.686245, 139.692578
Tel. 03-3343-3111
Charge ¥1만3000~
Access 신주쿠역 지하도로 연결 URL washington-hotels.jp/shinjuku
신주쿠 중심부에 위치한 호텔로 도쿄 도청사와 쇼핑가, 유흥가와 가깝다. 호텔 스카이라운지에 있는 레스토랑에서 멋진 전망을 감상할 수 있다. 공항 리무진버스를 이용하기에도 편리하다.

¥1만5000 이상의 고급 호텔

코트야드 바이 메리어트 도쿄 스테이션
Courtyard by Marriott Tokyo Station
Area 도쿄역
Add. 東京都中央区京橋2-1-3
Google Map 35.677797, 139.770485
Tel. 03-5488-3923
Charge ¥2만5000~
Access JR 도쿄역 중앙 출구에서 도보 5분
URL www.marriott.com
2014년 4월 오픈한 4성급 호텔로 평면 TV와 냉장고, 에어컨 등의 기본 시설을 갖췄다. 숙박 기간 중에 피트니스 센터에서 운동할 수 있으며 프런트 데스크도 24시간 운영한다.

더 스트링스 바이 인터콘티넨탈
The Strings By Intercontinental
Area 시나가와
Add. 東京都港区港南2-16-1、品川イーストワンタワー26-32F
Google Map 35.627908, 139.740761
Charge ¥2만1800~
Access JR 시나가와역에서 코난 방면으로 나오면 바로
URL www.intercontinental-strings.jp
세련된 일본식 디자인으로 꾸민 객실과 스카이라인을 볼 수 있는 넓은 창문이 있는 객실이 안락함을 주는 5성급 호텔로 246개의 객실이 있다. 24시간 운영되는 피트니스 센터, 무료 Wi-Fi 등이 이용 가능하다.

료칸 아사쿠사 시게츠
Ryokan Asakusa Shigetsu
Area 아사쿠사
Add. 東京都台東区浅草1-31-11 Google Map 35.712434, 139.795963
Tel. 03-3843-2345
Charge ¥1만4719~
Access 지하철 긴자선·도에이·아사쿠사·도부이세아키선 아사쿠사역에서 도보 5분. 일본 전통 가옥에서 색다른 즐거움을 누릴 수 있다. 영어를 잘 하는 직원이 있으며 에어컨과 냉장고, 무료 인터넷 시설을 갖추고 있다. 건물 6층에 남탕과 여탕으로 분리된 공동 목욕탕이 있으며, 아침 식사는 일본 전통식으로 나온다.

Outro 08 / Survival Japanese

Outro

08

Survival Japanese
서바이벌
일본어 여행 회화

*외래어 표기법과 달리 최대한 원음에 가깝게 표기했습니다.

일상 회화

아침 인사
오하요오 고자이마스
おはようございます

점심 인사
곤니찌와
こんにちは

저녁 인사
곤방와
こんばんは

처음 뵙겠습니다
하지메마시떼
はじめまして

잘 부탁드리겠습니다
요로시꾸 오네가이시마스
よろしく お願いします

실례합니다
시쯔레이시마스
失礼します

헤어질 때 인사
사요-나라
さようなら

죄송합니다
스미마셍
すみません

알겠습니다
와까리마시따
分かりました

괜찮습니다
다이조부데스
大丈夫です

천만에요
도오 이따시마시떼
どういたしまして

어디입니까?
도꼬데스까?
どこですか?

얼마입니까?
이꾸라데스까?
いくらですか?

무엇입니까?
난데스까?
何ですか?

좋습니다
스끼데스
好きです

싫습니다
키라이데스
嫌いです

네
하이
はい

아니요
이이에
いいえ

주세요
쿠다사이
下さい

저는 OOO입니다
와따시와 OOO데스
私はOOOです

일본어를 할 줄 모릅니다
니홍고가 와까리마셍
日本語が分かりません

영어로 부탁드립니다
에이고데 오네가이시마스
英語でお願いします

사진을 찍어주세요
샤신오 톳떼 쿠다사이
写真を撮って下さい

숫자

0	레이, 제로
1	이치
2	니
3	산
4	시, 욘
5	고
6	로꾸
7	나나, 시찌
8	하찌

9	큐, 쿠	
10	주	
100	햐꾸	
1000	셍	
1만	만	

날짜, 요일

월요일	게츠요-비	月曜日
화요일	카요-비	火曜日
수요일	스이요-비	水曜日
목요일	모꾸요-비	木曜日
금요일	킨요-비	金曜日
토요일	도요-비	土曜日
일요일	니찌요-비	日曜日

오늘	쿄오	今日
내일	아시따	明日
어제	키노오	昨日
그제	오또또이	おととい
오전	고젠	午前
오후	고고	午後
밤	요루	夜
일	니치	日
주	슈	週
월	게츠	月

교통

지하철	치카테쯔	地下鉄
전차	덴샤	電車
버스	바스	バス
택시	타꾸시	タクシー
철도	테쯔도	鉄道
역	에키	駅
요금	료오킹	料金
표	깁뿌/치켇또	きっぷ/チケット
출발	슛빠츠	出発
도착	토오차쿠	到着

공항	쿠-코-	空港

가까운 지하철역은 어디입니까?
치카이 치카테쯔에끼와 도꼬데스까?
近い地下鉄駅はどこですか?

이 지하철은 어디 행입니까?
코노 치카테쯔와 도코유키데스까?
この地下鉄はどこ行きですか?

어디에서 갈아탑니까?
도꼬데 노리카에마스까?
どこで乗換ますか?

~까지 가주세요
~마데 잇떼 쿠다사이
~まで行って下さい

여기서 세워주세요
코꼬데 토메떼 쿠다사이
ここで止めて下さい

공항에서

여권	파스포-토	パスポート
비자	비자	ビザ
대사관	타이시칸	大使館
환전소	료-가에쇼	両替所
항공권	코-쿠켕	航空券
입국카드	뉴-고꾸카-도	入国カード
여행	료코-	旅行
리무진버스 정거장	리무진바스 노리바	リムジンバス乗り場

여행 목적은 무엇입니까?
료코-노 모꾸떼끼와 난데스까?
旅行の目的は何ですか?

관광입니다/비즈니스입니다
캉코데스/비즈네스데스
観光です/ビジネスです

며칠간 체류하실 예정입니까?
난니찌칸 타이자이스루 요테-데스까?
何日間滞在する予定ですか?

2일	후쯔까	二日
3일	믹까	三日
일주일	잇슈-캉	一週間

어느 숙소에 묵으십니까?
도꼬데 토마루 요테-데스까?
どこで泊まる予定ですか?

뉴오타니 호텔을 예약했습니다
뉴오타니호테루오 요야쿠시마시따
ニューオナニホテルを予約しました

현금을 얼마나 소지하고 계십니까?
겡킹와 도노쿠라이 못떼이마스까?
現金はどのくらい持っていますか?

10만 엔 가지고 있습니다
쥬-망엔 못떼이마스
10万円持っています

신고할 물건은 있습니까?
신코쿠스루 모노와 아리마스까?
申告する物はありますか?

Outro 08 / Survival Japanese

없습니다
아리마셍
ありません

짐이 나오지 않습니다
니모쯔가 데떼 키마셍
荷物が出てきません

숙소

체크인 부탁합니다
체쿠인 오네가이시마스
チェックインお願いします

예약한 000입니다
요야쿠시타 000데스
予約した000です

빈 방 있습니까?
아키베야 아리마스까?
空き部屋ありますか?

하루 숙박료는 얼마입니까?
잇빠꾸노슈쿠하쿠료와이쿠라데스까?
一泊の宿泊料はいくらですか?

귀중품을 맡아주세요
키쵸-힝오 아즈캇떼 쿠다사이
貴重品を預かって下さい

0시에 모닝콜을 부탁합니다
0지니 모-닝구 코-루오 오네가이시마스
0時にモーニングコールをお願いします

인터넷 사용 가능합니까?
인타-넷또와시요-카노-데스까?
インターネットは使用可能ですか?

무료입니까?
무료-데스까?
無料ですか?

짐을 맡길 수 있습니까?
오니모쯔오 아즈갓떼 모라에마스까?
お荷物を預かってもらえますか?

체크아웃은 몇 시까지입니까?
체카아우또와 난지마데데스까?
チェックアウトは何時までですか?

택시를 불러주세요
타꾸시오 욘데 쿠다사이
タクシーを呼んで下さい

쇼핑

그냥 구경하는 중입니다
춋또 미떼루다케데스
ちょっと見てるだけです

한번 입어봐도 될까요?
시차쿠시떼 미떼모 이이데스까?
試着してみてもいいですか?

이것보다 작은 사이즈를 주세요
코레요리 치이사이 사이즈오 쿠다사이
これより小さいサイズを下さい

이것보다 큰 사이즈를 주세요
코레요리 오오키이 사이즈오 쿠다사이
これより大きいサイズを下さい

다른 색깔이 있습니까?
이로치가이와아리마스까?
色違いはありますか?

쌉니다
야스이데스
安いです

비쌉니다
타카이데스
高いです

이것으로 할게요
코레니 시마스
-これにします

신용카드로 계산하겠습니다
크레지또카-도데 하라이마스
クレジットカードで払います

현금으로 계산하겠습니다
겡킹데 하라이마스
現金で払います

선물용입니다
푸레젠토요-데스
プレゼント用です

영수증을 주세요
료-슈-쇼오 쿠다사이 / 레씨-토오 쿠다사이
領収書を下さい／レシートを下さい

깎아주세요
야스꾸시떼 쿠다사이
安くして下さい

계산해주세요

오카이케- 오네가이시마스
お会計お願いします

카페와 레스토랑

금연석	킹엔세키	禁煙席
흡연석	기쯔엔세키	喫煙席
지하	치카	地下
화장실	오테아라이 / 토이레	
	お手洗いトイレ	
메뉴	메뉴	メニュー
물	오미즈	お水
차	오차	お茶
물수건	오시보리	おしぼり
추가	쯔이까	追加
1인분	이찌닝마에	1人前
2인분	니닝마에	2人前
테이블석	테-부루세키	
	テーブル席	
카운터석	카운타-세키	
	カウンター席	

혼자입니다
히또리데스
一人です

두 명입니다
후따리데스
二人です

응급상황

감기	카제	風邪
구토	하키게	吐き気
설사	게리	下痢
위장염	이쵸-엔	胃腸炎
두통	즈쯔	頭痛
식중독	쇼쿠추-도쿠	
		食中毒
타박상	다보쿠	打撲
염좌	넨자	ねんざ
골절	콧세쯔	骨折
화상	야케도	やけど
알레르기	아레루기	アレルギ
임신 중	닌신츄	妊娠中
당뇨병	도뇨뵤-	糖尿病
고혈압	코-케쯔아쯔	
		高血圧
저혈압	테이케쯔아쯔	
		低血圧
진통제	진쯔-자이	鎮痛剤
해열제	게네쯔자이	
		解熱剤
주사	츄샤	注射
수술	슈쥬쯔	手術
링거	텐테끼	点滴
식전	쇼쿠젠	食前
식후	쇼쿠고	食後
복용	후쿠요	服用

도와주세요
타스케떼 쿠다사이
助けて下さい

여권을 잃어버렸습니다
파스포-토오 나쿠시마시따
パスポートを無くしました

경찰을 불러주세요
케이사쯔오 욘데 쿠다사이
警察を呼んで下さい

여기가 아픕니다
코꼬가 이따이데스
ここが痛いです

병원에 데려가주세요
뵤잉니 쯔레떼잇떼 쿠다사이
病院につれて行って下さい

한국어를 할 수 있는 사람을 불러주세요
캉꼬꾸고가 하나세루 히토오 욘데 쿠다사이
韓国語が話せる人を呼んで下さい

TRAVEL MAP

MAP 1	다이칸야마 · 에비스	398
MAP 2	나카메구로	399
MAP 3	기치조지	400
MAP 4	시모기타자와	400
MAP 5	지유가오카	401
MAP 6	롯폰기 · 아자부 · 히로오	402
MAP 7	신주쿠	404
MAP 8	시부야	406
MAP 9	하라주쿠 · 오모테산도 · 아오야마	408
MAP 10	우에노	410
MAP 11	아사쿠사	411
MAP 12	긴자 1~5초메	412
MAP 13	긴자 5~8초메	414
MAP 14	오다이바	416
MAP 15	요코하마	418

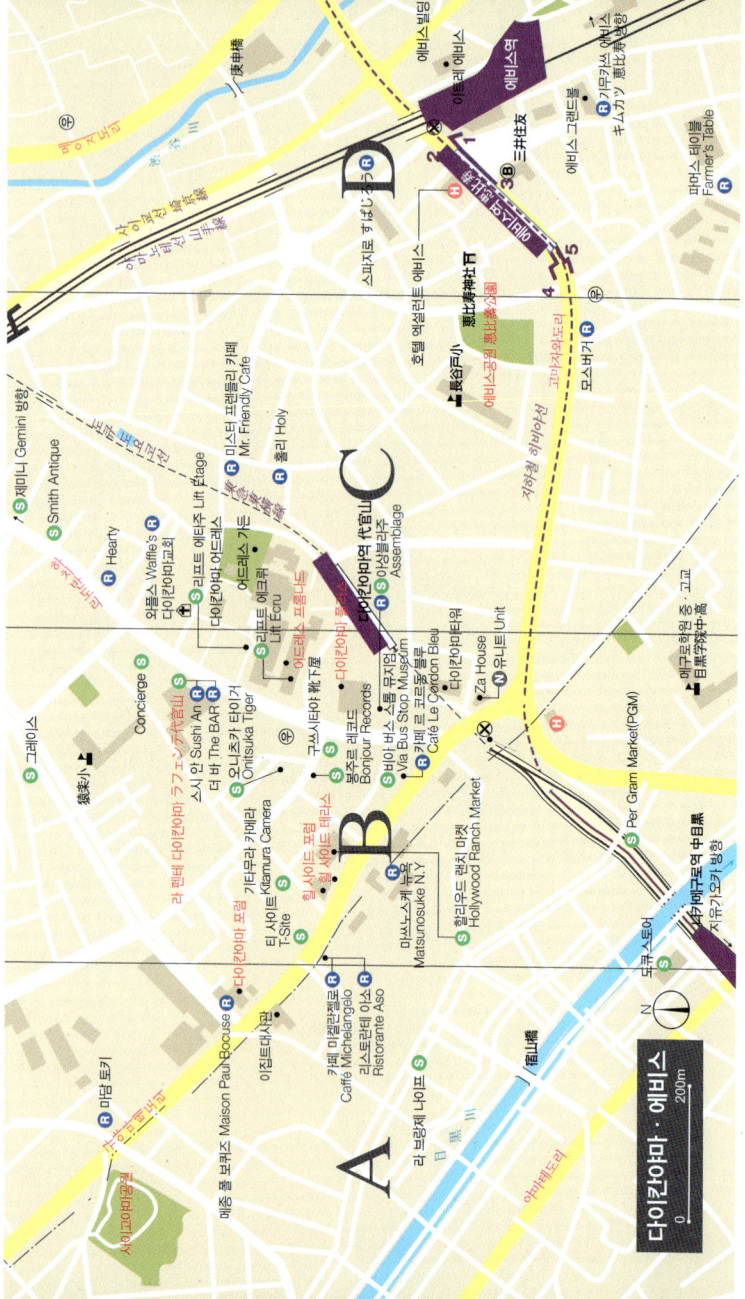

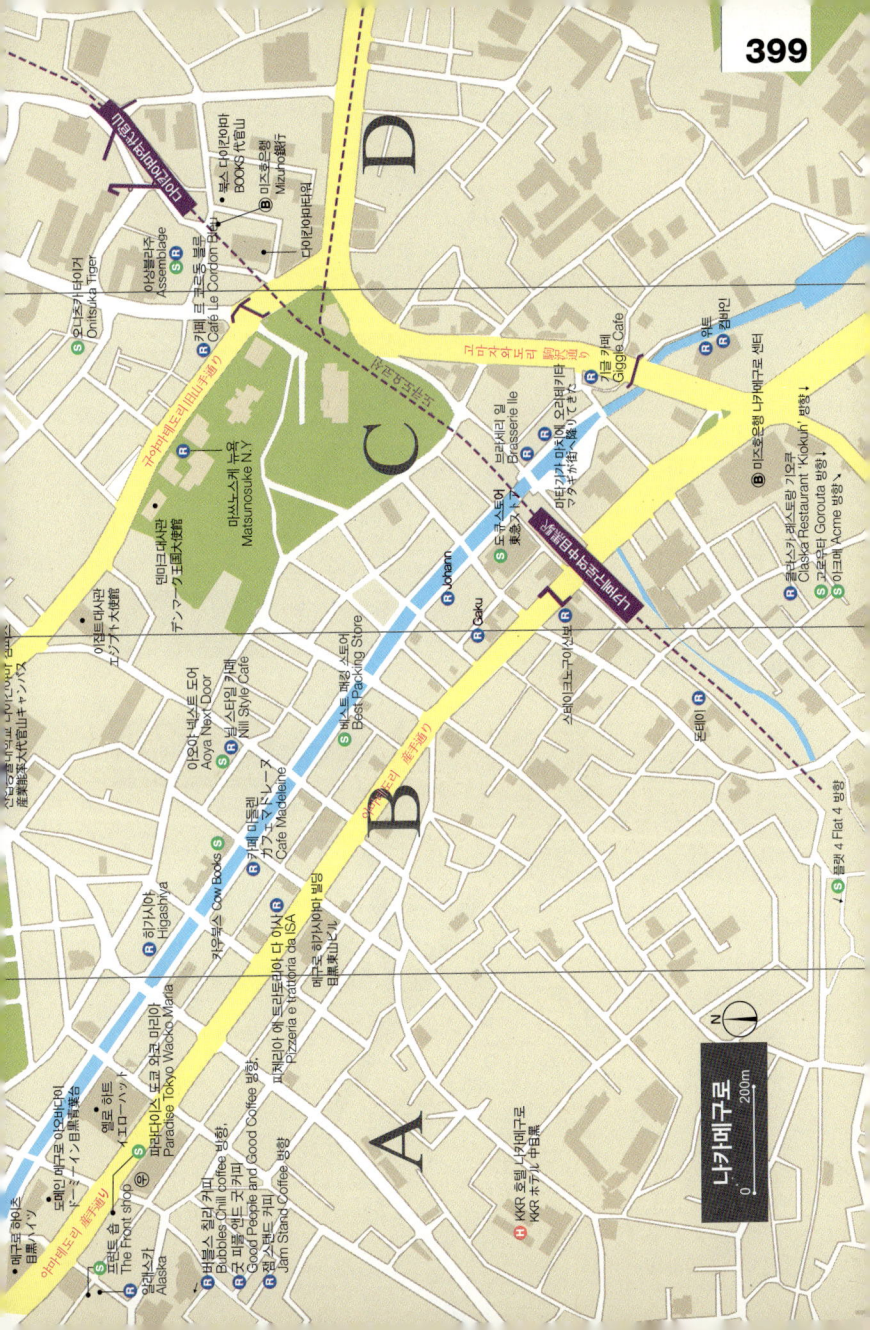

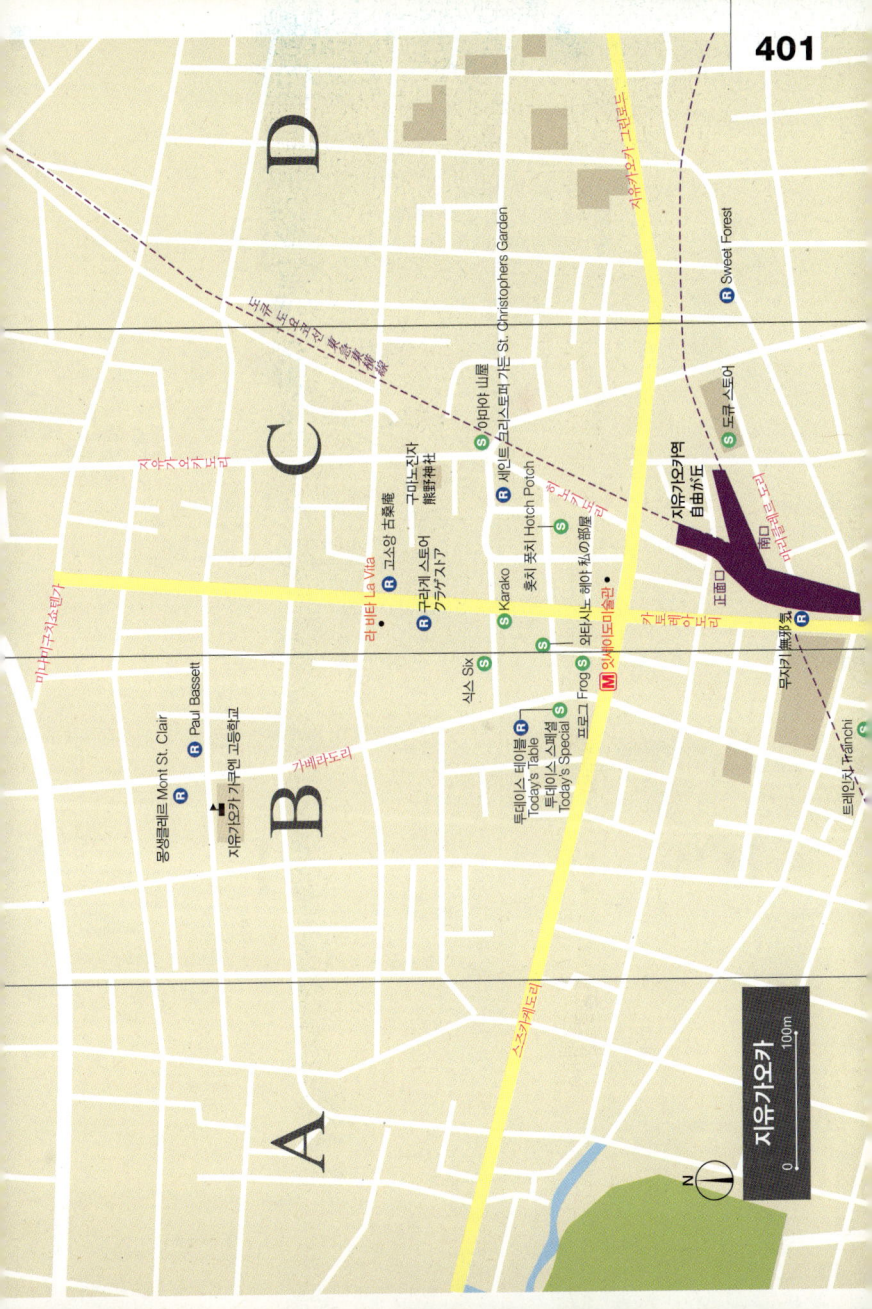

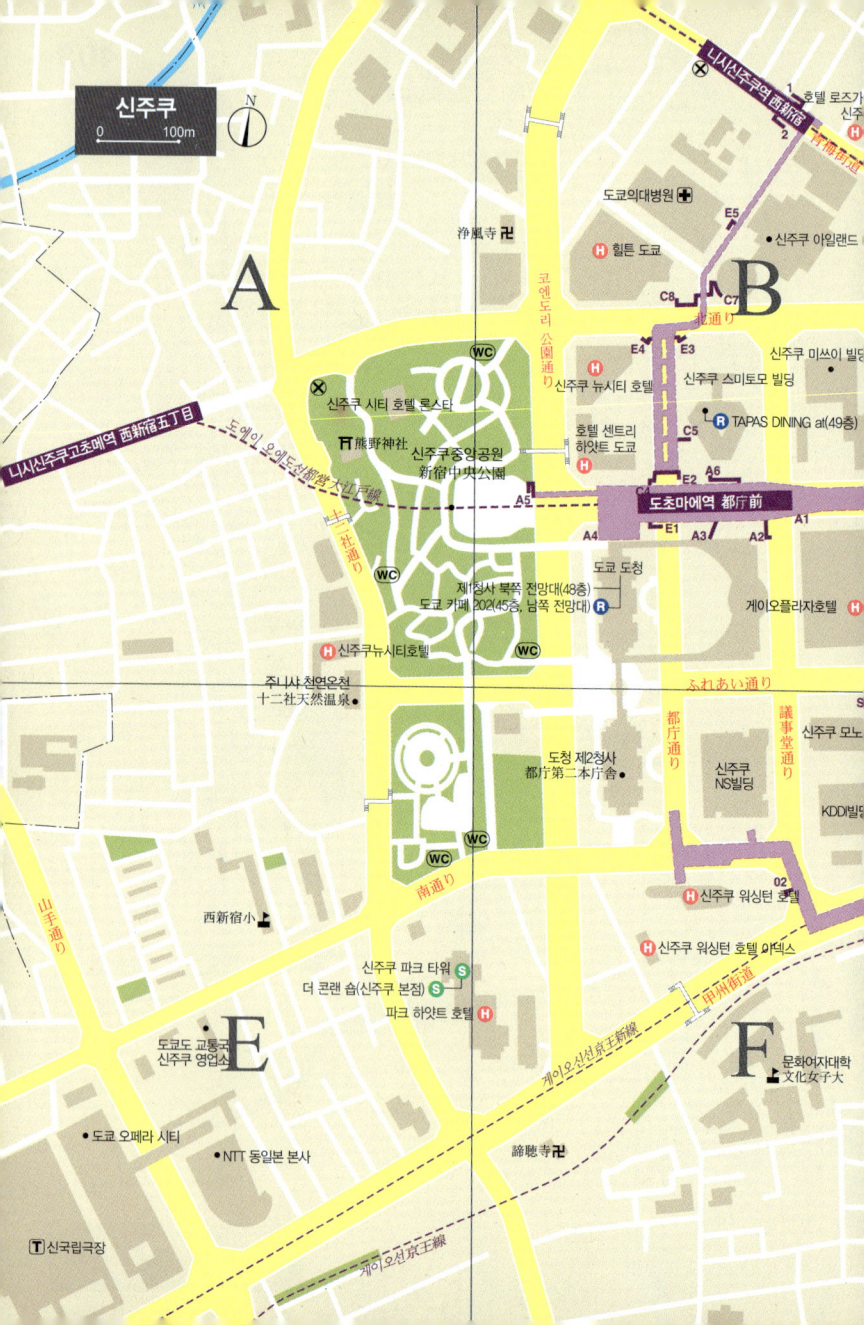

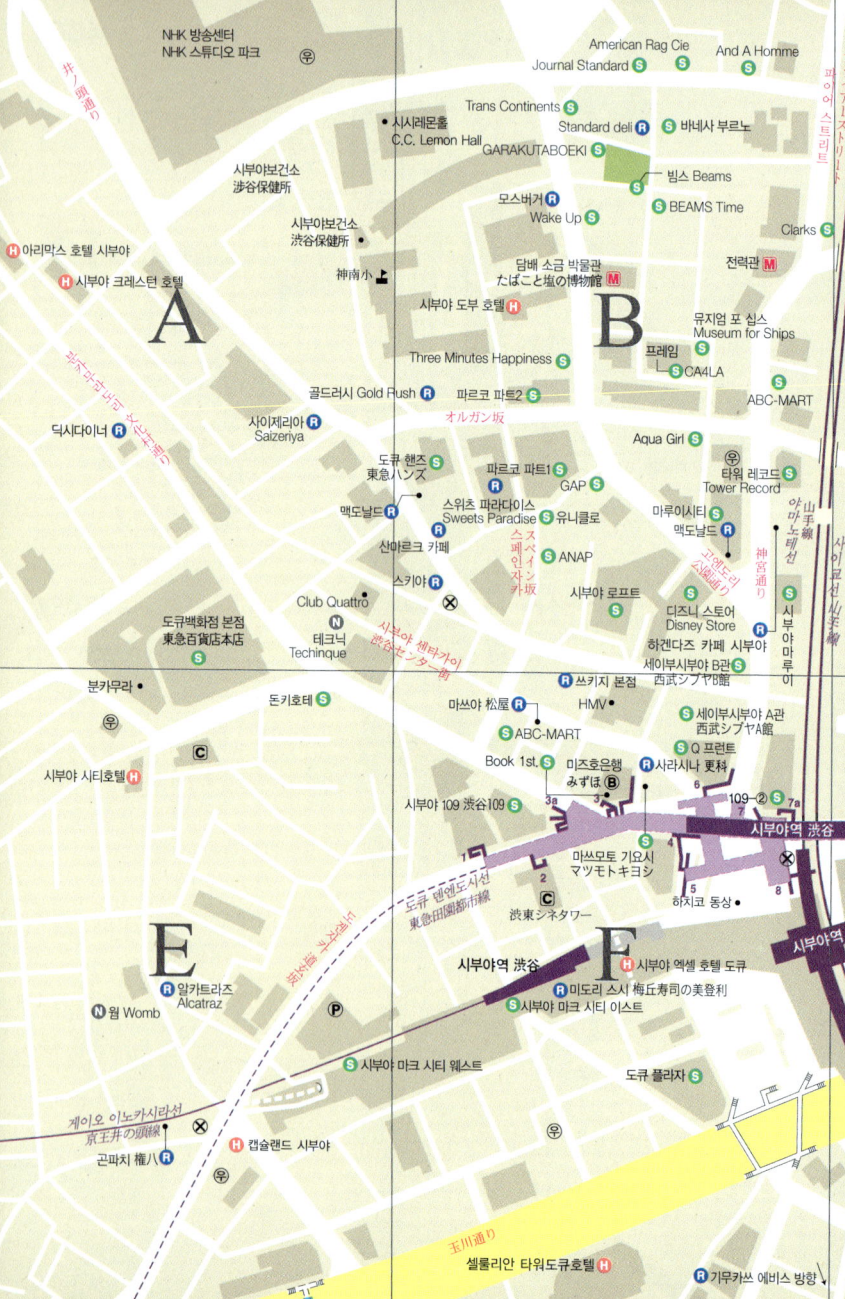

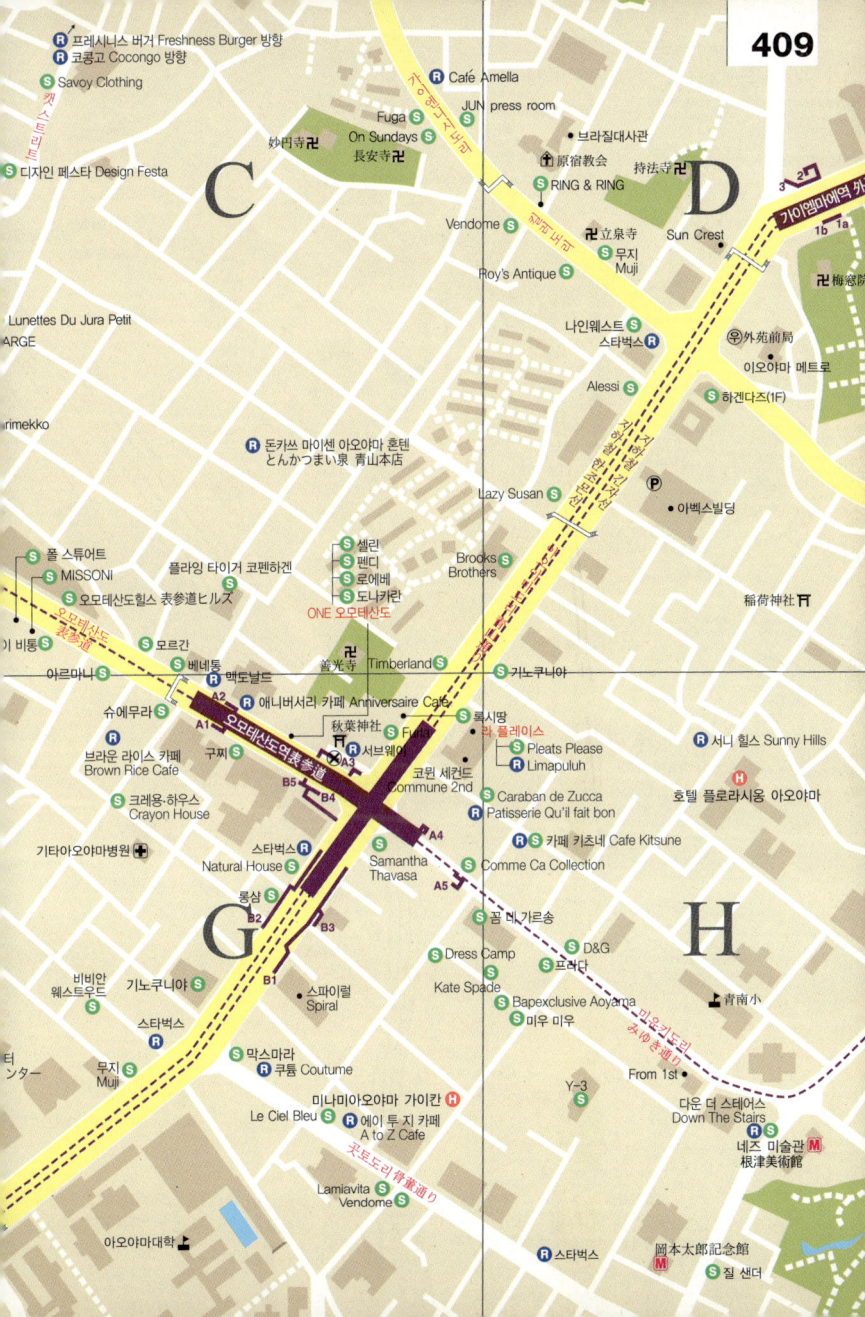

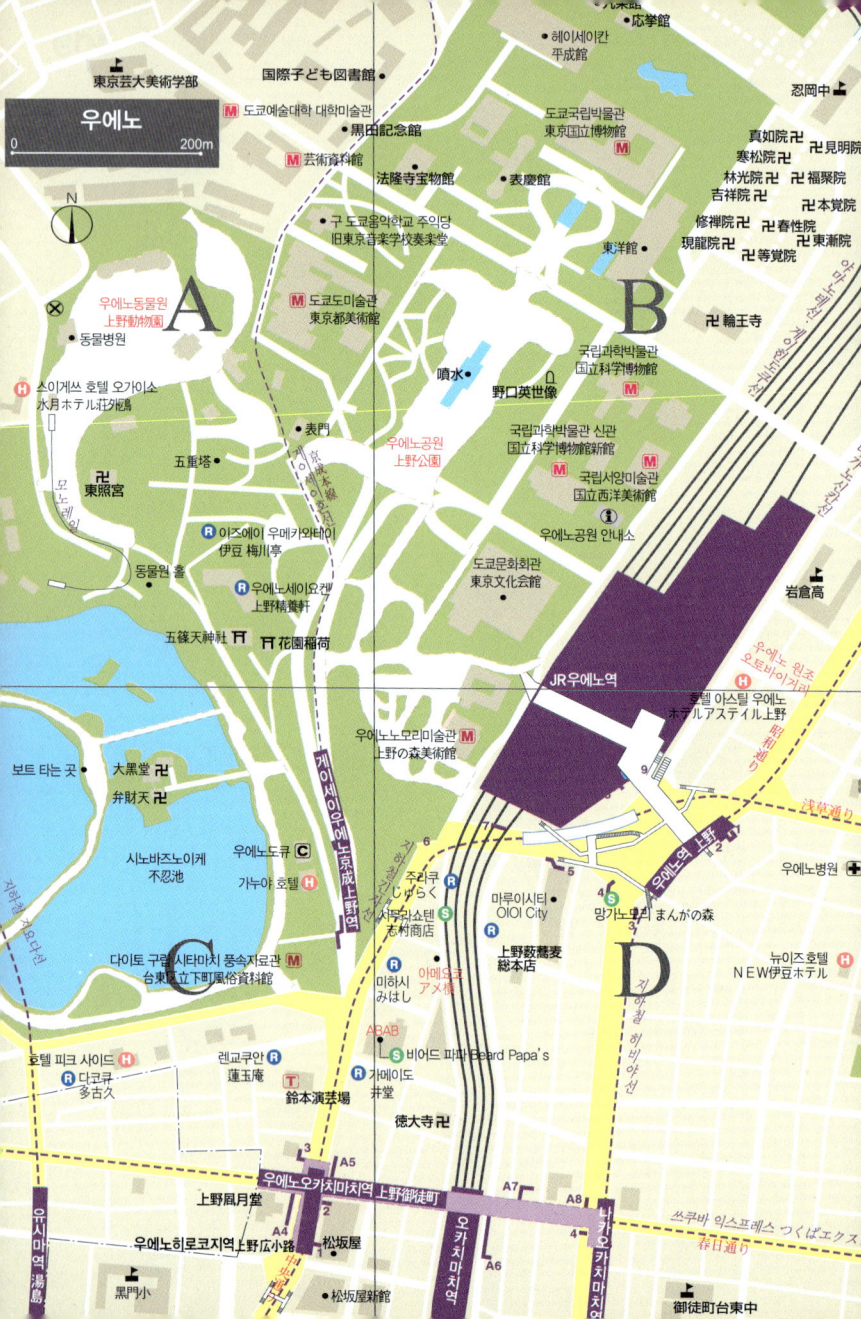

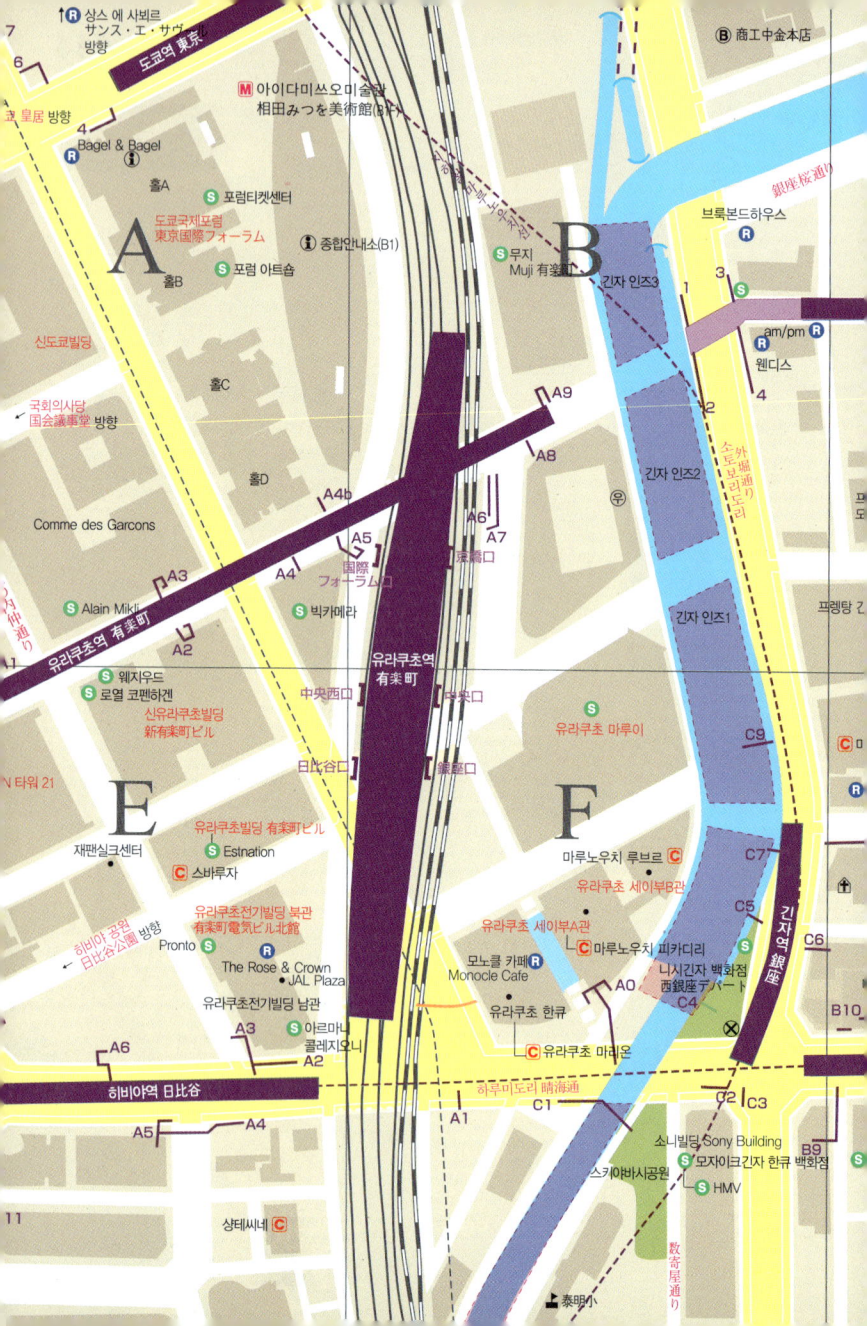

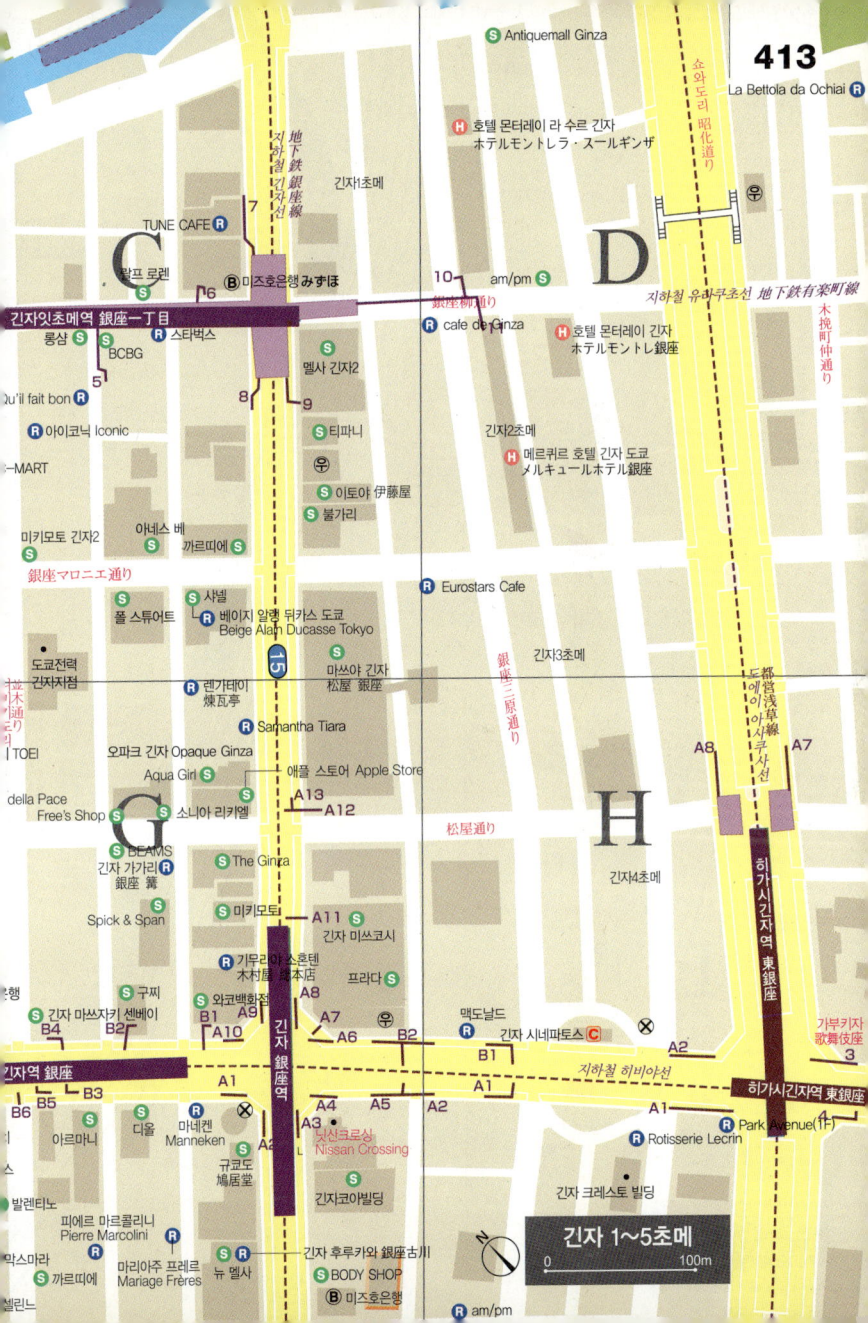

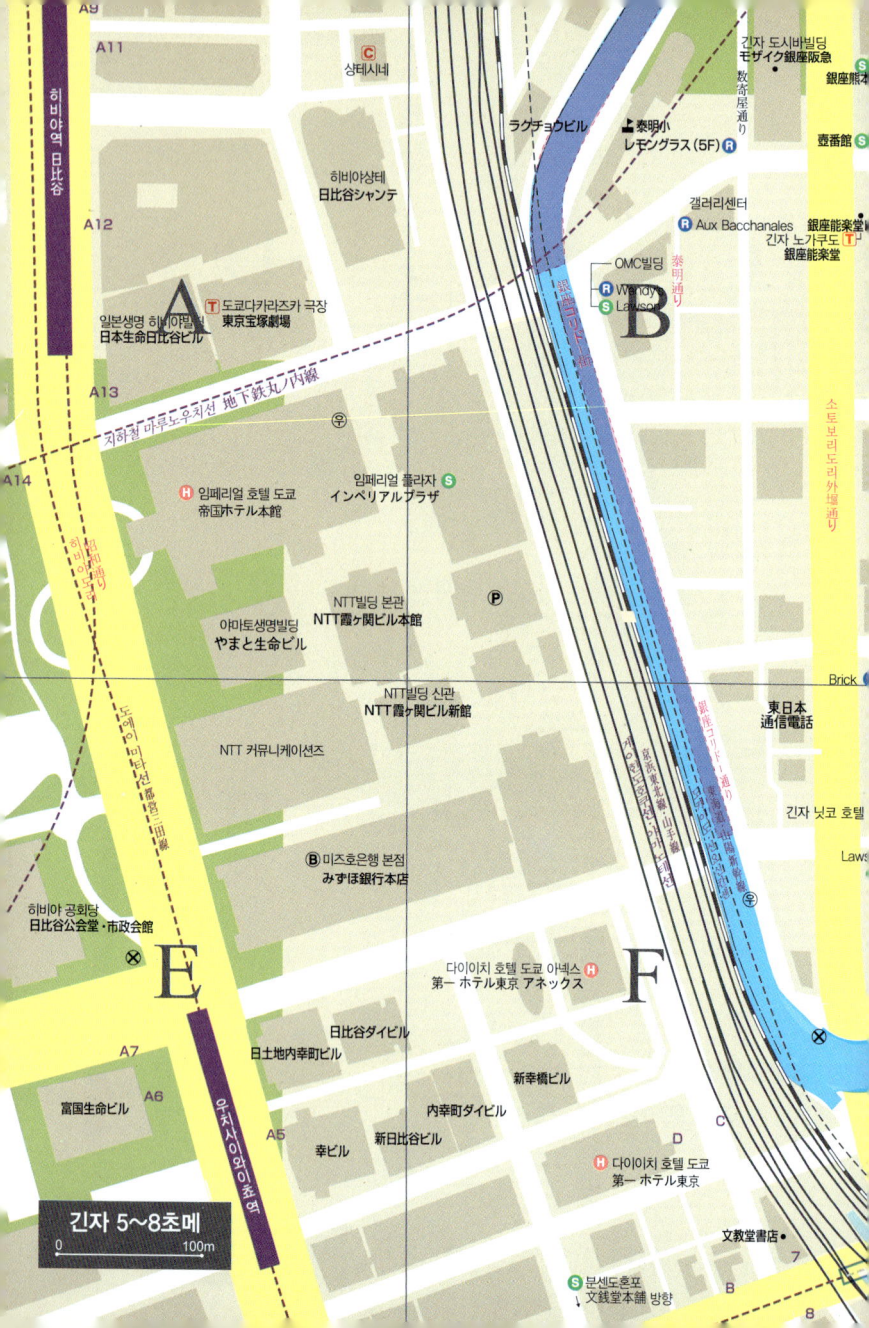

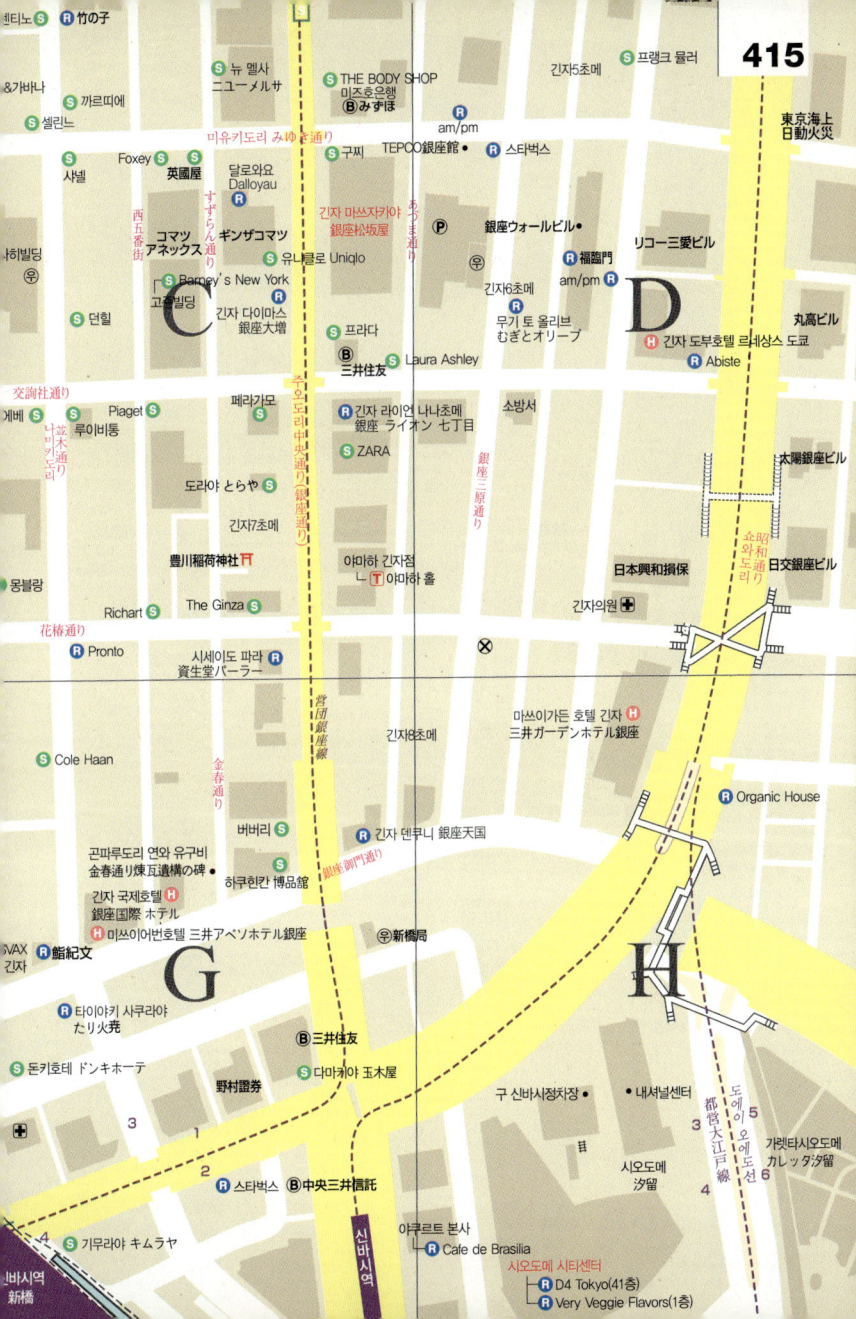

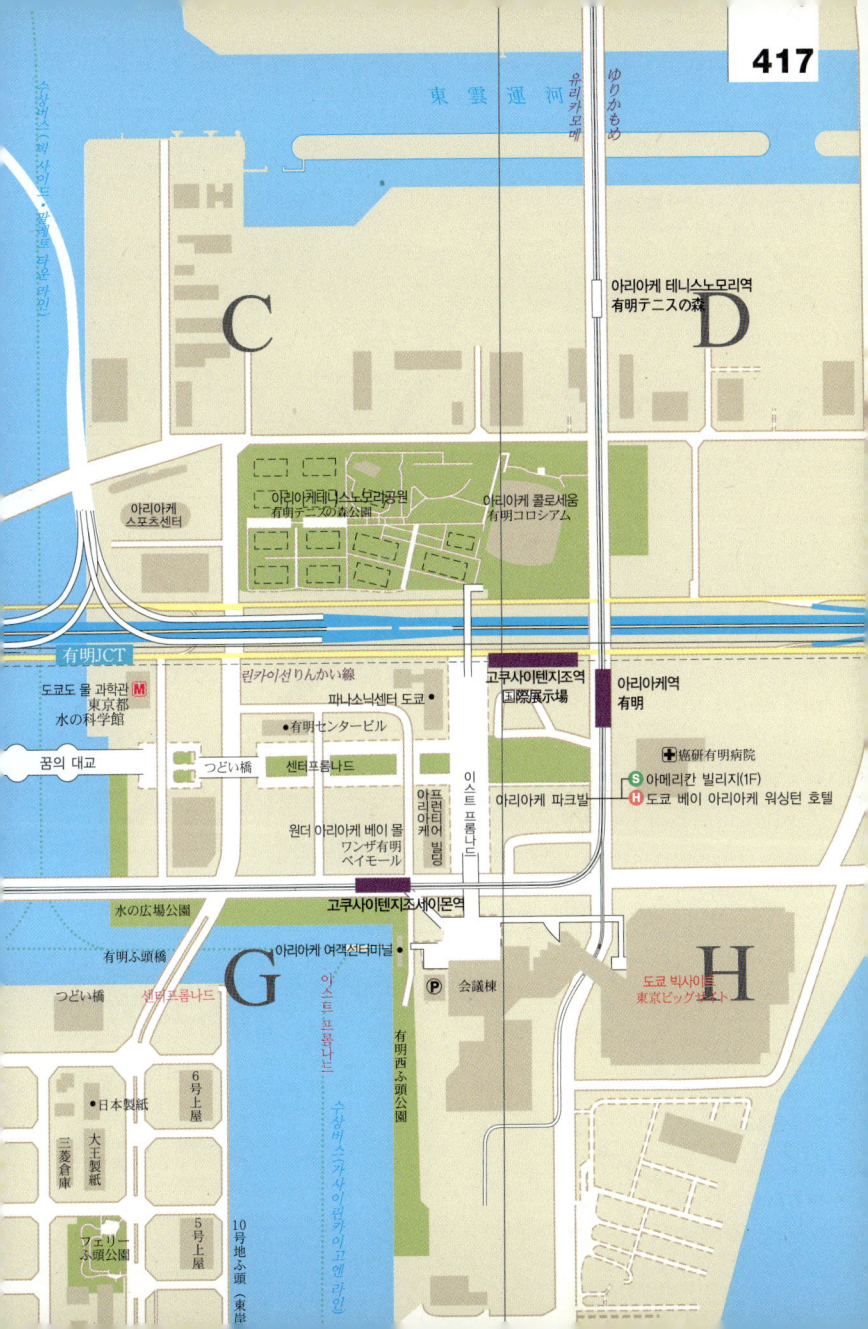

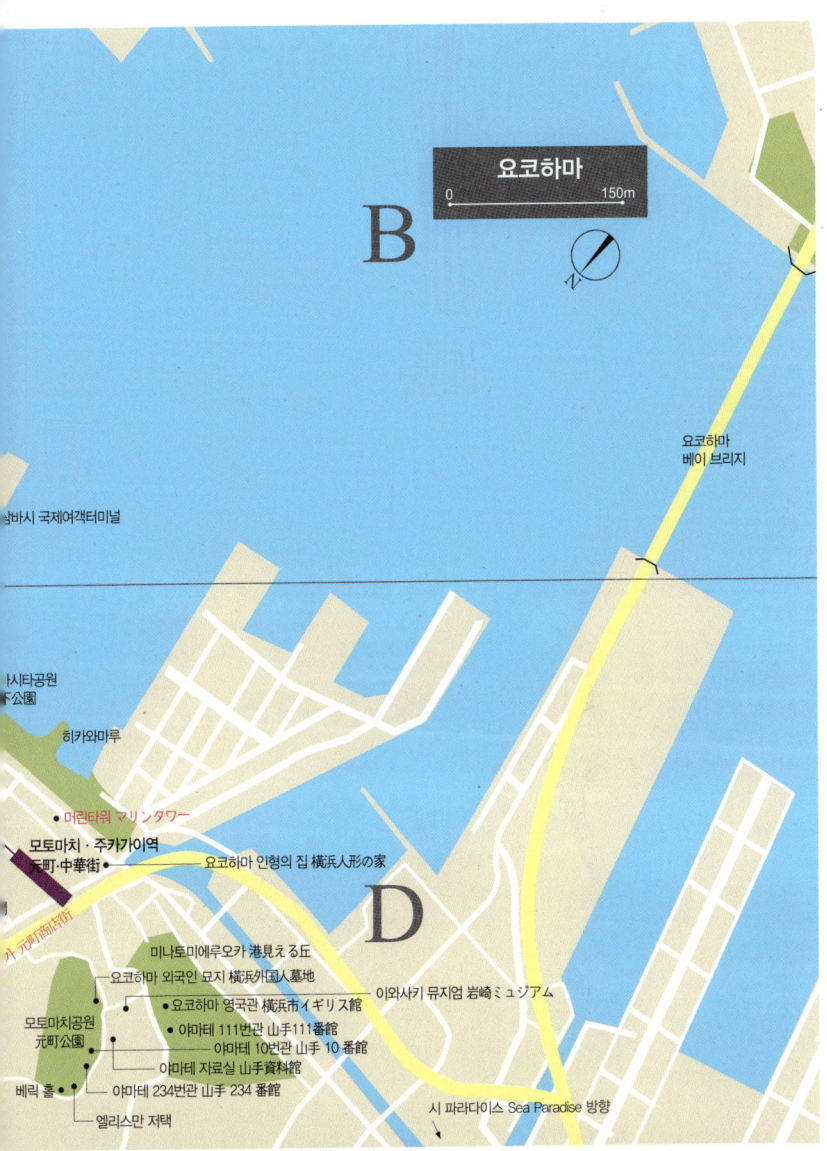

🏯 관광

21_21 디자인 사이트 21_21 Design Sight	148
가미나리몬 雷門	276
가부키자 歌舞伎座	304
가부키초 歌舞伎町	180
고쿄 皇居	302
국립과학박물관 国立科学博物館	275
국립서양미술관 国立西洋美術館	274
국립신미술관 国立新美術館	146
국회의사당 国会議事堂	303
나카미세도리 仲見世通り	276
닛산크로싱 Nissan Crossing	306
다이버 시티 도쿄 플라자 Diver City Tokyo Plaza	358
다케시타도리 竹下通り	228
덱스도쿄비치 デックス東京ビーチ	356
도쿄 도청 東京都庁	178
도쿄국립박물관 東京国立博物館	278
도쿄국제포럼 東京国際フォーラム	307
도쿄미드타운 東京ミッドタウン	152
도쿄타워 東京タワー	150
디자인 페스타 Design Festa	224
라 비타 La Vita	122
롯폰기힐스 六本木ヒルズ	156
머린타워 マリンタワー	371
메가웹 Mega Web	353
모토마치 元町	366
미나토미에루오카 港見える丘	368
비너스포트 Venus Fort	360
센소지 淺草寺	276
수미다 아쿠아리움 Sumida Aquarium	279
스카이트리 Skytree	281
스파이럴 Spiral	229
시 파라다이스 Sea Paradise	367
아메요코 アメ横	277
아사히비어홀 アサヒビアホール	279
아쿠아 시티 오다이바 Aqua city Odaiba	359
야마테 111번관 山手111番館	368
오에도온천 大江戸温泉	355
와세다대학 早稲田大学	181
외교관의 집 外交官の家	369
요코하마 외국인 묘지 橫濱外国人墓地	369
우에노공원 上野公園	272
주카가이 中華街	370
코뮌 세컨드 Commune 2nd	230
후지테레비 フジテレビ	354
히비야공원 日比谷公園	300

🍴 레스토랑 & ☕ 카페

347 카페 앤 라운지 347 Café & Lounge	201
가메이도 亀井堂	290
가미나리야 雷や	106
고소앙 古桑庵	128
골드러시(본점) Gold Rush(本店)	200
구라게 스토어 クラゲストア	127
굿 피플 앤드 굿 커피 Good People and Good Coffee	별면 4
기무라야 소혼텐 木村屋 総本店	331
기무카쓰 에비스(본점) キムカツ 恵比寿(本店)	53
긴자 가가리 銀座 篝	309
긴자 다이마스 銀座大増	314
긴자 덴쿠니 銀座天国	316

긴자 라이온 나나초메 銀座 ライオン 七丁目	321	미도리 스시 梅丘寿司の美登利	별면 9
긴자 후루카와 Ginza Furukawa	313	미스터 프렌들리 카페 Mr. Friendly Cafe	64
나가사키 짬뽕 링거 허트 長崎ちゃんぽん Ringer Hut	182	미하시 みはし	289
나나쿠라 Nanakura	52	뱀부 Bamboo	233
나니와야 카페 Naniwaya Cafe	170	버블스 칠리 커피 Bubbles Chill Coffee	별면 3
나키류 創作麵工房鳴龍	별면 14	베이지 알랭 뒤카스 도쿄 Beige Alain Ducasse Tokyo	317
노아 카페 Noa Cafe	244	보타니카 Botanica	160
다마와라이 玉笑	별면 8	부타구미 Butagumi	162
다쓰노야 辰乃家	186	북 앤 비어 Book & Beer	113
다운 더 스테어스 Down The Stairs	236	분센도혼포 文榮堂本舗	330
다윈 룸 Darwin Room	112	브라운 라이스 카페 Brown Rice Cafe	240
다코큐 多古久	284	산 마르크 카페 サンマルク カフェ	243
달로와요 Dalloyau	326	산사다 雷門 三定	286
더 바 The Bar	59	산산토 燦燦斗	별면 13
도라야 とらや	324	상스 에 사뵈르 サンス・エ・サヴール	320
돈카쓰 마이센(아오야마 본점) とんかつまい泉(青山本店)	231	서니 힐스 Sunny Hills	242
라틀리에 드 조엘 로뷔숑 L'atelier de Joel Robuchon	168	스시 안 Sushi An	50
렌가테이 煉瓦亭	312	스위츠 파라다이스 Sweets Paradise	202
루크스 랍스터 Luke's Lobster	별면 10	스파지로 すぱじろう	49
리스토란테 아소 Ristorante Aso	48	시세이도 파라 資生堂パーラー	308
마네켄 Manneken	332	쓰네즈시 常寿司	285
마리아주 프레르 Mariage Frères	328	아베짱 あべちゃん	167
마쓰노스케 뉴욕 Matsunosuke N.Y	58	아상블라주 Assemblage	63
메종 폴 보퀴즈 Maison Paul Bocuse	51	아오야 넥스트 도어 Aoya Next Door	92
멘야 무사시 麵屋 武蔵	183	아이코닉 Iconic	318
모나 레코드 Mona Records	108	알래스카 Alaska	91
모노클 카페 Monocle Cafe	322	애니버서리 카페 Anniversaire Cafe	238
모리 살바토레 쿠오모 Mori Salvatore Cuomo	161	야이야이 やいやい	235
모아 카페 Mois Cafe	107	에이 투 지 카페 A to Z Cafe	239
몰디브 Maldive	111	와플스 Waffle's Beulah	62
몽생클레르 Mont St. Clair	130	요로이야 与ろゐ屋	287
무기 토 올리브 Ginza Noodles Clam Ramen むぎとオリーブ	310	잼 스탠드 커피 Jam Stand Coffee	별면 4
		주라쿠 じゅらく	288
무자키 無邪気	126	카페 르 코르동 블루 Cafe Le Cordon Bleu	57
		카페 마들렌 Cafe Madeleine	90
		카페 미켈란젤로 Caffé Michelangelo	54

카페 키츠네 Cafe Kitsune	245
카페 프랑지파니 Cafe Frangipani	172
카페테리아 카레 Cafetéria Carré	166
쿠튬 Coutume	별면 11
클라스카 레스토랑 기오쿠 Claska Restaurant 'Kiokuh'	88
토라노몬 커피 Toranomon Koffee	169
투데이스 테이블 Today's Table	124
트루아 샹브르 Trois Chambre	110
파머스 테이블 Farmer's Table	66
폴 보퀴즈 Paul Bocuse	164
푸글렌 도쿄 Fuglen Tokyo	237
프레시니스 버거 Freshness Burger	232
피에르 마르콜리니 Pierre Marcolini	325
피체리아 에 트라토리아 다 이사 Pizzeria e Trattoria da ISA	별면 2
하라주쿠교자 로우 原宿餃子 樓	234
하브스 Harbs	171
홀리 Holy	56
회전 스시 시온 回転寿司 しおん	184

🛒 쇼핑

고로우타 Gorouta	97
구쓰시타야 靴下屋	69
규쿄도 鳩居堂	336
기노쿠니야 紀伊国屋	190
기타무라 카메라 Kitamura Camera キタムラカメラ	81
넘버 슈거 Number Sugar	별면 12
니코앤드 Niko and Tokyo	249
다마키야 玉木屋	335
더 콘랜 숍 The Conran Shop	별면 7
도라마 Dorama	115
도큐 핸즈 東急ハンズ	208
돈키호테 ドンキホーテ	191
디자인 티셔츠 스토어 그라니프 Design Tshirts Store Graniph	248
디즈니 스토어 Disney Store	212
라 카구 La Kagu	별면 6
라 펜테 다이칸야마 ラフェンテ代官山	70
라 포레 La Foret	261
래그태그 Ragtag	별면 12
리프트 에크뤼 Lift Écru	74
리프트 에타주 Lift Étage	75
마리메코 Marimekko	256
맵 카메라 Map Camera	187
모마 스토어 MoMA Store	258
무지 Muji 有楽町	333
뮤지엄 포 십스 Museum for Ships	206
베스트 패킹 스토어 Best Packing Store	94
봉주르 레코드 Bonjour Records	78
비아 버스 스톱 뮤지엄 Via Bus Stop Museum	76
빔스 Beams	204
사봉 Sabon	별면 9
소라마치 Solamachi	294
시무라쇼텐 志村商店	291
시부야 109 渋谷109	205
식스 Six	136
아소코 Asoko	257
아오야나기 青柳	116
아크메 Acme	95
애플 스토어 Apple Store	341
앤티크 라이프 진 Antique Life Jin	114
야마야 山屋	141
오니츠카 타이거 Onitsuka Tiger	73
오모테산도힐스 表参道ヒルズ	250
오이모야상 おいもやさん	292
와타시노 헤야 私の部屋	132
워치필드 Wachifield	188
유니클로 Uniqlo	334
이토야 伊藤屋	340
저널 스탠더드 Journal Standard	253
제미니 Gemini	68

챕터 Chapter	254
카모메 북스 Kamome Books	**별면 7**
카우북스 Cow Books	98
코노미 Conomi	252
크레용 하우스 Crayon House	255
키드랜드 Kiddyland	246
타임머신 Time Machine	117
투데이스 스페셜 Today's Special	134
트레인치 Trainchi	140
티 사이트 T-Site	81
파라다이스 도쿄 와코 마리아 Paradise Tokyo Wacko Maria	**별면 5**
폴 스미스 스페이스 Paul Smith Space	260
프런트 숍 The Front Shop	96
프로그 Frog	138
플라잉 타이거 코펜하겐 Flying Tiger Copenhagen	247
플랫 4 Flat 4	99
하쿠힌칸 博品館	338
할리우드 랜치 마켓 Hollywood Ranch Market	72
홋치 폿치 Hotch Potch	131
히카리에 Hikarie	210

호텔

게이오 프레소 인 신주쿠 京王プレッソイン新宿	390
기미료칸 Kimiryokan	388
뉴 코요 New Koyo	387
더 스트링스 바이 인터콘티넨탈 The Strings By Intercontinental	391
도쿄 센트럴 유스 호스텔 Tokyo Central Youth Hostel	387
도쿄 스미다가와 유스 호스텔 Tokyo Sumidagawa Youthhostel	388
도쿄 스테이 신주쿠 Tokyo Stay Shinjuku	390
도쿄 우에노 유스 호스텔 Tokyo Ueno Youth Hostel	387
료칸 아사쿠사 시게츠 Ryokan Asakusa Shigetsu	391
비즈니스호텔 한국관 ビジネスホテル 韓国館	388
사다치요 貞千代	389
사쿠라료칸 桜旅館	388
사쿠라 플뢰르 아오야마 サクラ・フルール青山	391
사쿠라호스텔 Sakura Hostel	387
슈퍼호텔 スーパーホテル	388
시부야 도부 호텔 Shibuya Tobu Hotel	389
시부야 시티호텔 渋谷シティホテル	390
신주쿠 워싱턴 호텔 Shinjuku Washington Hotel	391
신주쿠 시티호텔 론스타 新宿シティホテルロンスター	390
카오산 도쿄 사무라이 Khaosan Tokyo Samourai	386
케이즈 하우스 도쿄 K's House Tokyo	387
코트야드 바이 메리어트 도쿄 스테이션 Courtyard by Marriott Tokyo Station	391
호텔 뉴 우에노 Hotel New Ueno	389
호텔 더 엠 인섬니아 아카사카 Hotel the M Innsomnia Akasaka	389
호텔 마이스테이즈 니시신주쿠 ホテルマイステイズ西新宿	390
호텔 마이스테이즈 프리미어 아카사카 ホテルマイステイズプレミア赤坂	389
호텔 몬트레이 긴자 신관 Hotel Monterey Ginza 新館	390
호텔 몬트레이 아카사카 Hotel Monterey 赤坂	391
호텔 빌라퐁텐 니혼바시 ホテルヴィラフォンテーヌ	388
호텔 선라이트 신주쿠 Hotel Sunlite Shinjuku	390
호텔 아시아회관 ホテルアジア会館	389
호텔 후쿠다야 ホテル福田屋	388

시크릿
TOKYO

2017년 6월 13일 개정2판 1쇄 인쇄
2017년 6월 24일 개정2판 1쇄 발행

지은이 | 정기범 · 김한나
발행인 | 이원주
책임편집 | 손모아
책임마케팅 | 이재성 조아라

발행처 | (주)시공사
출판등록 | 1989년 5월 10일(제3-248호)

주소 | 서울시 서초구 사임당로 82 (우편번호 06641)
전화 | 편집 (02)2046-2863 · 영업 (02)2046-2877
팩스 | 편집 (02)585-1755 · 영업 (02)588-0835
홈페이지 | www.sigongsa.com

ISBN 978-89-527-7857-4

본서의 내용을 무단 복제하는 것은 저작권법에 의해 금지되어 있습니다.
파본이나 잘못된 책은 구입하신 서점에서 교환해 드립니다.
값은 뒤표지에 있습니다.